Garry Jenkins und Stephen d'Antal
Kiri Te Kanawa

Garry Jenkins und Stephen d'Antal

Kiri Te Kanawa

Die wahre Geschichte einer Primadonna

Aus dem Englischen von
Sonja Hauser und Harald Stadler

Mit 30 Abbildungen

Piper
München Zürich

Die Originalausgabe erschien 1998
unter dem Titel »Kiri – Her Unsung Story«
bei HarperCollins*Publishers* in London.

Die Seiten 7–187 wurden von Sonja Hauser,
die Seiten 188–378 von Harald Stadler übersetzt.

Für Eva und Gabriella

ISBN 3-492-04154-X
© Garry Jenkins and Stephen d'Antal 1998
Deutsche Ausgabe:
© Piper Verlag GmbH, München 2000
Gesetzt aus der Caslon
Gesamtherstellung: Clausen & Bosse, Leck
Printed in Germany

INHALT

PROLOG

Kurz vor Mittag am Mittwoch, dem 29. Juli 1981, wich die Nervosität, die Charles, dem Prinzen von Wales, bis dahin fast den ganzen ereignisreichen Morgen vom Gesicht abzulesen gewesen war, einem entrückten Lächeln. Der künftige König von Großbritannien erlebte soeben die wohl feierlichsten Augenblicke seines 32jährigen Lebens. In der Uniform eines Commander of Her Majesty's Royal Navy stand er hinter einem großen Schreibtisch in der Dean's Aisle der Londoner St. Paul's Cathedral. Er hatte in Anwesenheit seiner Mutter, Königin Elisabeth II., soeben die Heiratsurkunde unterzeichnet, in der die Versprechen schriftlich niedergelegt waren, die er kurz zuvor im mächtigen Kirchenraum von Sir Christopher Wrens ehrfurchtgebietender Kathedrale gegeben hatte. Neben ihm saß, eingehüllt in ein Meer aus elfenbeinfarbener Seide, seine soeben angetraute Frau, die 20jährige Lady Diana Spencer, nunmehr Prinzessin von Wales.

Die Intimität dieses Augenblicks hatte sowohl Charles als auch Diana geholfen, die Anspannung der vorangegangenen Stunden abzulegen. In der Kapelle, wo ihnen ihre jeweiligen Familien und der Erzbischof von Canterbury Dr. Robert Runcie, der die Trauung vollzogen hatte, gratulierten, herrschte eine Atmosphäre entspannter Freude.

Doch für diese Freude und das spontane Lächeln von Charles war nicht nur seine strahlende Braut verantwortlich, sondern auch eine andere Frau, deren vertraute Stimme etwa fünfzig Meter entfernt im nördlichen Querschiff begonnen hatte, die ersten Töne einer seiner Lieblingsarien zu singen – »Let the Bright Seraphim« aus Händels *Samson*. Plötzlich, gestand Charles später, sei er auf seltsame Weise entrückt gewesen von den aufregenden Ereignissen rund um ihn herum. Er habe nur noch »diese herrliche, gleichsam körperlose Stimme« gehört.

Charles hatte sich eine festliche und zugleich märchenhafte Hochzeit gewünscht, mit seinen eigenen Worten »ein musikalisches und auch emotionales Ereignis«. Seine Braut hatte die Kathedrale zu den Klängen von Purcells *Trumpet Voluntary* betreten. Sir David Willcocks, der Leiter des Royal College of Music, hatte eine inspirierte Version der Nationalhymne dirigiert. Eine großartige Interpretation des vierten *Pomp and Circumstance*-Marsches von Elgar schließlich hatte das Paar durch das Kirchenschiff begleitet. Doch das Solo von Kiri Te Kanawa war der Höhepunkt des Ereignisses.

Seit ihren Anfängen als Star mit der Rolle der Gräfin in Mozarts *Hochzeit des Figaro* im Londoner Covent Garden hatte Kiri Te Kanawa glanzvolle Auftritte auf allen großen Bühnen der Welt absolviert, von der New Yorker Met bis zur Mailänder Scala. Doch das Publikum, vor dem sie an jenem Tag in der St. Paul's Cathedral auftrat, übertraf alles bisher Dagewesene. Auf den endlosen Reihen vergoldeter Queen-Anne-Stühle saßen nicht nur fast alle Mitglieder der königlichen Familie Großbritanniens, sondern auch der amerikanische Präsident Reagan sowie der französische Präsident Mitterrand, Prinz Rainier und Prinzessin Gracia Patricia von Monaco, die Monarchen von Belgien, den Niederlanden und Dänemark, Konstantin, der ehemalige König von Griechenland, und der füllige König von Tonga. Hinter ihnen hatten gekrönte Häupter, Präsidenten und Premierminister aus fast allen Ländern der Erde Platz genommen.

Wie die Sopranistin später gestand, machten ihr die Nerven an jenem Tag sehr zu schaffen. Doch ihrer reinen, souveränen Stimme war nichts anzumerken. Man hatte das Gefühl, sie sei nur für diesen Augenblick geboren.

In dem Jahrzehnt, das seit ihren frühen Triumphen auf der Bühne vergangen war, hatten Bewunderer Kiri Te Kanawa immer wieder als Angehörige der Aristokratie bezeichnet. Ihr Vater, hieß es, sei Nachkomme eines großen Häuptlings des Maniapoto-Stamms, der zu den neuseeländischen Maori gehört. Doch in Wahrheit kannte Kiri ihre wahre Identität nicht. Sie hatte keine

Ahnung, ob sie eine Maori-Prinzessin war oder nicht. Von den zahllosen Menschen, die sie an jenem Tag singen hörten und sahen, kannten nur einige wenige die Wahrheit. Sie verfolgten die Trauung 20 000 Kilometer entfernt an der Ostküste ihres Heimatlandes um 24 Uhr pazifischer Zeit live an den Bildschirmen mit.

Als die letzten Töne von Händels Arie in der St. Paul's Cathedral verklangen und die Fernsehkommentatoren der Sängerin Tribut zollten, die die versammelten Könige und Königinnen in ihren Bann geschlagen hatte, schüttelten sie wortlos und ein wenig traurig den Kopf. Sie wußten, daß Kiri Te Kanawas wahre Geschichte sich sehr von der unterschied, die die Welt sich für sie ausgedacht hatte. Sie wußten, daß sie – ähnlich wie die Hochzeit von Charles und Diana – alles andere war als ein Märchen.

TEIL EINS

Wenn jemand dich bittet,
ihm deinen Stammbaum zu nennen,
mußt du ihm antworten:
»Ich erinnere mich nicht, bin ein Kind,
aber dies wissen alle:
Tainui, Te Arawa, Matatua,
Kura-haupo und Toko-maru,
die Vorfahrenkanus,
überquerten das große Meer,
das hier liegt.«

Nga Moteatea, *Peous Klage*

Die Straße nach Gisborne

Anfang 1944 verließ eine 26jährige Frau mit rotbraunen Haaren in der abgelegenen neuseeländischen Gemeinde Tokomaru Bay die schäbige Wellblechhütte, die sie bis dahin bewohnt hatte. Noeleen Rawstron lud ein paar Habseligkeiten in ein Taxi und machte sich auf den Weg zu der etwa 80 Kilometer entfernten Stadt Gisborne an der östlichen Pazifikküste.

Die Straße nach Gisborne war trotz der erst kurz zuvor ausgeführten Reparaturen nicht mehr als ein Feldweg. Als Hochschwangere hatte Noeleen Rawstron allen Grund, sich vor den zahlreichen Schlaglöchern zu fürchten.

Sie erwartete ihr zweites Kind. Ihren ersten Sohn James Patrick hatte sie bei ihrer Mutter Thelma, mit deren Hilfe sie ihn aufzog, in der baufälligen Hütte zurückgelassen. Eine andere Wahl war ihr nicht geblieben, denn das Kind, das sie unter dem Herzen trug, war die Frucht einer Affäre, die in ihrer kleinen Gemeinde für einen gehörigen Skandal gesorgt hatte. Noeleen machte sich an jenem Tag auf den Weg, um ihren Problemen zu entfliehen.

Sie hatte ihre Schwangerschaft praktisch vor ihrer ganzen Familie geheimgehalten, darunter drei Brüder und zwei Schwestern, die alle in derselben Gemeinde lebten wie sie selbst. Doch ihrer Mutter, der mächtigsten Person in ihrer Familie, hatte sie offenbar nichts vormachen können.

Noeleen war Thelma Rawstron in vielem ähnlich. Auch sie hatte kupferrotes Haar und einen eisernen Willen, war eigensinnig und manchmal aufbrausender, als ihr guttat. Nun mußte sie sich auf eine andere Eigenschaft verlassen, die sie von ihrer Mutter geerbt hatte – auf ihren Überlebenswillen.

Thelmas Eltern Samuel und Gertrude Wittison hatten ihre Heimat Irland um die Jahrhundertwende verlassen. Nachdem sie eine Weile in der Nähe von Hobart in Australien Land bestellt hatten, wo Liza Thelma 1887 zur Welt kam, waren die Wittisons nach Napier in Neuseeland weitergezogen. Hier heiratete Thelma am 12. Juli 1909 Albert James Rawstron, den 29jährigen Sohn eines Polizeiinspektors, der von Bamber Bridge in Lancashire nach Neuseeland ausgewandert war.

Der Tischler Albert war schon bald zusammen mit seiner frisch Angetrauten an die Küste von Tokomaru Bay gezogen. Thelma erzählte ihren Kindern später, wie ihre Habseligkeiten in einem Weidenkorb auf den Strand herabgelassen wurden. Ein bißchen erinnert das an die Bilder aus Jane Campions Film *Das Piano*. Damals allerdings brachte Thelma jenem düsteren Vorposten der Zivilisation, über den ständig der Wind blies, kaum romantische Gefühle entgegen. In dem kleinen Ort gab es nur wenige Häuser und Farmen und in den dreißiger Jahren kaum Straßenlaternen und praktisch keine Elektrizität. Der nächstgrößere Ort Gisborne war nur über einen 80 Kilometer langen, oft nicht befahrbaren Feldweg zu erreichen.

Im Sommer war das sogenannte East Cape die heißeste, trockenste Region Neuseelands, und im Winter fegten die kalten Winde vom Pazifik über den kleinen Ort hinweg.

Anfangs fühlte sich Thelma in der Ehe mit Albert noch wohl. Ihr Mann hatte wie so viele Bewohner des Ortes Arbeit in der riesigen Kühlfabrik gefunden, die das Hammel- und Lammfleisch der Farmer aus der Gegend weiterverarbeitete. Thelma bekam kurz nacheinander sechs Kinder. Albert fiel es immer schwerer, den ständig wachsenden Anforderungen seines größer und größer werdenden Haushalts gerecht zu werden. Bei seiner Beschäftigung handelte es sich um Saisonarbeit. Manchmal hatten sie so wenig Geld, daß sie zu acht in einem Zelt in der Nähe der Kühlfabrik kampieren mußten. Als der finanzielle Druck zu stark wurde, erklärte Albert, er werde nach Auckland gehen, um sich dort einen besser bezahlten Job zu suchen. Er kam nie wieder nach Tokomaru Bay zurück.

Sogar an den Maßstäben von Tokomaru Bay gemessen, mußte Thelma mit ihren Kindern nun ein karges Leben führen. Der Ort dehnte sich entlang der Pazifikküste aus; die weißen Einwanderer aus Europa wohnten hauptsächlich in Toko, dem wohlhabenderen Teil des Ortes, während die einheimischen dunkelhäutigen Maori in den Slums von Waima hausten. Die Rawstrons gehörten zu den wenigen weißen Familien, die gezwungen waren, im falschen Teil von Tokomaru Bay zu wohnen.

Thelma ernährte die Familie, nachdem sie von Albert verlassen worden war, mit ihrer Arbeit als Putzfrau. Sie machte sich jeden Morgen um fünf von Waima aus auf den fast acht Kilometer langen Weg zu einem Farmhaus, das zwei alleinstehenden älteren Frauen gehörte. Thelma sparte das Geld, das sie dort verdiente, um zusammen mit ihren Kindern ein Wellblechhäuschen mieten zu können, das trotz des Lehmfußbodens einen deutlichen Fortschritt gegenüber dem Zelt darstellte.

Von den Kindern scheint Mary Noeleen, die am 15. Oktober 1918 in Gisborne geboren wurde, ihr am ähnlichsten gewesen zu sein. Sie war nicht nur temperamentvoll, sondern auch ausgesprochen hübsch. Als Teenager hatte sie zahlreiche Verehrer.

Noeleens erster richtiger Freund war Jimmy Collier, ein gutaussehender Maori-Farmarbeiter, der in Tokomaru Bay lebte. Die beiden trafen sich fernab des Ortes im Schatten des Mount Hikurangi und der ausgedörrten Hügel über der kleinen Stadt. Schon bald wurde Noeleen schwanger, und 1938 brachte sie einen Sohn zur Welt, den sie nach seinem Vater James Patrick nannte. Jimmy war offenbar erschrocken über die Last der Verantwortung und darüber, daß sich alles so schnell entwickelte. Also mußte Noeleen den kleinen Jimmy oder Ninna, wie sie ihn auch nannten, zusammen mit ihrer Mutter allein aufziehen. Als der Junge größer wurde, hatte sein Vater immer weniger Einfluß auf sein Leben. 1940 zog Jimmy Collier nach Gisborne und heiratete eine andere Frau.

»Noeleen konnte einfach nicht begreifen, was Jimmy ihr da antat«, erinnerte sich die Lehrerin Ira Haig, eine Freundin von Noeleen. »Schließlich sah sie viel besser aus als diese andere Frau, und das wußte sie auch.«

Nachdem Jimmy Collier sie verlassen hatte, begann Noeleen sich nach einem anderen Mann umzusehen. Drei Jahre nachdem Collier von Tokomaru Bay weggegangen war, glaubte Noeleen, diesen Mann gefunden zu haben.

Der Zweite Weltkrieg hatte die europäische Wirtschaft zum Erliegen gebracht, und plötzlich florierte Tokomaru Bay. Der Rest der Welt brauchte dringend Wolle und Hammelfleisch; die Kühlfabrik lief auf Hochtouren. Über 2000 Männer kamen in die Gegend, um dort zu arbeiten, unter ihnen auch ein 25jähriger Maori namens Tieki »Jack« Wawatai, von Beruf Metzger.

Jack stammte aus Rangitukia, einem Ort knapp 100 Kilometer nördlich von Tokomaru an der Pazifikküste. Als Maori konnte er nicht zu den ANZAC-Streitkräften rekrutiert werden, die die neuseeländische Regierung nun nach Europa schickte. Also machte sich Jack Wawatai auf den Weg nach Tokomaru zu der großen Kühlfabrik, um Geld für seine Frau und seine Familie zu verdienen.

Jack war in Rangitukia zur Welt gekommen und aufgewachsen. Sein Vater war gestorben, als Jack dreizehn war. Als seine Mutter noch einmal geheiratet hatte, war er von Reverend Poihipi Kohere, dem anglikanischen Geistlichen der Gemeinde, aufgenommen worden. Jack hatte auf der Farm des Geistlichen gearbeitet und sofort Eindruck auf dessen Tochter Apo gemacht. Im November 1937 hatten der 20jährige Jack und die 18jährige Apo im Haus von Reverend Kohere geheiratet. 1947 hatten sie bereits vier Kinder.

Jack war ein gutaussehender Mann mit durchdringendem Blick und unbekümmerter Persönlichkeit. »Er konnte mit seinem Charme die Vögel von den Bäumen locken«, sagte seine Frau. Oft sang er mit seiner schönen Stimme traditionelle Maori-Lieder und Mario-Lanza-Arien. »Manchmal hörte ich ihn mitten in der Nacht auf dem Feld den Kühen vorsingen«, erzählte Apo lächelnd. Die langen Abende in Tokomaru Bay verbrachte Jack damit, zusammen mit anderen Männern, hauptsächlich Maori, in einem Laden in der Nähe des Rawstron-Hauses zu singen.

Ira Haig, eine langjährige Freundin seiner Familie, hatte ihn in diese Gruppe eingeführt. »Zuerst hat er mir gesagt, er kann da nicht hingehen. Schließlich war er verheiratet, und bei den Treffen machten nur alleinstehende Männer mit«, erzählte Ira. »Aber er hat einfach gern gesungen, also ist er irgendwann doch hingegangen. Ich habe ihn hingebracht.« 1943 arbeitete Noeleen als Kellnerin in der Kantine der Kühlfabrik. Dort sah sie den attraktiven Neuankömmling zum erstenmal. Er erwiderte ihr Interesse, und schon bald trafen sich die beiden heimlich. Nach Aussagen ihrer Schwester Donny könnte Noeleen, als sie Jack kennenlernte, gemeint haben, er sei unverheiratet, obwohl er am Wochenende immer wieder nach Rangitukia zu seiner Familie fuhr.

Jedenfalls bekam Noeleen das irische Temperament ihrer Mutter zu spüren, als diese merkte, was los war. »Meine Mutter war völlig außer sich«, erinnert sich Donny. »Sie konnte Jack nicht leiden. Erstens, weil er Maori war – sie mochte die Maoris nicht, obwohl sie mitten unter ihnen lebte –, und zweitens, weil er eine Frau hatte.«

Doch vielleicht war Noeleen letztlich auf eine Konfrontation aus gewesen. »Einmal habe ich sie am Sonntag nachmittag in der Stadt spazierengehen sehen, und einmal habe ich sie im Pub beobachtet. Ich habe Noeleen darauf angesprochen und ihr gesagt, sie soll aufhören, sich mit Jack zu treffen«, meint Donny. »Aber sie hat mir erklärt, das geht mich nichts an. Sie war ziemlich eigensinnig.«

Jacks Frau Apo ahnte nichts davon, daß ihr Mann fremdging, auch wenn er kaum etwas von seinem Lohn nach Hause brachte. Sie schrieb das seiner Schwäche fürs Trinken und Spielen zu. »Jack konnte einfach nicht mit Geld umgehen«, beklagte sie sich. Doch schon bald erfuhr sie durch Verwandte in Tokomaru Bay von der Sache. Während ihr introvertierter Vater seinen Zorn hinunterschluckte, packte Apo ihre Siebensachen und machte sich auf den Weg zu ihrem Mann. »Das war ein ganz schöner Schock. Mit so etwas hatte ich nicht gerechnet«, sagte sie.

Als Noeleen von Apos bevorstehender Ankunft erfuhr, machte sie sich auf das Schlimmste gefaßt. »Sie dachte, sie wird ihr ganz schön eins überbraten«, erzählte Donny, der diese die Geschichte anvertraute. »Vielleicht hat Jack sie gewarnt – jedenfalls hat sie sich das ganze Wochenende nicht blicken lassen.«

Doch Apo bewahrte Stillschweigen und zog zu Jack in Waima. Sie gab ihm zu verstehen, daß sie bleiben würde, bis ihre Ehe sich wieder erholt hatte. Als sie Noeleen schließlich auf der Straße begegnete, schenkte sie ihr keine Beachtung. »Ich konnte ihr gar nicht aus dem Weg gehen – aber ich glaube nicht, daß ich auch nur ein Wort mit ihr gesprochen habe«, erinnerte sie sich.

Apo nahm die Zerknirschung ihres Mannes skeptisch hin. »Er war ein ungezogener Junge. Jack hat gesagt, es tut ihm leid, und er macht's nie wieder.« Obwohl Jack später wieder fremdging, fuhren Apo und er am Ende der Arbeitssaison 1943 gemeinsam nach Rangitukia zurück[1].

Noeleen hatte keinerlei Gelegenheit gehabt, noch einmal mit Jack zu sprechen und ihm zu sagen, daß sie wieder schwanger war.

In den ersten Monaten erzählte sie niemandem etwas von ihrer Schwangerschaft.»Wir haben nichts davon gewußt«, meinte ihre Schwester Donny.»Sie hat weder mir noch sonst jemandem etwas davon gesagt.«

Die einzige Vertraute, die sie gehabt zu haben schien, war Kura Beale, die Stieftochter von A. B. Williams, einem der reichsten Grundbesitzer der Gegend, für den Noeleen im nahe gelegenen Te Puia Springs als Putzfrau gearbeitet hatte. Angeblich war auch Kura Beale selbst unter unglücklichen Umständen schwanger geworden und hatte ihr Kind zur Adoption freigegeben. Als Noeleen ihren Zustand nicht länger verheimlichen konnte, drängte ihre Mutter sie, Tokomaru Bay zu verlassen. Noeleen beschloß, sich auf den Weg nach Gisborne zu machen, wo sie hoffte, das Baby in Ruhe zur Welt bringen zu können. Ihre Mutter dachte sich einstweilen eine Geschichte aus, um sie zu schützen.»Ich weiß noch, meine Mutter hat mir damals gesagt, Noeleen geht eine Weile zum Arbeiten weg«, erinnerte sich Donny.

Am 6. März schließlich brachte Noeleen im Cook Hospital ein Mädchen zur Welt, das sie Claire Mary Teresa nannte.

Da Jack Wawatai nun wieder mit seiner Frau zusammen war und von der Geburt wahrscheinlich nichts mitbekommen hatte, mußte Noeleen auf der Geburtsurkunde die Zeile mit dem Namen des Vaters frei lassen. Ohne Geld konnte sie nicht lange in Gisborne bleiben[2].

Jack und Apo Wawatai hatten vermutlich gehofft, die Affäre vom Vorjahr sei nun vergessen. Doch eines Herbsttages stand ein Polizist vor ihrer Tür und überreichte Jack eine Vorladung für das Gericht in Rotorua.»Er mußte wegen einer Anhörung über Unterhaltszahlungen für das Baby nach Rotorua«, erzählte seine Schwester Huka. »Erst da haben wir davon erfahren.« In der Hoffnung, seine Frau würde ihn verstehen, wandte Jack sich an Apo.»Er hat gesagt, wir sollen sie wie unser eigenes Kind bei uns aufnehmen«, erinnerte sich Apo. Doch dazu ließ sich Apo nicht überreden. »Ich habe ihm gesagt, das kommt gar nicht in Frage«, meinte sie. »Schließlich hatten wir selbst schon genug Kinder und konnten uns das nicht leisten. Das Leben damals war sehr hart.«

Es ist unklar, zu welcher Entscheidung das Gericht in Rotorua kam. Selbst wenn Noeleen in der Lage gewesen wäre zu beweisen, daß Jack Wawatai der Vater ihres Kindes war, wären die Unterhaltszahlungen mit Sicherheit ziemlich gering ausgefallen. Die Verhandlung zeigte nur noch deutlicher, in welchen Schwierigkeiten Noeleen steckte. Sie wußte, daß sie irgendwann wieder nach Tokomaru Bay und zu ihrer Mutter zurückkehren mußte, die ihr und dem Kind eines Maori-Mannes gegenüber feindlich gesinnt sein würde.

Wenige Wochen nach Claires Geburt beschloß Noeleen deshalb – vielleicht beeinflußt durch Kura Beale –, das Baby zur Adoption freizugeben und allein nach Tokomaru Bay zurückzukehren, wo sie ihr altes Leben mit ihrer Mutter und ihrem Sohn Jimmy wiederaufnahm. Sie erwähnte nie wieder etwas von diesem einen schicksalhaften Jahr.

» Die Chefin «

Wenige Wochen nach Noeleen Rawstrons Rückkehr nach Toko-
maru Bay brachte eine Sozialarbeiterin die kleine Claire zu einem
Haus in der Grey Street 161, nicht weit vom Meer entfernt, wo der
Maori Atama » Tom « Te Kanawa und seine Frau Nell wohnten.

Die beiden waren seit vier Jahren verheiratet. Tom leitete eine erfolgreiche Spedition, und Nell war gerade dabei, das Haus in der
Grey Street zu erwerben, das sie als gutgehende Pension führte.

Nell, die bereits zwei Kinder aus einer früheren Ehe hatte, war fast
47 Jahre alt und deshalb zu alt, um noch ein weiteres Kind zusammen
mit Tom zu bekommen. Deshalb beschloß das Paar, ein Baby zu
adoptieren. Tom Te Kanawa wollte unbedingt einen Jungen und weigerte sich, Claire bei sich aufzunehmen, als er sie das erstemal sah.
Doch da die Sozialarbeiterin keinen anderen Platz für das Kind fand,
brachte sie es wieder in die Grey Street, und nun war Tom hingerissen von dem kleinen Mädchen mit der dunklen Haut und den klaren
Augen. Er und Nell erklärten sich bereit, die Kleine zu adoptieren.

Als sie die Formalitäten hinter sich hatten, beschäftigten sie sich
mit der Namenssuche. Nell stimmte Toms Vorschlag zu, das kleine
Mädchen nach Toms Vater » Kiri « zu nennen, ein Maori-Name, der,
abhängig vom Dialekt, entweder » Glocke « oder » Baumrinde « bedeutet. Dazu wählten sie Jeanette, einen Vornamen, den auch Nell
trug, und Claire, den Namen, den die Sozialarbeiterin immer im Zusammenhang mit der Kleinen erwähnt hatte.

Als Noeleen Rawstron ihre Tochter zur Adoption freigegeben
hatte, war ihr bewußt gewesen, daß sie keinerlei Mitspracherecht
bei der Auswahl der Adoptiveltern haben würde. Sie erfuhr erst später, wer sie waren, und erkannte auch dann nicht, wie sehr sich der
Lebenslauf der Te Kanawas und ihr eigener ähnelten.

In ihrem bunten und ereignisreichen Leben hatte Mrs. Tom Te Kanawa schon mehrere Namen gehabt. Bei ihrer Geburt am 14. Oktober 1897 war sie Hellena Janet Leece getauft worden. Durch ihre erste Ehe wurde sie Mrs. Alfred John Green und durch ihre zweite Mrs. Stephen Whitehead. In Einwohner- und Wählerverzeichnissen war ihr ungewöhnlicher Vorname auch als »Ellenor«, »Eleanor« oder sogar »Heleanor« zu finden. Da verwundert es kaum, daß sie neue Bekannte bat, sie einfach »Nell« zu nennen. Familienangehörige und Pensionsgäste hatten ohnehin keine Probleme mit ihrem Namen, denn für sie war sie von Anfang an »die Chefin«.

Sie war eine temperamentvolle Frau mit roten Wangen, die den Haushalt der Te Kanawas, Claire Rawstrons neues Zuhause, fest im Griff hatte. Nell Te Kanawa beherrschte die Kindheit und Jugend von Claire, der das nicht immer recht war. Doch ohne die Chefin hätte Kiri Te Kanawa wahrscheinlich weder Gisborne noch Neuseeland jemals verlassen.

Ähnlich wie Thelma und Noeleen Rawstron hatte auch Nell Te Kanawa eine harte Kindheit hinter sich. Sie kam in der Goldgräberstadt Waihi in der Bay of Plenty zur Welt. Nells Mutter Emily Leece, geborene Sullivan, war die Tochter des Goldgräbers Jeremiah Sullivan und hatte mit ihrem Mann John Alfred Leece, der aus Rushden auf der Isle of Man stammte, insgesamt 15 Kinder. Wie so viele Männer seiner Generation träumte auch John Leece davon, in der größten Goldmine Australiens und Ozeaniens ein Vermögen zu machen. Doch statt dessen scheint er dort völlig den Boden unter den Füßen verloren zu haben. Es ist nicht ganz klar, ob Emily Leeces Mann starb oder ob sie sich von ihm scheiden ließ. Sicher ist nur, daß sie mit ihrer ganzen Familie an die nördliche Spitze der Südinsel von Neuseeland zog und sich dort ein neues Leben ohne John Leece aufbaute, als Hellena im Teenageralter war.

Auch Nell sollte kein großes Glück mit den Männern haben. Sie heiratete bereits mit 18 Jahren Alfred John Green, einen 20 Jahre alten Arbeiter aus Hobart, arbeitete in einer Fabrik und wohnte mit ihrer mittlerweile wieder verheirateten Mutter zusammen. Emily und ihr Mann waren die Trauzeugen bei Nells Hochzeit, die am Montag, dem 1. November 1915, in der katholischen Kirche an der Manuka Street stattfand.

Schon nach vier Jahren hatten sie zwei Kinder: Stan, der 1916 zur Welt kam, und die drei Jahre jüngere Nola. Etwa zur Zeit von Nolas Geburt zog die Familie auf eine Farm in die abgelegene Gegend von Waimangaroa außerhalb von Westport an der stürmischen Westküste der Südinsel, wo seinerzeit Nells Eltern geheiratet hatten. Offenbar war die Farmarbeit zu hart für sie, so daß sich die Familie schon bald in dem kleinen Ort Denniston ansiedelte, wo Alfred eine Beschäftigung als Schreiner gefunden hatte. Doch auch dieser Umzug erwies sich als falsche Entscheidung. Nell verließ ihren Mann und Denniston zusammen mit ihren Kindern und machte sich auf den Weg nach Gisborne am East Cape der Nordinsel. Im Oktober 1933 ließ sie sich von Alfred Green scheiden.

Die Trennung von ihrem Mann schien neue Energien in ihr freizusetzen. In den folgenden Jahren sagte sie immer wieder, sie sei mit nichts als »zwei Koffern und zwei Kindern« in Gisborne angekommen. Mit einer Entschlossenheit, die ihr ganzes folgendes Leben charakterisieren sollte, begann sie nun, eine sicherere Existenz für sich und ihre Familie aufzubauen.

Zusammen mit Stan und Nola und Irene Beatrice Staines, einer Verwandten ihrer Mutter, zog sie in die große Pension in der Grey Street 161. Angeblich begann sie dort, illegale Abtreibungen durchzuführen. Ihre Dienste waren sehr gefragt in der geschäftigen Stadt am Meer, wo junge Frauen immer wieder feststellen mußten, daß sie von durchreisenden Seeleuten oder Lohnarbeitern geschwängert worden waren. Offenbar stammte ein großer Teil ihrer Kundschaft aus der wachsenden Gemeinde von griechischen und italienischen Einwanderern in Gisborne.

Nell fand schon bald wieder einen neuen Ehemann. Etwa zu der Zeit, als ihre erste Ehe in die Brüche ging, lernte sie Stephen Whitehead kennen, einen 48jährigen Witwer aus Gisborne. Nell und der Fahrradhändler und Mechaniker Stephen heirateten am 8. August 1935 standesamtlich. Die Ehe erwies sich als kinderlos, kurzlebig und ziemlich skandalös. Kiri Te Kanawa sollte später sagen, Nells zweite Ehe habe dazu geführt, daß ihre Mutter sowohl bei ihrer Familie als auch bei der katholischen Kirche in Ungnade gefallen sei. » Es war sogar die Rede von Exkommunikation«, erinnerte sie sich. Wir wissen nicht, was die Gründe dafür waren, aber so viel steht fest: Große Begeisterung hätte die Information, daß Nell in ihren Räumen Abtreibungen vornahm, bei der Kirche mit Sicherheit nicht ausgelöst.

Als auch ihre zweite Ehe scheiterte, lernte Nell den sanften, zurückhaltenden Lastwagenfahrer Atama »Tom« Te Kanawa kennen, der ebenfalls in der Pension in der Grey Street wohnte. Er sollte sich schließlich als der richtige Mann für Nell erweisen.

Tom Te Kanawas Familie stammte von der Westküste der Nordinsel, genauer gesagt aus Kawhia Harbour und Kinohaku. Seine Herkunft ließ sich bis zu Te Kanawa zurückverfolgen, dem legendären Maori-Chief der Maniapoto, eines Waikatostamms. Chief Te Kanawa tat sich in der neuseeländischen Geschichte besonders durch seine Heldentaten während der Maori-Kriege in den zwanziger Jahren des 19. Jahrhunderts hervor. Im Jahr 1826 verhinderten Te Kanawa und Te Wherohero, ein weiterer Häuptling, daß der gefürchtete Pomare-nui weiterhin die Gegend tyrannisierte, indem sie ihm auflauerten und ihn töteten. Die Maori-Legende besagt, daß sie ihn anschließend kochten und verzehrten. Dabei entdeckten sie merkwürdige gelbe Körner in seinem Magen. So, heißt es, sei der Mais in die Gegend von Waikato gelangt.

Tom war eins der 13 Kinder des Farmers Kiri Te Kanawa und seiner Frau Taongahuia Moerua. Als Tom 1902 das Licht der Welt erblickte, war die Te-Kanawa-Familie bereits von Kawhia ins Landesinnere in die üppig grünen Hügel über den kleinen Orten Otorohanga und Waitomo gezogen. Tom verbrachte seine Kindheit in Pohatuiri, einer Ansammlung von Lehmbodenhütten aus Punga, dem Holz eines dortigen Farnbaums. Der Ort war kilometerweit von der nächsten Straße entfernt, so daß Tom so einfach aufwuchs wie schon zahlreiche Maori-Generationen vor ihm.

Toms jüngerer Bruder Mita beschrieb das Leben der Te Kanawas später in einer privat veröffentlichten Geschichte. Darin erinnerte er sich an Pohatuiri als »ausgesprochen geschäftigen Ort« und blickte voller Zuneigung auf »die Nähe, den Zusammenhalt und die Wärme« zurück, die er dort erlebt hatte. Das fruchtbare Land rund um Pohatuiri lieferte praktisch alles, was sie brauchten. Lediglich Zucker, Salz, Mehl, Tabak und Alkohol mußten die Familien kaufen. Angehörige aus Kawhia, die sie besuchten, brachten oft Fisch und Meeresfrüchte mit. In diesem gesegneten Land merkten die Leute fast nichts von der Wirtschaftskrise, die die Welt in den dreißiger Jahren erschütterte.

Der Höhepunkt des Jahres waren die sogenannten Huis, Feste, die von den Ortsbewohnern gemeinsam vorbereitet wurden. » Unser Zuhause befand sich gleich oberhalb der Quelle und der Obstbäume. Vor den Huis wurden die Aufgaben auf die einzelnen Familien verteilt«, schrieb Mita, »doch wir halfen auch alle zusammen. Die Obsternte zum Beispiel erledigten wir gemeinsam, und unsere Kuia – die älteren Frauen – machten dann Marmelade, kochten ein und brauten.«

Toms Eltern waren streng gläubig. Taongahuias Familie gehörte der Christian-Ratana-Bewegung an, benannt nach ihrem Gründer Bill Ratana, einem Farmer, der seit Visionen im Jahr 1919 fest an seine Mission glaubte. In der Gemeinde, in der sie lebten, waren die Maori-Sprache und -Kultur wichtig, die eher mündlich als schriftlich weitergegeben wurden. Nach Aussagen von Familienangehörigen hatte Kiri eine gute Singstimme. »Kiri und seine Frau konnten kein Englisch. Das brauchten sie da oben auch nicht«, erzählt Toms Nichte Kay Rowbottom, die Tochter seiner Schwester Te Waamoana. »Vielleicht konnten sie die Sprache einigermaßen lesen, aber abgesehen von ein paar einzelnen Wörtern konnten sie sie nicht sprechen.«

In der Schule jedoch sah Tom sich dann der harten Realität gegenüber. Dort mußten er und seine Geschwister Englisch lernen und durften ihre Muttersprache nicht mehr benutzen. »In der Gegend hätte man sie mit einem Lederriemen verprügelt, wenn sie Maori gesprochen hätten«, meint Kay Rowbottom.

Toms Kindheit in den Bergen endete damit, daß man ihn zu einer Pflegemutter in Otorohanga schickte. Das war damals alles andere als ungewöhnlich. »Seinerzeit hat man Kinder als Arbeitskräfte verschickt«, erzählte Kay Rowbottom. »Sie waren wie Sklaven. Oft arbeiteten die Mädchen im Haus und die Jungen draußen auf dem Feld. Ich glaube nicht, daß es Tom dort gefallen hat. Ich weiß noch, daß die Leute später darüber geredet haben.«[1]

Tom besuchte eine örtliche Schule für Maori- und europäische (Pakeha-) Kinder, die er wie alle, die keine wohlhabenden Eltern hatten, im Alter von zwölf Jahren wieder verlassen mußte. Als er sich gezwungen sah, sich selbst durchzuschlagen, entfremdete er sich immer mehr von der Maori-Familie, die ihn aufgezogen hatte. Der Tod seiner Eltern und das Ende seines alten Lebens in Pohatuiri, wo der Wald sich den Raum wieder zurückeroberte, auf dem das Dorf entstanden war, vergrößerten auch die Distanz zu seinen Geschwistern.

Während die Te-Kanawa-Familie zum Familien-Marae (dem Familientreffpunkt) in Te Korapatu zog, beschloß Tom, nach Gisborne an die Ostküste überzusiedeln. Er kam dort Ende der zwanziger oder Anfang der dreißiger Jahre an. Und als er ein Zimmer in der Grey Street 161 mietete, lernte er Nell Whitehead kennen.

Auf den ersten Blick schienen Tom und Nell überhaupt nicht zusammenzupassen. Tom war 37 Jahre alt und damit sieben Jahre jünger als Nell. Er war wortkarg, sie lebhaft. Sie hatte schon zwei Ehen hinter sich, während er sich kaum, wenn überhaupt auf längere Beziehungen eingelassen hatte. Doch offenbar verstanden sie sich auf Anhieb. Sie heirateten am 14. Juli 1939 in Gisborne, nur 24 Tage, nachdem der Auflösung von Nells zweiter Ehe stattgegeben worden war[2].

Tom und Nell Te Kanawa waren älter und – zumindest für Gisborner Verhältnisse – finanziell abgesicherter als Jack Wawatai und Noeleen Rawstron. Sie bemühten sich von Anfang an, ihrer Adoptivtochter Kiri einen guten Start ins Leben zu ermöglichen.

Das begann mit der Wahl des Namens. Daß Tom sich für den seines Vaters entschied, hatte einen einfachen Grund: Dadurch nahm er anderen Familienmitgliedern, die möglicherweise etwas dagegen hatten, das Kind in die Familie der Te Kanawas aufzunehmen, von vornherein den Wind aus den Segeln. Zwar war das Aufziehen von Kindern in Strieffamilien bei den Maori weit verbreitet, aber richtige Adoptionen kamen seltener vor. Toms Angehörige, besonders sein jüngerer Bruder Mita, waren der Ansicht, daß der Name Te Kanawa echten Blutsverwandten vorbehalten sein sollte. Die Adoption hätte den Stammbaum verwässert. »Mita wollte keine Kinder adoptieren«, erzählt Kay Rowbottom. »Er hat mit seiner Frau zusammen Collen aufgezogen, ihre einzige Tochter, aber sie haben sie nie adoptiert. Sie hat immer den Namen Collen Keepa beibehalten, und die Te Kanawas betrachten sie nicht als Verwandte.«

Tom, der als Stiefkind unglücklich gewesen war, wollte seiner einzigen Tochter ähnlichen Kummer ersparen. Indem er ihr den Vornamen seines Vaters gab – so etwas ist nach der Maori-Tradition in jeder Generation nur einmal möglich –, signalisierte er Mita und den anderen Mitgliedern seiner Familie, daß die kleine Kiri für ihn tatsächlich sein eigenes Kind war. »Sie hielten sie für Toms leibliche Tochter, weil er ihr Kiri, den Namen seines Vaters, gegeben hatte«, erzählt Kay Rowbottom. Später sollten sich der einprägsame Name sowie die Tradition, die er evozierte, als unschätzbarer Vorteil erweisen. Kiri berief sich bewußt auf diese Tradition und schrieb sogar ein von den magischen Elementen ihrer Lebensgeschichte beeinflußtes Buch. Natürlich wußte sie auch zu schätzen, wieviel dieser Name zu ihrem Image beitrug.

Sie selbst hat es Jahre später so ausgedrückt: »Es ist einfach einmalig, Maori-Vorfahren zu haben, Opernsängerin zu sein und obendrein noch einen phantastischen Namen zu haben; das ist alles ziemlich exotisch und interessant. Besser, als eine Mary Smith mit mausbraunen Haaren zu sein.«

Die Sozialarbeiterin brachte Kiri im September 1944, also ungefähr zu der Zeit, als Nell die neue offizielle Eigentümerin des Hauses wurde, in die Grey Street. Das schindelgedeckte weiße Haus im Kolonialstil stand im Stadtzentrum, auf einer Halbinsel in der Nähe des Hafens und der Mündung des Turanganui. Nell zahlte 1400 Pfund (bis Oktober 1967 war das Pfund die neuseeländische Währung und wurde dann vom Dollar abgelöst) für das Anwesen, dessen Vorbesitzer die Hypothek nicht hatten abbezahlen können[3]. Seinerzeit erlebte Gisborne, das schon seit mehr als 60 Jahren ein Umschlagplatz für Kühlfleisch war, eine Blütezeit.

Gisborne, oder Turanga-nui-Kiwa, wie der Ort damals hieß, war 1769 der erste Landeplatz Captain Cooks in Neuseeland gewesen. Von den dort ansässigen Maori war er so spröde empfangen worden, daß er der Küste den Namen Poverty Bay gab. Der eigentliche Ort war 1870 von Sir William Gisborne, dem Secretary for the British Colonies, gegründet worden.

Gegen Ende des Zweiten Weltkriegs hatte Gisborne dann schon rund 19 000 Einwohner. Neuseeland war zu dieser Zeit immer noch eng mit den ehemaligen Kolonialherren verbunden. Als Großbritannien Deutschland den Krieg erklärt hatte, hatte Neuseeland dem ehemaligen Mutterland sofort beigestanden. »Wohin Großbritannien geht, gehen auch wir; wo es steht, stehen auch wir«, hatte der neuseeländische Premierminister Michael Savage versprochen. Die Marine des Landes wurde der Admiralität unterstellt, und neuseeländische Piloten fuhren nach England, um sich zur ersten Commonwealth-Staffel in der Royal Air Force zu formieren.

Ein Bataillon Maori wurde an die Front entsandt, und die Freiwilligen schlugen sich dort so tapfer, daß viele, unter ihnen auch Mita Te Kanawa, mit Auszeichnungen zurückkehrten. Sein Bruder Tom hingegen blieb zu Haus, um die Versorgung mit Wolle, Hammelfleisch und anderen Nahrungsmitteln sicherzustellen.

Im Hafen von Gisborne lagen deshalb zahlreiche Frachtschiffe mit Ladungen für Großbritannien und andere europäische Länder. Die Industrie boomte. Zusätzlich zu den Kühlfabriken entstanden Betriebe zur Weiterverarbeitung von Milchprodukten, Schinken, Speck und Wolle sowie Brauereien, Konserven- und Strumpffabriken. Gisborne wuchs im folgenden Jahrzehnt so sehr, daß es 1955 Stadtrechte erhielt.

Für die junge Kiri war nicht nur der Hafen, sondern auch ihr Zuhause in der Grey Street faszinierend. Im Garten hinter dem Haus, in dem sich auch ein alter Tennisplatz befand, hielt Tom ein paar Hühner, und überall wuchsen Aprikosen, Pfirsiche und Erdbeeren. Vor dem Haus stand ein riesiger alter Pohutakawa-Baum, an dem später eine Schaukel befestigt wurde. Das Haus stand gleich gegenüber von Williams and Kettle, einem der größten Läden der Stadt, von dem die Te Kanawas zwei Katzen – William und Kettle – bekommen hatten.

Aufgrund seiner zentralen Lage und des ständigen Kommens und Gehens in der Stadt hatte die Pension der Te Kanawas immer genug Gäste. Kiri erinnerte sich später, daß es in ihrer Kindheit kaum Zeiten gegeben hatte, in denen sich weniger als zwanzig Leute im Haus aufhielten. Einer von ihnen, »Onkel Dan«, hatte sich in einem der oberen Zimmer eine Bleibe eingerichtet, die er selbst als sein »Büro« bezeichnete.

»Nell brachte Leute in dem Haus unter, wo es nur ging«, erinnerte sich Myra Webster, die Schwester von Nells Schwiegersohn

Tom Webster. »Noch der kleinste Schuppen wurde als Zimmer hergerichtet. Im oberen Stockwerk pferchte sie ungefähr vier Leute in jeden Raum. Sie wies niemanden ab.«

Nell arbeitete ausgeklügelte finanzielle Arrangements aus: »Sie wußte von jedem, wann er seinen Zahltag hatte. Wenn die Mieter nach Hause kamen, erwartete sie sie schon unten an der Treppe, um sicherzugehen, daß sie pünktlich zahlten. Die meisten von ihnen waren junge Maori, die von der Küste nach Gisborne gekommen waren, um dort zu arbeiten. Nell verlangte den üblichen Preis, ungefähr 1,10 Pfund pro Woche, so daß sie ein ganz hübsches Einkommen hatte.«

Und dieses Einkommen ermöglichte es Nell, die illegalen Abtreibungen aufzugeben, gegen die Tom nach Aussage eines Familienmitglieds schon seit ihrer Heirat gewesen war.

Für die kleine Kiri war das Haus mit seinem großen Anwesen eine Spielwiese, auf der sie sich austoben konnte. In dem Gebäude waren überall Zimmer, sogar unterm Dach. Unten befanden sich eine riesige Farmhausküche sowie ein Eßzimmer. Im vorderen Teil bot ein Gemeinschaftsraum mit gemütlichen Sofas, einem Klavier, Familienporträts und Nells Nippessammlung den einzigen wirklichen Zufluchtsort vor dem ständigen Kommen und Gehen. In diesem Raum, dem einzigen immer ordentlichen des Hauses, empfing Nell Gäste aus ihrem stetig wachsenden Bekanntenkreis.

»Nell hat immer mit ein paar Damen in einem Klub in Gisborne Krocket gespielt«, erinnerte sich Myra Webster. »Ich glaube, der Nachmittagstee war ihnen letztlich wichtiger als das Krocket; wenn die Damen Nell besuchen kamen, holte sie immer das beste Porzellan und den ganzen zierlichen Nippes heraus und servierte ihnen Kuchen.«

Doch auch Tom orientierte sich gesellschaftlich nach oben. Anders als viele Angehörige seiner Familie und die Mehrheit der Maori befürwortete er die Anpassung an die Neuseeland dominierende weiße europäische Kultur. Je weiter er sich von seiner Familie entfernte, desto mehr orientierte er sich in Richtung der städtischen Mittelschicht. Schon bald war er ein gerngesehener Gast des Poverty Bay Golf Club. »Am liebsten hätte er sich wohl weiß angemalt«, sagt ein Verwandter mehr als einmal.

Auch sein beruflicher Erfolg trug zu seinem gesellschaftlichen Aufstieg bei. Bei seiner Hochzeit gab Tom als Beruf »winchman« an. Nach dem Verlassen der Schule hatte er an Bauvorhaben entlang der Ostküste mitgewirkt und sich auf das Fahren von Lastwagen und die Bedienung von Kränen spezialisiert. Mit Hilfe seiner Kontakte und des Geldes, das er mit der Sprengung für eine Straße durch die bis dahin unüberwindliche Schlucht von Whakatane verdient hatte, gründete er schließlich ein kleines Bauunternehmen.

Tom war, obwohl nur 1,75 Meter groß, muskulös und kräftig und stolz auf seine Kraft sowie auf seine Fähigkeit, hart zu arbeiten. »Er hatte Finger wie Würste, richtige Arbeiterhände«, erinnerte sich Kiri später. »Er hielt sich für so stark, daß er jeden Baumstamm ausgraben und jedes Boot hochhieven konnte.«

Ende der vierziger Jahre schließlich gelang es ihm, ein eigenes Ferienhaus, eine gemütliche Hütte oder »bach«, am Ufer des Tauposees zu bauen, einer beliebten Urlaubsgegend im Herzen der Nordinsel. Tom war immer schon fleißig gewesen, doch Kiri, sein ein und alles, gab ihm Grund, noch härter zu arbeiten. Als sie klein war, baute ihr Tom ein großes Puppenhaus mit Fenstern, Linoleumboden und Frisierkommode. »Kiri durfte ungefähr eine Woche lang drin bleiben, dann hat die alte Dame einen ihrer Mieter drin untergebracht«, erzählte Myra Webster.

Später sollte Kiri die spezifischen Maori-Fähigkeiten schätzen lernen, die ihr sowohl ihr leiblicher als auch ihr Adoptivvater mitgegeben hatten. »Ich habe ein wunderbares doppeltes Erbe. Das eine ist weiß, das andere Maori«, sollte sie als Erwachsene sagen[4].

Doch als Kind war sie anderer Meinung. Später gestand sie, ihr Vater habe die Maori-Seite im wesentlichen abgelehnt. »Mein Vater weigerte sich, Maori zu sprechen, und ich lernte die Sprache nicht, weil das einfach nicht in war«, sagte sie. »Ich wurde als Weiße erzogen.«

Im konservativen Umfeld der St. Joseph's Convent School in Gisborne erregte die gemischte Herkunft von Kiri trotz der Tatsache, daß gemischte Ehen in Gisborne weit verbreitet waren, unerwünschte Aufmerksamkeit. Einmal, so erinnerte sie sich, sei ihre ganze Klasse zu einer großen Geburtstagsfeier bei wohlhabenden Leuten eingeladen gewesen. »Aber mich haben sie nach Haus geschickt, weil ich eine Maori war.« Damals, so behauptete sie später, sei sie noch zu jung gewesen, um den wahren Grund zu begreifen, aber Nells Ärger über diese Demütigung prägte sich ihr unauslöschlich ein. »Meine Mutter hat mich immer wieder dran erinnert, und ich habe mich gefragt, warum sie mich bloß immer wieder erinnert.«[5]

Dies war nicht der einzige Zwischenfall an der St. Joseph's Convent School. Eines Tages wurde sie zusammen mit den anderen beiden Maori-Mädchen der Schule von dort abgeholt, weil sie gegen Typhus geimpft werden sollten. »Damals galten Maori-Kinder in Neuseeland als schmutzig«, erklärte Kiri drei Jahrzehnte später in der *Vogue*[6]. »Danach lag ich zwei Wochen lang krank in einem abgedunkelten Raum. Meine Mutter war wütend, daß man sie nicht informiert hatte, und ich habe denen da oben nie verziehen, daß sie mir das angetan haben, ohne vorher in meinem Elternhaus vorbeizuschauen. Dort hätten sie nämlich gesehen, daß ich aus einer sauberen Familie kam.«

Auch durch andere Dinge unterschied sich Kiri von ihren Mitschülern. Zum Beispiel holte ihre Mutter sie nie von der Schule ab. »Bei Regen warteten die Mütter immer mit Regenmänteln und Schirmen draußen vor der Schule«, erinnerte sich Kiri. »Jeden Tag dachte ich aufs neue, sie würde draußen sein, aber da war sie nie. Ich weiß auch nicht, warum. Sie hat sich darüber einfach keine Gedanken gemacht. Also mußte ich im Regen allein nach Haus gehen.«

Das Gefühl, anders als die anderen zu sein, verstärkte sich noch, als sie mehr über ihre Herkunft erfuhr. Laut Aussage von Kiri erzählten Tom und Nell ihr die Wahrheit, als sie kaum älter als drei Jahre war. Zwar sagten sie ihr nicht, wer ihre leibliche Mutter war, aber sie verheimlichten ihr nicht, daß sie sie adoptiert hatten. Als Kiri Jahre später nach ihrer Reaktion befragt wurde, gestand sie, daß das Wissen um die Adoption ihr Gefühl der Isolation sowie ihre natürliche Neigung zur Abschottung von anderen noch verstärkt habe. »Man wachst mit der Fähigkeit auf, sich abzuschotten«, sagte sie. »Das ist ein Schutzmechanismus. Ich ziehe mich ganz in mich zurück, wenn etwas schiefgeht.«[7] Doch das Wissen, daß ihre leiblichen Eltern sie im Stich gelassen hatten, ließ sie auch eine Beharrlichkeit und eine Entschlossenheit entwickeln, die sich sonst vermutlich nicht herausgebildet hätten.» Es hat mir Kraft gegeben. Ich hatte das Gefühl, etwas Besonderes zu sein und besondere Verantwortung zu haben. Ich bin mir ganz sicher: Wenn ich nie von meiner Adoption erfahren hätte, wäre ich nie berühmt geworden und würde jetzt in Neuseeland eine Schar Kinder großziehen. Aber dieses Wissen hat mich zu einer Kämpferin gemacht.«[8]

Je älter sie wurde, desto öfter geriet sie mit ihrer Mutter aneinander. Kiri war ihrer eigenen Aussage nach das klassische Beispiel für ein verzogenes Einzelkind. Es läßt sich leicht nachvollziehen, daß das Mißtrauen und die Abneigung, die Kiri immer wieder gegen die Konkurrenz an den Tag gelegt hat, ihre Wurzeln in ihrer Kindheit in der Grey Street haben. »Ich war ein Einzelkind und hatte Probleme, Freunde zu finden. Ich wollte immer, daß alles nach meinem Kopf geht, und ich habe mich in einer größeren Gruppe von Kindern nie wohl gefühlt«, sagte sie einmal. Ihr Vater Tom, der sie verwöhnte, überließ es Nell, sie in ausreichendem Maße zu disziplinieren. Wenn die kleine Kiri etwas angestellt hatte, mußte sie still auf einem Stuhl sitzen. Wenn sie daraufhin schmollte, wurde sie ins Bad geschickt. Sie durfte erst wiederkommen, wenn sie lächelte. Damals, so Kiri, lernte sie, auch zu lächeln, wenn ihr nicht danach zumute war – eine Fähigkeit, die ihr später noch oft zugute kommen sollte.

Bei schlimmeren Streichen bestrafte Nell Kiri mit einem Kochlöffel aus Holz oder mit einem Gürtel. Noch Jahre später erinnerte sich Kiri daran, wie sie voller Schadenfreude durch ein Mohnblumenfeld gerannt war, das ihre Mutter im Garten an der Grey Street angelegt hatte. »Beim Laufen köpfte ich alle Blumen.« Die Strafe folgte auf dem Fuße[9].

Mindestens einmal drohte Kiri Nell wegzulaufen. Eines Nachmittags packte sie wütend eine Tasche und erklärte Nell, die ihr keine Aufmerksamkeit schenkte, weil sie Besuch hatte, sie werde sie nun für immer verlassen. Doch wie so viele Ausreißer vor ihr schaffte sie es nur bis zum Gartentor, wo sie bis zum Abend leise vor sich hin schluchzte.

»Ich dachte, du willst weglaufen?« fragte ihre Mutter sie, als sie ins Haus zurückschlich.

»Ja, das wollte ich, aber dann ist es zu dunkel geworden«, antwortete Kiri schmollend.

Kiri wuchs in einer Familie auf, in der Musik ausgesprochen wichtig war. Nell behauptete gern, ihre Mutter Emily sei eine Nichte des großen englischen Komponisten Sir Arthur Sullivan gewesen[10]. Doch das war reine Fiktion. In Wahrheit ließ sich die Familie von Emily Sullivan nach Radcliffe in Lancashire zurückverfolgen. Emilys Großvater Jeremiah Sullivan war dort Lehrer gewesen. Sir Arthur Sullivans einziger Bruder Frederick jedoch lebte in Fulham, London[11].

Trotzdem scheint Nell eine begabte Pianistin gewesen zu sein und ihren Gästen in der Grey Street immer gern etwas vorgespielt zu haben.

Anfang der fünfziger Jahre begann der Siegeszug des Fernsehens in Amerika. In Neuseeland wurden die ersten Sendungen erst ungefähr ein Jahrzehnt später ausgestrahlt. Das Angebot bestand damals noch aus einem einzigen Sender mit drei Stunden Programm pro Tag. Davor waren Radiohören, Rugby und Pferderennen die unangefochtenen Lieblingsbeschäftigungen der Neuseeländer gewesen. In der Grey Street saß die Familie oft vor dem Radio und lauschte Konzerten und Unterhaltungssendungen des örtlichen Gisborner Senders. Wenn im Rundfunk keine ordentliche Musik zu hören war, übernahm Nell die Unterhaltung selbst und dirigierte von ihrem Klavierhocker aus familiäre Gesangsabende. »Sie war eine starke Persönlichkeit, und viele Menschen liebten sie«, sagte Kiri später.

In dieser Umgebung wurde schon bald deutlich, wie begabt Kiri war. Mit zwei Jahren hatte sie laut Aussage ihrer Mutter bereits zu Onkel Dans Mundharmonikaspiel getanzt. Manchmal setzte Nell sie auch auf ihren Schoß, um ihr die Tastatur des Klaviers zu erklären. Zur großen Freude von Nell begleitete Kiri sie schon bald und spielte sogar Solostücke. Doch am meisten beeindruckte sie ihre Mutter mit ihrer Stimme. Bereits als Fünfjährige erfreute sie Nell und Tom mit Liedern wie »Daisy, Daisy« oder »Cara Mia«. »Mit acht hatte sie eine hübsche kleine Stimme«, sagte ihre Mutter.

Nell ermutigte Kiri, an der St. Joseph's Convent School Klavierstunden zu nehmen. Doch zu ihrer Enttäuschung interessierte Kiri sich mehr für Sport, besonders fürs Angeln und Schwimmen, das ihr Vater ihr schon in jungen Jahren in Hatepe beigebracht hatte. »Sie war eine richtige Range«, erklärte Tom stolz [12]. Doch Nell ließ sich nicht beirren, und schon bald baute sie Kiri zum neuen Star am Gisborner Musikhimmel auf. Auf Wunsch ihrer Mutter sang Kiri nun bei den Musikabenden in der Grey Street die Solopartien, und durch ihre Verbindungen in der Stadt hatte Nell es geschafft, ihrer Tochter einen Platz in einer beliebten Rundfunksendung zu verschaffen. Kiri hatte ihren ersten Auftritt in Radio 2XG im Alter von sieben Jahren mit dem Lied »Daisy, Daisy«. Sie war damit so erfolgreich, daß sie immer wieder eingeladen wurde. Viktorianische Balladen und Lieder für viel reifere Stimmen als die ihre wie zum Beispiel »When I Grow Too Old to Dream« schienen ihr keinerlei Schwierigkeiten zu machen. Ihre Mutter belohnte sie mit Kleidern und Geschenken und fuhr mit ihr zum Einkaufen nach Auckland. Doch die junge Kiri konnte damit nicht sonderlich viel anfangen und suchte immer häufiger die Konfrontation mit Nell.

Eines Morgens kam Nell ins Schlafzimmer von Kiri und setzte sich auf ihr Bett. »Meine Mutter hatte geträumt, daß ich auf der Bühne von Covent Garden aufgetreten sei«, erinnerte sie sich einmal. Doch Kiri sagte das nichts. »Ich dachte, ach, das klingt schön, aber dann habe ich mir darüber keine Gedanken mehr gemacht.« Bald schon konnte sie mehr mit diesem Traum anfangen: »Man muß an Träume glauben. Ich denke nicht, daß ich weitergemacht hätte, wenn ich nicht daran geglaubt hätte.« [13]

Kiri war fasziniert von der Musiktruhe, die die Familie sich mittlerweile zugelegt hatte, und hörte sich darauf ständig »If I Knew You Were Coming I'd Have Baked a Cake« und »Sweet Violets« an. Als sie eine dieser Schallplatten kaputtmachte, rannte sie aus Angst vor Nell schreiend aus dem Zimmer. Letztlich hatte sie jedoch keine Lust, ihr ganzes Leben der Musik zu widmen. Das hing unter anderem mit ihrer Trägheit zusammen, die sie ihrer eigenen Aussage nach auch später nicht ablegte. »Mummy spielte ständig Musik. Oft hatte ich als Kind keine Lust zu singen, weil ich eher faul war, aber sie bestand darauf«, erinnerte sie sich [14].

Außerdem versuchte sie immer wieder auszuloten, wie weit sie bei ihren Eltern gehen durfte. Kiri wußte genau, daß sie von Tom alles haben konnte. Nell ließ sich nicht so leicht um den Finger wickeln, aber sie liebte sie genauso.

Kiris Abneigung gegen das Rampenlicht hatte einen ganz einfachen Grund: Trotz ihrer Lebhaftigkeit im Kreise derer, die sie kannte und liebte, war sie in Gesellschaft von Fremden ziemlich zurückhaltend und schüchtern. In der Grey Street gab es Zeiten, in denen ihr »vor Schüchternheit richtig schlecht« wurde, wie sie als Erwachsene gestand. Dazu kam ihre große Sensibilität. Zum Beispiel mußte sie im Kino bei Gewaltszenen oder auch nur Sätzen, die auf Grausamkeiten hindeuteten, oft weinen.

Als sie sich später – inzwischen bereits ein Star – an ihre Kindheit erinnerte, kamen ihr keine Kleider oder Puppenhäuser, Musikveranstaltungen im Wohnzimmer oder Rundfunkauftritte in den Sinn. »Das stärkste Gefühl, das ich im Hinblick auf meine Kindheit und Jugend in Neuseeland habe, ist das des Alleinseins dort«, erklärte sie einmal. »Ich konnte allein sein und suche vermutlich immer noch die Einsamkeit.«

Doch Nell schien es sich in den Kopf gesetzt zu haben, ihr die Schüchternheit auszutreiben. Anfangs ließ Kiri sich nur durch die Angst vor ihrer Mutter zu öffentlichen Auftritten bewegen. »Sie hat mich so eingeschüchtert, daß ich gesungen habe«, sagte sie einmal. Als sie drohte, sich gegen den Zwang aufzulehnen, meinte Nell nur: »Wir unterhalten uns darüber, wenn wir allein sind.«[15]

Nur wenige Menschen, die die lebhafte Kleine singen hörten und sahen, hätten sie wohl für schüchtern gehalten. »Ich war kein extrovertiertes Kind. Man muß lernen, extrovertiert zu werden«, beklagte sie sich später[16].

Doch ganz allmählich veränderte Kiri sich dadurch, daß Nell sie die ganze Zeit herumkommandierte: Sie stellte zum erstenmal ihr Selbstvertrauen unter Beweis. Einmal brachte sie trotz einer schweren Erkältung einen Rundfunkauftritt hinter sich. Als sie einen Ton falsch sang, hörte sie jemanden lachen. Doch sie ließ sich nicht entmutigen. »Das war meine erste ernüchternde Erfahrung mit dem Neid«, erzählte sie.

Diese Erkältung sollte wegen der rauhen neuseeländischen Winter nicht die einzige bleiben. Trotz des ansonsten eher robusten Lebens in Gisborne und Hatepe machte Nell sich ständig Sorgen um

Kiris Gesundheit. »Ich war ein kränkliches Kind«, gestand Kiri einmal. Um ihre Lunge zu stärken, ermutigte ihr Vater sie, seinen Lieblingssport, das Bogenschießen, zu beginnen. Später brachte er ihr auch das Golfspielen bei.

Etwa zu der Zeit, als Kiri ihr Rundfunkdebüt gab, stellten die Ärzte fest, daß sie unter »leichter Tuberkulose« litt. Damals kam gerade das Röntgen in Mode, und ihr junger Körper wurde immer wieder ohne Rücksicht auf mögliche spätere Folgen durchleuchtet.

Als man sie Jahre später nach der Vergangenheit ihrer Mutter fragte, antwortete Kiri, Nell sei von ihrem ersten Mann verlassen worden. »Vielleicht hat auch sie ihn verlassen; ich weiß es nicht so genau«, fügte sie hastig hinzu. Kiri wußte überhaupt nur sehr wenig über das turbulente Vorleben ihrer Mutter. Das läßt sich vielleicht damit erklären, daß Nell streng gläubige Katholikin war und vermutlich nur ihren Beichtvater ins Vertrauen gezogen hatte. Jedenfalls erzählte sie ihrer Adoptivtochter nichts über sich. »Meine Mutter hat aus ihrer Vergangenheit ein großes Geheimnis gemacht, und ich habe nicht weiter nachgebohrt.« Mehr war auch Kiri zu diesem Thema nicht zu entlocken[17].

Nells Kinder aus ihrer ersten Ehe stellten die positivste Verbindung zu ihrer Vergangenheit dar. Stan, den Nell abgöttisch liebte, hatte während des Zweiten Weltkriegs in der Armee gedient und sich danach zusammen mit seiner Frau Pat auf eine Geflügelfarm in Gisborne zurückgezogen. Nola hatte Tom Webster, einen örtlichen Farmer, geheiratet und lebte nun in Patutahi, in den Außenbezirken. Die einjährige Kiri hatte bei der Hochzeit der Websters 1945 in Gisborne Blumen gestreut. Nola konnte keine Kinder bekommen und hatte deshalb eine Tochter – Judy – adoptiert. Doch 1954 nahm Nolas Ehe ein ähnliches Ende wie die ihrer Mutter, und die junge Frau stand zusammen mit ihrer Tochter Judy vor der Tür von Nells Pension. Die beiden zogen in der Grey Street ein.

Kiri erkannte schnell, daß sie mehr Gemeinsamkeiten mit ihrer fünfjährigen Nichte hatte als mit ihrer erwachsenen Halbschwester. In den folgenden Jahren wurde Judy so etwas wie eine Schwester für Kiri. Ähnlich wie Kiri wußte auch Judy, daß sie adoptiert war.

Nola hatte ihr erzählt, sie habe sie in einem Schaufenster in Gisborne gefunden.

»Wenn wir in Gisborne zum Einkaufen gingen, wollte ich immer diesen verdammten Laden finden, damit sie alle meine Brüder und Schwestern mitnimmt, die sie in dem Schaufenster zurückgelassen hatte. Ich wollte sie alle bei mir haben. Natürlich mußte sie mitspielen«, erinnerte sich Judy. Das machte ihre Verbindung mit Kiri noch enger.

Judy erinnerte sich außerdem, daß Kiri einmal scherzte, sie seien Schwestern. Daraufhin erklärte Judy ihr: »Nein, das sind wir nicht.«

»O doch, wir sind alle adoptiert«, meinte Kiri daraufhin.

Tom und Nell scheinen sich über Kiris Einsamkeit Sorgen gemacht zu haben. Laut Aussage von Judy sprachen sie häufig davon, daß Kiris »Bruder« sich zu ihnen gesellen solle.

»Offenbar gab es da einen Bruder. Ich erinnere mich noch gut; sie haben immer darüber geredet, daß Nana ihn auch adoptieren wollte«, sagte Judy. Doch Judy – und ihre »Schwester« – wußten über Kiris leibliche Mutter nur, daß sie eine »blonde Dame« war, die irgendwo an der Küste von East Cape lebte.

Für Judy war die Grey Street eher ein Hotel als ein Zuhause. Onkel Dan wohnte immer noch im Obergeschoß und paßte auf Kiri auf, wenn Nell und Tom nicht da waren. »Komm rauf in mein Büro«, scherzte er mit Kiri, wenn sie allein daheim war. Einmal, so erinnerte sich Kiri, stopfte »Danny« sich die Hosentaschen mit Brötchen voll, die er in einer Bäckerei auf der anderen Straßenseite gestohlen hatte. »Ich habe jeden Morgen ein Brötchen zum Frühstück gegessen. Er hat immer das Innere rausgepult. Das habe dann ich gekriegt, und er hat das Äußere genommen.«

»Er hat Kiri und mir immer Pfefferminzbonbons geschenkt«, erinnerte sich Judy. »Aber Nell durften wir nichts davon erzählen.« Sie wäre sonst in die Luft gegangen. »Sie war streng«, so Judy, »aber sie hatte auch eine weiche Seite.«

Judy liebte es, Nell beim Klavierspielen zuzuhören. »Kiri und ich haben ihr nach der Schule immer in den Ohren gelegen, daß sie spielt. Sie hat dann gefragt: ›Habt ihr eure Schularbeiten schon gemacht?‹, und wenn wir ja sagten, hat sie gespielt.« Ihr Lieblingslied war »Greensleeves«, das auch Kiri gut beherrschte.

Judy hatte weniger Talent für Musik, konnte dafür aber gut Gedichte vorlesen. Etwa ein Jahr, nachdem Judy mit ihrer Mutter in die Grey Street gekommen war, überredete Nell die Leute vom Rundfunk, beide Mädchen in einer Sendung auftreten zu lassen. Doch Judy blieb nicht lange beim Radio. »Kiri mußte singen, und ich mußte ein Gedicht vorlesen«, erinnerte sich Judy. »Kiri hat das gut gemacht, aber ich habe den Text vergessen und ›Scheiße‹ gesagt«, meinte sie lächelnd. »Es war eine Live-Sendung, und ganz Gisborne hat zugehört. Ich glaube, Kiri hat zu lachen angefangen. Eine große Hilfe war mir das natürlich nicht. Das war das schnelle Ende meiner Rundfunkkarriere.«[18]

Als sie wieder in der Grey Street waren, »hat Nell mich ganz schön ausgeschimpft«, erinnerte sich Judy.

Doch trotz ihrer harten Schale war Nell sehr anfällig für Krankheiten, die auf ihr jahrelanges Übergewicht zurückzuführen waren. Außerdem litt sie unter Erschöpfung. Oft lag sie im Bett und hörte Radio, las Musikzeitschriften oder holte Tom und die Kinder, um sich mit ihnen zu unterhalten. »Sie hat sich nicht viel bewegt«, erzählte Kiri einmal. »Sie lag lieber im Bett und hielt hof.«[19] Kiri und Judy legten sich zu ihr aufs Bett und hörten zu, wie sie Geschichten aus der importierten Zeitschrift *American Post* vorlas. »Sie war eine üppige Frau mit kräftigen Armen. Die haben wir immer hochgedrückt und als Kissen benutzt. Ich weiß noch, daß Kiri und ich links und rechts von ihr auf dem Bett lagen, den Kopf auf ihren Armen, während sie uns aus der Zeitschrift die Geschichte von der ›Incredible Journey‹ vorlas«, erzählte Judy. »Sie hat die ganze Geschichte vorgelesen, von der ersten bis zur letzten Seite. Und wir sind erst gegangen, als wir wußten, was mit den Hunden und der Katze passiert ist.«

Das Zentrum von Nells Macht lag in der Küche. »Sie war eine ausgezeichnete Köchin, hat ständig Scones und solche Sachen gebacken«, erinnerte sich Judy. »Außerdem hat sie alles mögliche eingekocht und in Dosen und Gläsern eingelegt.« Offenbar zogen die Düfte, die aus der Küche der Grey Street drangen, Freunde, Nachbarn und Passanten gleichermaßen an. »Wenn Bekannte reinkamen, hat sie ihnen gleich eine Tasse Tee angeboten. Und wenn Leute sich von der Straße zu uns verirrten, hat sie die auch bekocht.«

Auch in der Küche waren Kiri und Judy nur Nells Befehlsempfänger. »Sie war wie eine Chefköchin. Sie hat alles durcheinandergebracht, und Kiri und ich mußten das Chaos wieder aufräumen«, erinnerte sich Judy. Die beiden Mädchen stritten sich oft darüber, wer von ihnen abwaschen und wer abtrocknen sollte. »Kiri und ich haben uns ständig darüber gestritten, weil derjenige, der abwusch, auch gleich noch die Bank und den Herd saubermachen mußte.«

Zu den heftigsten Auseinandersetzungen kam es, wenn Nell Kartoffelbrei kochte. »Den hat sie in großen alten Aluminiumtöpfen gemacht, und daran klebte der Kartoffelbrei fest wie Zement.« Der Höhepunkt des Jahres war aus der Sicht der Mädchen die alljährliche Weihnachtsfahrt zu der Hütte in Hatepe am Ufer des Taposees. Dort konnte Tom seinen beiden Leidenschaften frönen – der Ruhe und dem Forellenangeln. Ebenfalls dort fing Kiri zusammen mit Tom ihren ersten Fisch.

Die Tatsache, daß es in der Hütte keine Elektrizität gab, erhöhte den Reiz noch. »Dort hatten wir keinen Strom. Wir sind von Gisborne aus hingefahren, und mein Großvater hat die Paraffinlampen aus dem Schuppen geholt«, erinnerte sich Judy. »Es gab immer ein großes Hallo. Stan und Pat blieben auf der Geflügelfarm, weil sie arbeiten mußten, aber meine Großeltern, Mum, Kiri und die ganzen Leute aus der Gegend waren da. Weihnachten war für uns damals wie ein Märchen. Ich habe nur gute Erinnerungen daran. Kiri und ich sind immer zusammen in den Wald gegangen und haben große rote Fliegenpilze gesucht. Manchmal saßen wir ganz leise auf einem Baum und warteten darauf, daß die Feen kommen.«

Der ruhige, zurückhaltende Tom hätte kein größerer Gegensatz zu seiner Frau Nell sein können. Wenn sie wieder einmal das Haus voller Gäste hatte, blieb er im Hintergrund. »Tom war immer da, aber er redete nie viel«, erzählte Judy. »Wenn viele Leute im Haus waren, stand er mit einem Glas Ginger Ale in einer Ecke.«

Judy erinnerte sich nur an ein einziges Mal, als Tom die Beherrschung verlor. »Er hat den Motor eines Wagens repariert und sich mit dem Schraubenschlüssel auf den Daumen gehauen. Da hat er ›Scheiße‹ gesagt«, erzählte sie lachend. Seine Vorliebe für schnelle Autos scheint der einzige Beweis für sein Temperament gewesen zu sein. Während Nell die Fahrt nach Taupo verschlief, spornten die

Mädchen ihn an, den Wagen so schnell wie möglich über die kurvigen Straßen von Gisborne zu lenken. »Er ist gefahren wie Stirling Moss. Er fuhr ausgezeichnet, schnell, aber nicht riskant«, erinnert sich Judy. »Sobald meine Mutter eingeschlafen war, hat er beschleunigt. Und wenn sie aufgewacht ist, hat sie geschrien: ›Nicht so schnell, Tom, nicht so schnell!‹ Es war zum Brüllen komisch. Er ist langsamer gefahren, hat sie aber nicht aus den Augen gelassen. Wenn sie eingenickt ist, hat er wieder aufs Gas gedrückt. Irgendwann ist sie dann erneut aufgewacht und hat ihn angebrüllt und so weiter und so fort. Das ging auf jeder Fahrt so.«

Tom weckte die kleine Kiri immer um fünf Uhr morgens auf, bevor er sich auf den Weg zur Arbeit machte. Dann schlich sie sich zusammen mit ihm hinaus und setzte sich in das Führerhaus seines Lastwagens. Und in Taupo saß sie schweigend neben ihm am See, während er Forellen angelte oder einfach nur die Landschaft betrachtete. Manchmal schliefen Vater und Tochter unter freiem Himmel, »um rechtzeitig da zu sein, wenn die Fische am Morgen aufwachten«.

»Es war wunderbar, daß man mit ihm nicht reden mußte«, erinnerte sie sich später. »Wir haben uns gemeinsam den See angesehen und kein Wort gesagt. Stundenlang. Das war das Schönste überhaupt.«[20]

In der Grey Street erlebte Kiri nur selten solche Ruhe. Als auch noch Judy und Nola einzogen, nahmen die abendlichen Musikveranstaltungen für Nells Wunderkind den Charakter von offiziellen Auftritten an. Wenn nur die Familie anwesend war, dominierte Nell wie immer das Geschehen. Hatten sie jedoch Besuch, gab es nur einen Star. »Kiri war der Mittelpunkt«, erzählte Judy. »Wenn Leute kamen, mußte ich immer singen«, gestand Kiri später. »Damals bin ich mir vorgekommen wie ein Zirkuspferd.«[21] Als Kiri zwölf Jahre alt war, begann Nell große Pläne für sie zu machen. Wenn Nell oben im Bett lag, lauschte sie eifrig den zahlreichen Musikwettbewerben, die seinerzeit im Radio ausgestrahlt wurden. Solche Wettbewerbe waren damals in Neuseeland und Australien große Mode. 1956 fing die Mobil Petroleum Company an, den prestigeträchtigsten neuseeländischen Wettbewerb zu sponsern, der alle zwei Jahre stattfand und von da an Mobil Song Quest hieß.

Aus diesem Wettbewerb waren einige neuseeländische Stars hervorgegangen, unter ihnen auch eine Nonne aus Auckland, die als beste Musiklehrerin des Landes galt. Schwester Mary Leo, eigentlich Kathleen Agnes Niccol, war 1895 als Tochter eines Expedienten in Devonport, einem nördlichen Vorort von Auckland, zur Welt gekommen. Nach ihrem Abschluß am Auckland Teacher's College und an der Auckland University hatte sie an der Schule unterrichtet und sich gleichzeitig einen Namen als Sängerin und Instrumentalistin gemacht. Doch im Alter von 28 Jahren war sie in den St. Mary's Convent in Auckland eingetreten, in den Order of the Sisters of Mercy, in dem sie bis an ihr Lebensende bleiben sollte.

1949 regte Schwester Mary Leo den Orden an, eine unabhängige, nicht konfessionsgebundene Musikschule auf dem Anwesen von St. Mary's zu gründen. Während sie selbst sich auf die Stimmbildung konzentrierte, übernahmen vier weitere Schwestern den Klavier-, Geigen-, Cello- und Orgelunterricht. Jedes Jahr erhielten 200 junge Musikerinnen aller Konfessionen aus ganz Neuseeland dort ihre Ausbildung. Nach dem Krieg beherrschten Schwester Mary Leos Schülerinnen die lukrativen Gesangswettbewerbe. Besonders ihr Erfolg mit einer emotional labilen, aber ausgesprochen begabten Sängerin namens Mina Foley hatte sie zu einer nationalen Berühmtheit gemacht.

Foleys Stimmumfang umfaßte dreieinhalb Oktaven. Die neuseeländischen Medien nannten sie bereits die »Stimme des Jahrhunderts«. 1951 wurde die Sängerin dank eines Stipendiums des British Council von Toti Dal Monte in Italien als Schülerin angenommen.

Als Nell hörte, daß Mina Foley vor ihrer Abreise nach Europa in Gisborne auftreten würde, kaufte sie sofort zwei Eintrittskarten für das Konzert im Regent Theatre. Wie erwartet, weckte dieses Erlebnis Kiris Ehrgeiz. Kiri erinnerte sich noch dreißig Jahre später daran, welchen Eindruck die Sängerin damals auf sie gemacht hatte. Mina Foley hatte die Bühne mit einem wunderbaren Kleid »ganz aus grünem Tüll, mit Puffärmeln und Schmuck überall« betreten. »Ich erinnere mich noch ganz genau daran. Sie trug die Haare nach hinten gekämmt; nur eine einzige Locke fiel ihr auf die Schulter. Natürlich war das schrecklich, aber ich fand es damals wunderbar.«

Kiri war fasziniert von Mina Foleys Stimme. »Ich konnte den

Blick nicht von ihr wenden, als sie sang. Ich glaube, an dem Abend hat meine Mutter erkannt, daß ich mein Leben der Musik widmen würde.«[22] Nach dem Konzert begannen sich Kiris Träume zu konkretisieren.

Trotz seiner historischen Bedeutung war East Cape nicht gerade der Mittelpunkt des neuseeländischen Lebens. In den fünfziger und sechziger Jahren galt East Cape als eine der abgelegensten und rückständigsten Regionen Neuseelands. Nell wußte, daß ein Umzug ins nördliche Auckland unerläßlich wäre, wenn Kiri weiterkommen wollte. Also setzte Nell sich telephonisch mit St. Mary's in Auckland in Verbindung und ließ sich direkt zu Schwester Mary Leo durchstellen. Daraus resultierte die erste von vielen Konfrontationen zwischen der stets vorwärtsdrängenden Nell Te Kanawa und der starrköpfigen Schwester Mary Leo.

»Ich habe eine Tochter, die sehr gut singen kann«, begann Nell das Gespräch.»Würden Sie ihr Unterricht geben?«

Ganz ruhig erklärte Schwester Mary Leo ihr, daß Kiri, wenn sie keine Schülerin von St. Mary's sei, ihre Klasse erst mit 18 Jahren besuchen könne.

Doch Nell ließ sich nicht so leicht entmutigen. Sie begann, auf Tom und die Familie einzureden, daß sie alle nach Auckland ziehen sollten, damit Kiri St. Mary's besuchen könnte. Schon bald erklärte sich Tom bereit, nicht nur das Haus in der Grey Street, sondern auch sein Unternehmen zu verkaufen.

Kiri jedoch teilte die Begeisterung ihrer Mutter hinsichtlich des Umzugs nicht, denn sie hatte eine glückliche Kindheit in der Grey Street bei Onkel Dan und den anderen verbracht. Doch Widerstand war sinnlos. Kurz nach ihrem zwölften Geburtstag im März 1956 zogen sie alle nach Auckland.»Es war ziemlich schrecklich«, erinnerte sie sich später.»In allen Büchern steht, daß man ein Kind in dem Alter nicht entwurzeln soll, aber ich mußte mein wunderbares Zuhause und einen netten alten Mann verlassen, der für mich so etwas wie ein Kindermädchenersatz war, und ich vermißte meine ›Familie‹.«[23] Erst später wurde ihr bewußt, was für ein wesentlicher Einschnitt dieser Umzug in ihrem Leben sein sollte:»Mit dem Haus habe ich praktisch meine Familie verloren.«

Der » Nonnenchor «

Mit dem Geld, das die Te Kanawas durch den Verkauf der Grey Street und von Toms Unternehmen verdient hatten, erwarben sie ein neues Haus im Aucklander Vorort Blockhouse Bay, ungefähr 15 Kilometer südlich des Stadtzentrums. Das neun Jahre alte Gebäude in der Mitchell Street 22 stand am unteren Ende einer steilen Auffahrt, von der aus man einen pittoresken Blick auf Manukau Harbour hatte. Nur ein paar Strommasten beeinträchtigten den Ausblick.

Mit 5500 Pfund lag der Preis für das Haus doppelt so hoch wie der sonst in der Gegend übliche. Zum Glück hatte Nell das Anwesen in der Grey Street für 6000 Pfund an einen Hotelier aus Wellington verkaufen können. Das bedeutete, daß sie innerhalb von zwölf Jahren 4600 Pfund Gewinn gemacht hatte [1]. Tom zog schon bald einen Vertrag mit Caltex über die Installierung von unterirdischen Benzintanks an Land. Nola meldete Judy zuerst in einem Internat an. Doch als diese einen Brief an ihren Vater in Gisborne aus der Schule schmuggeln ließ, in dem sie schrieb, sie sei dort unglücklich, durfte sie zu Kiri, die mittlerweile die Avondale Convent Primary School besuchte, mit dem Bus nicht weit von Blockhouse Bay entfernt.

Um Kiris Aufnahme dort und in St. Mary's zu erleichtern, wo Nell sie im Alter von 14 Jahren einschreiben wollte, war Kiri bereits gefirmt worden. Auf den Familienphotos vom Frühjahr 1956 lächelt sie mit ihrem weißen Spitzenkleid und dem Schleier unschuldig und engelsgleich, obwohl sie die Veränderungen in ihrem Leben längst noch nicht bewältigt hatte.

Kiri war in der St. Joseph's School in Gisborne keine gute Schülerin gewesen und interessierte sich in Avondale noch weniger für das Lernen. Außerdem weigerte sie sich beharrlich, sich in das dor-

tige System zu fügen.»Das war meine kindliche Reaktion auf alles
Neue«, gestand sie später.»Ich habe das alles gehaßt – und die
Leute dort haßten mich.«

Das ist angesichts der körperlichen Züchtigung durch die neuen
Lehrer nur zu verständlich. Noch Jahre später erzählte Kiri, wie ihre
Musiklehrerin in Avondale sie immer wieder an ihren langen Lok-
ken zog, auf die sie in Gisborne so stolz gewesen war.»Ich hatte
schöne lange schwarze Haare, an denen sie mich packte und hin
und her schüttelte«, erzählte sie.»Bei ihr habe ich mich immer besonders angestrengt, weil ich so große Angst vor ihr hatte, aber mein
Verhalten habe ich nicht geändert. Irgendwann war ich so verzweifelt, daß ich meine Mutter bat, mir die Haare abschneiden lassen zu
dürfen. Und mit Abschneiden meine ich richtig abschneiden, ganz
kurz, wie ein Punker. Das hat schrecklich ausgesehen, aber sogar
dann hat die Lehrerin mich noch daran gezogen.«

Die kurzen Haare verstärkten ihre Befangenheit noch. Auch mit
langen Haaren hatte Kiri wegen ihres kräftigen Knochenbaus immer
ein wenig unbeholfen und wie ein Junge gewirkt. Die Unsicherheit
ihres Körpers wegen sollte sie nie ganz ablegen.»Ich mag eigentlich
nichts an mir. Wenn ich mich im Spiegel anschaue, sehe ich Tausende von Mängeln«, sagte sie später einmal. Besonders haßte sie
ihre Grobknochigkeit und die stämmigen Beine, die sie von ihrem
Maori-Vater geerbt hatte.»Ich habe einen ziemlich robusten Körper
– wenn man mich sieht, kommt man kaum auf die Idee, daß ich mit
dem Leben nicht fertig werden könnte«, beklagte sie sich einmal.
»Zierlich sehe ich ja wohl nicht gerade aus, oder?«[2]

Außerhalb der Schule beschäftigte sich Kiri am liebsten mit Was-
serskifahren, Schwimmen und Segeln in Blockhouse Bay, oder sie
spielte Golf im nahe gelegenen Titirangi Club oder ging mit ihrem
Vater auf den One Tree Hill zum Bogenschießen.

Zusammen mit der lebhaften Judy und den fünf Hanson-Jungen
aus der Mitchell Street stellte sie viel Unsinn an. Laut Aussage von
Judy gerieten sie sich auf der Heimfahrt von Avondale manchmal in
die Haare. Als die Busse die Fahrgäste eines Tages in der Mitchell
Street absetzten, begann Judy einen Streit mit Mark, einem der
jüngeren Hansons. Daraufhin sprangen auch Kiri und Marks Bruder Andrew aus dem Bus und mischten sich ein.»Wir vier haben

uns ordentlich gekloppt«, erinnerte sich Judy. Schon bald bestand kein Zweifel mehr daran, wer die Auseinandersetzung für sich entscheiden würde. Einer der Hanson-Jungen hatte einen Schirm dabei. »Am Schluß hatte er das Ding um den Hals«, erzählt Judy lächelnd.

Kiri und Judy hatten offenbar so viel Schaden angerichtet, daß Betty, die Mutter der Jungen, Nell anrief. »Erst da haben wir gemerkt, daß die beiden noch drei Brüder hatten. Von da an waren sie und wir unzertrennlich«, erinnerte sich Judy.

In der Öffentlichkeit verteidigte Nell ihre eigensinnige Tochter immer, doch privat vertieften solche Vorfälle die Kluft zwischen Mutter und Tochter nur noch. Erst später hatte Kiri Verständnis für Nell: »Das war ganz schön hart für meine Mutter, denn damals wußte man noch nicht, daß Kinder mit zwölf Jahren Terroristen werden und es bis achtzehn bleiben«, sagte sie. »Wenn man versucht, so zu tun, als sei alles in Ordnung, und sämtliche Probleme unter den Teppich kehrt, bekommt man irgendwann die Quittung dafür.«

Ein andermal drückte sie es noch simpler aus: »Sie hat mich nicht verstanden, und ich habe sie nicht verstanden.«

Manchmal verwandelte sich Nells Frustration in Zorn. Einmal mußte Judy Nell daran hindern, Kiri mit Toms Ledergürtel zu schlagen. »Nana hat sie nicht oft geschlagen, und wenn, dann auch nur in besonderen Fällen«, erinnerte sie sich. »Normalerweise war sie im Recht, aber ich weiß noch, daß ich Kiri verteidigt habe, als ihre Mutter ihr vorwarf, sie hätte etwas falsch gemacht, und ihr mit dem Gürtel den Hintern versohlen wollte. Ich hab' mir einfach Onkel Toms Gürtel geschnappt und bin damit weggelaufen. Dann habe ich noch seine anderen Gürtel geholt und sie hinter dem Kleiderschrank versteckt – dort sind sie jahrelang geblieben. Tom mußte von da an die Hose mit einem Stück Gartenschnur zubinden.«

Solche Situationen trugen dazu bei, die beiden »Schwestern« noch enger zusammenzuschweißen. Judy und Kiri dachten sich immer wieder Strategien aus, um Nells strenges Regiment zu sabotieren. Zum Beispiel nähten sie sich an den Abenden ihre Kleidung zum Herumtollen selbst. Natürlich waren die Sachen nicht der letzte Schrei, und auch Schnitt und Farbwahl ließen zu wünschen übrig. »Wenn wir gelben und grünen Baumwollstoff in die Finger bekamen, nun, dann um so schlimmer...«, erzählt Judy. Nell haßte es, wenn ihre Mädchen, besonders Kiri, so herumliefen, und fuhr beim Anblick ihrer neuesten Kreationen oft aus der Haut. »Sie ist völlig durchgedreht und hat geschrien: ›Was tut ihr da? Entweder ihr macht's richtig oder gar nicht!‹ Und dann hat sie die Sachen wieder aufgetrennt, damit wir's noch mal richtig machen konnten.«

Zu den meisten Spannungen kam es wegen der musikalischen Ambitionen, die Nell für ihre Tochter hatte. Ähnlich wie zuvor das Haus in der Grey Street wurde auch das in der Mitchell Street schon bald ein Anziehungspunkt für alle möglichen Besucher. Nell hatte Kiri weiterhin zu Haus unterrichtet und drängte sie immer wieder, die Gäste zu unterhalten. Ob Kiri ihr den Gefallen tat, hing von ihrer jeweiligen Stimmung ab. »Es gab Zeiten, da konnte sie das nicht ausstehen und ist sich vorgekommen wie ein Schwein auf einer Preisschau«, erinnerte sich Judy. »Doch es kam auch vor, daß sie an ihrem Auftritt Spaß hatte. Kiri sang nämlich gern.«

Ein weiteres Problem stellten die Haustiere dar, die mittlerweile das Haus in der Mitchell Street bevölkerten. Der inzwischen hochbetagte Kater William stammte noch aus Gisborne, und Kettle war durch einen anderen schwarzen Kater namens Two-Ten ersetzt worden. »Das ist der Preis, den der Tierarzt fürs Kastrieren verlangt hat«, erzählte Judy. Dazu kam der Cockerspaniel Whisky, den Tom gekauft hatte. Schon bald gesellte sich noch ein Kaninchen hinzu, das Tom bei seiner Arbeit gefunden hatte und das Judy und Kiri Peter nannten.

»Mein Großvater hat Peter geliebt«, erinnerte sich Judy. »Und Peter ist Tom überallhin nachgelaufen.« Tom, Kiri und Judy verwendeten viel Zeit darauf, Peter vor Two-Ten zu beschützen. »Two-Ten wollte dem Kaninchen immer an den Kragen, aber da hat Peter sich einfach neben meinen Großvater gesetzt.«

Nell stellte für Peter fast eine genauso große Gefahr dar. »Wir hatten einen grünen Teppich im Wohnzimmer, in den Peter Löcher genagt hat«, erzählte Judy. »Kiri und ich haben immer wieder die Möbel über die Löcher geschoben, aber irgendwann ist Nana dahintergekommen, und da hat das Kaninchen ganz schön Ärger gekriegt.«

Fast ein halbes Jahrhundert später hat Judy selbst fünf Kinder und kann Nells Verhalten Kiri gegenüber nicht mehr verurteilen. »Meine Großmutter war einfach sehr stolz auf sie«, sagt sie. Je öfter Nell Kiris Stimme hörte, desto überzeugter war sie davon, daß ihre Entscheidung, mit der ganzen Familie nach Auckland zu ziehen, richtig gewesen war. Im Sommer 1958, nicht lange nach ihrem 14. Geburtstag, begann Kiri dann, jeden Tag mit dem Bus zur besten Musikschule und zur gefeiertsten Musiklehrerin von Neuseeland zu fahren.

Der Orden der Sisters of Mercy war um 1850 aus Irland nach Auckland gekommen. Schon bald darauf hatten die Schwestern eine elegante Holzkirche auf einem Hügel über dem Mittelschichtsvorort Ponsonby errichtet.

Als Kiri in die Musikschule eintrat, war der Jahresbericht von St. Mary's voll mit ausführlichen Artikeln über die Erfolge von Mary O'Brien, der Sopranistin, die in jenem Jahr die John Court Memorial Aria in Auckland gewonnen hatte, und über die frühere Schülerin Betty Hellawell, die gerade erst neben Boris Christoff in *Boris Godunow* in Covent Garden gesungen hatte. Dazu kamen Porträts von preisgekrönten Chören und Orchestern, von Starinstrumentalistinnen und Sängerinnen[3].

Die Sisters of Mercy lebten nach weit weniger strengen Regeln als manch anderer Orden innerhalb der katholischen Kirche. Sie gehörten zu den ersten in Neuseeland, die eine lockerere, weniger einengende Tracht tragen durften. Trotzdem hatten die Rituale des Klosterlebens großen Einfluß auf Kiri. In gewisser Hinsicht füllte der Glaube, den sie dort entdeckte, das Vakuum, das sie immer noch empfand, wenn sie an ihre unklare Herkunft dachte. »Ich bin katholisch erzogen worden, und ich weiß, daß es einen Gott gibt«, sagte sie einmal. »Daran muß man auch glauben, wenn man wie ich von einem Paar adoptiert wird, das nicht viel Geld hat. Manchmal habe ich das starke Gefühl, daß sich jemand ganz speziell um mich kümmert. Das gibt mir dann besondere Kraft.«[4]

Kiri besuchte die dritte Klasse, die von der irischen Schwester Mary Leily unterrichtet wurde. Im ersten Jahr konzentrierte sich ihr

Stundenplan auf Englisch, Mathematik, Sozialkunde, Kunst, Sport, Gesang und natürlich Religion.

Doch schon bald verlangte das System von St. Mary's von Nell und Tom, daß sie für Kiri die Richtung der verbleibenden zwei Jahre wählten. Es gab zwei Alternativen: den geisteswissenschaftlichen Zweig, der das Lernen von Sprachen umfaßte und zur neuseeländischen Version der mittleren Reife führte, oder den »wirtschaftlichen«, in dem die Mädchen mit Maschineschreiben, Kurzschrift und Buchhaltung auf die Wirtschaftsschule oder den Sekretärinnenberuf vorbereitet wurden.

Kiri tat sich nach wie vor nicht durch schulische Leistungen hervor. Lediglich im Sport brachte sie in ihren ersten Monaten an der Schule ordentliche Leistungen. Zum erstenmal wird sie in der Schuljahresschrift von 1958 erwähnt, und zwar nicht als Sängerin, sondern als Mitglied des »Post Primary C«-Basketballteams. In dem Bericht heißt es, sie sei »die Stütze der Mannschaft« gewesen.

Später gab sie den Anforderungen, die die musikalische Ausbildung an sie stellte, die Schuld für ihr schlechtes Vorankommen in der Schule. In einem Fernsehinterview von 1990 beispielsweise erklärte sie ihrem Gesprächspartner Melvyn Bragg: »Meine Ausbildung hat sehr darunter gelitten, daß ich… oft aus einer Unterrichtsstunde geholt wurde, um eine Gesangsstunde zu bekommen oder mit dem Chor zu üben. Ich war kaum je eine volle Stunde anwesend.«

Sie fügte noch hinzu: »Schwester Mary Leo hat dafür gesorgt, daß ich manche Stunden nicht besuchen mußte, um mich mit Musik beschäftigen zu können. Jetzt erst sehe ich, daß ich in vielen Fächern – Sprachen, Kunst, Werken – hätte gut sein können, wenn ich die Chance gehabt hätte, etwas zu lernen. Aber ich habe nie die Ausbildung erhalten, derentwegen meine Eltern mich in die Schule geschickt haben.«

Die Schwestern von St. Mary's, die sich noch an Kiris Kindheit erinnerten, reagierten verwirrt auf solche Schilderungen: »Wahrscheinlich ist das ein Mißverständnis«, meinte Schwester Mercienne, die Schularchivarin; sie erklärte, Kiri habe sich während ihrer gesamten Schulzeit nicht durch besondere Leistungen hervorgetan und sei auch nie anders als die anderen Schülerinnen behandelt worden[5]. Das hieß, daß die Englisch- und Mathematik- und natürlich auch die Religionsstunden sakrosankt waren. Wenn Schwester Mary Leo ihr Sonderunterricht hätte geben wollen, hätte sie zuerst die Erlaubnis der Klassenleiterin einholen müssen. Offenbar wurde Kiris schulischer Ehrgeiz weniger durch die Anforderungen, die Schwester Mary Leo an sie stellte, als durch den Druck von Kiris Mutter gehemmt.

Als Nell und Tom schließlich die Entscheidung treffen mußten, welche Richtung Kiri einschlagen würde, erklärte Nell der Schulleiterin, sie solle ihre Tochter für den wirtschaftlichen Zweig anmelden. Zu Nells großer Enttäuschung hatte Schwester Mary Leo sich bis dahin immer noch nicht bereit erklärt, ihrer Tochter Sonderunterricht zu erteilen. In der Musikschule lernten 200 erwachsene Schülerinnen, so daß nur eine begrenzte Anzahl von Plätzen für die Mädchen zur Verfügung stand. Also verlangte Schwester Mary Leo, daß alle 14- bis 16jährigen Gesangsschülerinnen auch das Klavierspiel beherrschten. Doch trotz Nells frühen Bemühungen in dieser Richtung hatte Kiri die erforderliche Note nicht geschafft. Erst Schwester Mary Leos Klavierbegleiterin erkannte das Talent des Mädchens.

»Kiri lag Schwester Mary ständig wegen Gesangsstunden in den Ohren, aber sie unterrichtete keine Schülerinnen, die nicht Klavier spielen konnten, also hat sie sie immer wieder abgewiesen«, erinnert sich Schwester Dora, seinerzeit eine der jüngsten Schwestern des Ordens. Kiri mußte Unterricht bei Schwester Francis Xavier nehmen, der Klavierlehrerin der Schule. Während Schwester Mary Leo ständig im Rampenlicht stand, war Schwester Francis Xavier so schüchtern, daß auf Photos kaum jemals mehr als ihre unter der Tracht hervorschauende Nase zu sehen war. Aber sie war genauso musikalisch wie ihre berühmte Kollegin. »Kiri hat Klavierstunden bei Schwester Francis Xavier genommen, aber die ganze Zeit vom Singen geredet. Da hat sie ihr eben ein paar Gesangsstunden gegeben, damit sie Ruhe gab«, erinnert sich Schwester Dora.

Schwester Francis Xavier war sofort von der wunderbar klaren Stimme Kiris beeindruckt und schlug Schwester Mary Leo vor, das Mädchen in die Gesangsgruppe aufzunehmen. »Sie hat gleich erkannt, daß ihre Stimme etwas ganz Besonderes war, und sich mit

Schwester Mary Leo darüber unterhalten«, erinnerte sich Schwester Dora[6].

Anfangs reagierte Schwester Mary Leo noch mit Desinteresse. »Schwester Francis Xavier hat sie gedrängt, sich das Mädchen anzuhören, und irgendwann hat sie es dann gemacht. Von da an hatte Kiri keine Probleme mehr.«

Auf ihre Klassenkameradinnen wirkte Kiri ausgesprochen sorglos. »Ich kann mich noch gut erinnern, daß Kiri das Treppengeländer herunterrutschte«, sagt Elsa Grubisa, jetzige Vujnovich, eine Klassenkameradin aus Commercial IV[7]. Doch ein wenig Angst wird wohl auch Kiri vor ihrer ersten Stunde bei ihrer berühmten neuen Lehrerin gehabt haben.

Schwester Mary Leo unterrichtete in einem hellen, luftigen, L-förmigen Raum im ersten Stock der Musikschule, einem zweistöckigen Gebäude auf dem Anwesen von St. Mary's, nur wenige Gehminuten vom Kloster und vom College entfernt. In dem Raum befanden sich nicht nur Miniaturmessingbüsten von Schubert und Wagner sowie gerahmte Photos von ehemaligen Schülerinnen, sondern auch überall Notenblätter. Er war ausgestattet mit einem modernen Tonbandgerät und einem Plattenspieler. In der Mitte stand ein hochglanzpolierter Flügel. Auf eine 14jährige wirkte dieser Raum wahrscheinlich ziemlich einschüchternd. Dazu kam Schwester Mary Leos Ruf, ausgesprochen streng zu sein. Sie begann mit der Arbeit oft schon nach dem Morgengebet um acht, machte kaum eine Pause fürs Frühstück und unterrichtete bis spät in den Abend hinein. Die gleiche Hingabe erwartete sie auch von ihren Schülerinnen. Kindisches oder weichliches Verhalten konnte sie nicht ausstehen. »Sie hatte kein Verständnis für so etwas. Wenn wir nervös waren, sagte sie uns einfach, wir sollten uns zusammennehmen und mit dem Unsinn aufhören«, erzählte Schwester Patricia, eine frühere Schülerin von Schwester Mary Leo. Der größte Fehler, den eine Schülerin machen konnte, war, unvorbereitet im Unterricht zu erscheinen. Schwester Mary Leo fuhr erst mit der Stunde fort, wenn die Betreffende sich in aller Form bei ihr entschuldigt hatte.

»Bei Schwester Mary Leo mußte man sich voll und ganz aufs Singen konzentrieren. Mit weniger gab sie sich nicht zufrieden«, sagte Diana Stuart, ebenfalls eine ihrer ehemaligen Schülerinnen.

Denjenigen, die ihren Vorstellungen nicht entsprachen, konnte Schwester Mary Leo arg mit ihrer spitzen Zunge zusetzen. »Es gab keine Schülerin von Schwester Mary Leo, die ihretwegen nicht wenigstens einmal in Tränen ausgebrochen wäre«, erzählte Gillian Redstone, die zur gleichen Zeit wie Kiri St. Mary's besuchte[8]. »Ich weiß noch, daß sie mir immer gesagt hat, ich habe ausdruckslose Augen wie eine Kuh«, erinnerte sich Elsa Grubisa. »So war sie nun mal. Entweder man ertrug ihre spitze Zunge und nahm sich zusammen, oder man hörte auf.«

Nachdem Schwester Mary Leo Kiri als Schülerin angenommen hatte, ging diese zweimal wöchentlich in ihre Gesangsstunde. Schon damals, so Kiri später, wirkte Mary Leo »unglaublich alt auf mich… Sie war zuallererst Nonne und tief gläubige Katholikin. Wenn ich sang, mußte ich immer und überall in eine Kirche«, erinnerte sich Kiri später. Ihr Wissen und ihre Liebe zur Musik inspirierten Kiri. »Ich glaube, manchmal war sie hin und her gerissen, und die Musik war ihr wichtiger; dann mußte Gott sich mit einer Nebenrolle begnügen. Aber sie war ein sehr, sehr hingebungsvoller Mensch, und darum, glaube ich, hatte ich auch gern bei ihr Unterricht: Sie hatte keine anderen Interessen als Musik und Gott.«[9]

Als Lehrerin konnte sie gar keinen stärkeren Gegensatz zu Kiris Mutter bilden. Zu Hause war Kiri von Familie und Besuchern mit Lob überhäuft worden. Doch schon bald merkte sie, daß Schwester Mary Leo anders arbeitete. In ihrem Unterricht wurde so gut wie nicht gesprochen. Manchmal verbrachte Schwester Mary Leo eine ganze Stunde damit, Notizen zu machen. »Sie hat die ganze Zeit in ihren Notizblock geschrieben«, erzählte Diana Stuart. »Aber sie hat nie gesagt, was sie da aufschreibt.« Wenn jemand eine Passage zu ihrer Zufriedenheit sang, sagte sie »gut« oder »fein«[10].

»Sie lobte nur selten«, sagte Kiri einmal. Doch als Schwester Mary Leo mit Kiri zu arbeiten begann, begriff sie schnell, warum Schwester Francis Xavier sich für Kiri eingesetzt hatte. Sie war lediglich enttäuscht darüber, daß Kiri bis dahin nur wenig anspruchsvolle Lieder aus Musicals gesungen hatte; Schwester Mary Leo sollte das später als »im wesentlichen triviale Musik« bezeichnen. In den ersten Wochen des Unterrichts bei Schwester Mary Leo durfte Kiri nur Volkslieder singen.

Währenddessen machte sie selbst sich daran, Kiri auf ernstere Musik vorzubereiten. Schwester Mary Leos Unterrichtsmethoden waren fast schon bizarr. Zum Beispiel machte Kiri zusammen mit anderen Mädchen seltsame Turnübungen, die dazu dienen sollten, ihre körperlichen Voraussetzungen für den Gebrauch ihrer Stimme zu verbessern. »Sie hat ständig etwas Neues ausprobiert. Da hatte sie etwas gehört oder gelesen, und schon haben wir das eine Woche lang gemacht«, erinnerte sich Hannah Tatana, eine andere ehemalige Schülerin. »Manchmal sangen wir mit einem Bleistift im Mund, damit unsere Kehle lockerer wurde, was aber den Kiefer verkrampfte. Dann hatte sie gelesen, daß Caruso einen Flügel fünf Zentimeter weit schieben konnte, wenn er sein Zwerchfell anspannte, tja, und da mußten wir so was eben auch machen.«[11]

Gillian Redstone erinnerte sich noch an eine andere Übung: »Eine Methode, mit der sie uns beibrachte, unseren Atem zu beherrschen, hatte mit dem großen alten Tonbandgerät von Schwester Mary Leo zu tun. Das Ding war ziemlich schwer und in einem Kasten«, sagte sie. »Wir mußten uns, das Tonbandgerät auf dem Zwerchfell, auf den Boden legen und es dann durch die Kraft unseres Atems ein paar Minuten lang hochstemmen. Wir sind zwar nicht erstickt dabei, aber es war trotzdem eine ganz schön anstrengende Übung.«

Der Glaube der Schülerinnen an Schwester Mary Leo war so unerschütterlich, daß sich nie jemand über ihre Methoden beschwerte. »Wir haben damals nicht gewagt, ihr Vorgehen anzuzweifeln. Außerdem haben wir an sie geglaubt. Wir waren der Meinung, daß sie immer das Richtige tut«, sagte Gillian Redstone. Sie wußte wie alle anderen Schülerinnen auch, wieviel sie verlieren konnte, wenn sie ihrer Lehrerin widersprach.

Schwester Mary Leo allein entschied über das Vorankommen der Mädchen innerhalb der Hierarchie von St. Mary's. Wenn eine Schülerin Talent hatte, bat Schwester Mary Leo sie, dem Chor von St. Mary's beizutreten. Wenn sie sich dort hervortat, durfte sie hin und wieder ein Solo bei den häufigen öffentlichen Auftritten des Chors singen. Die höchste Auszeichnung schließlich war es, St. Mary's – und damit auch Schwester Mary Leo selbst – bei einem der Gesangswettbewerbe zu vertreten.

Trotz ihres verzögerten Starts stieg Kiri schon bald in der Hierarchie auf. Sie wurde Mitglied im St. Mary's Choir, der ganz im Sinne der Regeln, auf die der Orden sich gründete, in Krankenhäusern, psychiatrischen Anstalten und Gefängnissen auftrat.

Kiri sang auf Kirchen- und Wohltätigkeitsveranstaltungen in ganz Auckland. Schwester Mary Leo setzte sie schon bald auf die Liste der Mädchen, die bei gesellschaftlichen Ereignissen in und um Auckland auftreten durften. Die Taufen, Hochzeiten und Beisetzungen verschafften den Mädchen oft erkleckliche Einnahmen. Die Agenturen mußten sich immer zuerst an Schwester Mary Leo wenden, die darauf bestand, daß alle Blumen, die die Mädchen bekamen, für den Altar von St. Mary's gespendet wurden. Nun kamen Kiris Auftritte als »Zirkuspferd« in Gisborne ihr zugute. Schon bald gehörte sie zu den selbstbewußtesten Sängerinnen der Schule. Zu ihrem 15. Geburtstag schenkte Tom ihr einen gebrauchten Standard Ten, damit sie mit dem Wagen noch mobiler für ihre verschiedenen Auftritte wurde.

Obwohl Schwester Mary Leo in Kiris Anwesenheit mit Lob geizte, bestand doch schon bald kein Zweifel mehr daran, daß sie der Meinung war, eine wichtige neue Entdeckung für St. Mary's gemacht zu haben. Elsa Grubisa erinnert sich, daß sie in einer Gesangprüfung eines englischen Lehrers namens Mr. Spinks Kiri in den Schatten stellte. »Er hat mir eine bessere Note gegeben als Kiri. Aber Schwester Mary Leo hat mir sofort erklärt, daß sie keine Ahnung hat, was der Prüfer sich dabei gedacht hat, und daß ich kein Recht habe, besser abzuschneiden als Kiri«, erinnerte sie sich. Für Elsa Grubisa hatte das zwei Dinge zur Folge: Erstens beschloß sie, sich nicht weiter der Willkürherrschaft von Schwester Mary Leo zu unterwerfen: »Da hat's mir gereicht. Danach habe ich aufgehört.« Zweitens war ihr nun klar, daß da ein neuer Stern am Firmament von St. Mary's aufging. »Ich glaube, Schwester Mary Leo wußte von Anfang an, daß sie mit Kiri etwas Besonderes hatte«, fügte sie hinzu.

Schwester Mary Leo sah sich nicht nur als Gesangslehrerin, sondern auch als Beichtmutter, beste Freundin und Musikmentorin. »Wahrscheinlich bemuttere ich die Mädchen schon in gewisser Hinsicht. Ich bringe ihnen nicht nur das Singen bei, nein, ich interessiere mich auch für ihr Leben«, sagte sie einmal. »Um ihnen das Beste zu entlocken, muß man auch ein bißchen psychologisch vorgehen. Ich behandle sie nicht alle gleich, sondern versuche, sie zu verstehen. Mir ist klar, daß sie wie alle ihre Probleme haben.«

Als Kiri das zweite Jahr St. Mary's besuchte, ging sie eines Tages mit Taschentüchern, die sie zusammen mit ein paar anderen Mädchen für Schwester Mary Leo gekauft hatte, in deren Zimmer. Schwester Mary Leo forderte sie auf, Platz zu nehmen, und unterhielt sich lange und intensiv mit ihr. Anders als die meisten anderen Schülerinnen hatte Kiri ihre Angst vor der Lehrerin schnell überwunden. »Kiri war selbstbewußt und hatte keine Schwierigkeiten, mit ihr zu sprechen«, erinnerte sich Elsa Grubisa. Als Schwester Mary Leo begann, ihre altkluge Schülerin zu verstehen, unterhielt sie sich ganz offen mit ihr. Sie wußte ganz genau, daß man Talent durch mangelnde Disziplin und übertriebenes Selbstbewußtsein auch vergeuden kann. »Du bist sehr begabt, meine Liebe«, erklärte sie Kiri, »und viele Leute werden dich ermutigen und loben.« Doch sie selbst, sagte sie, müsse immer ihre strengste Kritikerin bleiben. »Ich werde zu dir härter sein als zu allen anderen, weil das das beste für dich ist.«

Und bevor sie sie zur Tür brachte, teilte sie ihr den eigentlichen Grund des Gesprächs mit. Sie fragte sie: »Kiri, würdest du nächstes Jahr gern an Wettbewerben teilnehmen?«[12]

Anfang der sechziger Jahre gab es kaum beliebtere Rundfunksendungen als die Übertragungen der Gesangswettbewerbe, die nun überall in Neuseeland stattfanden. Seit Mobil Petroleum den allseits bekannten Song Quest sponserte, erfreuten sich auch die kleineren Wettbewerbe im ganzen Land großer Beliebtheit. In den Herbst- und Wintermonaten wurden Provinznester wie Tauranga und Te Awamutu, Te Aroha und Rotorua zum Mittelpunkt des Interesses bei neuseeländischen Musikliebhabern.

Die Wettbewerbe halfen vielen jungen Sängern, Stars zu werden. Aufnahmen der Sieger verkauften sich gut. Plattenverträge und Auslandsstipendien waren gang und gäbe für diejenigen, die es aufs Siegerpodest schafften. Auch finanziell lohnte sich die Sache. Der erste Preis beim Mobil Song Quest betrug 300 Pfund, und in den Melbourne und Sydney Sun Arias, den renommiertesten Wettbewerben in Australien und Ozeanien, waren 1500 Pfund ausgeschrieben, ungefähr doppelt soviel, wie der Durchschnittsarbeiter damals im Jahr verdiente. Mit anderen Worten: Die Gesangswettbewerbe waren ein Sprungbrett zum – zumindest neuseeländischen – Ruhm. Und noch wichtiger: Sie halfen den Neuseeländern dabei, ihren kulturellen Minderwertigkeitskomplex gegenüber dem Mutterland zu überwinden. Das erklärt, warum es dabei hart zuging.

Die Hauptkonkurrenz für Schwester Mary Leo waren immer wieder Sängerinnen, die von einer kleinen Gruppe anderer Lehrer, der Drake-Familie und Mary Pratt in Dunedin sowie Madame Narev in Auckland, ausgebildet wurden. Schwester Mary Leo schärfte ihren Schützlingen ein: »Ich bin sehr enttäuscht von dir, wenn du das und das nicht machst«, erinnerte sich Diana Stuart. »Sie haßte es zu verlieren.«

»Sie hat ihnen auch beigebracht, wie man sich bewegt, wie man anmutig aussieht, wie man sich verbeugt, wie man Applaus entgegennimmt«, erinnerte sich Schwester Mercienne, eine Kollegin von Schwester Mary Leo und jetzige Schularchivarin. »Sie wollte sie so weit bringen, daß sie in der Lage waren, sich von der besten Seite zu zeigen, auf der Bühne zu stehen wie junge Königinnen und sich die Seele aus dem Leib zu singen.«

Die vielleicht wichtigste Fähigkeit von Schwester Mary Leo aber war es, den Mädchen zu zeigen, wie sie ihre Persönlichkeit im Gesang ausdrücken konnten. »Sie war selbst kein extravaganter Mensch, hat aber ihre Schülerinnen zur Extravaganz ermutigt, weil es genau das ist, was man auf der Bühne braucht. Sie besaß großes Geschick darin, die Menschen aus der Reserve zu locken und sie dazu zu bringen, daß sie ihre Persönlichkeit in ihren Gesang legten«, erinnerte sich Hannah Tatana.

Hannah Tatana hatte eine Ausbildung an der Queen-Victoria's-Maori-Schule in Auckland genossen, wo sie Schwester Mary Leo aufgefallen war. 1960 galt sie bereits als die erste Interpretin klassischer Musik mit Maori-Vorfahren.

Hannah Tatana hatte Kiri zum erstenmal Weihnachten 1960 bei einem Talentwettbewerb in Taupo singen gehört, wo sie zusammen mit ihrem Bruder in der Jury saß. »Kiri sang das *Ave Maria*, und ich war völlig weg von ihrer Stimme«, erinnerte sie sich.

Daraufhin interessierte sie sich besonders für die Fortschritte, die Kiri unter Schwester Mary Leo machte. »Der Klang ihrer Stimme war so neu und großartig und voll, daß dem, was sie erreichen konnte, bei sorgfältiger Auswahl des Repertoires – und in dieser Hinsicht war Schwester Mary Leo sehr geschickt – keine Grenzen gesetzt waren«, sagte sie.

Der erste wichtige Wettbewerb, an dem Kiri teilnahm, war das gesellschaftliche Ereignis der Stadt im Jahr 1960, die Auckland Competitions. Dort sang sie zwei Lieder, »When the Children Say Their Prayers« und »Road to the Isles«, in der Gruppe der 16jährigen. Sie schlug alle ihre Konkurrentinnen aus dem Feld.

Im März 1960, als Kiri ihren 16. Geburtstag feierte, näherten sich ihre Tage im St. Mary's College allmählich dem Ende. Sie hatte die Zusage zu einem einjährigen ATCL-Kurs am Auckland Business College. Nell war die Ausbildung ihrer Tochter weit weniger wichtig als ihre weitere Teilnahme an Schwester Mary Leos Kursen. Schwester Mary Leo hatte bei den Nonnen ungefähr den gleichen Status inne wie Nell Te Kanawa in ihrer Familie. »Die anderen Nonnen zitterten vor ihr«, lachte Kiri später. Kiri sah ihre Lehrerin als Grande Dame: »Doch meine Mutter war ebenfalls eine Grande Dame, die gern herumkommandierte. Deshalb kamen die beiden auch nicht sonderlich gut miteinander aus.«[13]

Trotzdem hielten die beiden ungleichen Frauen zusammen. Nell machte kein Hehl aus ihren Plänen für Kiri. »Hauptsächlich der Ehrgeiz ihrer Mutter hat dazu geführt, daß Kiri sich dann in erster Linie auf die ernste Musik konzentrierte«, meinte Schwester Mary Leo später.

Doch schon bald stellte Kiri fest, daß die Kosten für die Fortführung ihrer beginnenden Karriere beträchtlich waren. Die Wettbewerbe und Chorauftritte und die weniger formellen Hochzeitsfeiern erforderten eine große Garderobe. Nell stellte, einfallsreich wie immer, eine Auswahl von bodenlangen Abend-, Cocktail- und Ballkleidern zusammen. Als Kiri schließlich den einjährigen Kurs am Business College mit Auszeichnung abschloß, machte Nell ihr sofort klar, daß sie von nun an selbst zur Aufrechterhaltung ihres Lebensstils beitragen mußte. Daraufhin übernahm Kiri die unterschiedlichsten Tätigkeiten, als erstes in der Aucklander Telephonzentrale, wo sie jeden Tag von sechs Uhr morgens bis ein Uhr mittags arbeitete.

Im Mai 1961 wurde Kiri dann mit einer Handvoll anderer Mädchen von St. Mary's zu *dem* gesellschaftlichen Ereignis der katholischen Gemeinde in Neuseeland eingeladen, vergleichbar mit dem Londoner Debütantinnenball.

Für die Mädchen war dies der gesellschaftliche Höhepunkt ihres jungen Lebens. »Das war damals eine tolle Sache für uns«, erinnerte sich Gillian Redstone, die an jenem Abend zusammen mit Kiri den Rathaussaal zur Begrüßung durch James Liston, den Erzbischof von Auckland, entlangschritt. »Wir konnten es kaum erwarten, endlich siebzehn zu sein und in die Gesellschaft eingeführt zu werden.«

Kiri gehörte zu den Schönheiten des anschließenden Balls. Die frühere Range verwandelte sich erstaunlich schnell in eine attraktive junge Frau. Etwas von dieser Schönheit ist in den damals entstandenen Aufnahmen aus dem Photostudio zu spüren. Die Wirkung von Kiris weißem Spitzenkleid wurde von einem Paar langer Seidenhandschuhe, einer Perlenkette und floralen Ohrringen noch betont. Die Bilder stehen in krassem Widerspruch zu der Geschichte von dem – in Kiris eigenen Worten – »Mädchen aus dem Nichts«. Sie beweisen jedoch, wie geschickt Nell mittlerweile das Image ihrer Tochter gestaltete.

Nell hatte sich mit dem führenden Aucklander Couturier Colin Cole angefreundet, der ausschließlich Einzelstücke fertigte. Eine Bluse von Cole kostete um die 250 Pfund, das entsprach etwa vier Monatslöhnen eines durchschnittlichen Neuseeländers, und die Abendkleider brachten jeweils astronomische 1200 Pfund ein – das war seinerzeit der Preis für ein bescheidenes Eigenheim.

Doch Nell Te Kanawa wußte ihre Freundschaft mit Cole zu nutzen. Seine damalige Geschäftsführerin Terry Nash erinnerte sich: »Ihre Mutter hat nie lockergelassen. Sie kam immer und sagte: ›Ach, wissen Sie, das ist für Kiri, ich finde, Sie sollten es ihr geben.‹ Sie hat einfach erwartet, daß die Leute Kiri unterstützen.«

Zum Ausgleich verlangte Kiri nichts für ihre Auftritte in Coles Modenschauen. »Ich glaube, Colin hat ihr nie einen Wunsch abgeschlagen. Er war wirklich zu nachgiebig«, sagte Terry Nash. Sie erinnerte sich nicht mehr, ob Kiris Kleid für den Debütantinnenball eine Kreation von Cole war, fest steht jedoch, daß sie damit ihre Rivalinnen in den Schatten stellte [14]. Eigentlich fehlte nun nur noch ein fester Freund zum großen Glück.

Kiris erste Erfahrungen mit dem anderen Geschlecht waren alles andere als erfolgreich gewesen. Mit 16 Jahren hatte sie ihren ersten festen Freund. Laut Kiris eigener Aussage war er »mehrere Jahre älter, aber eher noch alberner als ich«. Während eines Telephongesprächs, in dem sie ihn einlud, das Siegerkonzert nach der Auckland Competition von 1960 zu besuchen, kam es zum Bruch zwischen den beiden. Der junge Mann interessierte sich überhaupt nicht für ihre Musik und hatte keinen einzigen ihrer öffentlichen Auftritte gesehen. »Er hat mir gesagt, wenn ich an dem Konzert teilnehme, will er mich nie wiedersehen«, erinnerte sich Kiri später. »Bis dahin war ich überhaupt nicht auf die Idee gekommen, daß jemand mich an meinem Aufstieg hindern könnte, also habe ich mich von ihm verabschiedet und den Hörer auf die Gabel geknallt.« [15]

Die Frühschicht in der Aucklander Telephonzentrale strengte Kiri so sehr an, daß sie sich oft nicht richtig auf ihre Gesangsstunden bei Schwester Mary Leo konzentrieren konnte. Deshalb wechselte sie eine Weile zur Nachtschicht, stand um zwei Uhr morgens auf und arbeitete bis zum Frühstück. Doch auch nach einem morgendlichen Nickerchen kam sie völlig erschöpft bei Schwester Mary Leo an. »Das waren damals schreckliche Stunden«, erinnerte sie sich später.

Schon bald fand Nell für Kiri eine weniger anstrengende Tätigkeit in einem Musikgeschäft in Mount Roskill, nicht weit von der Mitchell Street. Nell sah nicht nur die günstigeren Arbeitszeiten, sondern auch die Möglichkeit, daß Kiri ein bißchen mehr über die großen Komponisten und die große Musik der Welt erfuhr. Doch ihre Rechnung ging nicht auf. Kiri geriet sich schon nach kurzer Zeit mit den beiden älteren Frauen, die das Geschäft führten, in die Haare. Später erklärte sie, die beiden hätten sie gezwungen, den ganzen Tag zu stehen, so daß sie sich irgendwann sogar die Krampfadern operieren lassen mußte. Sie schmiß die Arbeit sechs Monate, nachdem sie sie begonnen hatte, wieder hin.

Kiri arbeitete auch kurze Zeit als Stenographin. Doch schließlich war es ihr Vater Tom, der den richtigen Job für sie fand. Durch seine Beziehungen zu Caltex gelang es ihm, einen Vorstellungstermin für seine Tochter zu arrangieren. Bald darauf fing sie an der Rezeption der Firmenzentrale in Auckland an. Der Job beanspruchte sie nicht zu sehr – Kiri erinnerte sich später, daß sie den größten Teil des Tages damit verbrachte, sich mit Leuten zu unterhalten, und den restlichen damit, »Tee zu trinken und Kekse zu essen«. Den Montagmorgen verplemperte sie meist damit, Blumen fürs Büro zu kaufen. Die lockere Atmosphäre erlaubte es ihr, in der Mittagspause Gesangsstunden bei Schwester Mary Leo zu nehmen.

Schwester Mary Leos Zweifel an Kiris Hingabe an die Musik waren mittlerweile stärker geworden. Sie wußte genausogut wie Nell, daß Kiris lässige Lebenseinstellung die größte Gefahr für ihren Erfolg als ernsthafte Sängerin darstellte. Außerdem waren ihre Ängste, daß Kiri sich, sobald sie erst einmal den Klostermauern von St. Mary's entronnen war, der »trivialen« Musik zuwenden würde, die sie selbst so verachtete, durchaus gerechtfertigt gewesen.

Durch ihre Arbeit bei Caltex bekam Kiri Kontakt zur Aucklander Partygesellschaft. Für ein paar Pfund pro Auftritt schlug Kiri leicht beschwipste Nachtklubbesucher mit leidenschaftlichen Interpretationen von Hits aus *West Side Story*, *My Fair Lady* und *The Sound of Music* in ihren Bann. Sie brauste mit ihrem Wagen durch Auckland und nahm so viele Engagements an, wie sie in einen Abend packen konnte. Oft arbeitete sie bis ein Uhr nachts, um 20 Pfund zu verdienen. In den Gesangsstunden bei Schwester Mary Leo waren dann die Folgen ihres Schlafmangels und der rauchigen Nachtklubluft deutlich zu hören. Schließlich rief Schwester Mary Leo Nell zu sich, um gemeinsam Kriegsrat abzuhalten, obwohl das Verhältnis der beiden nach wie vor gespannt war. »Mir gefiel es damals, daß es ein bißchen Ärger gab«, lachte Kiri später. »Ich habe das lustig gefunden, es war eine richtig gute Show.«[16] Doch die beiden Frauen erkannten, daß Kiri am Scheideweg stand. Schwester Mary Leo riet Nell, sie solle sich nach einem Stipendium für Kiri umsehen, das es dieser erlauben würde, sich stärker auf den Gesang zu konzentrieren. Nell stimmte ihr da voll und ganz zu. Zu Haus hängte sie sich sofort ans Telephon und hatte auch schon bald eine potentielle Geldquelle aufgetan.

Nach Generationen des Außenseiterdaseins begannen die Maori gerade, mehr Selbstbewußtsein zu entwickeln. In den Nachkriegsjahren waren viele von ihnen aus den ländlichen Gebieten im Landesinnern in die von Europäern beherrschten Küstenstädte gezogen, wo ihnen die Assimilation schwerfiel. In den sechziger Jahren lebten die meisten unter schlechtesten Bedingungen. Besonders deutlich wird der Unterschied zwischen der weißen und der Maori-Bevölkerung, wenn man die jeweilige Lebenserwartung zur damaligen Zeit miteinander vergleicht: Die Europäer wurden im Schnitt 68 Jahre alt, die Maori lediglich 54.

Die neuseeländische Regierung beschloß daraufhin eine Reihe von Initiativen zur Verbesserung der Bedingungen. Dazu gehörte auch der Hunn-Report zur Maori-Bildung, der 1961 den niedrigen Bildungsgrad von Maori-Schülern aufdeckte: Nur einer von zweihundert erreichte die siebte Klasse. Am Ende jenes Jahres gründete die Regierung die Maori Education Foundation (MEF), die es Maori-Schülern durch Stipendien ermöglichte weiterzulernen. Der erste Betrag von 250 000 Pfund brachte begabte junge Maori schon bald dazu, sich um ein Stipendium zu bewerben. Einer der ersten Anträge, der in den Aucklander Büros von MEF einging, stammte von Mrs. T. Te Kanawa aus der Mitchell Street 22, Blockhouse Bay.

Der Wandel im Bewußtsein der Maori ging mit ihrer Hinwendung zur klassischen Musik einher. Während Anna Hato aus Rotorua sich in den Kriegsjahren noch einen Namen mit den Popsongs der damaligen Zeit gemacht hatte, wurde Hannah Tatana, eine Mitschülerin von Kiri im St. Mary's College, die erste Maori-Sängerin, die sich ähnlich wie Inia Te Wiata in den fünfziger Jahren der klassischen Musik zuwandte.

»Damals galten die Maori als seltsames ländliches Volk«, erinnerte sich Hannah Tatana. »Die Maori-Kultur wurde als ›pop‹ angesehen, weil die eigentliche Kultur verdrängt worden war.« Hannah Tatana erlebte ihren Durchbruch 1961 beim Mobil Song Quest, wo sie Zweite wurde. Sie hatte bereits ein Angebot für eine Neuinszenierung von *Carmen* im folgenden Jahr. »Die Leute waren ganz schön überrascht, daß die Maori auch noch mehr konnten als Boogie-Woogie. Das hat dazu geführt, daß sie sich mehr für die traditionelle Maori-Musik interessiert haben«, erinnerte sie sich. Nell Te Kanawa hatte Hannah Tatanas Erfolge voller Interesse mitverfolgt. Kiri sollte zusammen mit ihr in einer Maori-Gruppe singen. »Sie war sich bewußt, welche Vorteile ich mit meinem Maori-Blut hatte«, sagte Hannah Tatana.

Im Gisborne der vierziger und im Auckland der fünfziger Jahre hatte das Maori-Erbe von Nells Tochter noch Anlaß zu Verunsicherung gegeben. Tom distanzierte sich vom Maori-Leben und von seiner Familie, und seine jüngste Schwester Te Waamoana erfuhr erst davon, daß er wie sie in Auckland lebte, als sie sein Photo in der Zeitung sah. (Er hatte eine besonders große Forelle im Tauposee gefangen.) Als Te Waamoana daraufhin den Kontakt zu Tom und Nell aufnahm, wurde sie zusammen mit ihrer Tochter Kay – der jetzigen Kay Rowbottom – in dem Haus in der Mitchell Street aufgenommen. Laut Aussage von Kay Rowbottom war Nell jedoch »sehr penibel in der Auswahl der Familienmitglieder, die bei Kiris Auftritten dabeisein durften«.

Das Regionalkomitee des MEF wurde von Thelma Robinson, der vierten Frau des Bürgermeisters Sir Dove-Myer »Robbie« Robinson, und dem charismatischen 35jährigen Kriegsveteranen und Lehrer Hoani »John« Waititi geleitet. Waititi gehörte der neuen Generation akademisch gebildeter Maori an und setzte sich für die Einführung von Maori-Unterricht in den höheren Schulen ein.

Thelma Robinson erkannte Nells Namen auf dem Antrag. Sie und ihr Mann hatten einen von Kiris ersten öffentlichen Auftritten bei der Eröffnung einer Maori-Kirche ein oder zwei Jahre zuvor erlebt. »Wir haben damals dieses Maori-Mädchen mit ihrem weißen Kleid im Freien singen hören und waren hingerissen von ihrer Stimme«, erinnerte sich Thelma Robinson. »Wir haben sofort nachgeforscht, wer sie war.« Doch Kiri gehörte nicht zu den potentiellen Kandidaten für ein Stipendium der MEF [17]. »Das war hauptsächlich für Kinder, die in den Hauptfächern begabt waren, und nicht in Musik wie ich«, erinnerte sich Kiri später. Aber sobald die Treuhänder der Stiftung Kiri singen gehört hatten, bestanden sie nicht mehr auf einer buchstabengetreuen Erfüllung der Vorschriften.

Als John Waititi Nell anrief, um ihr zu sagen, daß die Stiftung bereit sei, Kiri 250 Pfund für eine Gesangsausbildung bei Schwester Mary Leo zur Verfügung zu stellen, war sie vor Freude völlig aus dem Häuschen.

Daraufhin rief sie sofort Tom an und fuhr zusammen mit ihm ins Caltex-Büro, um Kiri von der Arbeit abzuholen. Im Wagen stellte Nell Kiri dann, wie diese sich später erinnerte, ein Ultimatum: »Entweder du singst, oder du arbeitest nur noch für Caltex. Entweder oder, aber egal, was du machst, du mußt dich ganz drauf konzentrieren.«

Jahre später gestand Kiri, daß sie sich ihrer Antwort alles andere als sicher gewesen sei. »Ich wußte nicht, ob ich nur noch Gesang studieren wollte. Schließlich hatte ich ja keine Ahnung, was das bedeutete. Aber um des lieben Friedens willen habe ich ja gesagt.«

In einem Fernsehinterview beschrieb Kiri dann Jahre später, welche Belastungen der Unterricht bei Schwester Mary Leo für sie mit sich brachte: »Ich habe von neun Uhr morgens bis fünf Uhr nachmittags geübt«, sagte sie. »Sie hat mir den ganzen Tag vom anderen Zimmer aus zugehört, und wenn ich einmal kurz Luft holte oder etwas trank, klopfte sie an die Wand, und ich mußte sofort weitermachen.«

Auch Nell ließ nicht locker. »Gott hat dir deine Stimme gegeben, damit du den Menschen damit Freude schenkst. Es ist deine Pflicht, ihnen dieses Geschenk zu machen«, ermahnte sie ihre Tochter, wenn diese einmal nicht mehr wollte.

Nun übte Kiri zu Haus stundenlang einzelne Noten oder Tonleitern und ging damit ihrer jüngeren Nichte Judy auf die Nerven. »Eines Abends waren meine Großeltern nicht zu Haus, und wir haben den Abwasch gemacht. Dabei hat sie Tonleitern gesungen, bloß um mich zu ärgern«, erinnerte sie sich. »Ich weiß noch, daß ich ihr das Geschirrtuch in den Mund gestopft habe, so wütend war ich.« Als Judy daraufhin in die Nacht hinausrannte, sperrte Kiri sie aus und sang weiter.

Judy und Nola verließen die Mitchell Street bald darauf, weil Nola 1960 wieder heiratete. Als sie sich auf den Umzug vorbereiteten, fiel ihnen Kiris neue Ernsthaftigkeit auf. Eines Tages zündeten Judy, Kiri und die Hanson-Jungen zum Spaß eine Peter-Stuyvesant-Zigarette an, die sie im Wohnzimmer gefunden hatten. »Wir hörten

Nanas Schritte und versuchten verzweifelt, den Rauch loszuwerden«, erinnerte sich Judy. »Da kam Nana rein. Sie hat nicht die Stimme erhoben, sondern nur Kiri angesehen und gesagt: ›Entweder du rauchst, oder du singst.‹ Das war's, ganz einfach. Danach habe ich Kiri nie wieder rauchen sehen.«

Freche kleine Hexe

Nell und Kiri waren das perfekte Gespann: Kiri brachte die Begabung mit, Nell die Beharrlichkeit; Kiri besaß die nötige Schönheit,
Nell die Kampflust; wenn Kiri durch Charme beeindruckte, setzte
sich Nell mit Chuzpe durch. 1962 erlebten der Dirigent Neil
McGough und seine Kollegen dieses Zusammenwirken ihrer Kräfte
zwei Monate lang bei der Arbeit zu einem neuen, noch unaufge-
führten Maori-Musical mit dem Titel *Uwane*.

Wenn McGough sich richtig erinnert, fand die erste Audition für
die Produktion Anfang des Jahres auf einer Eislaufbahn in der Nähe
von Aucklands Zentrum statt. Etwa siebzig nervöse Sänger und
Tänzer waren erschienen, um eine Rolle in dem Musical zu bekommen, das im April auf Aucklands wichtigster Bühne, dem His
Majesty's Theatre, uraufgeführt werden sollte.

McGough erinnert sich jedoch noch ganz genau, wie Nell sich
vorstellte: »Entschuldigen Sie, ich bin Kiri Te Kanawas Mutter«,
erklärte sie ihm selbst, dem Regisseur David Rossiter sowie der
Choreographin Beverley Jordan mitten in der Audition, als sie gerade ihre Notizen verglichen.

»Alle anderen Sänger und Tänzer kamen herein, füllten ein Formular aus und legten es auf den Tisch. Wir fragten sie, was sie singen wollten, sie sangen es, und das war's dann«, erinnert sich
McGough. »Ich hatte wirklich schon Dutzende von Auditions für
Musicals veranstaltet, und es war immer so gewesen. Aber Kiri kam
mit ihrer Mutter, und ihre Mutter trat an den Tisch. Sie legte nicht
einfach nur das Formular darauf, sondern hatte gleich einen großen
Auftritt. Sie hat nicht mehr aufgehört, ihre Tochter zu loben.«

Nachdem McGough ihr eine ganze Weile höflich zugehört hatte,
verlor er die Nerven. »Ich bin wütend geworden und habe gesagt:

›Hören Sie, das ist wirklich alles schrecklich interessant, und wir werden Ihnen sicher alle zustimmen, wenn Sie sich erst mal hingesetzt und wir Ihre Tochter tatsächlich singen gehört haben.‹ Da hat sie's dann kapiert.«

Kiri hatte unterdessen still in einer Ecke gestanden. Als McGough sie dann in die Mitte des Raumes bat, reichte sie dem Pianisten ihre Noten und erklärte, sie werde eine der im St. Mary's College beliebtesten Arien singen, »O mio babbino caro«. Das waren die ersten – und praktisch die letzten – Worte, die sie an jenem Morgen sprach. Doch sie überzeugte die Zuhörer schnell. »Sie hatte die Rolle nach den ersten drei Takten«, erzählt McGough. »Sie hatte die Hände vor dem Körper und sang genau wie alle andern; aber wie sie sang, das war unglaublich. Das hatte Stil. Sie hatte eine gute Ausbildung genossen, doch da war noch etwas anderes, etwas Magisches. Nur Elisabeth Schwarzkopf hätte ihr die Schau stehlen können.«[1]

Als Rossiter und McGough Kiri die Hauptrolle anboten, nahm Nell sofort an. Sie wußte genau, daß dies eine einmalige Chance war, einen Star, genauer gesagt einen Maori-Star, aus ihr zu machen.

Uwane, komponiert von dem Aucklander Galvanisierer Lindsay Gordon Rowell, war der erste Versuch, Maori- und europäische Einflüsse auf der Bühne zusammenzubringen. Die dreiaktige »musikalische Fantasie« hatte den europäischen Stil einer leichten musikalischen Komödie, spielte in einem Maori-Dorf und drehte sich um zwei Krieger und ihre Bemühungen, die hübsche, aber schelmische Prinzessin Uwane, die »freche kleine Hexe von Whakatane«, zu umwerben.

Nell wußte wahrscheinlich, daß Rowell His Majesty's Theatre Anfang April für zehn Abende gebucht hatte. Doch davon, daß die Dinge hinter der Bühne alles andere als gut standen, hatte sie vermutlich keine Ahnung. Einige Maori-Sänger und -Schauspieler hatten die Hauptrollen in dem Stück mit der Begründung abgelehnt, es stelle eher einen Affront gegen die Maori-Kultur dar, als sie zu feiern. Sowohl Rowell als auch seine Schwester Zella, die eine Hypothek zur Finanzierung der Produktion aufgenommen hatten, waren gewarnt worden, daß die immer noch zutiefst konservativen

Pakeha vermutlich nicht allzu begeistert auf das Musical reagieren würden[2].

Die Rolle des Helden Manaia hatte Vincent Collins bekommen, ein attraktiver Engländer und früherer Soldat, der als Joe Cable in *South Pacific*, dem von Rossiter zuvor am His Majesty's herausgebrachten Musical, enorm erfolgreich gewesen war. Als Angehöriger der britischen Armee hatte der in London geborene Collins schon viel von der Welt gesehen. Er war auch bei den Truppen gewesen, die in Afrika den Aufstand der Mau-Mau niederschlagen sollten. Er war so etwas wie ein Abenteurer.

Der einunddreißigjährige Collins fühlte sich vom Beginn der Proben an zu der Achtzehnjährigen hingezogen, mit der er in den folgenden Wochen viele Szenen spielen sollte. Kiri war mittlerweile zu einer ausgesprochen hübschen jungen Frau herangewachsen. Trotz ihres groben Knochenbaus und ihres Babyspecks wirkte sie noch immer ein bißchen schlaksig, doch das wurde durch ihr Selbstbewußtsein mehr als ausgeglichen. Sie war jetzt eine Frau, in die die Männer sich leidenschaftlich verlieben konnten.

Collins war bei der ersten Probe genauso beeindruckt von Kiris Stimme wie alle anderen. »Ich weiß noch, wie ich sie das erstemal hörte und merkte, daß da etwas Magisches mitschwang. Es war nicht einfach nur eine Stimme, nein, Kiri hatte etwas Klares, wie eine Vogelstimme«, erinnert sich Collins. Und ihre Persönlichkeit fand er sogar noch anziehender. »Sie strahlte einen wunderbar unschuldigen Reiz aus«, sagt er. Collins verliebte sich praktisch Hals über Kopf in sie. »Sie war faszinierend.«[3]

Collins hatte sich kurz zuvor von seiner Verlobten getrennt, der schönen jungen Ballettänzerin Beverley Jordan. Doch offenbar war ihre Beziehung zu diesem Zeitpunkt noch nicht ganz abgeschlossen, denn als Rossiter und McGough sich nach einer Choreographin umsahen, empfahl Collins seine frühere Freundin. In den folgenden Wochen hatte Beverley Jordan vor allem damit zu tun, Kiri das Tanzen beizubringen. Das wurde zu einer der schwierigeren Aufgaben ihrer jungen Karriere.

Neil McGough war Kiris Steifheit sofort aufgefallen, doch seiner Ansicht nach war sie ihrer Stimme wegen engagiert worden, und Beverley Jordan konnte ihr dabei helfen, ihre Beweglichkeit auf der

Bühne zu verbessern.«Es war das genaue Gegenteil von Fred Astaires berühmter Audition«, erinnert sich McGough. »Bei Kiri war es ›kann sich nicht bewegen, kann nicht tanzen, kann ganz gut singen‹. Aber ich glaube, wir hätten sie sogar im Rollstuhl auftreten lassen, wenn's nicht anders gegangen wäre.«

Es zeigte sich schnell, daß Kiri nur in der einstudierten opernhaften Pose singen konnte, die sie schon beim Vorsingen eingenommen hatte. »Man kann nicht viel mit einem Menschen anfangen, der nie gelernt hat, sich zu bewegen, wenn er nicht daheim übt«, meint Beverley Jordan. »Kiri konnte damals zwar den Golfschläger schwingen, aber sie hatte keine natürliche Bewegungskoordination.«[4] Schon bald verzweifelte Regisseur David Rossiter über Kiris Steifheit. »Nach der dritten Probe hat David Rossiter alle auf der Bühne aufgereiht und ihnen erklärt, daß einer unter ihnen die Sache nicht in den Griff kriegt und sie sich alle zusammenreißen sollen«, erinnert sich Lindsay Rowell. »Er hat ihren Namen nicht ausgesprochen, aber alle wußten, daß er Kiri meint.«

In der Woche vor den nächsten Proben machte Kiri eine grundlegende Wandlung durch. »Sie ist zu Schwester Mary Leo gegangen, und das, was die ihr gesagt hat, hat geholfen. Als sie das nächstemal auf die Bühne ist, hätten wir sie fast nicht mehr wiedererkannt«, sagt Lindsay Rowell.

Rowell, McGough, Rossiter und Beverley Jordan erlebten seinerzeit genau das, was sich in den folgenden Jahren als Muster abzeichnen sollte: Wenn es darauf ankam, gab sie ihr Bestes, doch zu anderen Zeiten ließ sich ihre Lässigkeit im besten Falle als Desinteresse, im schlimmsten als Arroganz interpretieren.

»Sie war ein richtiger kleiner Affe, und das Leben war für sie ein Mordsspaß«, sagt Beverley Jordan. »Sie hatte keine Ahnung vom Wert der Zeit und des Geldes. Manche Menschen hatten ihr Haus aufs Spiel gesetzt, damit das Musical ein Erfolg wurde, aber Kiri fühlte sich nicht verantwortlich. In meinen Augen war sie ein ziemlicher Hohlkopf«, fügt sie hinzu. »Ich glaube, heute würde man sie rausschmeißen, wenn sie sich so aufführt.«

McGough erkannte Kiris Unreife ebenfalls: »Sie ist immer zu spät gekommen und hat dann darüber gelacht. Sie hat nie etwas ernst genommen. Sie wollte sich einfach nicht reinknien. Das war traurig, weil sie so viel Talent hatte. Ihre Stimme hatte damals schon Volumen, und sie sang präzise, obwohl ich schnell feststellen mußte, daß sie ziemlich flach wurde, wenn sie müde war.« Das hatte auch etwas mit ihrer mangelnden Konzentrationsfähigkeit zu tun. Schon bald zeigte sich, daß dies ein Teil von Kiris künstlerischer Persönlichkeit war, eine Eigenschaft, die sie auch später nicht ablegte.

Doch Nell nahm die ganze Sache sehr, sehr ernst. Nells Partys in der Blockhouse Bay genossen in der Musikerszene inzwischen einen guten Ruf. Sie nutzte sie, um Kiris Begabung zu präsentieren und ihre Tochter potentiellen Mäzenen vorzustellen. Die Gäste hingegen hatten einfach ihren Spaß daran. »Es war eine tolle Atmosphäre dort, und es gab immer genug zu essen und zu trinken«, erinnert sich Neil McGough, der viele der von Nell improvisierten Soireen als Posaunist zusammen mit seiner Dixieland-Band, den Bridge City Jazzmen, besuchte. »Es gab keine ausgefallenen Sachen zu essen, aber immer genug. Nell hat ständig riesige Tabletts hereingetragen.«

Andere Beobachter wie zum Beispiel Beverley Jordan hatten eher den Eindruck, daß diese Veranstaltungen dazu dienten, »zu beweisen, wie beliebt Kiri war«. Viele empfanden Nell als zu dominierend. Diese Meinung hatten auch die Leute, die sie noch aus den Zeiten der Wettbewerbe kannten.

Bei diesen Wettbewerben war es immer wieder zu Neid und Eifersüchteleien gekommen, und Kiri bezeichnete sie schon bald als »Schrott«. Ihre Mutter hingegen fühlte sich in diesem Milieu wohl. Im Vorfeld der Wettbewerbe kam es schon einmal vor, daß Nell eine Stunde lang mit einer konkurrierenden Sängerin telephonierte und ihr die Vorzüge von Kiri schilderte. »Ihre Stimme klang schwer, und sie sprach ganz langsam und bedächtig«, erinnert sich eine Schülerin von Schwester Mary Leo. »Sie hat die ganze Zeit erzählt, wie gut Kiri ist. Man konnte fast den Eindruck bekommen, daß sie einen einschüchtern wollte. Das hat sie mit uns allen gemacht.«

Kein Mittel schien ihr zu abwegig zu sein, um Kiris Erfolg zu sichern. »Wenn drei oder vier Mädchen von St. Mary's einen gemeinsamen Auftritt hatten, hat sie oft alle angerufen und gefragt, was sie anziehen«, erinnert sich die Schülerin von Schwester Mary Leo. »Das ging dann so: ›Was wirst du denn heute abend tragen?‹ ›Ich glaube, ein langes Kleid.‹ Dann hat sie gesagt: ›Kiri wird kein langes Kleid anziehen, sondern ein kurzes.‹ Am Schluß konnte es sein, daß alle außer Kiri ein kurzes Kleid anhatten. Nur sie trug ein langes und dazu Handschuhe und das ganze Drum und Dran, und natürlich war sie die Attraktivste von uns allen. Das hat ziemlich viele Leute verärgert, und die meisten waren der Meinung, daß sie nicht gut ist für Kiri.«

Beverley Jordan war mit einigen von Kiris Mitschülerinnen aus St. Mary's befreundet. »Ich weiß, daß es in Schwester Mary Leos Stunden oft zu Meinungsverschiedenheiten und traurigen Szenen gekommen ist, weil Nell nie Ruhe gegeben und ständig irgendwelche Intrigen ausgeheckt hat«, erinnert sie sich. »Nell hat versucht, Schwester Mary Leo zu sagen, was sie machen muß, und sie hat den anderen Sängerinnen erzählt, sie sind nicht gut, haben kein Talent, Kiri ist der Star und wird es als einzige nach London schaffen.«

»Nell sah nur Kiri«, meint Gillian Redstone, eine Mitschülerin Kiris im St. Mary's College.

Während der Proben zu *Uwane* entwickelten sich Nells Aktivitäten zu einer Art Telephonterror. Die Proben verfolgte sie friedlich mit, doch sobald die Verantwortlichen des Musicals zu Haus waren, begann das Telephon zu klingeln. »Sie hat immer angerufen. Die Proben hat sie nie unterbrochen, und sie hat solche Sachen auch nie in der Öffentlichkeit gemacht«, erinnert sich Beverley Jordan.

Vor Kiri war die Rolle Lynne Cantlon angeboten worden, die sie jedoch wegen anderer Verpflichtungen ablehnen mußte. Lynnes Mutter Una war als Garderobenmeisterin für die Produktion engagiert. Wie sich denken läßt, war das Verhältnis zwischen Una und Nell ausgesprochen gespannt. »Sie hat ständig der armen Una in den Ohren gelegen«, erinnert sich Neil McGough, »weil Kiris Kostüme angeblich nicht so schön waren wie die der anderen. Sie hat keine Ruhe gegeben und immer gefragt, ob sie nicht noch ein bißchen hier dranmachen und ein bißchen da wegnehmen kann.«

Auch Beverley Jordans Mutter hatte unter Nell zu leiden. Ähnlich wie Una Cantlon schaffte sie es nicht immer, ihre Zunge im Zaum zu halten. »Ich weiß noch, daß meine und Lynnes Mutter sie gefragt haben, ob sie irgendwelche Bühnenerfahrungen hat oder gerade erst vom Marae nach Gisborne gekommen ist. Wenn sie keine Ahnung von Bühnenarbeit hat, haben sie gesagt, dann soll sie den Mund halten.«

Auch der Librettist wurde von ihr nicht verschont. »Sie wollte nicht, daß Kiri in dem Stück als freche kleine Hexe bezeichnet wird«, erinnert sich Lindsay Rowell. »Sie hat mich gebeten, das Buch zu ändern, aber das habe ich für niemanden gemacht.«

Neil McGough meint: »Es war nicht so, daß wir Nell nicht leiden konnten, nein, wir haben ihre Energie sogar bewundert. Sie kam zu allen Proben. Wohin man sah, Nell war schon da. Aber sie ist immer einen Schritt zu weit gegangen... Kiri hat nie so gewirkt, als würde es sie stören, daß ihre Mutter so war. Sie stand selber ziemlich unter ihrer Fuchtel.«

Auch Schwester Mary Leo versuchte sich einzumischen. Sie bestand darauf, daß ihr Libretto und Partitur zugeschickt wurden, weil sie sicher sein wollte, daß »nichts zu Gewagtes drin vorkommt«, erinnert sich Lindsay Rowell. Da sie am Text nichts zu beanstanden hatte, wandte sie sich der Musik zu. »Und dann hat sie Kiri gesagt, sie darf die ganz hohen Noten nicht singen, damit sie ihre Stimme nicht kaputtmacht.« Doch abgesehen davon hielt Schwester Mary Leo sich heraus.

Kiris Unsitte, zu Proben immer zu spät zu kommen, förderte ihre Beliebtheit in der bereits verstimmten Truppe nicht gerade. »Ziemlich oft spielten sie und ihr Vater am Morgen eine Runde Golf. Alle dachten, was führt sie doch für ein schönes Leben«, erzählt Beverley Jordan. Als Rowells Schwester Zella sich zum Entsetzen aller eine einflußreiche Stellung in der Produktion erstritt, wurde Kiri zum Ziel ihrer Angriffe. Selbst Zellas Bruder hielt sie für »ein Miststück«. »Zella hatte die seltene Begabung, alle zu vergraulen. Sie war egoistisch und ehrgeizig, und alle haßten sie.«

»Zella und Kiri haben sich ständig angegiftet«, erinnert sich Lindsay Rowell. »Kiri war damals noch jung und konnte sich nicht richtig wehren, aber sie war auch stur und hatte eine ziemlich genaue Vorstellung davon, wie die Dinge zu laufen hatten.« Die Auseinandersetzungen zwischen den beiden erreichten ihren Höhepunkt bei einer der letzten Proben. »Kiri hat sich in den Hintergrund verdrückt, als sie eigentlich an die Rampe treten sollte«, sagt Rowell. Als Zella von ihr verlangte, sie solle sich in die richtige Position begeben, rührte sich Kiri nicht von der Stelle. »Sie hat Zella einfach gesagt: ›Mir ist egal, was du willst. Entweder du läßt dich drauf ein, oder du findest dich damit ab.‹«

»Kiri reagierte ziemlich emotional, wenn man sie aus der Fassung brachte. Sie war auf ihre Weise ganz schön eigensinnig«, erinnert sich Vincent Collins, der Zeuge der Szene wurde.

Wenn es Probleme gab, weinte Kiri sich an der Schulter von Collins aus. Den beiden fiel es nicht schwer, ihren gemeinsamen Auftritten eine erotische Spannung zu verleihen, denn zu dem Zeitpunkt waren sie schon ein Paar, obwohl sie sich in der Öffentlichkeit nichts anmerken ließen.

»Ja, wir waren eine Weile zusammen«, bestätigt Collins. »Ich war so naiv zu glauben, daß die beiden nur schauspielern«, erinnert sich Lindsay Rowells Frau Madeleine, die die meisten Proben mitverfolgte. »Natürlich war da eine erotische Spannung, aber ich dachte, nun, sie müssen ja schließlich ein Liebespaar spielen.« Andere scheinen mehr mitbekommen zu haben.

»Kiri war hübsch und flirtete gern«, sagt Neil McGough. »Und Vincent war attraktiv und witzig und hat sich wahrscheinlich geschmeichelt gefühlt. Er hat sich weiter auf die Sache eingelassen, als gut für ihn war«, fügt er hinzu. Beverley Jordan jedoch verfolgte die Entwicklung aufmerksamer als alle anderen, weil sie Vincent Collins am besten kannte.

»Ich habe mich von ihm getrennt, weil er ein ziemlicher Schürzenjäger war«, erinnert sie sich. »Und damit konnte ich nichts anfangen.« Beverley Jordan behauptet, sie habe die Romanze zwischen Kiri und Collins mit einem Achselzucken hingenommen. »Es war mir egal. Die Geschichte mit uns war zu Ende, und wenn er etwas mit ihr anfangen wollte, war das seine Sache«, sagt sie.

Doch ihre Mutter reagierte längst nicht so gelassen, als sie merkte, was da vor sich ging. Eines Abends kam Beverley Jordan nach Haus und hörte, daß ihre Mutter in ein hitziges Telephongespräch vertieft war. Schon bald war ihr klar, wer da am anderen Ende der Leitung sprach. »Es war Nell Te Kanawa«, erinnert sich Beverley Jordan. »Meine Mutter hat ihr gesagt, sie soll besser auf ihre Tochter aufpassen und dafür sorgen, daß sie anderen Mädchen nicht die Freunde ausspannt.«

Doch schon bald machten Kiri und Vincent kein Geheimnis mehr aus ihrer Beziehung.

Am Mittwoch, dem 11. April 1962, war das His Majesty's Theatre bis auf den letzten Platz gefüllt. Doch die Produzenten von *Uwane* wußten um die harte Realität hinter dem schönen Schein: Nur 200 der 2000 Besucher hatten für ihre Karte bezahlt. »Sie haben alle Pflegeheime und Krankenhäuser mit Freikarten überschwemmt. Man holte die Leute einfach von der Straße, wenn man an dem Abend, an dem die Kritiker da waren, ein volles Haus haben wollte«, erinnert sich Neil McGough.

Das mangelnde Interesse an dieser »Weltpremiere« war mit Sicherheit nicht Nells Schuld. Sie hatte sich vorher noch einmal mit allen potentiellen Förderern aus ihrem stetig wachsenden Aucklander Bekanntenkreis in Verbindung gesetzt und versucht, sie um den Finger zu wickeln. »Sie konnte mit ihrem Charme die Vögel von den Bäumen herunterlocken«, erinnert sich Beverley Jordan. »Sie war eine geniale PR-Frau.« Nell hatte mittlerweile begonnen, Kontakte zu den Aucklander Medien aufzubauen. Die neuseeländische Presse faszinierte *Uwane* als Kuriosum. Nell sorgte dafür, daß jeder das Gesicht von Kiri kannte, als die Premiere herannahte.

Die *New Zealand Woman's Weekly*, die führende Zeitschrift jener Tage, berichtete ausführlich über das Musical[5]. Am Tag vor der Aufführung füllte ein Photo von Kiri in ihrem traditionellen Flachsrock oder »piu-piu«, das bei der Generalprobe am Sonntag zuvor entstanden war, die Seite drei von Neuseelands angesehenster Zeitung, dem *New Zealand Herald*. Kiri erklärte in dem Artikel, daß sie nicht die Absicht habe, ihre Lehrerin im St. Mary's College zu verlassen. Im offiziellen Programmheft zu *Uwane* wiederholte sie, sie habe »anders als so viele von unseren jungen Sängerinnen nicht den Wunsch, im Ausland herumzureisen«. Ihre Worte gefielen wahrscheinlich John Waititi, der ebenfalls eine Freikarte für den Abend bekommen hatte, besonders gut. Um schließlich doch noch Unterstützung von den Maori-Organisationen zu bekommen, hatten Lindsay und Zella Rowell erklärt, alle Einnahmen der Aufführung würden an die Maori Education Foundation gehen.

Nach der Aufführung gab es donnernden Applaus. Kiri und Vincent Collins traten händchenhaltend vor den Vorhang. Doch die Kritiken vom folgenden Tag waren zurückhaltend: »*Uwane* – ganz nett, aber...«, lautete die Schlagzeile des *Auckland Star*. Und »ein wackerer Versuch« war das Beste, was dem *New Zealand Herald* zu der Aufführung einfiel.

Während die Kritiker sich nicht sonderlich für die Mischung aus Phantastischem und Schematischem, die die Rowells da auf die Bühne gebracht hatten, begeistern konnten, waren sie sich in ihrem Lob für Kiri jedoch einig. »Egal, ob *Uwane* nun ein Publikumserfolg wird oder nicht – zumindest hat das Musical uns mit mindestens zwei guten Stimmen bekannt gemacht, mit dem warmen Mezzosopran von Kiri Te Kanawa und dem wohltönenden Bariton von John Morgan«, schrieb Desmond Mahoney im *Star*.

»Der Star des Musicals ist Kiri Te Kanawa«, schrieb L. C. M. Saunders vom *Herald*. »Ihre Bewegungen, ihre Sprache und ihr Gesang sind natürlich und anmutig; sie ist eine echte Begabung.«[6]

Dem Telegramm nach zu urteilen, das am nächsten Morgen am Bühneneingang von His Majesty's Theatre eintraf, war der Abend zuvor ein Riesenerfolg gewesen. Die kurze Nachricht ließ deutlich auf Nells Mitwirkung schließen:

»Gratulation und meinen ganz persönlichen Dank. Ohne Ihre wundervolle Hilfe und Unterstützung hätte ich nie so nette Worte über mich in der Zeitung lesen können. Herzlichen Dank an alle, und Gott segne Sie.

Kiri Te Kanawa.«[7]

Doch bereits am zweiten Abend zeitigten die lauen Kritiken ihre Wirkung. Jetzt saßen noch weniger zahlende Zuschauer im Theater. Nun, da der Adrenalinstoß der Premiere fehlte, glänzte Kiri auch nicht mehr so wie am Vorabend. In der ersten Hälfte vergaß sie zum Beispiel zum Entsetzen von Neil McGough eine ganze Strophe aus einem Solo. Als der Dirigent versuchte, den Fehler zu kaschieren, sah er, daß Kiri wie erstarrt auf der Bühne stand. »Sie hat einfach nur noch stur geradeaus geblickt und ihr Lied zu Ende gesungen, während ich mit den Armen gefuchtelt habe wie ein wild gewordener Grashüpfer. Sie hatte einfach nicht die Erfahrung, um zu wissen, daß sie in so einem Fall mich anschauen und mir vertrauen mußte, daß ich alles wieder auf die Reihe bringen würde.«

In der Pause wollte Neil McGough zu ihr in die Garderobe, wurde aber vom Inspizienten zurückgehalten. »Er hat gesagt: ›Sie hat sich eingesperrt, sie ist in Tränen aufgelöst, und ihre Mutter ist bei ihr. Sie will nie wieder singen.‹« McGough ließ Kiri durch Nell eine Nachricht überbringen. »Ich habe ihr gesagt: ›Sagen Sie ihr, sie soll sich deshalb nicht zu viele Gedanken machen; so was passiert jedem mal.‹ Kiri hatte noch nie zuvor mit einem ganzen Orchester gesungen. Wahrscheinlich hatte das damit zu tun. Sie hat wohl gedacht, wir müssen ihr folgen, denn das tun Pianisten normalerweise. Was Dirigenten machen, davon hatte sie keine Ahnung.«

Doch am nächsten Abend war sie wieder in Form. Allerdings waren nur noch 32 Zuschauer anwesend. An jenem Abend wurde Kiri und den anderen 54 Mitgliedern der Truppe mitgeteilt, daß die nächste, also die vierte Vorstellung die letzte sein würde.

»Obwohl wir das erwartet hatten, war es natürlich ein Schock«, erinnert sich der Sänger Brian O'Connor. »Damals wurden Musicals normalerweise nicht vorzeitig abgesetzt.«

Während Lindsay Rowell sich nicht zu dem Debakel äußerte, fing Zella zu zetern an. »Ich habe kein Vertrauen mehr in den Patriotismus der Neuseeländer. Ich bin entsetzt über die Apathie des Publikums«, erklärte sie dem *New Zealand Herald*. »Ich habe alles verloren.« Rowell hatte allen Beteiligten versprochen, die Gagen aus dem Gewinn, den das Musical abwarf, zu zahlen. Es überrascht nicht, daß nur wenige sich erinnern, je Geld gesehen zu haben.

In den folgenden Monaten und Jahren versuchten fast alle, ihre Mitarbeit an *Uwane* herunterzuspielen. Die Rolle tauchte nicht in Kiris Lebenslauf auf, und sie selbst scheint seitdem nie wieder davon gesprochen zu haben. Sie bedankte sich auch nicht bei McGough, als sie ihn ein paar Jahre später wiedersah und er sie darauf ansprach. »Ich habe gesagt: ›Da hat sich ganz schön was getan seit *Uwane*.‹ Sie hat erwidert: ›Du verdammter Scheißkerl, die Aufführungen damals versuche ich seit Jahren zu vergessen.‹«

Doch nach diesem Debakel erging es Kiri besser als den meisten

anderen daran Beteiligten. Unter den Zuschauern am Premieren-
abend war der bekannte Talentsucher Peter Claman gewesen, ein
Engländer, der in London den Vorsitz des Wembley Music Club geführt hatte. Er war auf Anraten des führenden neuseeländischen
Plattenproduzenten Tony Vercoe von Kiwi Records in Wellington
ins His Majesty's Theatre gekommen. Claman schrieb hinterher an
Vercoe: »Tony, die mußt du dir schnappen.«

Clamans Meinung nach war Kiri der einzige Lichtblick in dem
Musical. »Er hat mir erzählt, daß sie um Klassen besser war als alle
andern«, erinnert sich Vercoe.

Vercoe hatte Kiwi Records nach dem Zweiten Weltkrieg zu
einem der prestigeträchtigsten neuseeländischen Labels aufgebaut.
Kiwi Records gehörte den Wellingtoner Verlegern A. H. & A. W.
Reed und hatte sich bereits durch klassische Aufnahmen mit anderen Schülerinnen von Schwester Mary Leo hervorgetan, unter ihnen
auch Malvina Major.

Vercoe beschloß, sich nicht direkt an Kiri zu wenden. »Sie war
noch so jung«, erinnert er sich. »Also habe ich Kontakt mit Schwester Mary Leo aufgenommen, die ich sowieso kannte.« Ein paar
Tage später schon saß Vercoe dann in der St. Patrick's Cathedral,
fasziniert von dem Solo, das Kiri im »Nonnenchor« aus Ralph Be-
natzkys Strauß-Pasticcio *Casanova* sang. »Sie hat sich ganz besonders bemüht für mich«, sagt er. Als die letzten Töne verklungen
waren, ging Vercoe sofort zu Schwester Mary Leo. »Ich war so beeindruckt«, erinnert er sich, »daß ich sagte: ›Tja, ich denke, das
sollten wir aufnehmen.‹«[8]

Trotz der Bitterkeit und Vorwürfe, die von *Uwane* blieben, hatte
eine Beziehung, die durch das Musical zustande gekommen war, Bestand. Schon bald nach der letzten Aufführung zog Vincent Collins
in das Elternhaus Kiris in Blockhouse Bay. Collins bekam ein Zimmer im Souterrain unter dem Hauptgebäude und lernte so alle
Freunde Kiris kennen. Den engsten Kontakt hatte sie nach wie vor
zu zwei Mitschülerinnen aus dem Chor, Raewyn Blade und Sally
Rush. Besonders Kiri und Raewyn liebten die großen Musicals vom
Broadway und aus Hollywood. Ende des Jahres wirkten sie zusammen mit Collins in einer Amateuraufführung von *The Student Prince*
mit. Im folgenden Jahr sangen Raewyn und Kiri im Chor einer Pro-

duktion des Musicals *Annie Get Your Gun* am King's Theatre, in der die Engländerin Anne Hart die Titelrolle verkörperte.

Nell und Tom schien es nichts auszumachen, daß Kiris Freund in ihrem Haus lebte. »Nell war toll. Sie hatte einen wunderbaren Sinn für Humor, obwohl niemand sich getraut hat, ihr zu widersprechen«, erzählt Collins lachend. Ein besonders enges Verhältnis bildete sich zwischen Collins und Tom heraus, mit dem er oft zu Rugbyspielen ging. »Er war der sanfteste Mann, den ich in meinem ganzen Leben kennengelernt habe«, sagt er.

Vincent spürte, daß Tom und Nell sich allmählich auf den Zeitpunkt vorbereiteten, wenn Kiri das elterliche Zuhause verlassen würde. »Ich glaube, ihre Eltern haben darüber nachgedacht, wie ihre Zukunft aussehen wird. Ihre Mutter hat unermüdlich gearbeitet, und Tom hat sie mit seiner sanften Art immer unterstützt«, erinnert sich Collins. »Aber sie würden auch nicht ewig da sein. Sie wurden älter, und Tom und Nell haben sich wohl gewünscht, daß Kiri jemanden kennenlernt, der sich um sie kümmert.« Offenbar galt der geistreiche, weltgewandte Collins fast ein ganzes Jahr lang als potentieller Kandidat.

Judy und Nola, die mittlerweile wieder ganz in der Nähe wohnten, konnten Collins sofort gut leiden. »Er war ein netter Kerl«, erinnert sich Judy. Ihr war klar, daß Nell ihm bereits ihr Plazet erteilt hatte. »Die jungen Männer mußten sich immer zuerst bei meiner Großmutter bewähren.« Der smarte Engländer gehörte 18 Monate lang zum Haushalt in der Mitchell Street.

Judy erinnert sich noch daran, daß Nell Kiri und ihr Ratschläge über den Umgang mit dem anderen Geschlecht gab. Sie hatte nicht nur Tips für das erste Rendezvous, sondern auch für die Beendigung der Beziehung. »Ich weiß noch, daß sie uns einmal gesagt hat, wir sollten nie jemanden belügen«, erinnert sich Judy. »Zuerst muß man mit dem einen Schluß machen, und erst dann darf man was Neues anfangen.« Dieser Rat sollte Kiri schon bald nützen.

Prinzessin im Schloß

Im September 1963 machte Kiri sich auf den Weg nach Hamilton zum Mobil Song Quest, dem prestigeträchtigsten Gesangswettbewerb Neuseelands. Dort stieg sie im besten Hotel der Stadt ab, dem Hamilton, wo sie wie eine Prinzessin verwöhnt wurde.

Obwohl ihre Stimme sich inzwischen zu einem vollen Mezzosopran entwickelt hatte, war sich Kiri ihrer Begabung immer noch nicht ganz sicher. Im Semifinale des Song Quest in Auckland beispielsweise hatte sie ihren Vortrag von »Come to the Fair« und »She is Far From the Land« für eine Katastrophe gehalten. Als die Aufnahme dieses Auftritts ein paar Tage später im Radio gesendet wurde, ertrug sie es nicht, ihre Stimme im Rundfunk zu hören. Doch Nell sagte ihr sofort, daß sie in die Endrunde gekommen sei [1].

Das St. Mary's College schickte zwei Mädchen nach Hamilton, um den begehrten Preis nach den Erfolgen von Mary O'Brien 1959 und Patricia Price 1961 zum drittenmal nacheinander zu erringen. Malvina Major war für viele die Favoritin, doch auch Kiri hatte sich trotz ihrer Jugend und relativen Unerfahrenheit zu einer beeindruckenden Bühnenpersönlichkeit entwickelt. Ihre Fähigkeit, instinktiv einen Kontakt zum Publikum herzustellen, hatte dazu geführt, daß sie bereits im selben Jahr einen Arienwettbewerb für unter Einundzwanzigjährige gewann.

Susan Smith, die Kiri normalerweise auf dem Klavier begleitete, hatte schon bei den weniger wichtigen Engagements gemerkt, wie gut Kiri mit dem Publikum umgehen konnte. Susan, die Tochter eines Metzgers aus Blockhouse Bay und einer Angehörigen des musikalischen Zirkels von St. Mary's, kannte die Te-Kanawa-Familie bereits seit ihrer Kindheit. Kiri hatte sich seit damals kaum verändert. »Kiri hatte damals kein Problem mit dem Selbstvertrauen.

Für sie war das alles ein Spiel«, erinnert sich Susan Smith. »Sie hat nicht gesungen, weil sie dachte, eines Tages werde ich ein Star, nein, sie sang einfach, weil es ihr Spaß machte und weil sie es gut konnte. Wenn das Publikum noch sechs Lieder von ihr hören wollte, dann hat sie den Wunsch eben erfüllt.«

Kiri improvisierte gern. Das nahm das Publikum nur noch mehr für sie ein. Susan Smith erinnert sich, daß Kiri einmal während eines Konzerts zu ihr kam und ihr erklärte, daß sie nun Adeles Couplet aus der *Fledermaus* von Strauß singen wolle. »Aber das haben wir doch gar nicht geprobt«, flüsterte die entsetzte Susan Smith zurück. Die beiden unterhielten sich kichernd weiter und gaben schließlich eine improvisierte Version des Lieds zum besten. »Ungefähr in der Mitte, wo es heißt ›ja, sehr komisch, hahaha‹, hat sie tatsächlich lachen müssen. Kiri hatte ein ziemlich ansteckendes, kehliges Lachen«, erinnert sich Susan Smith. »Sie hat einen richtigen Lachkrampf gekriegt, es war völlig verrückt. Es hat nicht lang gedauert, bis alle mitgelacht haben.«

Als Kiri sich schließlich wieder ein bißchen gefaßt hatte, erklärte sie dem Publikum, sie habe wegen des Gesprächs mit der Pianistin so lachen müssen. »Dann hat sie gesagt: ›Ich drehe mich jetzt dreimal um die eigene Achse, und dann machen wir's noch mal, und zwar richtig‹«, erinnert sich Susan Smith. »Das war etwas ganz Besonderes, und das Publikum vergaß solche Sachen nicht. Die Leute dachten sicher und zu Recht: ›Was für ein nettes, natürliches Mädchen.‹«[2]

Kiri fuhr zusammen mit Tom, Nell, Judy, Nola und Vincent Collins nach Hamilton. Dort lernten sie die übrigen vier Teilnehmer an dem Wettbewerb – alles Männer – kennen. Unter ihnen befand sich auch Rodney Macann, ein Bankangestellter aus Christchurch, dessen schöne Baßstimme sich im Chor seiner Baptistenkirche entwickelt hatte.

Während der Proben in der Founders Hall von Hamilton waren Macann bereits die Klarheit und Kraft von Kiris Stimme aufgefallen. Doch am Abend des Wettbewerbs erlebte er noch etwas anderes: »Ihre Wirkung auf das Publikum war elektrisierend«, erinnert er sich. »Sie hat ein paar Lieder gesungen, und natürlich war sie sehr, sehr hübsch, aber das, was sie von den anderen abhob, war ihr

Wunsch, eine Verbindung zum Publikum herzustellen. Ich habe seitdem nie wieder so etwas erlebt, und auch damals war das etwas völlig Neues für mich.«[3]

Doch Kiris Bemühungen waren praktisch umsonst, weil die Juroren ihren Vortrag von einer Radiokabine am anderen Ende von Hamilton aus anhörten. Wahrscheinlich war der donnernde Applaus für sie der einzige Hinweis darauf, wie sehr Kiri die Zuschauer beeindruckt hatte. Der Vorsitzende der Jury in jenem Jahr war James Robertson, ein angesehener englischer Musiker, der zu der Zeit bei der New Zealand Opera Company arbeitete und in England als erster Leiter des London Opera Center, eines kurze Zeit später eröffnenden Annex des Royal Opera House, im Gespräch war.

Zwar waren Robertson und seine Kollegen von Kiris einschmeichelnder Stimme beeindruckt gewesen, aber sie hielten Malvina Major für die zu diesem Zeitpunkt geeignetere Klassikinterpretin. Folglich erreichte Major den ersten Platz und Kiri den zweiten. Der Bariton Alistair Stokes wurde Dritter.

Als die Gewinner ihre Schecks und Schärpen erhielten, konnte Kiri es sich nicht verkneifen, ihrer Konkurrentin die Schau zu stehlen. Schwester Mary Leos Schülerin Diana Stuart, die im Orchester Cello gespielt hatte, erinnert sich: »Ich weiß noch, daß Kiri einen ihrer männlichen Konkurrenten um ein Taschentuch bat und sich damit die Augen abwischte.«

Diana Stuart war nicht überrascht über das Ergebnis des Wettbewerbs. »Der Unterschied zwischen den beiden läßt sich ungefähr folgendermaßen beschreiben: Kiri hatte eine riesige Leinwand zur Verfügung, während sich Malvina mit einer kleinen, aber ausgesprochen vielfarbigen zufriedengab. An jenem Abend hatte Kiri einen wundervollen Auftritt, aber ihr Lied war nicht sonderlich gut gewählt.« Malvina hatte sich, anders als Kiri, darauf konzentriert, für die Juroren zu singen. »Malvina stellte letztlich keinen Kontakt zum Publikum her.«

Diana Stuart wußte genau, welches Entsetzen das unerwartete Ergebnis in St. Mary's hervorrufen würde, sie wußte aber auch, daß Schwester Mary Leo sich genau dieses Ergebnis gewünscht hatte: »Schwester Mary Leo wollte, daß Malvina gewinnt, weil sie bereit war für einen solchen Sieg und Kiri nicht«, sagt sie. Doch Nell Te Kanawa gab sich natürlich nicht mit dem Ausgang des Wettbewerbs zufrieden. »Es gab Rivalitäten zwischen Kiri und Malvina, die Nell meiner Meinung nach förderte. Nell hat die ganze Zeit gefragt: ›Warum, warum, warum?‹«

Kiri hingegen schien von ihrem zweiten Platz überwältigt zu sein. »Ich glaube nicht, daß ihr das etwas ausgemacht hat«, sagt Rodney Macann, der sich auf der Party nach dem Wettbewerb zu ihr gesellt hatte. »Damals stand sie ja noch ganz am Anfang ihrer Karriere und freute sich einfach, dabeizusein.« Macann fand Kiri hinter der Bühne noch charmanter als bei ihrem Vortrag. »Hinterher hat sie sogar zu mir gesagt, für sie war's eine Enttäuschung, daß nicht ich gewonnen habe.«

Nell, Tom, Judy, Nola und Vincent beschlossen, am selben Abend nach Auckland zurückzufahren. Das gab Kiri Gelegenheit, viel Zeit mit Macann zu verbringen. Als die offizielle Feier zu Ende war, ging die Party in Kiris Zimmer weiter. »Wir waren alle ganz schön gut drauf«, erinnert sich Macann. »Manche von uns waren zum erstenmal von zu Hause weg.« Schließlich schlichen sich Kiri, Macann, Malvina und einer oder zwei andere von der Party weg und gingen zusammen am mondhellen Ufer des Waikato River spazieren. Kiri und Macann blieben bis in die frühen Morgenstunden draußen unter dem Sternenhimmel.

»Es war ein wundervoller Abend, sehr, sehr romantisch«, erinnert sich Macann lächelnd. »Da ist der Funke zwischen Kiri und mir wohl übergesprungen.« Kiri kehrte am folgenden Tag nach Auckland zurück, um an einem weiteren wichtigen neuseeländischen Wettbewerb, dem John Court Aria in Auckland, teilzunehmen. Völlig erschöpft von der Reise, der Aufregung des vorhergehenden Wettbewerbs und der Nacht mit Rodney Macann, trug sie *Die Verabredung* von Sibelius wie in Trance vor und erwartete sich folglich wenig.

Doch ihre Freundin Ann Gordon rief sie in der Mitchell Street an, um ihr zu sagen, daß sich 95 Prozent der Preisrichter für sie entschieden hatten. Clifton Cook, einer der Juroren, wußte sich vor Begeisterung über diese Entdeckung fast nicht mehr zu halten. »Wenn ich einen Blumenstrauß gehabt hätte, hätte ich ihn ihr zu

Füßen gelegt. Sie ist eine der besten neuseeländischen Künstlerinnen, die ich je gehört habe«, schwärmte er[4].

Aber Kiris Gedanken gingen in eine völlig andere Richtung. Schon wenige Tage nach ihrem Auftritt in Hamilton rief sie Rodney Macann an, um ihn nach Auckland einzuladen. Macann war ganz und gar unvorbereitet auf Kiris Offenheit und Spontaneität. Sie hatte kein Geheimnis aus ihrer Beziehung zu Vincent Collins gemacht, in dessen Gesellschaft Macann sie in Hamilton gesehen hatte. Doch als er in Auckland ankam, erklärte sie ihm sofort, sie sei frei für ihn. Kiri hatte sich tatsächlich einmal an den Rat ihrer Mutter gehalten: »Sie hat sich von Vincent Collins getrennt, als wir uns kennenlernten«, erzählt Macann.

Macann wurde ähnlich wie Collins vor ihm mit offenen Armen in der Mitchell Street empfangen, zog es aber vor, den Rest seines Aufenthalts in einem Hotel zu wohnen. Macann fiel es schwer, sich für Nells hektische Geschäftigkeit und für ihren blinden Glauben an Kiri zu erwärmen. »Es war nicht leicht, mit Nell zurechtzukommen. Sie war wild entschlossen, dafür zu sorgen, daß niemand besser wurde als Kiri«, sagt er. Macann war entsetzt darüber, wie Nell Malvina Major heruntermachte. »Nell hat nach dem Sieg von Malvina Gerüchte ausgestreut, daß das ein abgekartetes Spiel war. Sie hat gesagt, Malvina kommt aus einer viel weniger wohlhabenden Familie und braucht einfach das Geld. So ist sie mit Malvinas Sieg umgegangen, der, das muß ich fairerweise sagen, ein ziemlicher Schock für alle war.«

Kiri und Macann hielten die Beziehung auch dann noch aufrecht, als er nach Christchurch zurückkehrte, obwohl Kiris Spontaneität in keinem krasseren Widerspruch zu Macanns Leben hätte stehen können. Als er in Christchurch wieder in der Bank arbeitete, war er ziemlich überrascht, als Kiri ihn anrief und ihm erklärte, sie werde die 1600 Kilometer lange Reise zu ihm auf sich nehmen, um ihn wiederzusehen. Sie verabschiedete sich mit den Worten: »Ich erwarte, daß du mich am Flughafen abholst und mich mit einem dicken Kuß begrüßt.«

»Ich war ziemlich gehemmt bei unserem ersten Treffen«, erinnert sich Macann, »weil ich schreckliche Angst davor hatte, von jemandem gesehen zu werden.« Kiri war nicht Macanns erste

Freundin. Auch er hatte nach Hamilton eine Beziehung beendet. »Ich fand sie nicht sonderlich sexy, aber sie hatte so eine Energie. Außerdem war sie ein ausgesprochen liebenswerter Mensch und hatte wunderschöne Augen. Und diese Augen und ihre Energie haben mich umgehauen.«

Nach ihren Erfolgen bei den Wettbewerben begann Kiri, mit der gleichen Leichtigkeit die Presse für sich zu gewinnen. In einem ihrer ersten ausführlichen Interviews mit dem *Auckland Star* im September 1963 präsentierte sie sich als ernsthafte und hingebungsvolle junge Künstlerin und sagte, sie lerne nun intensiv Maori. »In meinen Adern fließt Maori-Blut, also sollte ich auch die Sprache ordentlich lernen – das wird mir dabei helfen, Maori-Lieder zu singen«, sagte sie[5]. Kiri hatte im Mai und Juni jenes Jahres insgesamt acht Maori-Stunden bei der mit ihr befreundeten Bürgermeistersehefrau Thelma Robinson besucht. Sie und die anderen Schüler der Klasse dienten als Versuchskaninchen für ein neues Maori-Lehrbuch von Johnny Waititi. In dem Interview mit dem *Auckland Star* tat Kiri alles, um ihre Gönner davon zu überzeugen, daß sie ihr Geld gut angelegt hatten.

Trotz ihrer Erfolge sagte Kiri in dem Interview, sie habe vor, ihre Stimme zu schonen. »Wenn ein Baby zu früh zu laufen anfängt, bekommt es unter Umständen wacklige Knie«, meinte sie. »Und eine junge Stimme wie die meine könnte ruiniert werden, wenn man sie falsch einsetzt…Bevor ich nicht mehr über Gesangstechnik weiß und meine Stimme sich nicht weiterentwickelt hat, fühle ich mich nicht kompetent genug, allzu viele Engagements anzunehmen«, erklärte sie dem *Star*[6].

Doch in Wahrheit konnte sie dieses Versprechen natürlich nicht einhalten, denn sie war immer noch die Königin der Auckländer Partygesellschaft.

Kiri nahm so viele Engagements an wie möglich und war durchaus zu mörderischen Taktiken in der Lage, damit ihr Terminkalender auch weiterhin voll blieb. In ihren Anfangstagen in St. Mary's war sie mit Pettine-Ann Croul, einer anderen Starsängerin von Schwester Mary Leo, befreundet gewesen. »Sie ist zu uns nach Hause gekommen, und ich habe mit ihr die Lieder geübt. Sie wollte, daß ich sie in ihre Stimmlage transponiere. Unsere Stimmen waren ganz und gar verschieden. Ich hatte einen Koloratursopran und sie einen Mezzo«, erklärt Pettine-Ann Croul, die später einen Abschluß als Gesangslehrerin machte und heute ihre eigene Schule für junge Künstler leitet. Ihr Verhältnis wurde schlechter, als Nell anfing, Pettine-Anns Mutter Mercia mit ihren endlosen Anrufen zu belästigen. »Sie erzählte ihr immer, daß Kiri so viel besser als ich und alle anderen gesungen hatte. Ihrer Meinung nach kam Kiri immer zu schlecht weg«, erinnert sich Pettine-Ann Croul.

Nell rief auch Pettine-Ann selbst an. »Nell hat mich angerufen und gefragt, was ich bei einem Wettbewerb singen will, und dann hat sie mir erklärt, daß ich das und das nicht singen kann, weil Kiri es singen möchte.« Ähnlich wie Kiri benötigte auch Pettine-Ann dringend Geld, um ihre Gesangsausbildung fortsetzen zu können, und auch sie hatte begonnen, bei großen Hochzeiten in und um Auckland aufzutreten. »Ich habe manche Aufträge verloren, weil sie mich mit ihren Preisen unterboten haben. Ich erinnere mich noch an eine große Hochzeit, für die ich fünfzehn Pfund verlangt hatte, was für einen ganzen Tag Arbeit ein vernünftiger Preis war, aber später haben sie mich dann angerufen und mir gesagt, daß Kiri bereit war, für zehn Pfund aufzutreten... Es war gar nicht mehr so leicht, die Freundschaft mit Kiri aufrechtzuerhalten, also haben wir uns auseinandergelebt.«[7]

In der Zwischenzeit entwickelte Kiri sich zu einer beliebten Nachtklubsängerin. Aufgrund der strengen Gesetze Neuseelands mußten die Pubs schon um sechs Uhr abends schließen, sogar am Samstag. Deshalb mußten vergnügungssüchtige Paare auf Klubs wie Bob Sell's Colony Club ausweichen. »Die Frauen haben kleine Bolerojäckchen getragen und Gin- und Scotchflaschen unter dem Arm reingeschmuggelt«, erzählt Sell.

Sell hatte pro Abend drei oder vier Nummern, um seine Gäste von acht Uhr abends bis zwei Uhr morgens zu unterhalten. Anfangs war er sich noch unsicher, wie Kiris einstudierte Eleganz bei seinen Stammgästen ankommen würde. »Sie war eine gute Katholikin, und das Kleid, das sie auf der Bühne getragen hat, reichte vom Hals bis zu den Knöcheln. Ich hab' sie immer wieder gefragt: ›Kannst du denn nichts Kürzeres anziehen?‹« erinnert er sich.

Doch Kiri schlug auch die lautesten Gäste in ihren Bann. Kiris

Vortrag von Songs aus Musicals wie *West Side Story* und *The Sound of Music* brachte die Stimmung immer zum Kochen. Schon bald weigerten sich andere Künstler, nach Kiri aufzutreten. »Ich habe einfach niemanden mehr dazu gebracht, nach ihr aufzutreten, weil das Publikum nach ihr niemanden mehr hören wollte«, sagt Sell.

Sie konnte den ganzen Raum mit einem der Lieblingslieder von St. Mary's verstummen lassen. Sell hatte das Schlimmste befürchtet, als Kiri eines Morgens um halb zwei plötzlich begann, ohne Begleitung das *Ave Maria* zu singen. »Ich dachte: ›Mein Gott, was macht sie denn jetzt? Ist sie völlig verrückt geworden?‹ Doch plötzlich hätte man eine Nadel fallen hören können.«

Von da an wurde dieses *Ave Maria* zusammen mit »O mio babbino caro« Kiris Erkennungsmelodie im Colony Club. Sell blieb auch später noch in Kontakt mit Kiri, als diese längst größere Engagements hatte. »Ich hab' einmal zu ihr gesagt: ›Vielleicht meinst du, es ist ganz schön harte Arbeit, im Covent Garden zu singen, aber das schwierigste Publikum, mit dem du es je zu tun gehabt hast, war bestimmt das im Colony‹«, erinnert sich Sell [8].

Kiri hatte die Fähigkeit, den Menschen das Gefühl zu geben, sie sei nur für sie allein da, das erfuhr auch Rodney Macann. In den Monaten seit dem Wettbewerb hatte sich die Beziehung zwischen den beiden intensiviert. »Manchmal hat sie einem das Gefühl gegeben, daß man der einzige für sie wichtige Mensch auf der Welt war, und dieses Gefühl war echt«, sagt Macann. »Sie hat mir herrliche Sachen geschenkt und mir immer wieder Photos geschickt. Wir haben uns einmal pro Woche geschrieben.«

Doch oft empfand der geradlinige Macann Kiri auch als sehr widersprüchlich. Für ihn bestand kein Zweifel daran, daß sie ihre Karriere immer an die erste Stelle setzen würde. »Ihre Karriere kam schon sehr früh zuerst, und erst dann hat sie sich den jungen Männern gewidmet. Sie war wild entschlossen, Erfolg zu haben, die Beste zu werden. Das war ihr einziges Ziel«, sagt Macann. Doch hinter ihrer Extrovertiertheit verbarg sich noch immer tiefe und manchmal schmerzliche Unsicherheit. Macann gegenüber beklagte Kiri sich ständig über ihre Rivalinnen. »Damals brauchte sie einfach ein Feindbild, jemanden, auf den sie sich einschießen konnte.«

Der ruhige Macann hatte manchmal Mühe, mit ihren Wutausbrüchen zurechtzukommen. »Sie ist immer zwischen ausgesprochen liebenswert und schrecklich frustrierend hin und her geschwankt. Kiri war auf privater Ebene sehr großzügig, aber sie konnte auch ziemlich schwierig sein. Manchmal hat sie einen mit ihren albernen Einfällen zum Wahnsinn getrieben. Ich als ruhigerer Mensch habe das immer furchtbar irritierend gefunden. – Zum Beispiel wenn sie etwas Gehässiges und Dummes über eine andere Sängerin gesagt hat, was völlig unnötig war, weil sie sowieso viel, viel besser als die Betreffende war.« Diese Verachtung für ihre Rivalinnen sollte Kiri auch später nicht ablegen. Einmal beschrieb sie sich selbst als »Petunie in einem Zwiebelbeet«.

Diese Verhaltensweisen waren mit ziemlicher Sicherheit auf Nell zurückzuführen. Der Meinung ist auch Rodney Macann: »Nun, vielleicht hatte Nell etwas damit zu tun«, sagt er. »Kiri selbst hatte nichts Verschlagenes, und wenn sie etwas Negatives gedacht hat, hat sie's auch gesagt.« Oft machte Macann sich Gedanken darüber, ob Kiri überhaupt in der Lage war, die ehrgeizigen Pläne ihrer Mutter in die Tat umzusetzen. »Sie war gelegentlich ein bißchen lustlos, weil sie manche Dinge intellektuell nicht nachvollziehen konnte, und dann wurde ihr schrecklich langweilig«, sagt er. »Sie hatte einfach jede Menge Energie, und daß sie sich so stark auf die Musik konzentrieren mußte, hat sie, glaube ich, manchmal ziemlich frustriert... Kiri hatte, anders als Elisabeth Schwarzkopf, keinen intellektuellen Zugang zur Musik. Ihr lag sie vielmehr im Blut; das kann man nicht lernen... Sie hatte keinerlei Scheu vor dem Publikum.«

Im Winter 1964 setzte sich dann schließlich Tony Vercoe mit Nell in Verbindung, um ihr mitzuteilen, daß er eine Plattenaufnahme mit ihrer Tochter machen wolle. Vercoe hatte so lange gewartet, weil er ahnte, daß der Schlüssel zu Kiris Erfolg in ihrer Maori-Herkunft lag. »Das war nur so ein Gefühl. Ich hatte den Eindruck, daß die Zeit reif war für eine Sängerin wie sie, in deren Adern Maori-Blut floß«, sagt Vercoe. Doch das Debakel mit *Uwane* hatte Vercoe in seiner Vermutung bestätigt, daß das neuseeländische Publikum noch nicht für eine Verbindung von europäischer und Maori-Musik aufgeschlossen war. Seiner Meinung nach sollte Kiri ihre ersten Schritte auf traditionellem Terrain wagen. Vercoe begriff die Maori-

Mentalität besser als viele andere, weil er nach dem Zweiten Weltkrieg am Londoner Royal College of Music eng mit Inia Te Wiata befreundet gewesen war. Also gab er dem Komponisten Ashley Heenan den Auftrag, fünf traditionelle Maori-Liebeslieder zu arrangieren. Am 5. Juni 1964 begannen Kiri und der Maori-Tenor Hohepa Mutu sowie ein Quartett dann, folgende Lieder aufzunehmen: »Hokihoki tonu mai«, »Hine e hine«, »Tahi nei teru kino«, »Haere re e hoa ma« und »E rere ra te Matangi«. Hohepa Mutu erinnert sich, daß die Aufnahmen »ziemlich mühselig« waren, und zwar aus gutem Grund, wie Tony Vercoe meint.

In den Augen des alten Hasen Vercoe war Kiri eine blutige Anfängerin. Ihm fiel die Aufgabe zu, der lebhaften Zwanzigjährigen wenigstens ein bißchen Disziplin beizubringen. »Sie hatte viele andere Interessen und war unglaublich extrovertiert«, erinnert er sich. »Sie war immer mit ein paar jungen Frauen zusammen und wollte etwas mit ihnen unternehmen… Ich habe sie an die Leine genommen. Während der Plattenaufnahmen habe ich ihre ganze Zeit in Anspruch genommen, und das war ziemlich hart für sie.« Pünktlichkeit war von jeher keine von Kiris Tugenden gewesen. »Wir haben uns um neun im Studio getroffen, aber sie war schon mal unpünktlich. Ich war so streng mit ihr, wie ich es für angemessen hielt«, erinnert er sich. Außerdem war er im Studio ganz Perfektionist. »Sie hatte eine gute Stimme und ein angeborenes Gefühl für Musik. Aber sie war nicht präzise. Statt einer punktierten Viertel- und einer Achtelnote hat sie schon mal zwei Viertelnoten gesungen und gesagt: ›Ach, das paßt schon.‹«

Kiris Lockerheit führte des öfteren zu Auseinandersetzungen mit Vercoe. »Na ja, Streit kann man das nicht nennen; ich wollte eben, daß alles richtig läuft. Aber sie hat sich eine ganze Weile dagegen gesträubt«, sagt er.

Vercoe war nicht der einzige, der mit Kiris angeborener Trägheit – einer Eigenschaft, zu der sie offen steht – zu kämpfen hatte: »Sie hatte keine Lust zu Knochenarbeit. Und im Plattenstudio ist es nun mal Knochenarbeit. Das Publikum kann man schon mal hinters Licht führen, aber wenn man dasselbe Lied auf Platte aufnimmt, hört man den kleinsten Schnitzer«, sagt er. »Die vielen Takes haben sie ziemlich aufgeregt.«

Doch Don Hutchings, der Verkaufschef von Kiwi Records, der das Temperament von Kiri in anderen Situationen kennenlernte, weiß, daß sie Tony Vercoe gegenüber ziemlich zahm war: »Tony war so eine Art Sprungbrett für Kiri; deshalb mußte sie ihm Respekt entgegenbringen. Bei anderen hat sie alle möglichen Ausdrücke verwendet, aber in Gegenwart von Tony hat sie sich immer ziemlich zurückgehalten«, erinnert er sich.

Vercoe selbst sieht es folgendermaßen: »Sie hatte Potential, und ich wußte, daß ich sie bis zu einem gewissen Grad auf die Zukunft vorbereiten mußte, nicht nur auf die Plattenaufnahmen, sondern auch auf alles andere. Sie würde Disziplin nötig haben, und ich hatte nun mal die dankbare Aufgabe, ihr diese Disziplin beizubringen«, sagt er.

Kiris Ungeduld war verständlich, denn mittlerweile hatte sie die Fühler auch in andere Richtungen ausgestreckt. Als die Plattenaufnahmen begannen, hatte sie bereits ihr Debüt als Filmschauspielerin hinter sich. Der Produzent und Regisseur John O'Shea hatte die 67 000 Pfund, die er für seinen Film *Runaway* benötigte, selbst aufgetrieben. Kiri sollte darin die weibliche Hauptrolle übernehmen, eine junge Frau, die sich auf eine Affäre mit einem älteren Mann einläßt. Nell nahm die Rolle für Kiri gegen eine Bezahlung von 20 Pfund pro Woche an.

Kiri war von O'Sheas männlichem Hauptdarsteller Colin Broadley für die Rolle vorgeschlagen worden. Broadley kannte sie von seinem Aucklander Plattenladen The Loft und seiner Fernsehshow *In The Groove*. Er wußte, daß Kiri in Auckland und Umgebung in dem Ruf stand, bei jeder Party dabeizusein. Doch O'Shea gegenüber gab sie sich zurückhaltend. Zum Beispiel forderte sie eine wesentliche Änderung des Drehbuchs: »Sie wollte nicht mit dem Hauptdarsteller ins Bett«, erinnert sich O'Shea[9]. Broadley hatte seinerseits nichts gegen die Szene einzuwenden. Er reagierte überrascht auf Kiris Wunsch, hatte jedoch nichts dagegen, ihm zu entsprechen. »Ich erinnere mich nicht mehr genau an die Diskussion, aber am Ende haben wir dann beschlossen, daß es nicht schicklich ist, aus welchen Gründen auch immer«, sagt Broadley.

Kiri war ihres Körpers, insbesondere ihres kleinen Busens wegen, ausgesprochen befangen. Im St. Mary's College hatte sie den wenig schmeichelhaften Spitznamen »Minititten« gehabt. Die Vorliebe der Schwestern für lange Kleider kam ihr zupaß, denn diese verdeckten ihre kräftigen Waden. Obwohl Kiri sich nicht vor der Kamera entkleiden mußte, wurde sie immer nervös, wenn man Großaufnahmen von ihrem Gesicht und Körper machte.

Ihre wichtigste Szene im Film war jene, in der Broadley ihr einen Heiratsantrag macht. »Als ich ihr den Heiratsantrag gemacht habe, hat sie auf einen Igel gedeutet und gesagt: ›Nein, nein. Ich bin wie ein Igel. Du kommst nicht an mich heran. Wenn du es trotzdem versuchst, rolle ich mich zusammen und stelle meine Stacheln auf‹«, erinnert sich Broadley. Die Dreharbeiten machten sie so unsicher, daß sie einen nervösen Ausschlag bekam.

O'Shea und sein Make-up-Team taten alles, um Kiris Problem zu kaschieren. »Wir haben sie sogar in den Schatten einer Weide gestellt, damit man den Ausschlag nicht so sah, aber es hat nichts genützt«, erinnert sich Broadley.

Als Kiri dann schließlich zusammen mit ihrer Nichte Judy die Premiere des Films im New Zealand's Civic Theatre in der Queen Street besuchte, mußte sie feststellen, daß die Szene ganz geschnitten war. »Wir mußten die Szene rausschneiden, was schade war, weil später noch eine weitere Stelle mit einem Igel kam, die dann natürlich keinen Sinn mehr ergab«, erinnert sich Broadley [10].

»Damals haben wir den Film natürlich toll gefunden, weil Kiri mitgespielt hat, aber wenn ich heute so zurückdenke, war's wahrscheinlich der schlechteste Streifen, den ich je gesehen habe«, sagt Judy. »Einmal habe ich sie angestoßen und gefragt, wie sie den Film findet. Sie hat nur gesagt: ›Langweilig!‹«

Auch beim Publikum kam *Runaway* nicht an. O'Shea brauchte 14 Jahre, um die Schulden, die er dafür gemacht hatte, abzubezahlen. Wieder einmal war Kiri in eine künstlerische Sackgasse geraten.

Doch die Enttäuschung über den filmischen Flop wurde zum Glück schon bald durch die Veröffentlichung der Platte *Maori Love Duets* im Winter 1964 wettgemacht, auf deren Cover sich ein Photo von Kiri und Mutu in traditioneller Maori-Kleidung befand. Die Platte verkaufte sich gut, besonders bei den souvenirwütigen Touristen. Ermutigt durch den Erfolg der *Maori Love Duets*, wandte sich

Tony Vercoe wieder seiner ursprünglichen Idee zu, den »Nonnen-chor« aufzunehmen.

Kurz vor Weihnachten 1964 wiederholten Schwester Mary Leo und die St. Mary's Choral Group mit Lenora Owsley an der Orgel die Aufführung, die seine Aufmerksamkeit zwei Jahre zuvor erregt hatte. Vercoe bat Schwester Mary Leo, über eine B-Seite nachzu-denken, die Kiri singen könnte. Ihr Vorschlag, Händels »Let the Bright Seraphim«, wurde für Kiri zu einem der wichtigsten Musik-stücke überhaupt. Die Aufnahme in der St. Patrick's Cathedral wurde von Don Hutchings geleitet.

Hutchings war offiziell Verkaufsleiter von Kiwi Records, doch diese Bezeichnung wurde seiner eigentlichen Tätigkeit nicht ge-recht. In Wirklichkeit war er Tony Vercoes rechte Hand, so etwas wie das Mädchen für alles. Und da er mehr Zeit in Auckland als in Wellington verbrachte und seine eigene Fernsehshow *21 and Out* hatte, gehörte er zu den begehrtesten Junggesellen von Auckland. Er war schon mit den meisten von Schwester Mary Leos Starlets zu-sammen gewesen. Er hatte auch Kiri und Nell Te Kanawa während der Aufnahme der *Maori Love Duets* kennengelernt. Besonders gut verstand er sich mit Nell, die ihn, so erinnert er sich, »von Anfang an gut leiden konnte«.

Hutchings hielt Nell im Gegensatz zu den Mädchen von St. Mary's nicht für ein Monster. »Sie war eben eine Künstlermutter, aber nicht bösartig«, sagt er. »Sie wußte, daß sie in Kiri ein Juwel hatte, und sie wollte nur sichergehen, daß ihr niemand dieses Juwel verdarb.«

Während der langen Zeiten im Aufnahmestudio begann Nell, Hutchings ins Vertrauen zu ziehen. »Weil Kiri sich nicht gerade durch intellektuelle Brillanz auszeichnete, hatte Nell das Gefühl, sie müßte dafür sorgen, daß Kiri irgendwann in den sicheren Hafen der Ehe mit jemandem einlief, der ein guter Manager und Unter-nehmer war.«

Schon bald war klar, daß sie Peter Webb, einen englischen Fern-sehproduzenten, als potentiellen Kandidaten sah. »Sie hat Peter Webb lange Zeit als Nummer eins gesehen«, erinnert sich Hut-chings[11]. Kiri hatte Webb während ihrer Beziehung zu Rodney Macann in Auckland kennengelernt. Webb war jedoch nur *ein* Grund, warum Kiri und Macann sich auseinanderzuleben begannen.

Macanns Beziehung zu Kiri war von Anfang an problematisch gewesen. Nun begann er zu erkennen, daß sie charakterlich nicht gegensätzlicher sein konnten. »Damals waren die Baptisten strikt gegen das Trinken und Spielen eingestellt. Ich war ein ziemlich zugeknöpfter Baptist und sie eine viel lockerere Katholikin. Das war zu der Zeit ein großes Hindernis«, erinnert sich Macann. Als er dann eines Tages auch noch die Rede eines führenden Baptisten hörte, der sich gegen gemischt-konfessionelle Ehen aussprach, kam es zur Krise. »Für mich war das ein Wendepunkt in unserer Beziehung. Ich wurde mir allmählich bewußt darüber, mit wie vielen Vorurteilen man damals in so einer Situation zu kämpfen hatte.«

Macann war überdies in Christchurch auch mit anderen Mädchen ausgegangen. »Einmal war das ganz schön peinlich, weil ich gerade mit einem anderen Mädchen unterwegs war, als Kiri kam und sagte, sie will bleiben«, erinnert sich. Kiri machte ihrerseits kein Geheimnis daraus, daß ihr Verhältnis mit Peter Webb ziemlich eng war. »Ich lebte nicht in derselben Stadt wie sie – er schon.«

Die Situation spitzte sich zu, als Kiri nach Wellington kam und im Haus von Macanns Tante mit ihm zusammensein wollte. Macann hatte nie mit Kiri geschlafen. »In unserer Beziehung gab es keinen Sex«, bestätigt Macann. Vielmehr verbrachten sie die Nächte damit, über eine gemeinsame Zukunft zu diskutieren. »Wir haben die ganze Nacht geredet und sind irgendwann zu dem Schluß gekommen, daß unsere Beziehung keine Zukunft haben würde, auch wenn wir uns wirklich sehr gut leiden konnten«, erzählt er. »Danach ist die Sache noch platonischer geworden.«

Doch falls Kiri gehofft hatte, so den Weg für Webb zu ebnen, wurde sie enttäuscht. Kiri hatte Webb während eines ihrer inzwischen regelmäßigen Fernsehauftritte im Sender AKTV2 kennengelernt. Genau wie Vincent Collins vor ihm, war auch der blonde Produzent daraufhin ins Souterrain in der Mitchell Street gezogen. Doch diejenigen, die Kiri besser kannten, sahen bereits, daß die Beziehung sich nicht so entwickelte, wie Kiri sich das vorstellte.

Kiri sehnte sich nach Zuneigung und Zärtlichkeit. »Ich brauche einfach Liebe«, gestand sie ein paar Jahre später.

Für diejenigen, die sie besser kannten, war klar, woher dieser starke Wunsch nach Zuneigung kam: »Sie war ziemlich unsicher, hauptsächlich deshalb, weil sie nichts über ihre Herkunft wußte«, sagt Hannah Tatana. »Sie wußte genau, daß sie adoptiert war, hatte aber keine Ahnung über ihre Wurzeln.«

Also mußten die Männer in ihrem Leben diese Lücke füllen. »Ihre Männer mußten ihr beweisen, daß sie sie liebten. Die Beziehung allein war ihr nicht genug«, sagt Susan Smith. »Das ging ungefähr so: ›Wenn du mich wirklich lieben würdest, würdest du das und das tun.‹« In der Zeit, in der Susan Smith und Kiri miteinander auftraten, hatte Susan einen Freund namens Ronald, einen Aucklander Apotheker. »Er hat mir ziemlich oft Geschenke mitgebracht, Make-up und andere Sachen, die er in der Arbeit bekommen hat. Außerdem hat er gern Gedichte geschrieben, also hat er mir auch Gedichte geschenkt«, erinnert sie sich. »Kiri konnte das nicht ertragen, weil Peter das nie machte.«

Susan wurde klar, wie große Probleme Kiri damit hatte, als diese ihr plötzlich Geschenke zu zeigen begann, die ihr angeblich ihr Freund gekauft hatte. »Sie hat angefangen, Sachen zu kaufen, und die Rechnung einfach an Peter geschickt. Sie hat alle möglichen Sachen bestellt, sogar einmal ein Kleid von Colin Cole«, sagt sie. »Denn dann konnte sie sagen: ›Schau nur, was Peter mir gekauft hat.‹ Es klingt alles so kindisch, aber das hat sie wirklich getan.«

Kiris Verhalten führte zu einer Distanzierung Webbs, der sich in der Mitchell Street obendrein mit der dominierenden Nell auseinandersetzen mußte. »Er stand bei beiden unterm Pantoffel«, sagt Susan Smith. Irgendwann wurde es ihm zuviel. »Ich glaube, am Ende dachte Peter einfach: ›Ich halte das nicht mehr aus.‹«

Bei einer Hochzeit Anfang 1965 schließlich lernte Webb die junge frühere Ballettänzerin Nerida Nicholls kennen, die jetzt eine Fernsehsendung moderierte. Als er auf sie zuging, um sich vorzustellen, lächelte sie nur kühl und sagte: »Ich denke, eigentlich sollten Sie mir zu Füßen fallen.« Und genau das tat er dann auch. Bereits zwei Wochen später waren die beiden verlobt.

Die Te Kanawas erfuhren erst davon, als Webb verkündete, er werde aus der Mitchell Street ausziehen. »Eines Tages hat Peter seine Siebensachen gepackt«, erinnert sich Susan Smith. »Es gab keinerlei Diskussion; er ist einfach gegangen, und das war's, aus, basta.« Für Kiri war die Demütigung noch schlimmer, als sie Webb kurz darauf bei einer Party zusammen mit Nerida Nicholls und deren Eltern sah.

Nerida Nicholls wußte zu diesem Zeitpunkt noch nicht viel über Webbs Beziehung zu Kiri: »Ich wußte nicht, wie ernst die Sache mit Peter und ihr gewesen war, sonst hätte ich mich vielleicht aus dem Staub gemacht. Peter hat mir nicht viel davon erzählt«, sagt sie [12].

Peter Webb und Nerida Nicholls heirateten drei Monate später, im Juni, in Auckland, und auch Kiri war zur Hochzeit eingeladen. Die beiden jungen Frauen sollten sich von da an häufig treffen und sogar gemeinsam im Fernsehen auftreten. Über Peter Webb jedoch sprachen sie nie.

Kiri offenbarte ihren Zorn und ihre Verletztheit nur Freundinnen wie Susan Smith. »Ich weiß nicht, ob sie wirklich den Menschen Peter wollte«, sagt sie. »Aber jedenfalls wollte sie einen Partner, und sie hatte das Gefühl, so viel zu bieten, daß es eigentlich niemand wagen konnte, sie zu verlassen.«

»Now is the Hour«

Im März 1965 fanden sich ungefähr 300 Menschen in der Eden Roskill War Memorial Hall in einem Vorort von Auckland ein, um den 21. Geburtstag von Kiri zu feiern. Alles, was in der neuseeländischen Musikwelt Rang und Namen hatte, war dabei. Zu diesem Anlaß präsentierte sich eine ganz neue, elegante Kiri mit glänzendem, tief ausgeschnittenem Kleid und französisch hochgesteckten Haaren.

Nell hatte alles in ihrer Macht Stehende getan, um aus der Party das gesellschaftliche Ereignis des Jahres zu machen. Wie immer war es ihr gelungen, ihre Kontakte zu nutzen. Zum Beispiel hatte sie Cliff und Billie Trillo, die Inhaber von Trillo's, dem besten Restaurant in Auckland, überredet, die Verpflegung der Gäste kostenlos zu übernehmen. Nicht nur der Bürgermeister und seine Frau, sondern auch John Waititi und ein Vertreter des Maori-Königs Koroki waren anwesend. Dazu kamen viele Leute, die weder Nell noch ihre Tochter kannten. Susan Smith erinnerte sich, das Fest in Begleitung einer Tante und eines Onkels besucht zu haben, die Kiri nie zuvor gesehen hatten.

Eine Reihe offizieller Zeremonien sorgte dafür, daß die Auklander Pressephotographen zu ihrem Recht kamen. Kiri erhielt vom Vertreter des Maori-Königs einen Jadeanhänger; Johnny Waititi hielt eine Rede und überreichte Kiri im Namen der Maori Education Foundation eine reichgeschmückte Schriftrolle, die an die »liebste Kiri« adressiert war.

Für den emotionalen Höhepunkt des Abends sorgte Kiris Vater Tom mit seiner Rede. »Das hätten wir ihm nicht zugetraut«, sagte Don Hutchings, der sich wie alle daran gewöhnt hatte, daß man von Tom normalerweise kaum etwas hörte oder sah. Das Verhältnis

Toms zu seiner Tochter beschreibt Hutchings folgendermaßen: »Er saß einfach nur da und sah sie an, ohne ein Wort zu sagen. Seine Augen glänzten dabei, und man wußte genau, was er dachte.« Und jetzt brachte er seine Gefühle seiner Tochter gegenüber zum erstenmal öffentlich zum Ausdruck. »Er hat sie sein Juwel genannt und sie als magischen Teil seines Lebens bezeichnet. Kiri war das Geschenk dessen an ihn, der über ihn wachte.« Kiri war nicht die einzige, die während Toms Rede weinen mußte. »Es war eine großartige, bewegende Rede«, erinnert sich Hutchings.

Natürlich bat man Kiri auch, etwas zu singen. »Alle wollten, daß Kiri singt, und irgendwann hat sie gesagt: ›Nun ja, warum nicht‹«, erinnert sich Neil McGough, den sie noch aus *Uwane*-Zeiten kannte. »Da ist es ganz still geworden, und Kiri hat eine wundervolle Arie gesungen. Und als sie mitten in der Arie war und alle ihr mit offenem Mund lauschten, sah sie Lou Clauson und Simon Mehana, das beliebte Komikerduo aus dem Radio, ganz hinten im Raum. Sie hat sofort zu singen aufgehört und gerufen: ›Hallo, Lou! Hallo Simon! Ich komme gleich zu euch!‹, und dann hat sie die Arie zu Ende gesungen.«

McGough war verblüfft darüber, wie leicht Kiri sich aus ihrem Vortrag lösen konnte. »Das war schon eine erstaunliche Sache«, sagt er. »Um so zu singen, hätte ich gedacht, muß man sich voll und ganz drauf konzentrieren. Aber sie hätte genausogut drüber nachdenken können, ob zu Hause im Kühlschrank noch genug Pastete ist.«

Für McGough war das der erhellendste Augenblick des Abends. »Erst da habe ich gemerkt, daß Kiri keine Ahnung hatte, wie gut sie war.«

Kiri beendete ihren Vortrag mit der Bitte an Lou und Simon, zu ihr auf die Bühne zu kommen. Ihre Auftritte mit dem Duo hatten mittlerweile schon Tradition in der Mitchell Street. »Wir haben Tränen gelacht, wenn die drei ›Ein Loch ist im Eimer, Karl-Otto‹ gesungen haben«, erinnert sich Kiris Nichte Judy Evans-Hita. Doch an jenem Abend hatten sie es nicht auf einen Lacherfolg abgesehen, sondern gaben das Maori-Lied »Pokarekare-ana« zum besten.

»Kiri hatte einen Heidenspaß an dem Abend«, sagt Hutchings, der eine ganze Menge zu ihrer guten Laune beigetragen hatte, denn der Erfolg des »Nonnenchors« sorgte dafür, daß Kiri allmählich zum Star wurde.

Hutchings hatte Anfang des Jahres begonnen, die Aufnahme bei den neuseeländischen Rundfunksendern zu lancieren. Anfangs hatte sich die Platte nicht recht verkauft, doch bei einem Bier hatte Hutchings Les Andrews, einen alten Freund von Tony Vercoe, der nun die beliebteste Rundfunksendung des Landes moderierte, darauf aufmerksam gemacht. Hutchings muß bei der Erinnerung daran lachen. »Natürlich haben wir uns ein paar Hörerwünsche ausgedacht. Aber das sind Methoden, die die Marketingleute heute immer noch gern anwenden.«

Die Sendung von Andrews, die jeweils zwei Stunden lang am Sonntagmittag ausgestrahlt wurde, erfreute sich großer Beliebtheit, so daß er großen Einfluß darauf hatte, aus wem ein Star wurde und aus wem nicht. »Es war die beliebteste Sendung des Landes. Sie hat über den Markt bestimmt«, sagt Hutchings.

Nach drei Wochen falscher Hörerwünsche trudelten die ersten echten Nachfragen nach der Platte ein. »Zuerst waren es nur ein paar, aber plötzlich hat es sich zu einer Lawine entwickelt«, erinnert sich Hutchings. Schon bald wurde der »Nonnenchor« zur gefragtesten Platte, die Andrews je gespielt hatte. Es ist bezeichnend für Neuseelands seltsamen Musikgeschmack, daß die einzige andere Scheibe, die da noch halbwegs mithalten konnte, Spike Milligans schrulliges »Bad Jelly the Witch« war.

Kurze Zeit später ließ sich der Erfolg bei den Hörern auch in Verkaufszahlen messen. »Die Platte war wochenlang in den Hitparaden«, sagt Tony Vercoe. »Es war unglaublich.« Auf seinen Reisen durch Neuseeland hörte er immer das gleiche: Für die Leute waren Kiris Aussehen und ihre Natürlichkeit genauso wichtig wie die Qualität ihres Gesangs. Und noch wichtiger: Man konnte sie als Maori präsentieren. Kiwi Records hatte den Nerv der Zeit getroffen.

»Es war eine Marketingmethode. Wenn wir gesagt hätten: ›Das hier ist Pettine-Ann Croul; sie ist Opernsängerin‹, hätten die Leute gefragt: ›Ja und?‹«, meint Don Hutchings. »Damals hieß es: ›Maori können keine Opern singen; sie haben nicht die nötige Disziplin.‹ Und hier hatten wir nun eine Maori, die durchaus Opern singen konnte, und so haben wir den Fuß in die Tür gekriegt.«

Vercoes Erfolg wurde schon bald mit Hilfe einer riesigen Public-Relations-Kampagne vermarktet. Es dauerte nicht lange, und Kiris Gesicht war auf den Titelseiten von fast allen Zeitungen und Zeitschriften des Landes zu sehen. Und als sie dann noch regelmäßig in Fernsehshows wie *21 and Out* auftrat, war ihr Erfolg nicht mehr aufzuhalten. Plötzlich war sie ein Star. Die Strategie stützte sich auf ihr Maori-Image. Sie spielte mit und zeigte sich in Piu-piu und anderen traditionellen Kleidungsstücken. Dieser Ansatz beeindruckte beide Teile der neuseeländischen Bevölkerung: sowohl die Europäer, die sie für ein Kuriosum hielten, als auch die Maori, für die sie ein schönes Vorbild war, dem es nachzueifern galt, der beneidenswerteste Botschafter, den ihr Volk bis dahin hervorgebracht hatte.

Doch Kiris Verwandlung in eine Maori-Sängerin erschien jenen, die sie noch von früher kannten, seltsam. Nachdem Kiri im Mai 1964 das Tauranga Aria gewonnen hatte, sah Susan Smith Nells Unbehagen angesichts einer Zeitungsschlagzeile. »Da stand so etwas wie ›Maori-Mädchen gewinnt Aria‹, und Mrs. Te Kanawa war wütend«, sagt sie. »Schließlich interessierte Kiri sich überhaupt nicht für die Maori. Sie mochte es nicht mal, wenn jemand sie als Maori bezeichnete.«

St. Mary's andere Maori-Starsängerin Hannah Tatana mußte Kiri sogar hin und wieder traditionelle Kleidung für Auftritte leihen. »Ich hatte einen federgeschmückten Umhang, den sie sich ein paarmal ausgeborgt hat, weil sie so etwas selbst nicht hatte«, erinnert sie sich. »Kiri hatte keine solchen Wurzeln.«

Mit dieser Veränderung des öffentlichen Images ging auch eine Veränderung ihrer Persönlichkeit einher. Susan Smith hatte diese zum erstenmal beim Tauranga Aria im Jahr zuvor erkannt. Susan hatte bis dahin nicht nur Kiri, sondern auch die anderen Schülerinnen von St. Mary's begleitet, die deswegen auf sie zukamen. Doch vor dem Wettbewerb hatte Kiri sie gebeten, gegen ein großzügiges Entgelt nur noch für sie zu spielen. Ein paar Tage vor dem Wettbewerb rief dann eine andere Sängerin Susan Smith an und fragte sie, ob sie sie begleiten könne. »Da habe ich gesagt, das kann ich nicht machen, und sie ist zu Schwester Mary Leo gegangen, und da hat's Riesenärger gegeben«, erinnert sich Susan Smith. »So etwas war noch nie zuvor passiert.«

Kiris Bitte bewies nur, wie entschlossen sie jetzt war, Erfolg zu haben. In der Woche vor dem Wettbewerb in Tauranga schlossen sie und Susan Smith sich in einer Pension ein. Susan spielte wie gewünscht ausschließlich für Kiri, die, bekleidet mit einem glänzenden weißen Kleid, den Arienwettbewerb gewann. Susan Smith erinnert sich, »aus Erleichterung in Tränen ausgebrochen« zu sein, während Kiri ganz ruhig und gefaßt auf ihren bis dahin größten Triumph reagierte. Sie schenkte ihrer Pianistin als Dankeschön einen riesigen Pandabären. »Sie war mir gegenüber wirklich sehr großzügig«, sagt Susan Smith, die auch Schmuck von ihr geschenkt bekam. Doch ihrer Ansicht nach war Tauranga für Kiri ein Wendepunkt: »Aus einem glücklichen, natürlichen, extrovertierten Mädchen wurde eine intrigante Frau.«

Susan Smith hatte den Eindruck, daß Kiri nun alles tat, um berühmt und erfolgreich zu werden. Unter ihren großzügigsten Gönnern befand sich auch H. J. »Bill« Barrett, der Direktor der ASB-Bank in Auckland, den Kiri über Nell kannte. Als Kiri ihm während einer privaten Veranstaltung eine Lügengeschichte auftischte, war Susan Smith entsetzt. »Ich war ziemlich schockiert. Als ich hinterher mit ihr im Wagen saß, habe ich gesagt: ›Das kannst du nicht machen, Kiri, das ist nicht richtig.‹ Aber sie hat nur gemeint: ›Ich weiß, daß ich ihn benutze, aber wenn er zu dumm ist, das zu merken, was kann ich da machen?‹ Ich fand das widerlich.«

Kiris Trennung von Peter Webb bedeutete auch für Susan Smith das Ende ihrer Beziehung zu Kiri. Als sie eines Tages gemeinsam im Auto von St. Mary's nach Blockhouse Bay fuhren, erklärte Kiri ihr, sie benötige ihre Dienste nicht mehr länger. Susan Smith sieht das folgendermaßen: »Von da an wollte sie nicht mehr zusammen mit mir gesehen werden. Sie hatte das Gefühl, daß es für sie besser war, von einem Mann begleitet zu werden – nicht nur am Klavier.« Susan Smith brachte ihre letzten Engagements zusammen mit Kiri nach der Feier zum 21. Geburtstag hinter sich. Damals war sie zutiefst verletzt über diese Zurückweisung. Später jedoch betrachtete sie ihre Beziehung zu Kiri mit einer Mischung aus Zuneigung und Fatalismus: »Ich habe immer das Gefühl, daß ich den besten Teil von Kiri bekommen habe«, sagt sie.

Kiri fand schon bald einen männlichen Begleiter am Klavier. Wenige Wochen nach ihrem 21. Geburtstag lernte Kiri den begabten Aucklander Pianisten Brooke Monks kennen. Brookes Vater Raymond hatte das Familienunternehmen David Elman Shoes zu einem äußerst erfolgreichen Betrieb gemacht. Brookes Mutter Berys, die alle nur Billie nannten, war eine bekannte Persönlichkeit in der Aucklander Gesellschaft und setzte sich besonders für Kunst und Musik ein. Billie Monks machte die beiden miteinander bekannt. Als Kiri den einundzwanzigjährigen Brooke fragte, ob er sie außerhalb der Wettbewerbe begleiten wolle, sagte er sofort ja.

Brooke hatte die Liebe zum Klavier von Billie. Sein Stil war extravagant, voller Schnörkel und schamlos romantischen Verzierungen. Bei gesellschaftlichen Ereignissen verlieh er Kiris Auftritten eine neue Dimension. Seine fließenden Melodien verbanden sich besonders in den Liedern »Maria« und »Tonight« aus der *West Side Story* aufs beste mit der Stimme seiner Partnerin. Und die schmachtenden Blicke, die die beiden schon bald übers Klavier wechselten, verstärkten diesen romantischen Effekt nur noch.

Laut Aussage von Brooke dauerte es nicht lange, bis aus ihrer musikalischen Zusammenarbeit mehr wurde. »Wir haben viel miteinander unternommen, und unser Verhältnis zueinander hat sich schon in den ersten paar Monaten verändert«, erinnert er sich.

Brooke fühlte sich von Kiris bodenständiger Schönheit angezogen. »Sie war ein ausgesprochen attraktives Mädchen und hatte eine tolle Persönlichkeit. Sie hatte keinerlei Allüren«, sagt er. »Wir waren uns in vielerlei Hinsicht ähnlich. Wir hatten beide Freude am Leben und an der Musik, und wir hatten die große Chance, gemeinsam etwas auf die Beine zu stellen.« Schon bald nutzten Brooke und Kiri ihre Auftritte dazu, aus Auckland zu fliehen. »Wir haben nie ein Angebot ausgeschlagen.«[1] Besonders gern reisten sie in Landhotels in Rotorua und Wairaki oder zu den heißen Quellen in Waiwera. Hin und wieder zogen sie sich auch in die Blockhütte der Te Kanawas in Hatepe zurück.

Oft reisten sie zusammen mit Hannah Tatana und Michael McGifford. Kiri war inzwischen bekannter als Hannah Tatana. Hannah konnte Kiris neuen Freund nicht so genau einschätzen, auch wenn Kiri aus ihrer Leidenschaft für ihren Pianisten kein Hehl machte. Die drei waren besonders beliebt bei der Maori-Königin

Te-Ata-i-rangi-kaahu. Nach einem Auftritt in ihrem Haus in Ngaru-awahia entdeckten Tatana und McGifford, daß ihre Kollegen sich bereits vor ihnen verabschiedet hatten. Als sie an dem Wagen mit den beschlagenen Fenstern ankamen, war klar, warum Kiri und Brooke es so eilig gehabt hatten.

Wenn sie unterwegs waren, saßen Kiri und Brooke immer vorn im Wagen und Hannah und Michael hinten. Noch Jahre später neckte McGifford Hannah Tatana wegen ihrer Naivität. Wenn Brooke fuhr, verschwand Kiris Kopf plötzlich. »Was macht sie bloß da unten?« fragte ihre ältere Kollegin dann McGifford, der nur verlegen schwieg. »Tja, sie war ganz weg von ihm«, sagt Hannah Tatana.

Wie immer stellte Kiri Brooke schon bald Nell und Tom vor. Und Nell war beeindruckt von ihm. »Meine Großmutter konnte Brooke gut leiden«, erinnert sich Judy Evans-Hita. »Er hatte immer Zeit für einen Plausch. Er war ein netter Kerl.«

Brooke fand Nell ebenso sympathisch wie sie ihn. »Sie war ein richtiges altes Schlachtroß, aber wir kamen gut miteinander zu-recht«, erinnert sich Brooke. »Ich glaube, sie war von Anfang an auf meiner Seite.«

Brookes Eltern waren weniger begeistert von dieser Verbindung. Raymond Monks erwartete von seinem Sohn, daß er ebenso hart arbeitete wie er selbst. Aber als Brooke Kiri kennenlernte, begann er, sein Studium der Germanistik und Italianistik zu vernachlässi-gen. »Ich hatte den Eindruck, daß meinen Eltern die Sache mit Kiri ein bißchen zu schnell ging«, sagt Brooke. Schließlich gelang es Kiri, Raymond Monks mit ihrem Charme für sich einzunehmen, aber Billie blieb ihr gegenüber weiterhin kühl. »Damals hat meine Mutter genauso auf ihren Sohn aufgepaßt, wie Nell auf Kiri aufge-paßt hat. Sie wollten uns wohl beide beschützen.«

Brookes Mutter stand Nell in puncto Einfallsreichtum in nichts nach. Als sie hörte, daß Kiri mit Vincent Collins zusammen gewe-sen war, lud sie die frühere Verlobte des englischen Schauspielers auf einen Plausch zu sich ein. Doch Beverley Jordan hatte *Uwane* mittlerweile längst ad acta gelegt und war jetzt glücklich verheira-tet. »Sie hat mich auf einen Kaffeeklatsch eingeladen, weil sie etwas über Kiris Beziehung zu Vincent erfahren wollte«, sagt Bever-ley Jordan. »Sie wollte wissen, ob sie Kiri trauen kann. Ich habe

keine Ahnung mehr, was wir geredet haben«, meint sie diplomatisch.

Billie Monks' Zurückhaltung Kiri gegenüber hatte mit ziemlicher
Sicherheit etwas mit Standesdünkel zu tun. Für die Angehörigen
der Aucklander Gesellschaft war Kiri die Tochter einer Landpome-
ranze, die sich überzogene Hoffnungen auf eine bessere gesellschaftliche Stellung machte. Nells Ruf war inzwischen sogar Kiri
peinlich.

In den Jahren von Kiris Aufstieg hatte Nell mit ihrer Mischung
aus Aggression und Habgier viele Leute im Musikgeschäft verletzt
und beleidigt. Kiri trat nun regelmäßig in der Rundfunksendung
von Ossie Cheesman auf. »Nell hat Ossie ständig angerufen und ist
ihm in den Ohren gelegen, daß er Kiri mehr Geld zahlen soll.
Irgendwann hat er die Nase voll gehabt und Kiri einfach nicht mehr
eingesetzt«, sagt Neil McGough, einer der engsten Freunde von
Cheesman. »Im Radio waren damals feste Sätze für die Sänger
üblich. Aber wenn der Satz 3,10 Pfund war, verlangte Nell sieben
Pfund für Kiri.« Das hatte zur Folge, daß Kiris Stimme eine Weile
nicht mehr im Radio zu hören war. »Nell hat einfach den Hals nicht
voll gekriegt. Sie dachte, die Welt muß sich an Kiri ausrichten, aber
es gab genug andere gute Sänger und Sängerinnen«, sagt McGough.

Sogar Tony Vercoe, der in ganz Neuseeland als aufrichtiger Mann
bekannt war, erachtete sie als schwierige Kundin. »Sie war nicht so
objektiv, wie man sich das gewünscht hätte«, gesteht er. »Ich will
diejenigen, die nicht mehr unter uns weilen, nicht kritisieren, aber
es war nicht immer leicht mit ihr, das gebe ich zu. Nell hatte ihre
Vorlieben und Abneigungen, und davon wich sie nicht ab. Und
wenn die Leute sich nicht daran hielten, tja, dann hatten sie eben
Pech.«

Doch weil Kiri nun Vercoes Zugpferd war, der Liebling aller, versuchte er, es sich nicht mit ihr und ihrer Mutter zu verscherzen.
Schon im Juni 1965 stand Kiri wieder für Kiwi Records im Studio,
diesmal mit *My Lady Greensleeves*, einer Sammlung englischer Folk-
songs, die von Dorothea Franchi arrangiert wurden. Als Werbemaßnahmen für die Platte wurden Fernseh- und Rundfunkauftritte sowie Shows organisiert. Die Scheibe wurde wieder ein Hit, und Kiris
Popularität wuchs weiter. »Die jungen Frauen haben sich mit ihr

identifiziert. Sie wollten so singen und aussehen wie sie«, erinnert sich Vercoe.»Und die älteren Damen sahen sie als ideale Tochter oder Enkelin... Sie hat mit allen Leuten ganz natürlich gesprochen. Sie war damals so etwas wie eine Prinzessin Diana.«

Nun wurde Kiri immer wieder eingeladen, zusammen mit den bekanntesten Persönlichkeiten des Landes zu singen. Am stärksten war der DJ Les Andrews, der so viel dazu beigetragen hatte, einen Star aus ihr zu machen, von ihr beeindruckt. Vor seiner Discjockey-Karriere hatte Andrews zusammen mit Inia Te Wiata und Tony Vercoe in London studiert. Danach war er weiter als Sänger tätig und begann, zusammen mit Kiri im Mission Bay Club in Auckland und in anderen Gebieten der Nordinsel aufzutreten. Schon bald konnte Andrews Kiris Gabe, das Publikum zu manipulieren, persönlich miterleben. Als er und Kiri ein Konzert in Rotorua gaben, mußten sie feststellen, daß das Publikum ziemlich weit von der Bühne entfernt saß.»Es war eine Riesenhalle mit vielen, vielen Leuten, aber die waren alle irgendwo am Rand, nicht auf dem Boden direkt vor der Bühne«, erinnert er sich.»Das war überhaupt nicht gut.«

Andrews' Versuche, das Publikum näher an die Bühne zu locken, scheiterten kläglich.»Dann hat Kiri mit ihnen geredet. Dem Sinn nach hat sie gesagt: ›Wenn ihr nicht nach vorn kommt, singe ich nicht für euch.‹ Und da sind sie nach vorn gekommen. Sie haben sich um sie herumgestellt, und es wurde ein toller Auftritt. Sie hatte die Gabe, jedes einzelne Lied in den Ohren eines jeden Anwesenden wichtig klingen zu lassen... Wenn sie einen Raum betrat, richtete sich die Aufmerksamkeit sofort auf sie, weil sie eine schöne Frau war und immer noch ist. Sie hatte etwas Majestätisches«, sagt Andrews[2].

Schwester Mary Leo war diejenige, die Kiri bremsen mußte. Sie vereitelte Kiris Pläne, die Rolle der Clara in der Sommerproduktion der New Zealand Opera Company von *Porgy and Bess* anzunehmen. Die Hauptrolle sollte Inia Te Wiata singen.

»Ich habe wirklich alles versucht, sie für uns zu gewinnen. Sie hatte etwas Magisches – das ganze Land war verrückt nach ihr«, erinnert sich Ulric Williams, der Manager der Truppe.»Doch sie war immer noch Schülerin von Schwester Mary Leo und hat wie alle ihre Schülerinnen gesagt: ›Nun, da müssen Sie Schwester Mary Leo fragen.‹ Aber die wollte sie nicht freigeben. Sie hat gesagt, das ist zuviel. Am Ende hat ein Mädchen namens Isobel Cowan die Rolle bekommen. Als sie nach ungefähr der Hälfte der Zeit krank wurde, habe ich Kiri noch einmal gefragt. Sie hat mir wieder gesagt, ich soll Schwester Mary Leo fragen, und die hat immer noch abgelehnt.«

Doch etwa zur selben Zeit stellte Schwester Mary Leo einen der wichtigsten Kontakte in Kiris früher musikalischer Laufbahn her.

Barbara Brown, eine ehemalige Schülerin von Schwester Mary Leo, hatte nicht die allerbeste Meinung vom St. Mary's College mit seinen eingebildeten Debütantinnen. »Das waren keine Sängerinnen, sondern ehrgeizige junge Salonlöwinnen, en gros produziert von dieser gräßlichen Schwester Mary Leo.« Barbara Brown, die damals noch Barbara Connelly hieß, hatte Auckland Mitte der fünfziger Jahre verlassen, um in der Londoner Guildhall School of Music Klavier zu studieren. Sie war verheiratet und mit einer Tochter zurückgekehrt und hatte ihre eigene Klavierschule aufgebaut.

Barbara Browns Abneigung gegen »triviale« Musik war noch heftiger als die von Schwester Mary Leo. Sie war enttäuscht über all die Schülerinnen von St. Mary's, die sie baten, sie am Klavier zu begleiten. »Ich war Puristin. Da hatte ich nun in Europa studiert und mußte mich mit diesen dummen jungen Gänsen herumschlagen«, sagt sie. »Natürlich waren das nette, hübsche Mädchen, und sie waren auch fleißig, aber sie hatten einfach kein Talent, obwohl man ihnen das immer wieder einredete.«

Doch Mitte 1965 erhielt Barbara Brown einen Anruf von ihrer ehemaligen Lehrerin, in dem diese sie bat, sich eine ihrer Schülerinnen anzusehen und anzuhören.

Barbara Brown fuhr ohne große Erwartungen ins St. Mary's College, wo sie zuerst nur Schwester Mary Leo antraf. »Ich habe ihr Zimmer betreten, und im Nebenzimmer übte jemand. Sie hat mir gesagt, ich solle mit der Stimme nebenan arbeiten, das Ziel sei es, mit ihr nach Australien zum Sun Aria zu fahren«, erinnert sich Brown. Sie war schon bald beeindruckt von der vollen Stimme, die da durch die Wand drang. Als Kiri ein paar Minuten später den Raum betrat und sie begrüßte, begriff Barbara Brown Schwester

Mary Leos Strategie. »Kiri kam hereingeschlendert, und Schwester Mary Leo hat mir dieses träge Mädchen vorgestellt. Ich habe gleich gesehen, daß Maori-Blut in ihren Adern fließt.«

Da auch Barbara Brown Maori-Vorfahren hatte, verstand sie sofort, warum ihre ehemalige Lehrerin sie gerufen hatte. Schwester Mary Leo wollte, daß Kiri sich voll und ganz auf die beiden großen Gesangswettbewerbe des Jahres konzentrierte, den Mobil Song Quest in Neuseeland und den Melbourne and Sydney Sun Aria in Australien. Und dazu brauchte sie die Pianistin, die ihr am meisten abforderte.

»Die schlaue Alte hatte sich das alles schon zurechtgelegt, als sie mich angerufen hat«, erzählt Barbara Brown lächelnd. Brown hatte bereits von Nells übertriebenem Ehrgeiz und ihrer Herrschsucht gehört. »Sie war ein bißchen wie Kleopatra, wie sie so im Bett lag mit ihrem großen alten Telephon. Sie hat die Welt sozusagen von ihrem Bett aus regiert.« Doch nur wenige würdigten Nells Einfluß auf Kiri mehr als Barbara Brown. »Kiri brauchte einfach einen solchen Menschen, jemanden, der sie zur Arbeit antrieb«, sagt Brown[3]. Und im Juni und Juli 1965 übernahm nun sie selbst diese Aufgabe.

Das erste Ziel des Jahres war der Mobil Song Quest, der diesmal in Dunedin auf der Südinsel abgehalten wurde. Rodney Macann war wieder unter den Finalisten. Trotz ihrer Trennung hatten Kiri und er den Kontakt nicht abgebrochen. Da auf der Südinsel bereits Winter herrschte und Kiri ohnehin unter einer Erkältung litt, nahm sie in jenem Jahr nicht an den offiziellen Empfängen und Partys teil. Am Abend vor dem Wettbewerb versuchte sie, die Erkältung in den Griff zu bekommen, indem sie sich voll bekleidet ins Bett legte. Und am folgenden Abend trug sie unter ihrem eleganten langen Kleid eine Hose.

Als Kiri die Habanera aus *Carmen* und »Do Not Go, My Love« sang, konzentrierte sie sich voll und ganz auf die Juroren, die wieder in Radiokabinen in einem anderen Teil der Stadt saßen. Diesmal war Kiris Vortrag technisch so gut wie fehlerfrei. Den zweiten Preis errang in diesem Jahr die Mezzosopranistin und Lokalmatadorin Patricia Payne aus Dunedin, die mit herzlichem Beifall bedacht wurde. Doch die Reaktion war genauso wohlwollend, als der Name der Siegerin verkündet wurde: Kiri Te Kanawa.

In den folgenden Wochen schwanden die 300 Pfund, die sie als ersten Preis erhalten hatte, schnell dahin. Kiri hatte sich sowohl für den Sydney- als auch für den Melbourne-Sun-Aria-Wettbewerb angemeldet, die prestigeträchtigsten und lukrativsten Wettbewerbe in Australien und Ozeanien. Ähnlich wie die Wettbewerbe in Neuseeland fanden auch die australischen über eine Woche verteilt in verschiedenen Kategorien statt.

Schwester Mary Leo hatte darauf bestanden, daß Kiri und Lynne Cantlon in einem Wettbewerb in Ballarat zusammen auftraten. Als sie und Kiri in Australien ankamen, bestätigten sich Barbara Browns schlimmste Befürchtungen: Abgelenkt von Brooke Monks und von ihren Plattenerfolgen, hatte Kiri eine ihrer Arien, »Vissi d'arte« aus *Tosca*, nicht gelernt. Also mußte Brown eine Aufnahme aus Neuseeland herüberbringen lassen.

Kiri und Barbara wohnten bei Freunden der Browns in Sydney. Schwester Mary Leo blieb in dem Kloster, in dem Kiri übte. In Sydney herrschte damals gerade eine Hitzewelle. Und das Verhältnis zwischen Kiri und Lynne Cantlon gestaltete sich fast genauso hitzig.

Die beiden sollten ein Duett aus *Madame Butterfly* singen. Kiri hatte nicht locker gelassen, bevor sie nicht die größere Partie singen konnte. Es kam wieder zum Streit, als Barbara Brown Lynne rügte, weil diese nicht zu einer Probe erschienen war. Die wütende Lynne Cantlon gab Kiri die Schuld dafür, weil diese ihr nichts von der Probe gesagt hatte. Schließlich mußte Lynne Cantlons Mutter Una David Harper als zweiten Pianisten nach Australien schicken.

»Schwester Mary Leo hätte die beiden nie zusammen schicken sollen«, erinnert sich Barbara Brown seufzend.

Nell und Tom reisten zum ersten der Hauptwettbewerbe in der Town Hall von Sydney. Das Publikum nahm Kiris Vortrag von »Senza Mamma« aus Puccinis Klosteroper *Suor Angelica* und eine Arie aus Webers *Oberon* mit Jubelrufen und Trampeln auf. Auch Curt Prerauer, der Kritiker der *Sydney Sun*, die die Veranstaltung sponserte, war überzeugt, daß sie »die beste Stimme und bei weitem die größten künstlerischen und schauspielerischen Fähigkeiten« hatte. Doch die Juroren gaben den ersten Preis dem jungen russischen Emigranten Serge Baigildin. Den zweiten mußte sich

Kiri mit dem Bariton Tom McDonnell teilen. Diese Entscheidung hatte Protestrufe aus dem Publikum zur Folge[4].

Während Barbara Brown sich auf den Weg nach Hause machte, stürzte sich Kiri zusammen mit Lou und Simon ins Nachtleben von Sydney. »Wir sind in einen Returned Services League Club und haben dort an den Pokermaschinen gespielt. Da hatte Kiri Gelegenheit, sich auszutoben, und wir hatten einen Riesenspaß. Ich kann mich nicht erinnern, daß wir uns über den Wettbewerb unterhalten haben – ich glaube, wir waren der Meinung, daß das Kapitel abgeschlossen ist«, sagt Lou Clauson[5].

Kiris Enttäuschung zeigte sich jedoch in den folgenden Tagen. »Kiri war am Boden zerstört«, sagt Barbara Brown. Sie war noch Jahre später wütend auf Baigildin, insbesondere weil man, wie sie selbst behauptete, »nie wieder etwas von ihm hörte«. In Wahrheit machte Baigildin hinterher Karriere in Australien.

Etwa ein Vierteljahrhundert später meinte Kiri: »Ich glaube, ich war an dem Abend keine besonders gute Verliererin... Es war das erstemal, daß ich mit einer Niederlage nicht zurechtkam, und wahrscheinlich hat sich seit damals nicht viel geändert. Es ist ziemlich erniedrigend, wenn man nur Zweite wird.«

Barbara Brown sah die Sache allerdings ein bißchen anders: »Etwas Besseres hätte ihr nicht passieren können.« Sie und die enttäuschte Kiri flogen zusammen nach Melbourne, wo sie wieder in einem Kloster üben sollte, diesmal in Ballarat. Brown nutzte die zwei Wochen, die sie zusammen hatten, dazu, Kiri bis an die Grenze ihrer Leistungsfähigkeit zu treiben. »Ich war schrecklich. Ich habe sie wirklich gequält«, erinnert sie sich. »Wir sind immer bei Morgengrauen aufgestanden, und der ganze Tag war verplant.« Sie übten die beiden Arien, die sie zusammen mit Schwester Mary Leo für den Melbourne Sun Aria gewählt hatten, »Leise, leise« aus Webers *Freischütz* und die problematische »Vissi d'arte«. Der Mißerfolg hatte Kiri so verletzt, daß sie aus ihrer Trägheit erwachte.

»Ich habe sie gefordert, und sie hat geschuftet wie ein Pferd. Sie hat alles gemacht, was ich ihr gesagt habe. Es war unglaublich. Das hat mir gezeigt, daß sie durchaus arbeiten konnte, wenn sie wollte.« Barbara Brown gestand ihr nur einen einzigen freien Abend zu, den sie gemeinsam im Kino verbrachten.

Der Brief, den Kiri eines Morgens in Ballarat erhielt, motivierte sie noch stärker. Als sie Neuseeland verlassen hatte, war Johnny Waititi gerade ins Krankenhaus eingeliefert worden. Schon seit Monaten hatte er über Rückenschmerzen geklagt. Kiri hatte ihn oft mit dem Wagen herumgefahren, weil die Vibrationen seinen Schmerz linderten. Ein paar Tage vor ihrer Abreise hatte er sie angerufen und um einen Besuch gebeten, aber sie hatte keine Zeit gehabt. Als Kiri nun den Brief öffnete, brach sie in Tränen aus. Waititi war am 30. September im Alter von neununddreißig Jahren an Leukämie gestorben. Während der Vorbereitungen zu dem Wettbewerb in Melbourne sprach Kiri nur von Waititi.

Als die Wettbewerbe dann begannen, setzte sich Kiri in allen Klassen durch, in denen sie gemeldet war. Auch mit Lynne Cantlon vertrug sie sich inzwischen wieder so gut, daß sie zusammen den mit 100 Dollar dotierten Grand Opera Duet Prize gewannen. Kiri gestand Barbara Brown gegenüber, daß sie all ihre Siege nun ihrem verstorbenen Freund widmete. »Sie war schrecklich traurig«, erinnert sich Brown. »Sie hat für ihn gesungen und gewonnen.«

Zahllose Triumphe und viele Jahre später sagte Kiri selbst über den Sun Aria: »Das einzige, was ich im Leben jemals wirklich wollte, war, diesen Wettbewerb zu gewinnen.«[6] Tom und Nell verfolgten den Wettbewerb vor dem Radio in der heimatlichen Mitchell Street zusammen mit Judy, Nola und anderen Freunden und Familienangehörigen. Kiris Vortrag der beiden Arien war makellos. »Jeder Teilnehmer hatte eine Nummer. Bei der Verlesung der Resultate wurde zuerst diese Nummer angegeben«, erinnert sich Judy. »Und sobald sie die Nummer gesagt hatten, bin ich im Zimmer auf und ab gehüpft und habe geschrien: ›Kiri hat gewonnen, Kiri hat gewonnen!‹«

Als Kiri hörte, daß sie tatsächlich gewonnen hatte, brach sie in Tränen aus. Nach der Überreichung des Preises bat man sie um ein paar Worte an das Publikum. Mit stockender Stimme sagte sie: »Danke, Melbourne. Danke, Australien, dafür, daß der Preis nach Neuseeland gehen darf.«

Als Pettine-Ann Croul und Malvina Major im Jahr zuvor die Sydney und Melbourne Arias gewonnen hatten, hatte man das zu Hause nur mit ein paar kleineren Schlagzeilen zur Kenntnis genommen.

Doch Kiri kehrte als Nationalheldin nach Neuseeland zurück. Sie war bei den Leuten so beliebt, daß sich mehrere hundert Menschen am Whenuapai Airport versammelten, um sie und Barbara Brown zu begrüßen. Eine Gruppe von Maori-Tänzern, unter ihnen auch die widerstrebende Kay Rowbottom, führte einen feierlichen Haka auf dem Rollfeld auf, als sie die Stufen herunterkamen. Kiri und Brown ließen sich photographieren und stellten sich einer Pressekonferenz.

Für die neuseeländische Presse war sie jetzt die »unangefochtene Königin des Liedes«. Zur Feier ihres Sieges wurde ein Sonderkonzert in der Aucklander Town Hall veranstaltet, wo sie vor ausverkauftem Haus Bach und Puccini sang. »Sie hat eine grandiose Stimme, die sie noch weit bringen kann«, schrieb der Kritiker des *Auckland Star* am nächsten Tag. Er war wie viele andere Leute in Neuseeland der Meinung, daß Kiri nun nach Europa fahren solle, um dort ihre Karriere voranzutreiben. Fast sofort wurde ein Fonds zur Unterstützung Kiris eingerichtet.

Wie immer verstand niemand Kiri besser als Schwester Mary Leo. Angeblich begrüßte die Nonne Kiri mit folgendem Satz: »Nun, Miss Te Kanawa, dann machen wir uns mal wieder an die Arbeit.«[7] Doch natürlich hatte sie sich schon ihre Gedanken darüber gemacht, wie Kiri nun ihren Horizont erweitern konnte. Kiri war mit mehr als 2000 Pfund Preisgeldern nach Auckland zurückgekehrt. Schwester Mary Leo hatte eine ziemlich genaue Vorstellung davon, wie sie dieses Geld anlegen sollte.

Mehr als ein Jahrzehnt lang hatte Schwester Mary Leo der Niedergang von Mina Foley, ihrer früheren Musterschülerin, nicht losgelassen.

Mina Foley war 1951 ganz allein nach Italien gegangen, ohne ein Wort Italienisch zu sprechen, und hatte sich bei einer Familie einquartiert, die ihrerseits kein Englisch konnte und ihr auch nicht behilflich war. Sie hatte immer mehr abgenommen, irgendwann den Körper einer Elfjährigen gehabt und schließlich einen Zusammenbruch erlitten. Danach hatte man sie nach Neuseeland zurückgebracht, wo sie ins Krankenhaus mußte.

Schwester Mary Leo wußte, daß ihre Aufgabe nicht nur in Stimmbildung bestand. Deshalb hatte sie lange Stunden am Krankenbett ihres Schützlings verbracht.«Schwester Mary Leo hatte enorme Schuldgefühle, weil sie Mina Foley immer bis an die Grenzen ihrer Leistungsfähigkeit getrieben hatte«, sagt Diana Stuart, die Mina ebenfalls in der psychiatrischen Privatklinik besuchte. Nach einer Weile versuchte sie sogar, ihr ein kleines Comeback zu ermöglichen. Nach Aussage von Judy stand Kiri dabei hinter den Kulissen, bereit, Mina Foleys Stimme zu übertönen, falls diese in Schwierigkeiten geraten sollte. Mina überstand das Konzert, zog sich allerdings hinterher wieder völlig in sich selbst zurück.

Wer Schwester Mary Leo kannte, wußte, daß sie in Kiri eine Chance sah, das, was sie Mina Foley angetan hatte, wiedergutzumachen.»Mina wäre die neuseeländische Callas geworden, daran besteht überhaupt kein Zweifel«, sagt Don Hutchings.»Sie hatte einfach alles – nur nicht die richtige Psyche, um mit dem Ruhm fertig zu werden. Zu Kiris Zeit wurde Schwester Mary Leo dann bewußt, daß Mina niemals ein Comeback schaffen würde. Kiri war der Ersatz für sie. Und sie würde es schaffen.«

Schwester Mary Leo hatte, wenn man ihren eigenen Worten Glauben schenken darf, bereits vor Kiris Sieg im Sun Aria dafür gesorgt, daß Kiri weiter Karriere machen würde. Bereits früher im Jahr hatte sie James Robertson vom London Opera Centre einen Brief geschrieben, den sie mit folgenden Sätzen schloß:»Kiri ist in jeder Hinsicht ein höchst interessantes Mädchen. Sie ist kindlich und läßt sich leicht führen, sie hat eine bemerkenswerte Persönlichkeit und sieht gut aus. Ihre Eltern haben die Entscheidung, wohin sie gehen soll, mir überlassen. Es ist mir schwergefallen, zwischen England und Amerika zu wählen.«[8] Das war nicht der erste Brief, den Robertson im Hinblick auf Kiri erhielt. Schon Wochen vor Schwester Mary Leos Schreiben hatte sich Dobbs Franks, der künstlerische und musikalische Leiter der New Zealand Opera Company, wo Robertson zwei Jahre zuvor gearbeitet hatte, mit ihm in Verbindung gesetzt. Franks hatte sich Kiri angehört, war aber der Meinung gewesen, Kiri brauche »professionellen Rat, was ihre angemessene Ausbildung zur Sängerin angehe«. Robertson erinnerte sich noch vom Mobil Song Quest 1963 in Hamilton an Kiri und beantwortete Schwester Mary Leos Brief schon wenige Tage später. Darin berichtete er ihr über Franks' Empfehlung und schloß:»Sie hat damit drei gewichtige Empfehlungen – Ihre, seine und meine –, so daß wir sie ohne Vorsingen aufnehmen werden.«

Kiri schickte ein Bewerbungsformular und erhielt bald darauf die Nachricht, daß im folgenden März ein Platz für sie frei wäre. Geld, das stellte sich schon bald heraus, war kein Problem. Nach ihrem Erfolg in Melbourne kamen Spenden aus den unterschiedlichsten Quellen, für die Nell die Einrichtung eines Fonds vorantrieb.

Doch Kiri war ob all dieser Veränderungen verwirrt. Natürlich freute sie sich auf die Reise nach London, aber sie wußte auch, daß sie Neuseeland gerade zu einem Zeitpunkt verlassen mußte, als ihr Leben dort Gestalt anzunehmen begann. Konnte sie wirklich ihrer Familie und ihren Freunden zugunsten eines unbekannten Landes den Rücken kehren? Am schlimmsten war die Sache mit Brooke Monks. Brooke war nach wie vor ihr Begleiter am Klavier bei Veranstaltungen in und um Auckland. Beruflich waren sie das ideale Paar. Eine Aufname von »You'll Never Walk Alone« brachte den beiden und Kiwi Records in jenem Jahr einen weiteren Hit. Doch viele fragten sich, ob die beiden auch privat so gut zueinander paßten.

Monks entsprach einem Klischee, das Kiri selbst schon damals erkannte: »Der neuseeländische Mann erwartet, daß ihm die Frauen nachlaufen, und sie tun es auch.«

Hannah Tatana hatte während ihrer Reisen in Neuseeland oft genug mitbekommen, wie Brooke Kiri behandelte. »Er war ihr gegenüber kalt und gefühllos und hat ihr immer gesagt, sie soll den Mund halten. Aber sie hat ihn für den besten Mann der Welt gehalten. Sie hat ihn wirklich geliebt«, erinnert sie sich.

»Da war etwas Animalisches zwischen den beiden«, sagt Don Hutchings. »Er war ein richtiger Macho, sehr schweigsam. Er wußte genau, was er hatte und wie er es am besten einsetzen konnte. Er hatte etwas sehr Männliches, an dem sie sich festgeklammert hat.«

Diese Männlichkeit faszinierte Kiri wohl, aber sie wurde auch von ihm verletzt. »Brooke war in jeder Hinsicht nonchalant«, erinnert sich Barbara Brown. »Er hat nicht angerufen, obwohl er's versprochen hatte, und bei Briefen war's das gleiche. Er hat alles nicht so ernst genommen, und Kiri war oft ziemlich gekränkt deswegen.«

In ihrer Frustration ließ sie sich gern von anderen Männern bewundern. In Wellington traf sie sich insgeheim mit Donald Perry, einem Cousin der Hanson-Brüder, den sie über ihre alten Freunde kennengelernt hatte. Während ihrer immer häufiger werdenden Aufenthalte in Wellington übernachtete sie bei den Perrys und freundete sich mit Donald an, dem Erben des väterlichen Ingenieursbetriebs. Doch Perrys Beziehung zu Kiri ging nie über ein bißchen » Küssen und Kuscheln « hinaus. Schon bald war ihm klar, daß er kein ernsthafter Rivale für Brooke war [9].

Während sich vor Kiri zahlreiche neue Möglichkeiten auftaten, wußte Brooke ziemlich genau, was er zu erwarten hatte. Zuerst würde er seinen Universitätsabschluß machen und dann zum Militär gehen, bevor er den elterlichen Betrieb übernahm. Eine Übersiedlung von Neuseeland nach England war seiner Ansicht nach undenkbar.

Viele Leute hielten ihn nun für einen Klotz am Bein für Kiri. Das machte Brooke wütend. » Manche Leute hatten das Gefühl, daß ich ihr im Weg stand. Das hat mich ziemlich verletzt, weil ich nie im Leben daran gedacht hätte, ihr Knüppel zwischen die Beine zu werfen. «

Die deutlich unterschiedliche Einstellung ihrer Eltern half den beiden auch nicht bei ihrer Entscheidung. Brooke wohnte noch immer in dem großen Haus seiner Eltern in dem wohlhabenden Vorort Mount Eden, verbrachte aber viel Zeit in der Mitchell Street, wo Nell sich nicht mehr über die flexiblen Schlafarrangements äußerte. » Ma war ein sehr aufgeschlossener Mensch, aber sie wollte nicht, daß Tom etwas davon erfährt, weil er in dieser Hinsicht viel zurückhaltender war «, sagt Brooke. Seine eigenen Eltern jedoch waren noch immer strikt gegen eine übereilte Heirat mit Kiri. » Sie haben sich Sorgen gemacht, daß ich einfach alles für eine Romanze wegwerfen könnte, obwohl sie wußten, daß es uns ernst war. «

Fünf Tage vor Weihnachten 1965 gab das Queen Elizabeth II Arts Council bekannt, wie es die Stipendien in Höhe von insgesamt 20 000 Pfund im folgenden Jahr vergeben würde. Den größten Anteil daran sollte Kiri mit 2500 Pfund bekommen, die dazu dienen sollten, ihr ein dreijähriges Studium am London Opera Centre zu finanzieren [10]. Auch sonst flog Kiri das Geld nur so zu. » Mrs. Te

Kanawa hat den Reportern sogar gesagt, daß Kiri nicht ins Ausland kann, wenn die Leute nicht mehr für sie spenden. Sie sind auch nicht davor zurückgeschreckt, Rentnern zwei oder drei Dollar aus der Tasche zu ziehen«, sagt Susan Smith.

Die fünf Prozent Tantiemen, die Kiri aus den Erlösen für ihre Platten erhielt, ergaben inzwischen ein ordentliches Zusatzeinkommen. Am Tag nach der Bekanntgabe des Queen Elizabeth II Arts Council ging Kiri wieder ins Plattenstudio, wo sie *Kiri Sings The Sound of Music* mit »Climb Ev'ry Mountain« und »My Favourite Things« sowie eine ganze Langspielplatte aufnahm. Das Album, das den einfachen Titel *Kiri* trug, enthielt nicht nur ihre besten Songs aus der *West Side Story* und »Summertime« aus *Porgy and Bess*, sondern auch die Habanera und »Havah Nagilah«. Beide Aufnahmen leitete Ossie Cheesman.

Außerdem kam durch sechs Abschiedskonzerte weiteres Geld herein. Das Konzert in Wellington brachte etwa 2000 Pfund, die vier anderen jeweils um die 1000 Pfund.

Widerwillig trat Kiri auch zusammen mit ihrer Mitschülerin Pettine-Ann Croul auf, zu der das Verhältnis immer noch prekär war. Die beiden verdienten bei dem Konzert jeweils 1000 Pfund, was für Pettine-Ann Croul, die mittlerweile als Lehrerin arbeitete, ein kleines Vermögen war. Kiri hingegen nannte zu jener Zeit nach allgemeiner Ansicht schon ungefähr 5000 Pfund ihr eigen. »Ach, ich glaube, es war noch mehr«, sagt Charles Nalden, der seinerzeit den Fonds für Kiri mitverwaltete. Wenn man das Stipendium vom Queen Elizabeth II Arts Council in Höhe von 2500 Pfund, die Konzerteinnahmen von 6000 bis 7000 Pfund sowie die 2000 Pfund, die sie beim Sun Aria ersungen hatte, dazurechnet, standen ihr etwa 12 000 Pfund zur Verfügung. Dafür hätte sie sich damals zwei hübsche Einfamilienhäuser in Auckland kaufen können.

Verständlicherweise protestierten ihre Kollegen, denen es im Vergleich zu ihr finanziell schlechtging. Sogar Angehörige der Maori-Gemeinde kritisierten, wie Kiri von überallher Geld bekam. »Mrs. Te Kanawa war eine ausgesprochen geschickte Managerin. Sie hat die Maori-Sache dafür genutzt, daß Kiri ins Ausland konnte. Ich war darüber alles andere als glücklich«, sagt Hannah Tatana. »Kiri hat die Erwartungen erfüllt, die die Leute in sie gesetzt hatten. Aber wie alle anderen fand ich es nicht richtig, daß man ihr alle Schwierigkeiten aus dem Weg geräumt hat. Ich hätte auch ein bißchen Hilfe gebrauchen können.«

Auch Barbara Brown empfand es als ungerecht, daß die Maori-Gemeinde allen Wünschen von Nell Te Kanawa entsprach. »Sie haben ihre Bankkonten für Kiri geleert – das war ziemlich unfair. Schließlich gab es noch andere, die das Geld gut hätten gebrauchen können.«

Doch Kiris Gönner hatten keinerlei Bedenken. »Es war die richtige Entscheidung«, sagt John Thompson, der damalige künstlerische Leiter der New Zealand Opera Company, dessen Empfehlung geholfen hatte, das Arts Council für Kiri einzunehmen. »Viele Leute haben sich darüber beklagt, aber Kiri war einfach die große Chance, und man mußte sichergehen, daß sie es schafft. Die Möchtegerne haben natürlich gemeckert, aber meiner Ansicht nach hatten sie längst nicht so viel Talent wie Kiri. Wir mußten einfach soviel Geld wie möglich für sie auftreiben.«[11] Am Ende war es Kiri fast peinlich, wieviel Geld sie hatte. Später sagte sie, sie habe »viel mehr gehabt, als einer Studentin zustand«. Auch über die Besitzansprüche, die die Neuseeländer noch Jahre später auf sie erhoben – sie nannten sie »unsere Kiri« –, war sie alles andere als glücklich.

Je näher der Termin ihrer Abreise heranrückte, desto unsicherer wurde sie, ob sie ihre Heimat und Brooke Monks tatsächlich verlassen wollte. In den Weihnachtsferien fuhren Kiri und Brooke zusammen zu einem Treffen mit dem Impresario Henry Rudolph, der sich wie viele andere Stars auch bereit erklärt hatte, bei einem von Kiris Abschiedskonzerten gratis aufzutreten. Nell bat Donald Perry, die beiden zu begleiten. Die Beziehung zwischen Kiri und Donald hatte sich inzwischen merklich abgekühlt. Deshalb war für ihn die sechsstündige Fahrt ziemlich unangenehm.

»Es war alles ein bißchen schwierig. Ich war das fünfte Rad am Wagen«, erinnert er sich. Kiri und Brooke sorgten dafür, daß sie während der Reise immer wieder Zeit für sich allein hatten, das konnte auch Nell nicht verhindern.

Don Hutchings hatte den Auftrag, eines der Abschiedskonzerte aufzunehmen und im neuen Jahr herauszubringen. Er mußte ein paarmal lügen, wenn Nell anrief und Kiri nicht da war. »Ich hab' gesagt: ›Im Augenblick kann ich sie nicht stören, meine Liebe, sie übt gerade.‹ Nachdem ich aufgelegt hatte, habe ich dann gleich eine Nummer angerufen, die Kiri mir gegeben hatte, und ihr gesagt: ›Ruf mal lieber deine Mutter an.‹ Ich weiß nicht, wohin sie sich immer verdrückt haben, aber jedenfalls hatten sie irgendwo ein kleines Liebesnest... Sie war genau wie alle anderen jungen Katholikinnen, wenn sie nicht im Kloster landen«, sagt er. »Sie verlieben sich immer in mindestens das erste Dutzend Männer, das sie kennenlernen.« Soweit Hutchings das beurteilen konnte, hielt Kiri Brooke jedoch für die Liebe ihres Lebens. »So hingerissen war sie noch von keinem Mann gewesen.«

Doch die meisten Leute, die Kiri kannten, waren der Meinung, daß sie sich von ihrem alten Leben lösen und nach London gehen mußte. Barbara Brown zum Beispiel hatte keinerlei Zweifel daran, daß Kiri auch der Schule von Schwester Mary Leo entwachsen war. »Schwester Mary Leo hat immer wieder Koloratursoprane produziert, egal, welche Stimmlage die Schülerin ursprünglich hatte. Sie hat sie höher und höher getrieben, bis sie im Koloratur- oder im sehr hohen Sopranbereich waren«, sagt Brown. »Wenn Kiri bei ihr geblieben wäre, hätte sie ihre Stimme ruiniert, denn ihre Stimme war groß und voll und brauchte sehr viel mehr Übung als die kleinen Sopranstimmen.«

Auch Hutchings hatte das Gefühl, daß Kiri sich von dem frühen Stardasein befreien mußte. Anfang 1966 wurde die Langspielplatte *Kiri* sofort zum Bestseller; es verkauften sich 10 000 Scheiben, was damals eine bemerkenswerte Leistung war. Wenn Kiri nun auftrat, senkte sie den Blick und lächelte verlegen. »Sie wirkte ein bißchen wie Diana«, sagt Hutchings. Allerdings fehlte es ihr an Anmut. »Sie war immer noch ein wenig linkisch und ist ständig gegen irgendwelche Sachen gestoßen... Eigentlich war ihr das alles zuviel.«

»Mir tun alle Menschen leid, die zum Idol erhoben werden«, sagte Kiri ein paar Jahre später in London. »Als mir das passiert ist, war ich noch sehr jung, und ich hatte nicht das Gefühl, daß ich diesen ganzen Rummel wert bin.«

Ein paar Tage vor Kiris Abreise im Februar 1966 besuchte Hutchings das große Abschiedsfest in der Mitchell Street zusammen mit seiner Frau Clyde Scott sowie Colin Broadley und dessen Frau.

Der junge, noch ein wenig unbeholfene Star von Kiwi Records wurde nun genauso von der Presse umlagert wie die Beatles, die im selben Jahr ein Konzert in Auckland gegeben hatten. Ein PR-Mann begrüßte Hutchings und seine Begleiter. »Er hat voller Hochachtung geflüstert: ›Wenn wir uns ordentlich aufführen, singt Kiri für uns.‹ Ich hab' mir gedacht: ›Scheiße, hoffentlich nicht.‹ Das hatte nichts damit zu tun, daß ich ihre Stimme nicht mochte, sondern damit, daß sie das meiner Meinung nach alles nicht wollte. Schließlich war das ein Abschiedsfest für ihre Freunde.« Aber natürlich sang Kiri trotzdem.

Während eines ruhigen Moments fragte Neil McGough, der ihr seinerzeit die Rolle in *Uwane* gegeben hatte, Kiri, ob sie sich denn auf die bevorstehende Reise freue. »›Nein‹, hat sie gesagt, ›ich würde lieber bleiben und heiraten.‹ Ich glaube, sie hat das auch so gemeint. Ich denke, sie wäre ganz zufrieden gewesen, wenn sie Brooke hätte heiraten können.«

Trotz all ihrer Erfolge war Kiri sich ihrer großen Begabung immer noch nicht sicher. »Kiri hat weniger an ihre Fähigkeiten geglaubt als alle anderen«, sagt McGough. Doch sie wußte genausogut wie McGough, daß es nun kein Zurück mehr gab. »Sie hatte Wettbewerbe gewonnen und wurde gefeiert. Jetzt konnte sie nicht einfach sagen: ›Ich will nicht gehen.‹ Auch die Maori, deren Vertreterin sie geworden war, und ihre Mutter haben Druck auf sie ausgeübt. Sie saß in der Falle.«

Kiri verbrachte ihre letzten Tage in Neuseeland zusammen mit Brooke. Er leistete mittlerweile seinen Militärdienst ab und war drei Stunden von Auckland entfernt stationiert. Als er Heimaturlaub bekam, fuhr er zusammen mit Kiri zu ihrem Lieblingsfleckchen, den heißen Quellen von Waiwera. »Es war ziemlich schwierig«, erinnert er sich mit einem matten Lächeln. Doch die beiden versprachen einander, auch in Zukunft treu zu bleiben. Als sie wieder in Auckland waren, wehrten sie sich nicht, wenn die Leute sagten, sie seien inoffiziell verlobt. Ein Photo, das während ihrer Abschiedsparty entstand, zeigt deutlich den Goldring an ihrer linken Hand, der sich schon seit ihrem letzten Konzert in Wellington daran befand, der Presse aber entgangen war.

Am 8. Februar ging Kiri dann zusammen mit Nell an Bord der

Australis. Als Gegenleistung dafür, daß sie während der vierwöchigen Reise auf dem Schiff auftreten würde, bekamen die beiden die Fahrt nach England von der Chandris Line gratis.

Tom und Brooke begleiteten sie zum Schiff, und Kiri versprach Brooke, jedesmal an ihn zu denken, wenn sie den Teddybären ansah, den dieser ihr nach ihrem Erfolg beim Mobil Song Quest geschenkt hatte.

Danach gesellten sich die Männer wieder zu der Menge, die sich im Hafen versammelt hatte, um Kiri zu verabschieden. Die Leute begannen, das traditionelle Abschiedslied der Neuseeländer »Now Is the Hour« zu singen, als das Schiff ablegte. Tränen flossen, als Freunde und Familie, Auckland und Neuseeland schließlich in der Ferne verschwanden.

Kiri trat die Reise mit gemischten Gefühlen an: »Zum zweitenmal im Leben war ich aus meinem Umfeld gerissen worden«, sagte sie später [12]. Aber immerhin hatte sie die Genugtuung, daß sie Neuseeland als Liebling der Nation verlassen hatte. »Ich hatte das Gefühl, als hätte ich eine Art Schutzmantel um mich, als könnte mir niemand etwas anhaben, weil der Segen aller mich begleitete.« [13]

TEIL ZWEI

»In der Kunst wie in der Liebe genügt der Instinkt.«

Anatole France, *Le Jardin d'Épicure*, 1895

Lehrjahre einer Diva

Am 7. März 1966 kamen Kiri und Nell in Southampton an und fuhren, weil sie zu müde waren, noch am Abend mit dem Zug nach London zu reisen, erst am nächsten Morgen mit dem Bus zur Waterloo Station.

Diese spontane Entscheidung löste Panik bei der New Zealand High Commission aus, weil der High Commissioner Sir Thomas Macdonald eigens seinen früheren Privatsekretär Jeremy Commons zur Waterloo Station geschickt hatte, um Kiri und Nell am späten Abend abzuholen[1].

Kiri und Nell bezogen schließlich im wohlhabenden Richmond-upon-Thames im Westen Londons Quartier, wo neuseeländische Freunde ihnen eine Wohnung vermittelt hatten. Schon wenige Tage nach ihrer Ankunft fuhren die beiden nach London und stellten sich, bewaffnet mit Empfehlungsschreiben von Gönnern in Auckland, im New Zealand House am Haymarket vor.

»Offen gestanden, war uns das schon ein bißchen peinlich«, erinnert sich Commons. »Ihre Fans in Neuseeland baten den High Commissioner in den Briefen, sie in England einzuführen und ihr einen Auftritt im New Zealand House zu vermitteln.« Doch Macdonald interessierte sich für kaum etwas anderes als Rugby und Kricket. Außerdem hielt er Kiris Ankunft auf englischem Boden auch nicht für wichtiger als die von Malvina Major oder Marie Landis, die ebenfalls eine Ausbildung am London Opera Centre machten. »Er war damals – meiner Ansicht nach zu Recht – der Meinung, daß sie als Studentin ins Land gekommen war und sie sich erst einmal als solche bewähren sollte, bevor wir sie unterstützten«, erinnert sich Commons.

Im Foyer des London Opera Centre an der Ostlondoner Commercial Road hingen riesige Photographien von Wagnerschen Helden und Heldinnen in großen Covent-Garden-Inszenierungen, so zum Beispiel *Das Rheingold, Götterdämmerung, Parsifal* und *Der fliegende Holländer.* Doch diese Photos konnten die bescheidenen Ursprünge des Opera Centre nicht kaschieren. Noch zwei Jahre zuvor war in dem Gebäude das örtliche Flohkino untergebracht gewesen, das Troxy Cinema. Kiri hatte sich schon bald ihre Meinung über die Räumlichkeiten gebildet: »Ich habe es damals gehaßt und hasse es noch immer«, sagte sie zwei Jahrzehnte später. »Es ist widerlich.« Für sie symbolisierte das Troxy die harte und düstere Realität des neuen Lebens, mit dem sie im Frühjahr 1966 konfrontiert wurde.

Der Zuschauerraum des Troxy war für die regelmäßigen Veranstaltungen des Opera Centre umgestaltet worden, damit die Schüler sich ganz allmählich an einen großen Raum gewöhnen konnten. Doch alle anderen verfügbaren Räume wurden von den unterschiedlichsten Abteilungen des Opera Centre oder seiner Dachorganisation, der Royal Opera im Covent Garden Theatre, okkupiert. Der Teil hinter der Bühne gehörte dem Malersaal von Covent Garden. Im Innern des Gebäudes wurden die zahllosen fensterlosen Räume für Proben und Unterricht genutzt. Das Foyer mit Blick auf die Commercial Road diente als Multifunktionsraum für Besprechungen und Unterricht. Ganz oben befanden sich die Büros von James Robertson und John Kentish, dem Studienleiter des Opera Centre.

Kiri war mitten im ersten Unterrichtsabschnitt des neuen Jahres in England eingetroffen und befolgte James Robertsons Rat, sich erst einmal ein bißchen einzugewöhnen, bevor sie nach Ostern zum Beginn des Sommersemesters ernsthaft mit dem Studium begann.

Die Gesangsschüler arbeiteten in kleinen Gruppen. Kiri wurde einer Klasse mit ungefähr einem halben Dutzend Kollegen zugewiesen, mit denen zusammen sie sich auf den Semesterabschlußauftritt vorbereiten sollte, bei dem normalerweise James Robertson dirigierte. Kiri mußte sich als erstes mit der Partie der Dorabella aus Mozarts *Così fan tutte* und der Vera Boronel aus Menottis *Konsul* beschäftigen. Als Vorbereitung auf den Semesterabschlußauftritt setzte sie sich außerdem mit der Hosenrolle des Marquis de la Bluette aus Delibes' *Le Roi l'a dit* auseinander.

Die Schüler wurden in den unterschiedlichsten Fächern unterrichtet, zum Beispiel in Sprachen, der Schauspielkunst und im körperlichen Ausdruck, ja sogar im Fechten. In den folgenden Monaten sollte Kiri viel über Komposition sowie über deutsche und italienische Diktion lernen. Kiri warf nur einen einzigen Blick auf ihren Studienplan und legte ihn dann sofort weg. Erst drei Monate später überwand sie sich, ihn wieder in die Hand zu nehmen. Statt dessen verließ Kiri sich auf ihr Talent, mit dem sie die steifen, ernsten Lehrer des Opera Centre, die »Tyrannen«, wie sie sie schon bald nannte, beeindruckte[2].

»Ihre Stimme war schon etwas Besonderes«, erinnert sich Sheila Thomas.

»Sie hatte eine großartige Bühnenpräsenz«, sagt John Kentish, der zusammen mit John Rolla körperlichen Ausdruck unterrichtete. Außerdem tat Kiri sich bei den Fechtstunden hervor. »Manche Schüler sahen aus, als wollten sie gleich in Tränen ausbrechen, wenn sie das erstemal auf die Bühne mußten. Kiri hatte da kein Problem. Sie war wie für die Bühne geboren«, erzählt James Robertsons' Wiener Witwe Osvalda, die damalige Bibliothekarin des Opera Centre.

Der Meinung war auch der neuseeländische Baß Donald – heute Sir Donald – McIntyre schon bald. McIntyre, der seinerzeit als einer der großen Wagner-Interpreten galt, hatte von Kiris Popstarstatus in Neuseeland gehört und lernte sie kurz nach ihrer Ankunft in England kennen, als er sich gerade auf seinen Wechsel von Sadler's Wells zu Covent Garden im folgenden Jahr vorbereitete. »Ich wußte bereits, daß man mit ihr rechnen mußte. Sie sah aus, als hätte sie das Zeug zur großen Sängerin«, erinnert er sich. »Sie war ausgesprochen hübsch, und es machte Spaß, mit ihr zusammen zu sein. Sie hatte Sinn für Humor.«

McIntyre hatte von Anfang an unerschütterliches Vertrauen in seine Zukunft gehabt. Er und sein Mitschüler Benjamin Luxon waren beim Anblick ihrer Konkurrenten schon bald zu folgendem Schluß gekommen: »Wir sind die einzigen hier, die's schaffen werden.« Und sie täuschten sich nicht. McIntyre spürte, daß Kiri genausowenig an sich zweifelte wie er selbst. »Sie hat einfach erwartet, daß ihr alles zufliegt.«

Kiri und McIntyre unterhielten sich häufig miteinander, aber Kiri hatte nicht das Bedürfnis, ihren erfahreneren Kollegen um Rat zu fragen. »Wir haben uns über Agenten und solche Dinge unterhalten. Sie hat mich nie um Rat gefragt, und ich hätte ihn ihr wahrscheinlich auch nicht gegeben«, sagt McIntyre. »Letztlich muß man solche Sachen doch selbst entscheiden. Ich glaube nicht, daß es einem hilft, wenn man andere fragt.«[3] Kiri besaß natürliche Begabung, aber sie tat sich schwer mit dem mörderischen Stundenplan des London Opera Centre. An normalen Tagen mußten die Schüler von zehn Uhr vormittags bis fünf Uhr nachmittags arbeiten, und an Abenden mit Auftritten ging es bis elf Uhr nachts oder Mitternacht. Zuspätkommen und Schwänzen wurden schwer bestraft.

»Die Arbeitsmoral war einfach unglaublich. Alle standen unter Hochspannung«, erinnert sich die englische Sopranistin Teresa Cahill, die ein Semester nach Kiri in die Schule eintrat[4].

Kiri empfand die Anforderungen, die an der Schule an sie gestellt wurden, schon bald als große Last. »In Neuseeland war ich wie in einen schützenden Kokon eingehüllt gewesen. Dort hatten mich Menschen unterrichtet, die noch nie in Europa gewesen waren und deshalb auch noch nie gesehen hatten, wie es dort zuging«, erzählte sie später. »Sie haben sich wirklich bemüht, mir Disziplin beizubringen, aber ich war nun mal undiszipliniert – ich bin heute immer noch ein bißchen undiszipliniert.«

Doch Kiri hatte auch ein logistisches Problem. Die Wohnung befand sich in Richmond, also auf der dem Opera Centre entgegengesetzten Seite von London. Nach ihrem Umzug in eine geräumige Souterrainwohnung in Forest Hill im Südosten von London war Kiri immer noch etwa eine Stunde mit Zug, U-Bahn und Bussen unterwegs, um in die Commercial Road zu gelangen. Schließlich investierte Kiri einen Teil ihrer Ersparnisse in einen großen Ford Zodiac, aber nicht einmal damit gelang es ihr, jeden Tag pünktlich in die Schule zu kommen. Auch im Unterricht hatte sie Mühe. Sie hatte nie eine besondere Begabung für Sprachen gehabt und blieb schon bald hinter ihren Mitschülern zurück. Die technische Seite ihrer Musikausbildung erwies sich ebenfalls als Problem. Sogar Schwester Mary Leo war seinerzeit ob ihrer Unfähigkeit, vom Blatt zu singen, schier verzweifelt. Und über Opern wußte sie auch nicht sonderlich viel. Nell hatte sie in ihrer Kindheit in Auckland nur zu Aufführungen der *Zauberflöte* und von *Don Giovanni* mitgenommen. Sie hatten beide keinen großen Eindruck auf sie hinterlassen. Ihre Vorliebe galt eher Rodgers und Hammerstein als Rossini und Händel. Sie hatte größte Mühe, ihre ersten Rollen in den Griff zu bekommen.

Kiri hat immer wieder Beweise für ihre Widersprüchlichkeit abgeliefert. »Ich bin eine typische Fischefrau, sehr, sehr widersprüchlich«, hat sie mehr als einmal selbst gesagt[5]. »Wenn jemand etwas von mir will, mache ich garantiert das Gegenteil.« Von den Schülern des Opera Centre wurde beispielsweise erwartet, daß sie auch außerhalb der Schule Gesangsunterricht nahmen. Kiri hatte zu diesem Zweck die Telephonnummer der deutschen Lehrerin Margaret Krauss erhalten. Jeden Tag wurde sie gefragt, ob sie sich schon mit ihr in Verbindung gesetzt habe, um den ersten Termin auszumachen. Und jeden Tag wieder fand sie eine andere Ausrede, normalerweise eine Variation zum Thema »die Nummer habe ich verloren«. »Dann haben sie mir die Nummer wieder gegeben und mich fast dazu gebracht anzurufen. Aber je stärker sie insistierten, desto mehr habe ich mich gewehrt«, erinnert sie sich.

Das hatte zur Folge, daß sie ziemlich oft ins Büro des Studienleiters mußte. »Sie hat ihre Studien nicht so ernst genommen. Wichtig waren ihr letztlich nur die Auftritte. Das, was darauf hinführte, mochte sie nicht besonders«, erinnert sich John Kentish.

Normalerweise hatte Kiri eine Erklärung für ihre Verfehlungen. »Sie konnte sich wirklich gut herausreden. Einmal ist sie zu mir gekommen – ich hatte ihr die Erklärung nicht so recht geglaubt, warum sie plötzlich verschwunden war – und hat gesagt: ›Mr. Kentish, ich muß Ihnen sagen, daß es in der Maori-Sprache kein Wort für Lüge gibt.‹ Eine elegantere Ausrede hatte ich selten gehört«, sagt er lächelnd.

Dann wieder verließ sie sich auf Kentishs Mitleid. »Sie konnte schon beim geringsten Anlaß weinen«, erzählt er. »Deswegen behandelten alle sie sehr, sehr rücksichtsvoll. Sie sahen ja, daß sie sensibel war.«[6] Andere erkannten hinter ihrer Sensibilität bereits die Fähigkeiten, die ihrer späteren Karriere förderlich waren: »Sie hat immer alle um den Finger gewickelt und dazu gebracht, das zu tun, was sie wollte«, erinnert sich Osvalda Robertson. »Und das ist in diesem Beruf gar nicht schlecht. Man muß in der Lage sein, die Leute auf und hinter der Bühne zu hypnotisieren.«

Sie selbst allerdings ließ sich seltener von Kiris Tränen hinters Licht führen als die anderen. »Sie konnte einfach hervorragend weinen. Sie war eine großartige Schauspielerin«, sagt Osvalda Robertson lächelnd[7].

Doch die Tränen waren ziemlich oft echt. Wie so viele Schüler vor ihr fühlte sie sich entwurzelt und niedergeschlagen und hatte schreckliches Heimweh. Anders als ihre Mitschüler jedoch war sie ein wenig verwirrt und auch betrübt über den plötzlichen Verlust ihrer Berühmtheit.

»Immer wieder kamen Leute von der New Zealand High Commission zu mir, um sicherzugehen, daß ich mich auch wirklich um Kiri kümmerte, und schenkten mir Maori-Löffel und alle möglichen anderen Sachen«, erinnert sich John Kentish. »Es muß ziemlich schwierig für sie gewesen sein. Schließlich war sie in Neuseeland schon ziemlich berühmt gewesen.«

Doch die größten Probleme hatte Kiri nach wie vor damit, sich an die Unterrichtsdisziplin zu gewöhnen. So erwartete man von Kiri beispielsweise, daß sie sich genauso schnell Kenntnisse über Musik aneignete wie ihre Mitschüler, die zum Teil schon Musik studiert hatten. Fast täglich blamierte sie sich vor den Deutsch- und Italienischlehrern des Opera Centre. Während viele Schüler sich hilfesuchend an die Bibliothekarin Osvalda Robertson wandten, fand Kiri am meisten Verständnis bei James Robertsons Sekretärin June Megennis: »Es war wirklich traumatisch für sie. Sie kam tränenüberströmt zu mir ins Büro und sagte, sie hält das nicht mehr aus, sie will weglaufen«, erzählte June Megennis später[8].

Am 24. Juni traf dann schließlich der Dirigent Richard Bonynge, der Mann von Joan Sutherland, im Opera Centre ein, um eine dreitägige Meisterklasse abzuhalten. Er wußte bereits durch die Gesangswettbewerbe in Australien über Kiri Bescheid und bat sie am zweiten Tag seines Besuchs um einen Vortrag.

Kiri erachtete die Meisterklassen als etwas den Wettbewerben Vergleichbares, und schon regte sich ihr Ehrgeiz. Obwohl Schwester Mary Leo sie als »dunkel getönten lyrischen Sopran« beschrieben hatte, war sie von Robertson und seinen Kollegen als Mezzo aufgenommen worden. Und Madame Krauss, die Kiri mittlerweile doch unterrichtete, stimmte ihre Stunden darauf ab. Bonynge hatte aus der zurückhaltenden Sutherland – die als Schülerin ebenfalls Mezzosopran gewesen war – La Stupenda gemacht, den ausdrucksvollsten Koloratursopran der Welt. Nachdem Bonynge Kiri gehört hatte, gab er Robertson und seinen Lehrern den Rat, Kiri in die gleiche Richtung zu dirigieren. Bonynge rief sogar selbst Margaret Krauss an und riet ihr, Kiri als Sopran zu behandeln. Es dauerte eine ganze Weile, bis Kiri die Tragweite dieser Entscheidung bewußt wurde.

Ein paar Jahre später hatte die Art und Weise, wie das Opera Centre die geborene Sopranistin Rosalind Plowright behandelte, einen Skandal zur Folge. Weil Robertson und seine Lehrer sich weigerten, sie in der höheren Stimmlage auszubilden, geriet sie an den Rand eines physischen und psychischen Zusammenbruchs. »Die Haare begannen mir auszufallen. Die Diagnose lautete streßbedingte Alopezie«, beklagte sich die Sängerin, die ihre Verbitterung gegenüber dem Opera Centre nie ganz ablegen sollte. »Dort haben sie alles in mir kaputtgemacht: meine Stimme, mein Selbstvertrauen, meine unmittelbaren Karrierechancen.«[9] Ohne Bonynge hätte Kiri möglicherweise ein ähnliches Schicksal erlitten.

Schon bald war auch der andere Teil der Welt über Kiris Erfolg bei Bonynge informiert. In den Interviews, die sie der immer neugierigen neuseeländischen Presse gab, ist ganz klar das Selbstvertrauen zu spüren, das ihr die Teilnahme an der Meisterklasse verliehen hatte. »Natürlich bin ich die einzige Maori dort, und das macht einen Unterschied«, sagte sie. »Aber es gibt an der Schule auch keine Stimme, die mit der meinen vergleichbar wäre. Alle sagen: ›Ach, jetzt klinge ich fast wie Kiri‹ oder ›Wie machst du denn das, Kiri?‹ Viele von meinen Mitschülern können nicht leise und gleichzeitig differenziert singen, das wurde mir aber als erstes beigebracht. Das sind alles Kleinigkeiten, zusammen ergeben sie jedoch etwas Größeres.«[10] Natürlich versorgte Nell die neuseeländische Presse regelmäßig mit Neuigkeiten. Einmal erklärte sie den Reportern, Kiri stehe kurz davor, zum Royal College of Music zu wechseln, dann wieder, Dame Eva Turner habe sie als Schülerin angenommen. Doch bei beiden Aussagen handelte es sich um bloße Behauptungen. Solche Geschichten sollten nur die Neugier der neuseeländischen Fans schüren.

Schon bald nach Kiris Abreise aus Neuseeland war ihre letzte Langspielplatte mit dem Titel *Kiri In Concert* herausgekommen, eine Sammlung von Live-Aufnahmen vom Dunedin Song Quest, vom Melbourne Sun Aria und von den Abschiedskonzerten in Wellington und Auckland. Wie schon die früheren Platten kletterte auch diese sofort an die Spitze der Hitparade.

Kiri war mittlerweile so populär, daß die Verleger Reed, denen Kiwi Records gehörten, Mitte der sechziger Jahre eine Biographie der inzwischen Zweiundzwanzigjährigen in Auftrag gaben. Der aus Neuseeland stammende und in London lebende Journalist Norman Harris wurde gebeten, als Ghostwriter für das Buch mit dem Titel *Kiri: Music and a Maori Girl* zu fungieren.

Harris, der bereits ein beliebtes Buch über im Ausland lebende prominente Neuseeländer verfaßt hatte, besuchte Kiri häufig in ihrer Wohnung in Forest Hill, um sie dort zu interviewen. Das Buch wurde schließlich zu einer Sammlung süßlicher Geschichten aus Kiris Kindheit und einer Reminiszenz an die Wettbewerbe und war in einem atemlosen Prosastil geschrieben, der nach Ansicht von Harris Kiris Persönlichkeit spiegelte. »Sie war simpel, direkt und offen. Nicht sonderlich reif, aber auch keine Primadonna«, erinnert er sich. »Das habe ich versucht, in dem Buch zum Ausdruck zu bringen.«

Das größte Problem für Harris waren der Zeitmangel und Kiris Widerwille, sich auf ausführliche Interviews einzulassen. »Sie hatte nichts gegen Interviews, aber allzulange konnte sie sich nicht konzentrieren«, sagt er. Doch Nell sprang wie immer in die Bresche. »Sie hat Kiri ständig korrigiert und ihr Stichworte gegeben. Es war ganz klar, daß sie immer die treibende Kraft gewesen ist«, erinnert er sich.

Ähnlich wie Donald McIntyre und die Schauspielerin Nyree Dawn Porter, über die Harris bereits Biographien geschrieben hatte, war wohl auch Kiri der Auffassung, daß man »Neuseeland verlassen mußte, wenn man es zu etwas bringen wollte«. Doch so ganz sicher war sich Kiri nach Aussage von Harris nicht, ob sie die richtige Entscheidung getroffen hatte.»Ich weiß noch, daß sie irgendwie frustriert und desillusioniert gewirkt hat. Schließlich war sie in einem kleinen Land ein Star gewesen und nicht auf die harte Arbeit am Opera Centre vorbereitet.«

Bei einem Besuch, erinnert sich Harris, saßen Mutter und Tochter auf dem großen Doppelbett in der Wohnung.»Ihre Mutter hat gesagt: ›Zum Teufel mit ihnen. Du kannst nach Neuseeland zurück und dort jeden Saal füllen, wenn du das willst.‹ Und Kiri hat genickt.«[11] Doch es kam selten vor, daß die beiden sich so einig waren. Nells anfängliche Versuche, das Opera Centre in den Griff zu bekommen, waren von James Robertson pariert worden, und sie hatte sich in ihre Wohnung in Forest Hill zurückgezogen, wo sie nun Kiris Privatleben kontrollierte. Eine Weile spielte Kiri die brave Tochter und kam jeden Tag vom Opera Centre gleich nach Haus. Dort kochte Nell das Abendessen und trieb sie dazu, ihre Hausaufgaben zu machen.»Sie hat mich um sechs zu Haus erwartet, und das war's auch schon – so sah mein Leben damals aus«, erklärte sie später.»Und alle anderen Schüler gingen auf Partys.«

Doch die Ankunft von Raewyn Blade, einer Freundin aus dem St. Mary's College, verschob die Machtverhältnisse in der Wohnung zu ihren Gunsten. Raewyn war genauso lebhaft wie Kiri und gekommen, um Gesang und Schauspiel an der Guildhall School of Music zu studieren. Ihre erste Londoner Wohnung war so feucht gewesen, erzählte sie Kiri, daß »an den Wänden Pilze wuchsen«. Daraufhin lud Kiri Raewyn ein, in das Gästezimmer in Forest Hill zu ziehen und dort »meine Pilze mit mir zu teilen«[12]. Schon bald wehrten sich die beiden gegen Nells Versuche, ihr Leben zu bestimmen.

»Mir wurde klar, daß ich auch Spaß haben konnte, also stürzte ich mich ins Leben«, sagte Kiri später.»Aber meine Mutter hat mich immer wieder bewußt daran gehindert.«

Für Kiri war es wichtig, selbständig zu werden.»Ich war damals zweiundzwanzig, und das ist ziemlich spät, wenn man sich von seinen Eltern lösen will. Bis dahin war ich in einen schützenden Kokon aus Musik gehüllt gewesen, hatte die ganze Zeit gelernt und nicht sonderlich viel Spaß gehabt. Das kann einem ganz schön an die Nieren gehen. Aber irgendwann habe ich mir gesagt: ›So, jetzt habe ich genug. Ich lasse mich nicht länger von meinen Eltern unterdrücken.‹«[13] Doch Nell wollte und konnte vielleicht auch nicht loslassen. Es kam immer häufiger zum Streit. »Sie war immer ziemlich aus der Fassung und gleich verletzt. Sie hat die ganze Zeit geweint«, erinnerte sich Kiri später.

Obwohl Nell nach außen hin so robust wirkte, war sie immer ein bißchen kränklich gewesen. Je größer die Anspannung in der gemeinsamen Wohnung wurde, desto häufiger legte sie sich ins Bett und beklagte sich über heftige Schmerzen. Schließlich wurde sie ins Krankenhaus eingeliefert, wo man ihr Gallensteine entfernte. »Sie war sehr krank. Man hat uns gesagt, daß sie fast gestorben wäre«, erzählt ihre Enkelin Judy Evans-Hita. »Hinterher hat sie ziemlich abgenommen.«

Für Kiri wurde diese Krankheit ihrer Mutter zum Wendepunkt. Als Nell aus dem Krankenhaus kam, nahm Kiri allen Mut zusammen und erklärte ihr, daß sie sie nicht mehr in London brauche. Deswegen hatte sie noch Jahre später Schuldgefühle. »Ich habe sie schrecklich verletzt«, sagte sie später. »Aber die Mütter damals haben ihre Töchter sowieso nicht verstanden.«[14] Im Herbst 1966 buchte Nell widerstrebend eine Schiffspassage zurück nach Neuseeland. Im November machte sie sich auf den Weg.

Kiri hatte sich nicht nur von ihrer Mutter, sondern auch von ihrer Vergangenheit gelöst. Fürs erste konnte sie die belastenden Einflüsse Neuseelands – Schwester Mary Leo, ihre Familie und ihren Ruhm – vergessen. Jetzt hatte sie es nur noch mit dem London Opera Centre zu tun. Aber damit würde sie schon fertig werden. Zum erstenmal im Leben hatte Kiri die Freiheit, sich jeden Spaß zu gönnen. Zusammen mit Raewyn und Sally Rush, die mittlerweile ebenfalls nach London gekommen war, um dort zu studieren, machte sie die Stadt unsicher.

Die drei waren schon bald bestens bekannt im Polizeirevier von Forest Hill. Die Beamten waren zum erstenmal zu ihnen gekommen, als Raewyn Blade beim Baden in der Souterrainwohnung einen Spanner entdeckt hatte. Kiri hatte den Mann daraufhin mit einem Küchenmesser verjagt. In den folgenden drei Monaten genoß das Trio dann den »ganztägigen Schutz« des Reviers. Doch die drei machten dem St. Mary's College auch dann keine Schande, als drei Polizisten sie zu einem Wochenende in ein Cottage in Oxfordshire einluden. Nach Aussage von Raewyn Blade schliefen die Mädchen dort zu dritt in einem Bett.

Die Verbindungen zur Polizei wurden durch James Robertsons Sekretärin June Megennis, die engste Vertraute Kiris, noch verstärkt, die mittlerweile mit David Hall, einem Beamten der Port of London Police, verlobt war. Über June Megennis wurde Kiri eingeladen, bei Veranstaltungen der Polizei aufzutreten. Schon bald war sie regelmäßiger Gast im West India Dock Police Club und ließ sich lieber mit einer oder zwei Flaschen Whisky als mit Bargeld für ihre Auftritte bezahlen.

Kiri hatte nun auch noch andere enge Freunde im Opera Centre. »Sie war extrovertiert; es hat Spaß gemacht, mit ihr zusammenzusein. Sie hat uns immer zum Lachen gebracht«, erinnert sich Osvalda Robertson. »Sie hat Popmusik und Jazz geliebt. Ständig hat sie erzählt: ›Gestern abend war ich da und da, es war toll.‹ Sie hat das Leben wirklich genossen.«

In London gab es zu jener Zeit viel zu entdecken: Die Beatles waren auf allen Titelblättern zu sehen, und Mary Quant war zur Hohenpriesterin der Mode ernannt worden. Es war die Ära des Minirocks und des Mini-Moke, die Blütezeit der Carnaby Street und der Kings Road. »Es war die große Welt, eine aufregende Zeit«, sagte Kiri später.

Soweit ihre Fans in Neuseeland wußten, war Kiri Brooke Monks treu geblieben, dem sie nach wie vor jede Woche schrieb und dessen Teddybär einen Ehrenplatz in der Wohnung hatte. Als man sie nach ein paar Monaten in London fragte, ob sie denn einen Freund habe, lächelte sie wehmütig das Photo von Brooke an, das auf einem Bücherregal stand, und sagte: »Nur einen, und der ist 20 000 Kilometer weit weg.«[15] Diese Aussage hätte Rodney Macann, der nun wieder in Kiris Leben getreten war, vermutlich überrascht. Macann war ebenfalls nach London gekommen, wo er sich den BBC Singers angeschlossen hatte. Ende 1966 begannen die beiden, mehr Zeit miteinander zu verbringen, Konzerte, Liederabende und Partys zu besuchen. Aber Kiri frustrierte ihn hier noch mehr als zu Haus in Neuseeland. »Sie war so extrovertiert; ich kam nicht immer mit ihr zurecht«, sagt er.

Doch die »Tyrannen« nahmen Kiri schon bald wieder an die

Kandare, weil sie keine rechten Fortschritte machte. Daß es Kiri nun so gut ging, weckte den Neid mancher Lehrer und Mitschüler. Später sollte Kiri sich selbst als arme Studentin beschreiben, die immer am Hungertuch genagt und nie Zeit gehabt hatte. »Man ernährt sich nicht sonderlich gut, wenn man jung ist und studiert«, sagte sie Jahre später. »Man wird von anderen Leuten durchgefüttert, weil man nicht genug Geld fürs Essen hat.«

Doch in Wirklichkeit genoß sie von den ungefähr vierzig Schülern des Opera Centre die wohl größte finanzielle Sicherheit. Ihre lockere Einstellung dem Geld gegenüber mußte zwangsläufig den Neid derer wecken, die keines hatten. »Sie hat auf großem Fuß gelebt und so getan, als würde sie sich keine Gedanken über Geld machen«, sagt Osvalda Robertson. »Sie hat sich ein Tuch von Christian Dior für zehn Pfund gekauft. Damals mußten manche Studenten einen ganzen Monat mit weniger auskommen. Und dann hat sie auch noch damit angegeben. Ihr ist gar nicht aufgefallen, daß sie die anderen neidisch gemacht hat. Sie war einfach unbekümmert und hat sich von Anfang an wie ein Star benommen.«

Jeremy Commons kannte auch Malvina Major und Marie Landis, die beiden anderen Neuseeländerinnen, die zu der Zeit gerade in London studierten. Malvina Major war mit einem arbeitslosen Ehemann und 100 Pfund von ihrem Rotary Club nach England gekommen. »Malvina und Marie hatten es viel schwerer als Kiri, der von Anfang an alles in den Schoß gefallen ist. Sie hat mit dem Geld um sich geworfen, ohne sich um die Gefühle der andern zu scheren. Manchmal ist sie mit dem Taxi ins Opera Centre gekommen, während die andern sich abmühen mußten, irgendwie über die Runden zu kommen. Wenn sie mehr Taktgefühl gehabt hätte, hätte sie sich an der nächsten Straßenecke absetzen lassen und wäre das letzte Stück zu Fuß in die Schule gegangen«, sagt Commons.

Doch ebendieses Taktgefühl schien die zweiundzwanzigjährige Kiri nicht zu haben. »Die Kleidung hier ist ja so billig«, erklärte sie damals einem Reporter. Ein anderer Journalist beschrieb, wie sie »ihren modischen Pelzhut aus ihrem neuen Zodiac holte« und einen topaktuellen zweireihigen roten Hosenanzug und dazu einen riesigen viereckigen Edelstahlring trug, den sie selbst als »Klunker« bezeichnete.

Noeleen Rawstron, Kiris leibliche
Mutter, um 1940.

ack Wawatai, Kiris leiblicher
ter, im Alter von zwanzig Jahren,
r Zeit seiner Hochzeit 1937.

Die kleine Kiri mit ihrem stolzen Vater Tom.

Kiri (links) und Judy in Gisborne.

Grey Street 161 in Gisborne, die Pension der Te Kanawas, wo Kiri die ersten zwölf Jahre ihrer Kindheit verbrachte.

Tom und Nell Te Kanawa.

Kiri bereitet sich auf
einen frühen Auftritt vor.

Kiri in Hatepe am Tauposee.

Kiri vor dem Debütantinnenball in Auckland im Mai 1961.

Kiri in dem Musical »Uwane«,
April 1962.

Kiri mit Vincent Collins,
ihrem Freund und Partner
aus »Uwane«.

Kiri singt das »Lied von
der Weide« aus Verdis
»Otello« beim Tauranga
Aria im Mai 1964.

Lynne Cantlon (oben links)
und Kiri (unten rechts) mit
Elisabeth Schwarzkopf
(Mitte, neben Schwester
Mary Leo) bei deren Besuch
im St. Mary's College.

Kiri mit Nell und
Tom bei der Feier zu
Kiris 21. Geburtstag
im März 1965.

Kiri mit ihrem Freund
Brooke Monks (links, in
Uniform), Donald Perry
(oben Mitte) und Barbara
Brown (oben rechts) bei
einem Abschiedsfest im
Februar 1966.

»Ich liebe modische Kleidung«, sagte sie. »Ich hoffe nur, daß ich den andern ein bißchen voraus bin, wenn ich wieder nach Neuseeland komme.«[16] Sie machte sich nicht unbedingt beliebter dadurch, daß sie als Liebling des Schulleiters galt. »Als Dirigent mochte James hübsche Mädchen. Ich habe den Verdacht, daß ihm die weniger hübschen nicht so gut gefallen haben, auch wenn sie vielleicht eine wunderbare Stimme hatten«, meint Tom Hawkes, ein Regisseur des Sadler's Wells, der bei vielen der frühen Inszenierungen mit Kiri dabei war. Hawkes hörte oft, daß andere Sängerinnen sich darüber beklagten, wenn Kiri ihnen wieder einmal eine Rolle weggeschnappt hatte. »Anfangs gab es gewisse Ressentiments gegen Kiri, weil sie als der kleine Schützling von James galt. Andere Schülerinnen sagten oft: ›Ach, die Rolle gibt James wahrscheinlich wieder Kiri, oder?‹«[17] Innerhalb des Opera Centre blieb James Robertson ihr stärkster Verbündeter. Doch nach außen drückte auch er seine Zweifel an ihrer Eignung aus. Da er sich der exponierten Stellung Kiris bewußt war, hielt er das New Zealand House über die Situation auf dem laufenden.

»Der High Commissioner und ich waren immer informiert«, sagt Jeremy Commons. »Ich war mir durchaus bewußt, welche Probleme sie mit ihr hatten. James Robertson hat mir gesagt, daß sie ausgesprochen faul war und manchmal überhaupt nicht zum Unterricht erschien. Sie hatte eben ihren eigenen Kopf.«

Ihre Schwierigkeiten mit dem Opera Centre lagen auf der Hand. Kiri setzte sich immer wieder mit John Kentish und James Robertson über ihr Recht auseinander, auch außerhalb der Schule aufzutreten. Laut Vertrag mit dem Opera Centre mußten alle Auftritte außerhalb genehmigt werden. Im August hatte Kiri die Erlaubnis erhalten, nach Carlisle zu fahren, um im Border Television aufzutreten. Dort zog sie ihren Piu-piu an, sang ein traditionelles Maori-Lied und machte sich dann wieder auf den Weg nach London. Doch zu ihrer Verärgerung hatten Robertson und Kentish ihren Plan durchkreuzt, im November zu einem Gesangswettbewerb nach Toulouse zu fahren. Sie und Malvina Major hatten andere Vorhaben absagen müssen, um dort teilzunehmen, wo es 400 Pfund zu gewinnen gab. Nell, die mittlerweile wieder in Neuseeland war, beklagte sich über die Entscheidung der Schulleitung.

Der einzige Wettbewerb, an dem Kiri hatte teilnehmen dürfen, der Stella-Murray-Wettbewerb an der Royal Commonwealth Society in London am 16. November, war ein Debakel gewesen. Unter den Juroren im eleganten Hauptquartier der Society an der Pall Mall befand sich auch Dame Eva Turner. Kiri traf dort mit einer, wie sie es später nannte, »schweren Erkältung« ein. Zur Überraschung vieler, die eigens gekommen waren, um Kiri zu sehen und zu hören, ging der erste Preis an Beverley Bergen aus Dunedin, die 1962 ans Opera Centre gekommen war und nun am Sadler's Wells und in Glyndebourne auftrat. Die Preisrichterin Joan Davis lobte Kiris »großes Gefühl für Dramatik und ihre Schönheit«, bevor sie folgende Kritik aussprach: »Allerdings sind wir der Meinung, daß ihre Intonation unsicher ist und sie noch nachdenken, zuhören und lernen muß, um eine große Sängerin zu werden.«

Die Nachricht breitete sich sofort in Neuseeland aus. Die Kritik, die Joan Davis an Kiri geäußert hatte, überschattete den Sieg von Beverley Bergen. »Neuseeländische Sopranistin von Juroren kritisiert«, lautete die Schlagzeile im *New Zealand Herald*[18]. Zumindest in London konnten Commons und Kiris andere Fans die Niederlage wieder ins rechte Licht rücken. Inzwischen machten sie sich allerdings viel größere Sorgen über die dauernden Klagen der Lehrer, daß Kiri keine Fortschritte machte.

Commons hatte den Wettbewerb zusammen mit Kiris alter Gönnerin Thelma Robinson besucht. Ein paar Stunden zuvor hatten sie sich getroffen, um sich über Kiris Probleme am Opera Centre zu unterhalten. Dabei hatte James Robertson angedeutet, daß er Kiri möglicherweise der Schule verweisen werde.

»Alle anderen Studenten waren ihr um Jahre voraus, aber sie hatte einfach diese wundervolle Stimme. Deshalb konnte niemand sie leiden. Außerdem ging es, glaube ich, auch um Rassendiskriminierung«, sagt Thelma Robinson[19].

An der Diskussion darüber, ob man Kiri der Schule verweisen solle, hatte auch Bill Barrett teilgenommen, der sich ebenfalls in London aufhielt. Doch selbst Kiris Fürsprechern fiel es schwer, ihr mehr Disziplin beizubringen. Sie sagte später, sie sei damals in einer Lebensphase gewesen, in der alle Autoritäten für sie ein rotes Tuch gewesen seien. Besonders ihre Lehrer versuchten sie dranzukriegen. »Ich habe die ganze Zeit die Schule geschwänzt, aber das gehört einfach zum Jungsein. Ich habe mich ins Leben gestürzt, es war ein Mordsspaß.«

Der Tiefpunkt kam am Ende des Wintersemesters. Kiri sollte die Rolle der Eleonora in der Semesterabschlußvorstellung singen, einem Akt aus Wolf-Ferraris selten aufgeführter musikalischer Komödie *Die neugierigen Frauen*. James Robertson dirigierte, und Tom Hawkes übernahm die Regie. Es wurden zwei Besetzungen für die beiden Aufführungen Mitte Dezember zusammengestellt. Kiri gehörte anfangs noch der ersten an. Hawkes stand in dem Ruf, einer der sensibleren Regisseure Londons zu sein. Bei seiner Arbeit mit Kiri stellte er fest, daß ihre größten Schwächen im schauspielerischen Bereich lagen. »Anfangs hatte sie überhaupt keine Technik; sie hatte keine Ahnung, was sie da machte«, erinnert er sich. »Man mußte ihr alles ganz sorgfältig erklären und mit ihr Schritt für Schritt die Gefühle der Charaktere durchgehen, damit sie diese dann weiterentwickeln konnte.«

Hawkes fand Kiri anstrengend, aber durchaus willig. »Man mußte sich ganz schön reinknien, um die Dinge aus ihr rauszuholen«, sagt er. »Sie war nicht schwierig und hat sich auch nicht gesperrt, aber während die Studenten, die eine bessere Auffassungsgabe hatten, einfach noch mal auf mich zukamen und mir Fragen stellten, blieb sie passiv und hat die Dinge einfach hingenommen.« Anders als die anderen am Opera Centre hatte Hawkes Verständnis für Kiris Probleme. »Nun, sie war in einem fremden Land und mußte sich unter vielen anderen Sängern zurechtfinden. Sie konnte sich nicht sicher fühlen. Schließlich hatte sie keine der Musikschulen absolviert, und ihr fehlte auch der Hintergrund der anderen. Letztlich war sie sehr viel verletzlicher als sie.« Doch im Lauf der Proben wurde klar, daß Kiri ihre Partie nicht sonderlich gut beherrschte. »Es gab am Anfang immer das Problem, daß Kiri ihre Partie nicht gut gelernt hatte. Sie kannte sie nicht so gut, wie es eigentlich nötig gewesen wäre. Sie hatte ihre Hausaufgaben nicht gemacht.«

James Robertson war für seinen Perfektionismus bekannt. »James war ein sehr gründlicher Mensch. Bei ihm mußte alles perfekt sein«, sagt John Kentish. Schließlich verlor Robertson die Geduld, nahm Kiri beiseite und erklärte ihr, sie sei nun nur noch die zweite Besetzung, weil sie sich nicht genug mit ihrer Rolle beschäftigt habe. Wie üblich brach sie in Tränen aus. Doch diesmal wurde die Entscheidung nicht rückgängig gemacht. »Das war ein ziemlicher Schock für sie«, sagt Tom Hawkes.

Kiri lieferte am zweiten Abend der Produktion pflichtschuldig ihren Auftritt ab, schaffte es aber nicht zu glänzen. »Sie konnte einfach nicht viel mit dieser Rolle, einer Frau mittleren Alters, anfangen«, sagt Hawkes.

Kiri verbrachte Weihnachten zusammen mit Raewyn Blade und Sally Rush in Forest Hill, hatte aber bereits beschlossen, Robertson die Stirn zu bieten und im Februar drei Wochen nach Neuseeland zu fahren. Nach einem vollen Jahr in London, in dem sie unter Heimweh gelitten und sich nach Brooke gesehnt hatte, war es ihr gelungen, für ein Open-Air-Konzert zur Feier des alljährlichen Festival of the Pines in New Plymouth engagiert zu werden.

Trotz der Schwierigkeiten im ersten Jahr hatte Robertson den Glauben an Kiri nicht verloren. Um sie nach dem Debakel mit den *Neugierigen Frauen* ein wenig zu besänftigen, rief er sie in sein Büro, um ihr mitzuteilen, daß er sie in Purcells karthagischer Tragödie *Dido und Äneas* als Dido besetzt hatte. Das sollte die Prestigeproduktion des Opera Centre im Conservatoire von Caen in der Normandie werden, einem Teil der Britischen Woche im März. Doch als Kiri London verließ, um nach Auckland zu fahren, war Robertson wohl nicht der einzige, der sich insgeheim fragte, ob sie zurückkommen würde.

Anfang Februar 1967, fast genau ein Jahr, nachdem sie ihre Heimat verlassen hatte, betrat Kiri mit einem schwarzen Minirock, einen pinkfarbenen Plüschelefanten namens Harold in der Hand und eine schwarze Filzkappe auf dem Kopf, das Rollfeld des Aucklander Flughafens. Etwa hundert Leute hatten sich zu ihrer Begrüßung versammelt, ungefähr genauso viele wie bei der Ankunft von Robert Vaughn, dem Star aus der Fernsehserie *The Man From U.N.C.L.E.* ein paar Wochen zuvor. Kiri nutzte die Gelegenheit, um bekanntzugeben, daß sie in Caen die Dido singen werde. Sie habe die Rolle nur deshalb bekommen, scherzte sie den Reportern gegenüber, »weil die Leute vom London Opera Centre sichergehen wollten, daß ich wirklich zurückkomme«.

Doch die Presse interessierte sich mehr für Gerüchte, sie wolle sich während ihres Aufenthalts in Neuseeland mit Brooke Monks verloben. »Das ist im Moment keine Frage«, antwortete Kiri scherzend. Das stimmte sogar. Als Kiri in ihrer Heimat ankam, mußte sie feststellen, daß Brooke sich in Australien die Schulter gebrochen hatte und nun in einem Krankenhaus in Sydney lag, um sich von der Operation zu erholen, was bedeutete, daß sie insgesamt nur wenig mehr als zwei Wochen zusammen haben würden. In der Blockhouse Bay wurde Kiri mit einem zweiten Weihnachtsfest empfangen: Nell hatte den Baum wieder aufgestellt und einen kleinen Berg von Geschenken daruntergelegt. Mehr als zwei Dutzend Freunde und Angehörige versammelten sich zu einem großen Truthahnessen.

Obwohl Kiris Nichte Judy dieser erklärte, ihrer Meinung nach sei sie ziemlich eingebildet geworden, versuchte Nell, Kiris Fans weiter einzureden, daß ihre Tochter immer noch das bodenständige neuseeländische Mädchen sei, das sie alle zum Star gemacht hatten. »Sie hat sich kein bißchen verändert, seit sie weg ist – sie wird sich auch nie verändern.«

Für den Rest ihres Aufenthalts entsprach Kiri ganz dem Bild der werdenden Diva. Zusammen mit Tony Vercoe und anderen Leuten von Kiwi Records absolvierte sie einige öffentliche Auftritte und Interviews. Natürlich verfolgte die Presse sie auf Schritt und Tritt. Kiri tat ihre Probleme beim Londoner Wettbewerb vom Vorjahr mit einem Achselzucken ab: »Miss Davis hat mehr über mich geredet als über die Siegerin«, sagte sie[20]. Doch im nachhinein betrachtet, so behauptete sie später, sei ihr Versagen gut für ihre Charakterbildung gewesen. »Ich lasse mich gern kritisieren. Die Leute dürfen einem nicht alles durchgehen lassen. Man sollte korrigiert werden, wenn man unrecht hat.«

Kiri zog in Neuseeland mehr Zuhörer an denn je. Sie sollte in zwei Konzerten in der Brooklands Bowl auftreten, einem Freiluft-Amphitheater mit Blick auf einen See im New Plymouth Park. Die Veranstaltungen dort lockten regelmäßig 1500 bis 3000 Menschen an. Bei wolkenlosem Himmel wollten am ersten Abend etwa 9000 Leute Kiri mit ihren Rossini-, Strauß- und Puccini-Arien sowie mit Nummern wie »Tonight« oder »Climb Ev'ry Mountain« und

Maori-Liedern wie »Pokarekare-ana« hören. Das zweite Konzert besuchten noch einmal 6000 Menschen.

Die Presse wertete ihren Auftritt als Triumph und nannte sie die Königin des Liedes. Im Parlament gingen sogar Beschwerden ein, weil das Konzert nicht live im Fernsehen übertragen worden war. Wie üblich war es die als Ehrengast anwesende Schwester Mary Leo, die sich als einzige kritisch äußerte. Einerseits war sie beeindruckt von den Fortschritten, die Kiri in London gemacht hatte. »Ihre Stimme ist in dem Jahr reifer geworden«, sagte sie. Andererseits jedoch kannte sie Kiri genug, um das, was sie sah und hörte, richtig zu deuten. »Allerdings muß ich ehrlich sein«, sagte sie. »Ich hatte den Eindruck, daß Kiri müde klingt.« Hinter der Bühne mußte Kiri sich heftigere Kritik gefallen lassen.

Tony Vercoe war nach New Plymouth gekommen, um die Live-Aufnahmen der Konzerte für Kiwi Records zu überwachen. Für ihn war das Projekt von großer Bedeutung, weil er wußte, daß Kiri sich ungebrochener Popularität erfreute. Er wußte aber auch, daß Kiris Erfolg in London alles andere als gesichert war. Vercoe und sein Kollege Don Hutchings hatten Gerüchte über die Probleme im Opera Centre gehört. Außerdem machten sie sich Sorgen über die Aufnahme der Kiri-Biographie.

Kiri: Music and a Maori Girl erfüllte bei seiner Veröffentlichung Ende 1966 die Erwartungen nicht. Die Besprechungen fielen gerade so negativ aus, wie die feine neuseeländische Presse es sich leisten konnte. »Diese Art von Buch entsteht normalerweise eher am Ende einer Karriere«, meinte beispielsweise der führende Kritiker L. C. M. Saunders. Seine Ansicht bestärkte nur diejenigen, die glaubten, Kiri werde ausgebeutet und stehe zu sehr im Licht der Öffentlichkeit.

»Es kam alles zu schnell«, erinnert sich Hutchings. »Wahrscheinlich war sie ein frühes Beispiel dafür, was passiert, wenn man Leute zu Stars macht, die noch nicht reif dafür sind. Das ganze Unternehmen war eher ein Versuch, Geld zu machen, als ernsthaft die Person Kiri darzustellen. Das Buch hätte ihr durchaus schaden können, wenn sie sich nicht weiterentwickelt hätte.«

Sogar Norman Harris war klar, daß sein Werk letztlich nur ein Teil der verlegerischen Marketingstrategie war. Die 60 Seiten Text des Autors wurden durch 64 Seiten Photos ergänzt. »Das Ding war ein rein kommerzielles Unternehmen«, sagt Harris. »Es wurde in ziemlich kurzer Zeit zusammengeschustert, und das merkte man auch beim Lesen.« Offenbar teilte Kiri diese Ansicht, denn immer wenn sie Harris seitdem begegnete, wich sie seinem Blick aus. »Ich glaube, sie hat auch nicht sonderlich viel von dem Buch gehalten«, sagt Harris amüsiert.

Vercoe war nach New Plymouth gekommen, weil er überzeugt davon war, daß eine gute Aufnahme ihrer Konzerte den Schaden ausgleichen würde. Doch er mußte feststellen, daß Kiri nicht bei der Sache war. Sie litt nach ihrer Ankunft immer noch an Jetlag, wachte bereits um halb sechs Uhr morgens auf und hatte dann am Abend Mühe, wach zu bleiben. Doch noch viel mehr Energie kostete sie die Beziehung mit Brooke Monks.

Brooke war mittlerweile aus Australien gekommen und hatte sich in New Plymouth mit Kiri getroffen. Vercoe hatte wie alle anderen die Gerüchte von einer bevorstehenden Verlobung gehört. Am Tag vor dem ersten Konzert hingen die beiden zusammen wie die Kletten. »Ich mußte Kiri immer wieder einschärfen, daß sie an das Mikrophon denken soll«, erinnert er sich. »Brooke war die ganze Zeit dabei, und Kiri hat das ziemlich abgelenkt.« Während die Dirigenten der beiden Shows unbedingt noch proben wollten, »trieb Kiri sich mit Brooke herum und war nirgends zu finden. Ich machte mir Sorgen nicht nur wegen der Aufnahmen, sondern auch deswegen, daß sie Gefahr lief, in den Ruf der mangelnden Professionalität zu geraten.«

Schließlich konnte sich auch der ansonsten stoische Vercoe nicht mehr beherrschen. »Ich habe ihr lediglich gesagt, worauf sie sich meiner Meinung nach konzentrieren soll«, sagt er achselzuckend. »Als Freund und Mentor habe ich mich verpflichtet gefühlt, ein Machtwort zu sprechen. Aber gut hat sie das nicht aufgenommen.«

Nell, die noch immer ganz auf Brookes Seite war, erfuhr schon bald von seiner Kritik an Kiri. Sie hatte Gerüchten über eine bevorstehende Verlobung und Heirat nie widersprochen. »Sie ist sehr verliebt«, sagte Nell in New Plymouth. »Ich möchte nur, daß sie glücklich wird.«[21] Ihre Beweggründe lassen sich leicht nachvollziehen: Einerseits wünschte sie sich nichts sehnlicher als Erfolg für

Kiri, andererseits hoffte sie aber auch, daß diese wieder nach Neuseeland zurückkehren würde. Wenn Kiri weg war, sprach sie mit Brooke oft über sie. Freunde wie Don Hutchings sind der Meinung, daß Nell in Brooke den Mann sah, der ihr Kiri wieder zurückbringen würde. Und Tony Vercoes Intervention stellte eine Bedrohung für diese Hoffnung dar.

»Ich glaube, Nell war zu dem Zeitpunkt klar, daß sie Tony letztlich nicht mehr brauchten. Er hatte seine Schuldigkeit getan«, sagt Hutchings. »Es gab viel wichtigere Spieler auf dem neuseeländischen Markt, zum Beispiel HMV. Also sagte sie: ›Sie sollten sich mit Ihrer Kritik an meiner Tochter und Ihrem Freund ein bißchen zurückhalten, weil er der Mann ist, der dafür sorgen wird, daß sie ein Kind bekommt und hier bleibt.‹«

Obwohl Vercoe ganz deutlich gezeigt wurde, daß er nach New Plymouth »nicht mehr zur Familie gehörte«, nahm er 1970 ein weiteres Album mit Kiri auf.

Ironischerweise hatte Brooke Monks mittlerweile begonnen, die Sache ganz ähnlich wie Vercoe zu sehen. In dem Jahr von Kiris Abwesenheit waren seine Gefühle ihr gegenüber so wechselhaft gewesen wie eh und je. Die ersten Stunden ihrer Trennung hatte er weinend verbracht. Nachdem er sie am Hafen verabschiedet hatte, war er allein zur Kaserne in Waiouru zurückgefahren. »Ich war ganz schön durcheinander, als ich endlich angekommen bin«, erinnert er sich. »Die Zeit damals war ziemlich traumatisch für mich.« Danach hatte er ein Photo von Kiri in seinem Spind aufbewahrt und sich mit ihr in Verbindung gesetzt, sooft es ging. In ihren Briefen und Gesprächen war ständig die Rede vom Heiraten gewesen. Doch Brooke wußte, daß dieser Plan immer noch genauso problematisch war wie im Jahr zuvor.

Brooke war sich der Kritik an ihm sehr bewußt. »Sie hat mir immer davon erzählt«, sagt er. »Ich glaube, die Leute haben mich als schädlichen Einfluß gesehen, und das hat mich geärgert.« Ihm war klar, daß Kiri wahrscheinlich in Neuseeland bleiben würde, wenn er ihr einen Heiratsantrag machte. Nell wäre ihm mit Sicherheit dankbar, aber andere würden das nicht so sehen. Kiri und er wußten, daß sie ihre Londoner Studien trotz ihres schlechten Starts fortsetzen mußte. »Sie hat immer gewußt, was sie tun muß«, sagt er. Doch seine eigene Zukunft lag in Auckland. »Ich war noch nicht mit der Uni fertig und wollte in unser Familienunternehmen einsteigen. Es wäre nicht richtig gewesen, alles stehen und liegen zu lassen.«

Obendrein war Brookes Mutter nach wie vor gegen eine Heirat mit Kiri. Brooke stand von allen Seiten unter Druck und schaffte es nicht, eine Entscheidung zu treffen.

Nell hatte natürlich anläßlich von Kiris Rückreise nach London Ende Februar eine Party organisiert. Und Kiri hatte ihren Freunden gegenüber angedeutet, daß auf dieser Party wahrscheinlich offiziell die Verlobung mit Brooke bekanntgegeben würde. Lou und Simon sollten nach einem Auftritt in Auckland ebenfalls vorbeischauen. Als sie kurz vor Mitternacht in der Mitchell Street eintrafen, wurden sie bereits erwartet.

»Kiri wollte, daß wir singend reinkommen, und hat jemanden rausgeschickt, der uns abfangen und uns sagen sollte, daß es nichts wird mit der Verlobung«, sagt Clauson.

Er ging voller Angst, eine am Boden zerstörte Kiri anzutreffen, auf das Haus zu, doch schon bald verflog diese Angst. »Kiri ist die Auffahrt runtergerannt und hat gesagt: ›Tja, die Verlobung können wir uns wohl abschminken, aber den Spaß lassen wir uns trotzdem nicht verderben.‹«[22]

Der Richtige

Am Samstag, dem 4. März 1967, fuhr Kiri zu einem Champagner-
empfang im Opera Centre, den June Megennis und David Hall anläßlich ihrer Hochzeit am selben Tag gaben. Es gefiel ihr so gut
dort, daß sie es schon bald bedauerte, früher gehen zu müssen, weil
sie mit Sally Rush und Raewyn Blade ausgemacht hatte, sich im
Westen von London mit drei jungen Männern zu treffen.

»Eigentlich wollte sie nicht, aber wir haben ihr alle gesagt, sie
muß hingehen«, erinnert sich Osvalda Robertson [1]. Also verabschiedete sich Kiri pflichtschuldig von den Frischvermählten und fuhr
zum Kaufhaus Swan & Edgar am Piccadilly Circus, um sich dort mit
Sally und Raewyn zu treffen.

Kiri kannte bereits einen der jungen Männer, den sie dort treffen
wollten, den neuseeländischen Photographen Bill Double, der in
Neuseeland schon Werbeaufnahmen mit ihr gemacht hatte. Er
stellte ihr die anderen beiden vor: David Barr und Desmond Park,
einen australischen Bergbauingenieur, den Double auf seiner Reise
nach England kennengelernt hatte.

Die sechs sahen sich zusammen den Film *Die Nacht der Generale*
mit Peter O'Toole und Omar Sharif an, der Kiri überhaupt nicht gefiel. Hinterher wußte sie nicht mehr, wo sie ihren Wagen geparkt
hatte, so daß sich die Gruppe trennte. Barr und Blade verschwanden
und wurden in jener Nacht nicht mehr gesehen. Kiri und Sally
luden Double und Park zu sich nach Forest Hill ein, wo sie sich bis
spät in die Nacht unterhielten und tranken. Kiri fand Park, den
Blade ihr schon als »absolut hinreißend« beschrieben hatte, ausgesprochen attraktiv. Bill Double und Desmond Park verbrachten die
Nacht in der Wohnung, allerdings in Gästebetten, die die beiden
Mädchen für sie gemacht hatten [2].

Später sollten Kiri und Desmond ganz unterschiedliche Erinnerungen an jenes erste Treffen haben. »Der Abend war ziemlich schrecklich«, meint Des. »Wir haben einen gräßlichen Film gesehen, und Kiri und ich, wir haben uns überhaupt nicht verstanden.«[3] Kiri hingegen beschrieb den Abend als Wendepunkt in ihrem Leben. »Es war ein schöner Abend – ich hatte den Richtigen gefunden.«[4]

Kiri hatte Neuseeland Ende Februar in dem Wissen verlassen, daß aus ihrer Beziehung mit Brooke nichts werden würde. Doch die englischen Männer fand sie nicht attraktiv. Ihrer Aussage nach kannten sie »weder die Sonne noch gutes Essen«[5].

»Sie essen einfach zu viele Süßigkeiten, Dosenfrüchte und Kunstsahne«, erklärte sie einem neuseeländischen Reporter damals. Eigentlich, so Kiri, zeichneten nur ihre guten Manieren sie aus. »Sie sind wirkliche Gentlemen«[6], meinte sie, anders als die neuseeländischen Männer mit ihren Machoallüren. Kiris Ideal war wohl eine Mischung aus beiden. Kein Wunder, daß sie Des Park sofort toll fand.

Des Park war am 20. Juli 1942 in Brisbane zur Welt gekommen, wo sein Vater Frank erfolgreich als Klavierstimmer arbeitete. Frank Park und seine Frau Doris waren eifrige Anhänger der örtlichen Christadelphian-Bewegung. Des und seine beiden jüngeren Brüder Ray und David waren in dem Vorort Corinda nach den strengen Regeln dieses Glaubens erzogen worden. Als Jungen mußten sie jeden Sonntag in die Kirche gehen. Als junge Männer durften sie nicht rauchen und nicht trinken.

Die Kinder der Parks lernten von klein auf, daß man nur durch harte Arbeit weiterkam. Seinen erworbenen Wohlstand zur Schau zu stellen kam für die Familie nicht in Frage. »Frank war sehr erfolgreich in seinem Beruf, und die Familie hat das Geld, das er verdiente, in Immobilien angelegt«, erinnert sich der Jugendfreund Adolf Lacis. »Sie haben nie groß über das gesprochen, was sie hatten.«

Doch als Erwachsener distanzierte sich Des von den meisten Prinzipien, nach denen seine Familie gelebt hatte. Zum Beispiel trank und rauchte er, wie es dem Klischee vom Australier entsprach. »Wenn meine Eltern ein Fest gefeiert haben, ist er oft gekommen und bei uns geblieben«, erzählt Lacis, der der örtlichen lettischen Gemeinde angehörte. »Des hat mich sogar zu lettischen Volkstanzveranstaltungen begleitet. Wahrscheinlich war das einfach eine gute Möglichkeit, seinem strengen Elternhaus zu entfliehen.« Allerdings wurde Des seinen Glauben an Sparsamkeit und Fleiß nie ganz los. Seine unternehmerischen Fähigkeiten zeigten sich bereits in jungen Jahren[7].

»Er hat im Garten hinterm Haus Gemüse angebaut und es dann an die Nachbarn verkauft. So hat er sein Taschengeld aufgebessert«, erinnert sich Bob Morgan, ein alter Freund, der in derselben Gegend wie Des aufwuchs[8].

»Er hatte immer ein bißchen Geld in der Tasche«, bestätigt Adolf Lacis.

Weil Des gut aussah, sich adrett zu kleiden wußte und charmant war, ließen sich die Mädchen gern von ihm im VW-Käfer durch die Stadt chauffieren. »Soweit ich mich erinnere, hatte er sogar schon in der Grundschule eine feste Freundin«, meint Lacis. »Die Mädchen mochten Des, weil er der geborene Gentleman war und ihnen immer Blumen gekauft hat, wenn sie ausgegangen sind. Er hat nicht geheuchelt, nein, er war einfach so. Wir andern haben uns wie die meisten Australier nicht sonderlich viel aus Kleidung gemacht, aber er war immer fesch angezogen.«

Nach seinem Ingenieurstudium an der University of Queensland fing Des sofort zu arbeiten an. Ende 1967 sollte er beruflich nach Rockford in Illinois.

Des interessierte sich trotz der lockeren Verbindung seiner Familie zur Musikwelt nicht sonderlich für klassische Musik. Als er Kiri kennenlernte, wußte er nichts über ihren Ruhm in Neuseeland oder Australien. Es dauerte etwa einen Monat, bis er sie anrief, um sich wieder mit ihr zu verabreden.

Die Rolle der Karthagerkönigin Dido hatte Kiri einen guten Grund gegeben, auf einer Ausbildung zum Sopran zu bestehen, denn sie erforderte eher einen tiefen Sopran als einen Mezzo. James Robertson vom Opera Centre war von Kiris Probenleistungen beeindruckt gewesen, besonders von ihrer Klage im letzten Akt, »When I am laid in earth«.

Doch in Caen schien sie sich viel mehr für die örtlichen Einkaufsmöglichkeiten zu interessieren. »Sie ist oft stundenlang nicht aufgetaucht und dann irgendwann mit Einkaufstüten bepackt wiedergekommen«, erinnert sich John Kentish. Wie üblich sparte Kiri ihre Energien für ihren Auftritt. Am Abend der Aufführung war das Conservatoire von Caen bis auf den letzten Platz gefüllt. Kiri war der Star des Abends. »When I am laid in earth« riß das Publikum zu Beifallsstürmen hin. Die Zuhörer waren so begeistert, daß sie die Arie ein zweites Mal singen mußte. »An dem Abend hat sie sich in die Herzen aller gesungen«, sagt Kentish. »Solche Auftritte hat sie geliebt.«

Kiris umwerfender Auftritt brachte auch die französischen Reporter ins Schwärmen: »Was können wir über die schöne, die königliche Kiri Te Kanawa sagen, über ihre außergewöhnliche Stimme, ihre Meisterschaft, die sie schon bald zu einem der Sterne in der Opernwelt machen wird?« schrieb ein Kritiker.

Auch in London war es in der Zwischenzeit für sie zu positiven Entwicklungen gekommen. Als erstes wurde ihr von der englischen Schauspielerin, Malerin und Schriftstellerin Veronica Haigh, die sich seit jeher für Neuseeland und besonders die Maori-Kultur interessierte und sie eines Abends zum Essen in einem geräumigen Haus in De Vere Gardens einlud, ganz nahe bei der Albert Hall in Kensington, eine wunderbare neue Wohnung angeboten.

Als Kiri gerade dabei war, aus Forest Hill auszuziehen, rief Des Park sie an, um sich ein zweites Mal mit ihr zu verabreden. Zuerst gab Kiri sich kokett. »Ich habe angerufen und gesagt, wer ich bin, und sie hat geantwortet: ›Und?‹«, erinnert sich Des später lächelnd.

Doch schon bald kamen die beiden sich näher. Rodney Macann, dem Kiri immer noch sehr gefiel, gehörte zu den ersten, die von der Liaison erfuhren.

»Ich fand Kiri unglaublich attraktiv und dachte, nun, vielleicht sollten wir doch darüber nachdenken, ob es eine gemeinsame Zukunft für uns geben könnte«, erinnert er sich.

Kiri konnte ihn immer noch gut leiden, sagte aber: »Rodney, da hast du dir den falschen Zeitpunkt ausgesucht.« Dann erinnerte sie sich an einen Abend ein paar Monate zuvor, an ein Konzert von

Macann. »›Wenn du mich damals gefragt hättest, hätte ich alles für dich getan‹, hat sie gesagt. Das war typisch für Kiri«, erzählt Macann.

In den folgenden Monaten bereute Macann sein Zögern mehr als einmal. »Aber wenn ich nicht in ihrer Gesellschaft war, wurde mir klar, daß eine Verbindung mit ihr nur hätte schiefgehen können.«

Des und Kiri trafen sich den ganzen Sommer über. Die meisten Wochenenden verbrachte er in ihrer Wohnung in De Vere Gardens. Laut Aussage von Kiri blieb das Verhältnis zu ihm »absolut korrekt«. »Mummy wäre stolz auf mich gewesen«, fügte sie hinzu.

Des begann schon bald, Kiri seinen Londoner Freunden vorzustellen. Nach Ansicht von Kiri entschied ein gemeinsamer Bootsausflug auf der Themse ihre Zukunft. Des und seine australischen Freunde hatten das Boot für eine lange Fahrt flußabwärts gebucht. Kiri war sich so unsicher, ob sie daran teilnehmen sollte, daß alle den halben Samstag warten mußten, bis sie endlich eine Entscheidung getroffen hatte. Als sie dann schließlich die Themse hinunterfuhren, hatte Kiri plötzlich das Gefühl, daß ihr Leben nun einen Sinn bekam: »Plötzlich haben die frische Luft, die Jeans, die T-Shirts und die Sonne meine ganze Lebenseinstellung verändert, und ich habe gedacht: ›Was soll's, tschüs, Brooke!‹« gestand sie später.

Angesichts der rasanten Entwicklungen im Juli und August 1967 verwundert es nicht, daß die Erinnerungen von Kiri, Des und Brooke Monks nicht immer übereinstimmen. Jedenfalls war Kiri am Ende des Sommers verheiratet.

Des hatte Kiri bereits vorgeschlagen zusammenzuziehen, aber Kiri, die immer noch zögerte, Brooke zu sagen, daß es vorbei sei, hatte vor, zuerst alles in Neuseeland zu regeln. Doch Des wollte kein Risiko eingehen. Nach eigener Aussage hielt er am Dienstag, dem 25. Juli, um drei Uhr nachmittags um ihre Hand an. Kiri sagte kurz darauf ja, und er kaufte ihr sofort einen Verlobungsring mit drei Diamanten[9].

Gegen fünf Uhr nachmittags rief er dann seine Eltern in Brisbane an. »Ich habe keinen Gedanken darauf verschwendet, daß es dort ein Uhr nachts war«, erzählte er später lachend. Soweit Des sich erinnert, sparte Kiri sich die Überraschung für ihre Heimkehr nach

Neuseeland anläßlich eines Konzerts im August auf. Des machte in der Zwischenzeit Urlaub in Italien und wartete dort auf Nachricht über Toms und Nells Reaktion.

Kiri schilderte die Ereignisse folgendermaßen: »Wir waren schon inoffiziell verlobt, aber Desmond mußte noch Mum und Dad kennenlernen. Ich habe ihnen davon erzählt, als ich nach Hause gekommen bin«, erzählte sie neuseeländischen Reportern nach der offiziellen Bekanntgabe der Verlobung[10].

Doch in ihrer autorisierten Biographie etwa fünfzehn Jahre später steht eine andere Version der Ereignisse. Danach schrieb Des einen Brief, in dem er Tom und Nell vor Kiris Flug nach Neuseeland über die Verlobung informierte. Ihre Freunde wußten schon bald über ihre Verlobung Bescheid. Auf dem Flug nach Auckland traf Kiri Raewyn Blades Eltern, die ihre »Erleichterung« darüber aussprachen, daß nicht Brooke Monks ihr Verlobter war.

Als dieser von Kiris Verlobung mit einem ihm unbekannten Australier erfuhr, war er fassungslos. Im Verlauf eines Telephonats mit ihr wurde ihm schon bald klar, daß seine Versuche, sie umzustimmen, nichts fruchten würden. »Ich muß zugeben, daß ich ziemlich am Ende war, als sie mir alles gesagt hat«, erzählt er. »Sie hat so entschlossen gewirkt.« Kiri selbst schien verärgert über Brookes frühere Unentschlossenheit gewesen zu sein. »Ich hab' mir damals wohl gedacht, soll dich der Teufel holen – schließlich hatte er sich nicht binden wollen.«

Als Brooke sich dann mit Nell traf, rügte auch diese seine Unentschlossenheit. »Nell hat gemeint: ›Ich hab's dir doch gesagt! Du hättest die Initiative ergreifen sollen!‹ Sie hatte sich das alles ganz anders vorgestellt, da bin ich mir sicher«, sagt er.

Nell war über die Neuigkeit mit Sicherheit verblüfft. »Sie hat Brooke immer gut leiden können«, erinnert sich Judy Evans-Hita. »Sie hat wie alle erwartet, daß Kiri Brooke heiraten würde. Aber mit solchen Erwartungen fällt man meistens auf die Nase.« Nell saß mit starrem Gesichtsausdruck mit Kiri im Wagen, als sie vom Flughafen nach Hause fuhren. Als Kiri ihr erklärt hatte, sie wolle ihren mysteriösen australischen Freund »sofort« heiraten, war sie überzeugt gewesen, daß Kiri schwanger war »und ich wieder einmal ihre Träume und ihr Leben verdorben hatte«, sagte Kiri. Doch ihre Laune besserte sich ein wenig, als sie erfuhr, daß es tatsächlich eine Liebesheirat sein sollte. Und sie war sogar begeistert, als Kiri sich bereit erklärte, Des während ihres Aufenthalts in Neuseeland zu heiraten.

Während Nell sich in die Vorbereitungen stürzte, bewahrte Kiri den Reportern gegenüber Stillschweigen über die bevorstehende Hochzeit. Sie erzählte ihnen, sie sei lediglich heimgekommen, um sich »von Mum verwöhnen zu lassen und den Spaniel Whisky wiederzusehen«[11].

Des hielt sich währenddessen zusammen mit seinem Freund Franco Pieri weiter in Italien auf. Von einer Telephonzelle aus rief er Kiri wie verabredet an, um zu hören, wie die Bekanntgabe der Verlobung aufgenommen worden war. Kiri erklärte ihm, er habe etwa eine Woche Zeit, um von Rom über London und Brisbane nach Auckland zu fliegen, wo der Maori-Priester Henare Tate sie am Mittwoch, dem 30. August, um zwei Uhr nachmittags in der St. Patrick's Cathedral trauen würde.

So war Des gezwungen, das Geld, das sein Vater ihm für den Flug zu seiner neuen Arbeitsstelle in Amerika gegeben hatte, für die Reise nach Neuseeland zu verwenden. Er kam in der letzten Augustwoche in Brisbane an. Seine dortigen Freunde waren ziemlich erstaunt darüber, wie schnell alles ging. »Ich habe zum erstenmal von Kiri gehört, als jemand mir am Telephon gesagt hat, ich soll Des in England anrufen«, erinnert sich sein Jugendfreund Adolf Lacis. »Er wollte wissen, ob ich ihn zur Hochzeit nach Neuseeland begleiten kann.« Schließlich reisten Lacis und James Love, ein anderer Freund aus Studienzeiten, nach Auckland und wurden Trauzeugen.

Als Lacis seine Vorbereitungen traf, erfuhr er, daß die Eltern von Des gegen die Hochzeit waren. Am Flughafen sagte Des ihm dann, daß weder seine Eltern noch seine Brüder nach Neuseeland kommen wollten.

Bill Double, der in London ein paar Verlobungsphotos von Kiri und Des gemacht hatte, bereitete Des auf seine Ankunft in Neuseeland vor, wo er von einer Schar Reporter empfangen wurde. Vom Flughafen fuhr er sofort zu dem Haus in Blockhouse Bay, um Tom und Nell kennenzulernen. Dort wurde hastig eine Pressekonferenz arrangiert, bei der Nell sich ausnahmsweise zurückhielt.

Mittlerweile war in den Abendnachrichten im Fernsehen bereits über Des und Kiri berichtet worden, und am folgenden Morgen stand die Neuigkeit auf der ersten Seite aller wichtigen Zeitungen.

Das ausführliche Interview, das Des der Presse aus diesem Anlaß gab, sollte sein erstes und letztes sein. Darin gestand er, die Reaktion der Leute auf seine Hochzeit mit Kiri habe ihn überwältigt. »Ich wußte schon, daß Kiri in Neuseeland beliebt ist, aber mit so einem Empfang hatte ich nicht gerechnet«, sagte er. »Ich denke, wir werden uns für dieses Land entscheiden, wenn wir eine Familie gründen.«[12] In den folgenden Tagen erschienen immer wieder Berichte über die Aktivitäten des Liebespaares und seine Pläne für den großen Tag. Kiri sagte gegenüber dem Wellingtoner *Dominion*: »Wir sind uns eigentlich nur in zwei Dingen uneinig: Ich rauche nicht und mag's auch nicht, wenn Des raucht. Ich sehe gern fern und er nicht.«

Schon zu diesem frühen Zeitpunkt ihrer Beziehung machte sich der stabilisierende Einfluß von Des auf Kiri bemerkbar. Sie sagte nun selbst, sie sei früher »schusselig« gewesen, und »ich lache, kichere und schreie nicht mehr so viel wie früher«. Sie war jetzt »deutlich häuslicher«.

Das Verlobungsphoto, das Bill Double von dem Paar gemacht hatte, erschien nun in Zeitungen von Gisborne bis Dunedin. Die *New Zealand Woman's Weekly* wollte Kiri gar zur »Braut des Jahres« machen.

Mit Des hatte Kiri offenbar einen Mann gefunden, der all jene Qualitäten in sich vereinte, die Brooke Monks fehlten (er wurde übrigens in keinem der Zeitungsberichte erwähnt). Zwei Jahre lang hatte Brooke gezaudert und sich nicht festlegen wollen. Kiri hatte oft den Eindruck haben müssen, daß ihm seine Familie und das Familienunternehmen wichtiger waren als sie. Des hingegen hatte ihr in der kurzen Zeit, die sie nun zusammen waren, das Gefühl gegeben, der Mittelpunkt seines Lebens zu sein. Er hatte versprochen, sie auf allen Reisen zu begleiten, den Vertrag mit der amerikanischen Firma, bei der er arbeiten sollte, rückgängig gemacht, bewarb sich bereits um einen Platz an der London School of Economics und suchte nach einer Stelle in England. Nichts sollte ihrem Glück im Weg stehen.

» Unsere jeweiligen Berufe können uns in die ganze Welt führen. Darauf sind wir vorbereitet – allerdings werden wir immer gemeinsam gehen«, erklärte er der neuseeländischen Presse. Außerdem hatte er sich gegen den Willen seiner Eltern durchgesetzt. Endlich hatte Kiri das Gefühl, klar zu sehen.

Nell, die zunehmend die Kontrolle über Kiris Leben verlor, ließ es sich nicht nehmen, zumindest eine Hochzeit zu organisieren, wie Neuseeland sie noch nie erlebt hatte. Wie Kiri es später ausdrückte: » Mummy wollte alles – und sie hat's gekriegt.«

Nell setzte sich mit ihrem alten Freund, dem Couturier Colin Cole, in Verbindung. Nach einer Reihe von Anproben fertigte er ein Kleid, für das ein normaler Kunde den damals astronomischen Preis von 2000 Pfund gezahlt hätte. Doch Kiri bekam es, so Coles damalige Managerin Terry Nash, geschenkt. Außerdem bat Nell den bekannten neuseeländischen Gesellschaftsphotographen John Lesnie, die Bilder zu machen und ihnen eine seiner berühmten Hochzeitstorten zur Verfügung zu stellen. Und bei Trillo's in Westhaven sollte ein Empfang mit 300 Leuten stattfinden.

Nur Cliff Trillo spielte nicht ganz so mit, wie Nell sich das erwartet hatte: » Nell hat Cliff damals zu Kiris 21. Geburtstag überredet, die Sache gratis zu machen«, erinnert sich Trillos Witwe Billie. » Und die Hochzeit hat sie sich genauso vorgestellt. Aber Cliff konnte sich das nicht leisten und hat ihr das auch gesagt. Da hat sie gemeint: ›Nun denken Sie mal drüber nach, was das für eine Werbung ist für Sie, Mr. Trillo!‹«[13] Doch diesmal gelang es Nell nicht, ihn zu überreden.

Da bei den Te Kanawas das absolute Chaos herrschte, begab Tom sich zusammen mit Adolf Lacis auf eine kurze Reise ins Innere von Neuseeland. » Tom hat mir ein paar Tage lang die Nordinsel gezeigt, weil er für die Organisation nicht gebraucht wurde. Das hat alles Nell erledigt«, erzählt Lacis. » Wenn sie ihn doch einmal brauchte, hat sie ihn einfach gerufen, und schon kam er gelaufen.«

Lacis freundete sich wie alle anderen schnell mit Kiris Vater an. » Nell war immer ziemlich bombastisch, aber Tom war ein richtiger Gentleman«, sagt er. Lacis ahnte, daß Des mit Kiri die wahre Liebe gefunden hatte. » Kiri war für damalige Verhältnisse ein ziemlich wildes Mädchen. Des liebte sie wirklich, man konnte sehen, daß die beiden wie geschaffen füreinander waren.«

Während der Hochzeitsvorbereitungen konzentrierte sich Kiri auf ihre beiden großen Auftritte in der Auckland Town Hall und in Wellington am Samstag vor der Trauung. Die Konzerte trugen nicht gerade dazu bei, ihre Nervosität zu mindern. Auf einer Party in Auckland traf sie viele der Gönner wieder, die ihr das Studium in London ermöglicht hatten. »Ich kam mit meinen Noten aus der Garderobe«, erzählte Kiri später dem *New Zealand Herald*. »Es waren so viele Leute; ich wollte einfach nach Hause.«

Das Konzert in Wellington war wieder einmal ausverkauft. Kiri hielt ihr Publikum, darunter auch einige Minister und Maori-Potentaten, zwei Stunden lang in Bann. Ihre Interpretation von Didos Klage war mittlerweile zu einem Höhepunkt ihres Repertoires geworden. Sie hatte die Arie bereits im Juni in London und einige Wochen später im Purcell Room der Royal Festival Hall gesungen. Der angesehene Kritiker Alan Blyth, der damals für den *Daily Express* arbeitete, war Zeuge ihres Auftritts geworden. »Vermutungen darüber auszusprechen, wer die Opernstars des kommenden Jahrzehnts werden, ist ungefähr genauso schwierig, wie den Sieger auf dem Rennplatz richtig vorherzusagen – und genauso spannend«, schrieb er. »Aber wenn ich Geld auf jemanden setzen müßte, würde ich mich für die faszinierende dreiundzwanzigjährige Sopranistin Kiri Te Kanawa aus Neuseeland entscheiden.« Über ihren Auftritt in *Dido und Äneas* schrieb er: »Miss Te Kanawa hat sich mit ihrer vollen Stimme und der präzisen Interpretation der Dido-Rolle für alle großen Opernhäuser der Welt empfohlen.«

Doch die Presse in Wellington, besonders Owen Jensen von der *Evening Post*, war nicht so gnädig. »Um die Kiri Te Kanawa von 1967 zu entdecken, muß man sich zuerst durch all die Publicity wühlen, die ihre Arbeit und ihre Person, seitdem sie ins Ausland gegangen ist, ein wenig unrealistisch erscheinen läßt. Man muß sich wieder in Erinnerung rufen – oder sollte man es vielleicht lieber vergessen? –, daß sie Neuseelands verwöhnteste und beliebteste Musikschülerin gewesen ist, und außerdem sollte man aufhören, wegen ihrer Maori-Zugehörigkeit besondere Sympathien für sie zu haben«, schrieb er. Während er ihre »offensichtliche Begabung« würdigte, wies er jedoch auch darauf hin, daß sie nun »das ganze Drum und Dran des Erfolgs beherrschte und auch ein bißchen von den Inhalten begriffen hatte«. Er fügte hinzu: »... die Spontaneität und Einfachheit, die ihren früheren Auftritten so großen Charme verliehen, sind zum größten Teil Manierismen und einstudierten Posen gewichen.«

Russell Bond vom *Dominion* sah das Problem anderswo. Er lobte Kiris »Intelligenz, ihr musikalisches Können und... technischen Fertigkeiten«, kritisierte aber das umfangreiche Programm, das »auch die vielseitigsten und besten Opernstars über Gebühr gefordert hätte«. Das Ganze sei eine Ochsentour gewesen, die »die Sängerin unerbittlich ausgebeutet« habe, fügte er hinzu.

Die Folgen dieser anstrengenden Wochen waren Kiri schon bald anzumerken. Nell hatte beispielsweise eine Generalprobe der Hochzeit für den Dienstag abend organisiert. Schwester Mary Leo sollte dabei den Chor von St. Mary's leiten, und Kiris früherer Tourneepartner Michael McGifford war eigens von der New Yorker Juilliard School of Music angereist, um seinen Beitrag zu proben. Doch Kiri bekam Panik, und Nell mußte Vater Tate informieren, daß Kiri leider nicht kommen könne. Ein Arzt mußte sie zuerst wieder auf die Beine bringen.

Am Morgen des 30. August, eines strahlenden Tages, griff Nell sofort nach dem Aufwachen zum Telephonhörer, um mit den Reportern des *Auckland Star* und der Wellingtoner *Evening Post* zu sprechen und ihnen zu versichern, daß alles nach Plan laufen würde. Sie bestätigte, daß ein Arzt gerufen worden war, dieser aber lediglich festgestellt habe, daß Kiri unter Erschöpfung leide. »Sie hat seit ihrer Rückkehr so viel zu tun gehabt und war gestern abend einfach ein wenig erschöpft.«

Aufgrund der zahllosen Glückwunschkarten und Blumensträuße, die in der Mitchell Street eingetroffen waren, ahnte Nell schon, daß vor der Kirche eine riesige Menschenmenge erscheinen würde. Also riefen sie und Sally Rush die Polizei an und baten um eine Absperrung und zusätzliche Sicherheitskräfte. Doch die Beamten taten die Bitte mit einem Lachen ab. Schließlich tauchten nur fünf Verkehrspolizisten auf, um die Menge in Schach zu halten.

Am späten Vormittag wurde Donald Perry, einer der Platzanweiser für die Hochzeit, zur St. Patrick's Cathedral geschickt, um die dortige Situation zu überprüfen.« Ungefähr drei Stunden vor Beginn der Hochzeit haben wir Nachricht erhalten, daß sich immer mehr Menschen vor der Kirche versammeln. Deshalb sollten wir früher hin, um alles zu organisieren, weil sonst niemand einen Parkplatz finden oder in die Kirche kommen könnte«, erinnert er sich. Perry traute seinen Augen nicht, als er die Menschenmenge sah. »Wir hatten ja schon geahnt, daß viel los sein würde, aber mit so etwas hatten wir nicht gerechnet. Man hätte fast ein bißchen Angst bekommen können.«

Die ersten Leute hatten sich schon am frühen Morgen vor der Kirche eingefunden, deren Türen sich um zehn Uhr öffneten. Bereits nach wenigen Minuten waren alle Sitzplätze für die nicht geladenen Gäste gefüllt. Stunde um Stunde strömten neue Menschen herbei und stellten sich auf dem St. Patrick's Square und entlang der Wyndham Street auf, auf der Kiri sich der St. Patrick's Cathedral nähern würde. Gegen Mittag befanden sich etwa 2000 Menschen dort.

Perry und die anderen Platzanweiser borgten sich die leuchtend roten Roben der Chormitglieder von St. Patrick's, um mehr Autorität zu haben. »Außerdem waren wir so auch besser zu sehen.«[14]

In seiner fünfzigjährigen Berufslaufbahn hatte John Lesnie mehr als 10 000 Hochzeiten photographiert, darunter auch die des Mount-Everest-Bezwingers Sir Edmund Hillary im Jahr 1953, aber das alles war nichts im Vergleich zu Kiris großem Tag. »So eine Menschenmenge hatte ich noch nie vor einer Kirche gesehen«, erinnert er sich. »Ich mußte meinen Wagen zwischen zwei Autos der Hochzeitsgesellschaft direkt vor der Tür quetschen, um überhaupt durchzukommen.«[15]

Es ging so chaotisch zu, daß sogar Schwester Mary Leo Schwierigkeiten hatte, in die Kirche zu kommen. Sally Rushs Bruder erkannte sie nicht, als sie die St. Patrick's Cathedral durch einen Seiteneingang betreten wollte, und ließ sie deshalb nicht hinein.

Kiris Wagen, in dem auch ihr Vater Tom saß, brauchte zehn Minuten, um sich die paar Meter vom St. Patrick's Square zur Kirche vorzukämpfen. Als sie dann schließlich ausstieg, wurde sie mit Jubelrufen empfangen – nicht zuletzt wegen ihres pergamentweißen Seidenkleids von Colin Cole mit dem Pagenkäppi, das sie ein wenig wie eine mittelalterliche Prinzessin aussehen ließ. Die fünf cremeweißen Rosen zitterten in ihrer Hand, als Tom sie zur Kirche geleitete.

Es gab keinerlei Vorrichtungen, wie die Menschen draußen dem Geschehen drinnen folgen konnten, so daß immer wieder Leute gegen die Tür hämmerten. Kiri brach wiederholt in Tränen aus. Zum Glück dauerte es nur zwanzig Minuten, bis Kiri und Des ihre Weißgoldringe austauschen konnten[16].

Dann wurden Donald Perry und die anderen Platzanweiser hinausgeschickt, um die Schaulustigen von der Treppe zu verscheuchen. »Wir haben uns alle untergehakt, um gegen die Menschenmenge anzukommen, aber es war ein ziemliches Gedränge«, erinnert sich Perry. »Eine Frau mittleren Alters, die gleich hinter David Hanson stand, wurde so heftig gestoßen, daß ihre Bluse zerriß.«

Sogar für Nells Verhältnisse war der anschließende Empfang bei Trillo's ein Spektakel. Es hatten sich mehr als 300 geladene Gäste eingefunden, und dazu kamen noch eine ganze Menge ungeladene. »Es war ein ziemliches Durcheinander«, erinnerte sich Kiri später. »Leute, die mit einer Einladung gerechnet, aber keine bekommen hatten, waren trotzdem gekommen.«[17]

Viele der Gäste bestanden darauf, lange Reden zu halten, so daß der Empfang insgesamt fünf Stunden dauerte. »Kiri hat am Ende ganz schön gelangweilt ausgesehen«, sagt Billie Trillo. Doch das war nicht das einzig Negative der Feier. Unter den Gästen befand sich auch die Maori-Königin Te-Ata-i-rangi-kaahu. Sie saß zusammen mit ihrem Mann Te Whatu Moana bei Hannah Tatana, Michael McGifford und seiner Mutter. Doch Nell begrüßte sie nicht eigens und sprach auch keinen Toast auf sie aus. »Die Königin war ziemlich erbost«, erinnert sich Hannah Tatana. »Das bewies nur, daß Mrs. Te Kanawa weder vom europäischen noch vom Maori-Protokoll eine Ahnung hatte.«

Irgendwann stand dann auch noch ein betrunkener Gast auf und forderte Kiri auf zu singen. Als sie den Kopf schüttelte, erhob sich der ebenfalls betrunkene Des und sagte: »Kiri kann jetzt nicht singen, also springe ich für sie ein.« Seine mangelnde Musikalität – »er hatte eine schreckliche Stimme«, sagt Billie Trillo – machte er durch Lautstärke und Begeisterung wett. Sein »Waltzing Matilda« wurde mit Jubel und Gegröle aufgenommen. Kein Wunder, daß dies sein erster und einziger öffentlicher Auftritt bleiben sollte.

»Des war sturzbesoffen«, erinnert sich Kiris Cousine Kay Rowbottom. »Er hat schon in der Kirche die ganze Zeit mit den Augen gerollt und nur blöde gegrinst. Ich glaube, irgendwann haben sie dann versucht, ihn mit Kaffee und frischer Luft wieder nüchtern zu kriegen.«[18]

Auch Kiri selbst gab zu, daß Des bei der Hochzeit »sehr betrunken« gewesen war[19]. Das überraschte nicht angesichts des Drucks, unter dem er stand.

Nell hatte Des gegenüber Vorbehalte, denn schließlich hatte sie sich jahrelang Gedanken über einen passenden Mann für Kiri gemacht und Brooke zu ihrem Lieblingskandidaten erkoren. Die Tatsache, daß sie ihren künftigen Schwiegersohn erst wenige Tage vor der Hochzeit kennengelernt hatte, machte alles noch schlimmer. Des schaffte es mit seinem ein wenig distanzierten Charme nicht, sie für sich einzunehmen. »Sie hat Des nie leiden können«, sagt Judy Evans-Hita. »Ich habe keine Ahnung, warum, aber innerhalb der Familie wußten das alle.«

Daß die Eltern von Des gegen dessen Heirat mit Kiri gewesen waren, verstärkte ihr Mißtrauen noch. Des versuchte immer wieder, Ausreden dafür zu finden, daß keiner seiner Verwandten nach Neuseeland gekommen war. »Des hat mir wirklich leid getan. Seine Eltern sind nicht zur Hochzeit gekommen, und ich glaube nicht, daß er ihnen das je verziehen hat«, sagt Lacis. In den Tagen vor der Hochzeit erzählten Des, Kiri und Nell allen, die danach fragten, der Vater von Des sei krank geworden, und seine Frau sei bei ihm geblieben, um ihn zu pflegen. Adolf Lacis erinnert sich auch noch an eine andere Ausrede: »Offiziell hieß es bei der Hochzeit, daß sie Angst vorm Fliegen hätten, aber das war natürlich Unsinn«, sagt er. Es dauerte lange, bis Des es verwand, daß seine Eltern nicht zur Hochzeit gekommen waren.

Nach dem endlosen Empfang fuhren Des und Kiri in die Mitchell Street, wo bereits die Geschenke zum Besichtigen aufgestellt waren. »Es waren eine ganze Menge Silber- und Kristallsachen dabei«, erinnert sich Kay Rowbottom. »Aber viele hatten auch Geld

geschenkt, weil sich das leichter nach England transportieren ließ.«
Die Frischvermählten blieben bis tief in die Nacht auf und übernachteten bei Kiris Eltern.

Erst am nächsten Morgen war klar, wieviel alles gekostet hatte. Die Hochzeit war finanziell gesehen völlig außer Kontrolle geraten. Des hatte zum Beispiel miterlebt, wie sein Trauzeuge »noch einen Scotch« bestellte. »Ich dachte, er will eine Flasche, aber er meinte eine ganze Kiste«, erinnerte sich Des später [20]. Die Rechnung überstieg deutlich Nells und Toms bescheidene Möglichkeiten, also erklärten Kiri und Des sich bereit, ihnen einen Teil der Geldgeschenke zu überlassen.

Die dreiwöchigen Flitterwochen verbrachten die beiden in Taupo beim Skifahren. Mitte September posierten die braungebrannte Kiri und der entspannt wirkende Des dann ein letztes Mal für die Photographen, bevor sie mit einer Maschine der Air New Zealand nach London flogen. Trotz ihres Glücks ließ sich eine Tatsache nicht verhehlen: Mr. und Mrs. Desmond Park begannen ihr Eheleben »absolut pleite«.

Gezähmt

Als Bob Morgan im September 1967 seinen alten Schulfreund Des Park mit seiner strahlenden jungen Braut in der Nähe von deren gemeinsamer Wohnung in De Vere Gardens, Kensington, traf, fehlten ihm die Worte. Morgan, der als Ingenieur in London arbeitete, und seine Frau Sharon hatten seit dem Frühjahr nichts mehr von ihm gesehen oder gehört. Bei einem Drink erzählte Des nun die chaotischen Ereignisse und auch die merkwürdigeren Folgen, die sie zeitigten: »Er war in einer Umfrage über die beliebtesten Persönlichkeiten Neuseelands auf den dritten Platz gekommen. Er hat mir erzählt, er hätte mehr Stimmen gekriegt als Sir Edmund Hillary – dabei hatte er doch bloß Kiri geheiratet«, sagt Morgan. »Er hat das ziemlich witzig gefunden.«

Doch die Ehe mit Kiri hatte er alles andere als leichtfertig geschlossen. »Ich weiß nicht, was passiert ist, aber wenn jemand wie Des, der immer mit beiden Beinen auf der Erde stand, so etwas so schnell gemacht hat, dann muß ihre Beziehung ganz schön eng gewesen sein«, meint Morgan [1].

Und eine starke und enge Beziehung brauchten die beiden nun auch, weil sie finanziell keinerlei Grundlage hatten. Bevor Des Kiri kennenlernte, hatte er seinen Job bei Britannia Lead gekündigt, um nach Amerika zu gehen. Jetzt mußte er sich in London nach einer neuen Arbeitsstelle umsehen. Nach den Hochzeitsfeierlichkeiten sah es auch auf Kiris Bankkonto nicht sonderlich rosig aus. Doch zumindest für ihre weitere Ausbildung am Opera Centre war durch die Unterstützung des Arts Council gesorgt, und Veronica Haigh stellte den beiden weiterhin die Wohnung zur Verfügung.

Schon bald begann Des, freiberuflich Ingenieursverträge zu vermitteln. Zum allerersten Mal im Leben mußte Kiri mit dem Geld haushalten. Jeden Montag gab Des ihr einen bestimmten Betrag, mit dem sie die ganze Woche auskommen mußte. Kiri schien sich in ihrer neuen Rolle als Hausfrau sogar wohl zu fühlen. Bob Morgan erinnert sich an einen Besuch in De Vere Gardens: »Sie nähte gerade eine schwarze Hose auf ihrer Nähmaschine. Sie hatte die Maschine auf einen wackligen Pappkarton gestellt und mußte die einzelnen Stoffteile immer wieder neu zuschneiden und die Nähte ständig auftrennen. Die Hose hat ihr nie gepaßt, aber es hat ihr Spaß gemacht. Sie hat das ganz locker gesehen, so auf die Maori-Art: Es ist nicht so wichtig, es kommt schon in Ordnung.«

Am Wochenende vergnügten sich die Morgans und die Parks in Pubs und Klubs wie zum Beispiel dem Speakeasy in South Kensington. »Es war eine wunderbare, sorglose Zeit. Wir hatten alle keine Kinder und genossen das Leben«, erinnert sich Morgan.

Es scheint auch Zeiten gegeben zu haben, in denen sie ein wenig über die Stränge schlugen. Tom Hawkes vom Opera Centre erinnert sich an eine Party ihres gemeinsamen australischen Freundes Brian Stanbrough. Besonders Des amüsierte sich offenbar glänzend: »Er hat Kiri völlig vergessen. Erst als er mit dem Wagen weggefahren war, ist ihm aufgefallen, daß er sie zurückgelassen hatte. Tja, so ging das damals bei den Partys eben zu«, sagt Hawkes lächelnd. »Sie war am Fuß der Treppe eingeschlafen, als er später geklingelt hat.«[2]

Kiri sollte sich Jahre danach intensiv an die frühen Tage ihrer Ehe zurückerinnern. »Ich glaube, die Zeit damals, als wir überhaupt kein Geld hatten, war die schönste in unserem Leben«, sagte sie einmal.

Rodney Macann, der inzwischen mit einer anderen Frau liiert war, gehörte zu den ersten, die die Frischvermählten in London zum Essen einluden. Kiri hatte noch immer eine spitze Zunge, ließ sich aber von Des an die Kandare nehmen. »Sie haben mich kurz nach ihrer Heirat besucht, und Kiri hat angefangen, über eine ihrer Konkurrentinnen herzuziehen, aber Des ist ihr sofort über den Mund gefahren. Sie hat sich das im großen und ganzen gefallen lassen«, sagt Macann. »Ich war ganz schön beeindruckt. Es gehört schon was dazu, wenn man Kiri den Wind aus den Segeln nehmen will.«[3]

Allerdings beklagte sie sich manchmal auch über die Art und

Weise, wie Des mit ihr umging.« Er behandelt mich wie ein Kind«, beschwerte sie sich bei Freunden. Doch seine Dominanz gab ihr auch eine gewisse Sicherheit. »Plötzlich stand ich unter der Fuchtel eines ausgesprochen disziplinierten Ehemannes«, sagte sie später. »Er sah gut aus und war solide. Er war genau der Richtige für mich.« Der Einfluß ihres Mannes zeigte sich schon bald auch in der Art, wie sie sich nun im Opera Centre gab. Bei ihrem letzten Auftritt vor der Reise nach Neuseeland und der Heirat hatte Kiri sich noch von ihrer undiszipliniertesten Seite gezeigt. Sie hatte die kleine Rolle der zweiten der drei Damen in einer Inszenierung der *Zauberflöte* von John Copley gesungen, einem der Stars von Covent Garden. Copley war alles andere als begeistert gewesen über Kiris mangelnde Disziplin, ihre Großspurigkeit und ihre Angewohnheit, ständig andere zu kritisieren. Einmal hatte er sie sogar nach Hause geschickt, damit sie ihren Text noch einmal lernte. Später bezeichnete er sie als »albernes Mädchen«[4].

Kiri wußte genau, daß James Robertson sie verwöhnt hatte. »Wahrscheinlich haben sie eher an mich als an die anderen geglaubt, weil ich mich so aufgeführt habe. Sie haben sich einfach damit abgefunden und gehofft, daß ich schon irgendwann ruhiger werden würde. Nach etwa einem Jahr haben sich ihre Hoffnungen tatsächlich teilweise erfüllt«, sagte sie einmal[5]. Diese neue, zahmere Kiri hatte offenbar viel mit ihrem Mann Des zu tun.

»Ich hatte wie die meisten anderen auch den Eindruck, daß Des einen ausgesprochen guten Einfluß auf sie hatte«, sagt Tom Hawkes. »Einmal hat er gesagt: ›Entweder bist du meine Frau, oder du machst Karriere, aber Blödsinn machst du mir keinen.‹«

Als eine der ersten bekam Margaret Krauss die neue Ernsthaftigkeit Kiris zu spüren. Wie nicht anders zu erwarten, war das Verhältnis zu ihr nicht sonderlich gut gewesen. Kiri hatte das Gefühl, daß die Lehrerin ihr jegliches Selbstbewußtsein raubte. »Sie hat gesagt, ich soll's sein lassen«, behauptete sie später[6]. Also begann sie sich nach einer neuen Lehrerin umzusehen und bemerkte schon bald, welche Fortschritte zwei andere neuseeländische Sängerinnen – Ann Gordon und besonders Mary Masterton – mittlerweile gemacht hatten.

Mary Masterton, auch sie eine Schülerin von Schwester Mary Leo, war nach einem ganz ähnlichen Werdegang wie Kiri 1967 in

London angekommen. Kiri und sie freundeten sich an, ohne einander jedoch je ganz zu vertrauen. »Wir sind einander immer ein bißchen mißtrauisch gegenübergestanden. Vielleicht waren wir uns einfach zu ähnlich«, meint Mary Masterton.

Mastertons Mezzo war von der norwegischen Lehrerin Florence Wiese-Norberg ausgebildet worden, die ihr von Heather Begg, einer weiteren Schülerin Schwester Mary Leos, vorgestellt worden war. Wiese-Norberg galt als eine der technisch versiertesten Gesangslehrerinnen Europas. Sie hatte zum Beispiel Laurence Olivier nach einer Krankheit geholfen, seine Stimme wieder aufzubauen, und das Model Twiggy auf ihre Rolle als Sängerin in dem Film *The Boy Friend* vorbereitet. Außerdem erschien 1967 ein Artikel von Wiese-Norberg in der angesehenen medizinischen Fachzeitschrift *General Practitioner*. Ihre Philosophie war denkbar simpel: Lockerheit ist der Schlüssel zur perfekten Stimme. Am Anfang solle man junge Sänger nicht zu sehr fordern. »Junge Sänger, die sich natürlich so schnell wie möglich gegenüber der Konkurrenz durchsetzen möchten, werden oft ausgebeutet und dazu getrieben, schwere, anstrengende Rollen zu singen, bevor sie die geistige und stimmliche Reife besitzen, mit der beruflichen Verantwortung fertig zu werden, der sie sich gegenübersehen«, schrieb sie. Sie forderte drei Jahre Zeit für jeden ihrer Schüler. Am Ende dieser Zeit hätten diese dann eine Stimme, die »bien eglaise«, also unforciert, sei und die richtige Lage gefunden habe. Als Gegenleistung forderte sie von ihren Schülern lediglich Respekt. »Jeder Lehrer erwartet gewisse Dinge – zum Beispiel Integrität«, schrieb sie[7].

Florence Wiese-Norberg sprach mit barscher, aggressiver Stimme, mit der sie ihre innere Wärme und Wachsamkeit zu kaschieren versuchte. Sie und Kiri merkten schon bald, daß sie sich gegenseitig weiterbringen konnten. Ende 1967 machte sich Kiri zum erstenmal auf den Weg zu Wiese-Norbergs Studio im dritten Stock eines Hauses in der George Street ganz in der Nähe der Marylebone High Street. Mary Masterton absolvierte ihre Unterrichtsstunde immer dienstags um zehn Uhr vormittags. Kiri wurde nun für elf Uhr eingeteilt. Die Lehrerin machte sich als erstes daran, Kiris Selbstvertrauen wieder aufzubauen, das Margaret Krauss zerstört hatte. Dabei half ihr der treue Hund Duffy. »Er hat immer gejault, wenn man falsch gesungen hat. Ansonsten lag er ganz ruhig da«, erinnert sich Mary Masterton.

Florence Wiese-Norberg half Kiri dabei, das höhere Register ihrer Stimme zu entwickeln, und gab ihr das für den Sopran nötige technische Wissen mit. »Ich habe stimmlich sehr von Florence profitiert. Sie wußte genau, wie sie mit meiner Stimme umgehen, wann ich sie zurücknehmen und wann ich sie forcieren mußte. Kiri ging's genauso. Florence hat ihr als erste die richtige Technik beigebracht«, sagt Mary Masterton[8].

Außerdem machte Kiri durch die Freundschaft mit John Matheson Fortschritte, dem prominentesten neuseeländischen Dirigenten in London. Matheson hatte Kiri bei einer Party im New Zealand House kennengelernt, wo sie ziemlich niedergeschlagen gewirkt hatte. Ihre Stimmung war ein bißchen besser geworden, als er sich ihr vorgestellt hatte. »Ich habe zu ihr gesagt: ›Sie sind Kiri Te Kanawa, ich habe schon viel von Ihnen gehört‹«, erinnert er sich. Im weiteren Verlauf des Gesprächs hatte Matheson sie gefragt, ob sie an einer Zusammenarbeit mit ihm interessiert wäre. »Sie hat gesagt: ›Mit Vergnügen. Es ist wunderbar, jemanden zu finden, der sich für das interessiert, was man macht.‹ Daran kann ich mich noch ganz genau erinnern. Es war ziemlich traurig; sie hatte diese ganzen Preise in Neuseeland gewonnen und war jetzt ein bißchen melancholisch.«

Matheson war in Seacliff bei Dunedin geboren und in den fünfziger Jahren nach London gekommen, wo er acht Jahre lang in Covent Garden beschäftigt war. Mittlerweile arbeitete er als erster Dirigent im Sadler's Wells Theatre. Matheson hielt nicht viel von James Robertson und seinen Kollegen vom Londoner Opera Centre. Seiner Meinung nach waren sie »mittelmäßige Amateure«. Da er den Eindruck hatte, daß Kiri beruflich mehr Hilfe brauchte, als sie dort geboten bekam, lud er sie zu Stunden in seiner Wohnung in Ealing in Westlondon ein. »Als sie mir das erstemal vorgesungen hat, habe ich gedacht, mein Gott!«, erinnert er sich. Doch Matheson erkannte schon bald, daß Kiri nichts über die Bedeutung dessen lernte, was sie da sang. »Sie hatte eine so schöne Stimme, aber sie sang Bellini und Puccini, ohne ein Wort Italienisch zu können.«

Matheson hatte enge Verbindungen zu Ubaldo Gardini, dem Sprachlehrer von Covent Garden, und hielt sich deshalb zu Recht für einen Fachmann. »Ich bezweifle, daß wir fehlerlos mit dem Italienischen umgegangen sind, aber mit Sicherheit war es viel besser als am Opera Centre«, sagt er. »Ich habe ihr erst einmal eine Basis in Deutsch, Italienisch und Französisch verschafft, ohne etwas dafür zu berechnen, weil sie damals kein Geld hatte. Ich habe das zum Spaß gemacht, denn ich wußte, aus dieser Stimme würde einmal etwas werden.«[9]

Kiri sang ihre erste große Rolle im Opera Centre im Herbst 1967 in vier Szenen aus Donizettis *Anna Bolena*, der Oper von 1830 über die zweite Frau von Heinrich VIII. Tom Hawkes, der wieder einmal Regie führte, hatte erneut zwei Besetzungen aufgestellt. Kiri sollte die Anne Boleyn in der ersten Besetzung übernehmen und die Australierin Joan Carden die Jane Seymour; Donna Fay Carr und Teresa Cahill sangen die Boleyn und die Seymour in der zweiten. Teresa Cahill hatte mittlerweile den Minderwertigkeitskomplex überwunden, den sie beim ersten Zusammentreffen mit Kiri entwickelt hatte. »Ich erinnere mich noch genau an den Tag, als ich sie das erstemal gesehen habe. Es war mein erstes Semester und ihr zweites Jahr, und sie hat Didos Klage gesungen«, sagt Teresa Cahill. »Sie hat einfach großartig ausgesehen, und ich war nervös und schüchtern. Ich habe gedacht: ›Mein Gott, wenn die hier alle so sind, werde ich mit dem Singen nie was verdienen.‹«

Teresa Cahill erinnert sich, daß Kiri eher ihrem Instinkt folgte als ihrem Intellekt. »Sie hatte einen unglaublichen Instinkt. Ich glaube, sie mußte eher lernen, wie man lernt. Sie war keine geborene Sängerin und konnte nicht sonderlich gut vom Blatt singen.« Abgesehen von ihrer Stimme hatte Kiri noch die große Begabung, die Ratschläge anderer aufzunehmen und zu nutzen. »Sie saugt alles, was man ihr sagt, sofort auf und präsentiert es dann so, als wäre sie selber gerade auf die Idee gekommen.«[10]

Ein Jahr nach dem Debakel mit den *Neugierigen Frauen* hatte Tom Hawkes es nun mit einer fleißigeren Kiri zu tun. »Ich glaube, die *Neugierigen Frauen* haben Kiri die Augen über die Realitäten der Opernwelt geöffnet«, sagt er. Aber auch jetzt war sie alles andere als eine einfache Schülerin. »Offen gestanden, war mir Teresa lie-

ber. Sie hat mich mit ihrer dramatischen Darbietung stärker überzeugt, hatte mehr Erfahrung und bewies mehr Engagement. Die
Zusammenarbeit mit ihr war leichter. Bei ihr mußte man nicht so
viel Energie investieren wie bei Kiri.«

Anna Bolena wurde kurz vor Weihnachten 1967 im Opera Centre
aufgeführt. Die besten Kritiken, unter ihnen auch eine des einflußreichen Opernkritikers Arthur Jacobs, gingen an Teresa Cahill und
Donna Fay Carr. Doch auch Kiri konnte sich einige Tage später
freuen, als James Robertson sie zu sich ins Büro rief und ihr erklärte,
ein Agent sei auf ihn zugekommen und wolle sie fortan vertreten.

Unter den Künstlern, die Basil Horsfield von seinem eleganten
Büro am Regents Park aus vertrat, befanden sich unter anderen der
Dirigent John Pritchard, der walisische Baßbariton Geraint Evans,
der Pianist John Ogdon, Evans' Landsleute, die jungen Sänger
Ryland Davies und Stuart Burrows, sowie die amerikanische Mezzosopranistin Shirley Verrett. Horsfield und sein beruflicher und privater Partner John Davern, ein australischer Anwalt, erachteten Kiri
als ausgesprochen vermarktbares Objekt. Kiri war sehr geschmeichelt über die Anfrage, aber auch ein bißchen eingeschüchtert. Nach
Absprache mit Des unterzeichnete sie den Vertrag bei Horsfields
Agentur AIM, Artists International Management. Schon bald zeigten sich die ersten Erfolge: In Charles Grevilles Tagebuchkolumne
der *Daily Mail* erschien kurz darauf ein Porträt von Kiri. »Ein Püpp-
chen unter den Opernsängerinnen«, lautete die Überschrift über
diesem Porträt und einem Interview mit James Robertson, der die
Stimme seines Schützlings als »die schönste, die wir seit Jahren
gehört haben«, beschrieb.

Kiri und Des beschränkten sich bei ihrem ersten gemeinsamen
Weihnachtsfest auf kleine Geschenke. Im neuen Jahr wurde Des
eine feste Stellung bei Selection Trust angeboten, einer Londoner
Finanzierungsgesellschaft für den Bergbau. Das bedeutete, daß sie
nun keine großen finanziellen Sorgen mehr haben würden, aber
auch, daß Des immer wieder längere Zeit ins Ausland reisen müßte.
Es lagen bereits Pläne für Reisen nach Sambia und in den Iran auf
dem Tisch. Kiri hatte ihrerseits ihr erstes Engagement außerhalb
des Opera Centre: die Carmen in einer Neuinszenierung von Bizets
Erfolgsoper an der Northern Opera in Newcastle.

James Robertson hatte dafür gesorgt, daß Kiri ein weiteres Jahr am Opera Centre bleiben konnte. Doch die meisten Bühnen hatten kein Interesse daran, sie zu engagieren, offenbar, weil sie um ihren Ruf wußten. Unterdessen entwickelte Kiri zusammen mit Florence Norberg das höhere Register ihrer Stimme. Das Ergebnis der gemeinsamen Stunden war beeindruckend, aber ein aufmerksamer Zuhörer konnte die Schwachstellen immer noch entdecken. Kiri war sich dessen bewußt, daß sie noch Zeit zum Reifen brauchte. Basil Horsfield machte sich nur ganz allmählich daran, Kiri den wichtigsten Opern Englands anzubieten – Glyndebourne, der English National Opera im Sadler's Wells und Covent Garden. Robertson hoffte, *Carmen* als Aushängeschild für die regionalen Opernhäuser wie zum Beispiel die Scottish Opera und die Welsh National Opera nutzen zu können.

Die Produktion wurde mit Kiri und Mary Masterton besetzt, die das Gefühl hatte, daß Kiri über diese Kombination nicht allzu glücklich war. »Kiri war meiner Meinung nach nicht sonderlich davon angetan, daß noch eine Neuseeländerin die Rolle sang. Ich glaube, sie hat mich für eine potentielle Bedrohung gehalten«, sagt Mary Masterton.

Die Newcastler Doppelbesetzung der Carmen mit zwei Sängerinnen aus Neuseeland erregte die Aufmerksamkeit des einflußreichen *Daily-Mirror*-Feuilletonredakteurs David Clemens. Vor der Premiere erschien in Großbritanniens auflagenstärkster Zeitung ein Feature über die beiden Sängerinnen, die sich ausführlich über den Sexappeal äußerten, mit dem sie die Rolle spielen wollten. »Sie darf nicht ganz ohne Sexappeal sein, aber wenn sie zu sexy ist, hat man gleich den Eindruck, daß sie ein leichtes Mädchen ist«, erklärte Mary Masterton dem *Mirror*.

»Carmen ist eine ausgesprochen attraktive Frau«, meinte Kiri.

Als die Proben dann in vollem Gange waren, machte Kiri sich immer wieder Gedanken darüber, wie attraktiv sie die Carmen darstellen sollte. Bei einer Party in De Vere Gardens erzählte Des John Matheson, Kiri habe sich abgemüht, ein ähnlich ansehnliches Dekolleté wie Mary Masterton zustande zu bringen. »Sie hatten ziemliche Probleme mit dem Dekolleté«, erinnert er sich. »Sie haben sich ganz schön anstrengen müssen, das wenige, was sie hatte, so hochzuschieben, daß es vom Parkett aus so aussah, als hätte sie wirklich was. Des hat mich mit seiner Offenheit zum Lachen gebracht.« Matheson war nicht sonderlich warm geworden mit dem zurückhaltenden Des. »Ich konnte nicht so viel mit ihm anfangen, obwohl er aus Australien kam und ich aus Neuseeland«, sagt er. »Das war so ziemlich das interessanteste Gespräch, das ich je mit ihm geführt habe.«

Kiris Versuch, etwas für ihr erotisches Image zu tun, überzeugte die Kritiker nicht. Sie betrat die Bühne in einem weißen Kleid mit Puffärmeln, das für eine Inszenierung von *Hänsel und Gretel* angemessener gewesen wäre. Ein Kritiker beschrieb sie als »forsche Schenkenmaid«.

Auch musikalisch ließ ihr Auftritt manches zu wünschen übrig. Zum Glück wußte James Robertson inzwischen, wie er mit ihren gelegentlichen Konzentrationsschwächen umzugehen hatte. Einmal hörte Kiri ganz zu singen auf. »Sie hatte völlig vergessen, wo sie war, aber nach einer Weile hat sie sich wieder gefangen. Robertson hat sofort gemerkt, was los war, und die Sache kaschiert«, erinnert sich Mary Masterton.

Der Lapsus schien nur einem örtlichen Kritiker aufgefallen zu sein. »Im ersten Akt war sie ein wenig unsicher«, schrieb der Mann vom *Newcastle Chronicle*. Die andere große Zeitung der Stadt, *The Journal*, jedoch hatte nichts zu beanstanden. »Sie hat uns eine leidenschaftliche, feurige Carmen geschenkt«, schrieb ihr Kritiker. Seiner Meinung nach würde es Kiri »in der Opernwelt noch weit bringen«. Doch nach den zwei Wochen *Carmen* kehrte Kiri erst einmal wieder in die Commercial Road zurück. Ein Scout der Scottish Opera hatte sich Kiris Auftritt ganz genau angesehen, war aber nicht sonderlich beeindruckt gewesen.

Mittlerweile hatte Kiri im Opera Centre eine Gruppe von Bewunderern um sich geschart. »Sie hat immer gern im Mittelpunkt gestanden«, erzählt Mary Masterton. Diese Bewunderer waren immer Angestellte des Opera Centre, nie Mitschüler von Kiri oder gar Lehrer. »Als ich eines Tages reingekommen bin, hat Kiri sich von einer der jungen Frauen, die am Empfang arbeiteten, die Augenbrauen zupfen lassen. Ihr hat's gefallen, wenn die Leute sie umschwärmt haben. Das war für sie das natürlichste von der Welt.«

Mary Masterton erkannte schon bald, daß auch Des eine ähnliche Rolle spielen mußte. Eines Nachmittags hatte sie Kiri weinend in der Garderobe des Centre angetroffen. Sie wußte, daß Kiri sich gerade zusammen mit Donna Fay Carr mit einem Ausschnitt aus Benjamin Brittens anspruchsvollem *Albert Herring* beschäftigte. Kiri hatte sich soeben eine Standpauke von ihrem Regisseur anhören müssen.

»Die Rolle erforderte eine ganze Menge Schauspielkunst, aber sie ist überhaupt nicht auf die Idee gekommen, daß sie sich damit auseinandersetzen muß«, sagt Mary Masterton. Als Mary nun versuchte, Kiri zu trösten, gesellte sich schon bald Des zu ihr. »James Robertson hatte ihn angerufen und ihn gebeten vorbeizukommen. Ich habe das ziemlich merkwürdig gefunden. Mir wäre das ganz schön peinlich gewesen, wenn mein Vater oder mein Mann hätten kommen müssen, um mich zu trösten«, meint sie.

Mary Masterton kannte Des gut genug, um zu wissen, daß er nur wenig Zeit für die Welt der Oper und ihre Intrigen und Verletzlichkeiten hatte. »Wahrscheinlich ist es ihm ganz schön schwergefallen, daß er sie ständig hätscheln mußte«, sagt sie. »Aber sie hat von uns allen erwartet, daß wir uns um sie kümmern, obwohl sie eigentlich ganz gut allein zurechtgekommen wäre.«

Möglicherweise hatte Kiris Unsicherheit auch mit ihren Ängsten zu tun, Des zu verlieren, der mittlerweile an seinem ersten Projekt im Iran arbeitete. Kiri versuchte ihre Einsamkeit zu bekämpfen, indem sie immer wieder Freundinnen zu sich einlud. Mary Masterton, die zusammen mit ihrer Schwester Lilian in Kensington wohnte, nicht allzu weit von De Vere Gardens entfernt, wurde zu einem gerngesehenen Gast. Die beiden Sängerinnen hörten gemeinsam Musik oder redeten bis tief in die Nacht hinein. Während eines Auslandsaufenthalts von Des fragte Kiri Mary, ob sie nicht eine Weile bei ihr in De Vere Gardens einziehen wolle. »Meine Schwester hatte etwas dagegen, weil sie dann allein gewesen wäre. Ich hätte das schon gemacht, denn ich konnte Kiri gut leiden«, sagt sie. Nachdem sie Kiris Angebot ausgeschlagen hatte, hörte sie eine ganze Weile nichts mehr von ihr. »Meine Absage ist offenbar nicht sonderlich gut angekommen. Kiri erwartet einfach, daß die Leute da sind, wenn sie sie braucht.«

Außerdem war Kiri sich nur zu bewußt, daß die Frauen Des ausgesprochen attraktiv fanden, besonders in der Musikwelt, in der sein gutes Aussehen und seine Zurückhaltung einen deutlichen Kontrast zu den anderen, eher extravaganten Männern darstellten. Schon bald kreisten Kiris Gedanken um die Möglichkeiten, die sich Des während seiner Reisen eröffneten. »Sie war gleich nach der Hochzeit eifersüchtig«, erzählt Mary Masterton. »Sie war von Anfang an überzeugt davon, daß er eine Geliebte hatte, und das hat sie völlig aus der Fassung gebracht.«

Ihr Argwohn wurde noch schlimmer, als Des ihr einige Photos aus dem Iran schickte. »Des hat etwas wirklich Dummes gemacht. Er hat ein Photo aus dem Iran geschickt und jemanden weggeschnitten, der neben ihm saß«, erinnert sich Mary Masterton. »Da ist Kiri richtig paranoid geworden.«

Die Fähigkeit, Mitleid zu erregen, war inzwischen zu einem Teil von Kiris Bühnenpersönlichkeit geworden und trug dazu bei, daß sie eine ganze Reihe wichtiger Rollen bekam. 1968 führte das Opera Centre Poulencs *Gespräche der Karmeliterinnen* als Sommerabschlußveranstaltung auf. Kiri erhielt die Hauptrolle der Blanche de La Force, einer jungen französischen Aristokratin, die während der Französischen Revolution Zuflucht in einem Karmeliterinnenkloster sucht. Tom Hawkes, der wieder einmal Regie führte, war überrascht darüber, welche Emotionen Kiri beim Publikum wecken konnte. »Blanche ist eher eine schwache, zaudernde Figur, für die man nicht sofort Mitgefühl empfindet«, erklärt er. »Aber Kiri hat es geschafft, das Publikum für diese junge Aristokratin einzunehmen, die schreckliche Angst vor dem Tod hat. Sie war einfach großartig, weil sie so verletzlich wirkte.« Die Aufführung fand im Opera Centre und in Bristol statt, wo James Robertson das Training Orchestra der BBC dirigierte. Die positiven Kritiken, die Kiri bekam, bewiesen, wie große Fortschritte sie sowohl stimmlich als auch als Schauspielerin gemacht hatte. Andrew Porter von der *Financial Times* war beeindruckt von ihrem »ausdrucksstarken Gesicht, dem die Angst der armen Blanche anzusehen war«, während dem renommierten Stanley Sadie in der *Times* Kiris »volle, präzise Sopranstimme« gefiel – »ihre leidenschaftlich bebende Angst war deutlich zu spüren«.

Diese Kritiken halfen Basil Horsfield, interessantere Engagements für Kiri zu finden. Als erstes wurde Kiri die Rolle von Idamante, dem Sohn des Kreterkönigs Idomeneo, in Mozarts *Idomeneo* von 1781 angeboten. Die Rolle hatte Mozart ursprünglich für seinen Lieblingskastraten Del Prato geschrieben. In heutigen Inszenierungen wird die Partie von Tenören oder Sopranistinnen gesungen. Im Oktober schloß Kiri sich der Chelsea Opera Group in Oxford und Cambridge und dann in der Londoner Queen Elizabeth Hall an. Anfang 1969 schließlich erhielt sie eine Rolle in einer konzertanten Aufführung von Händels *Alcina*, in der Joan Sutherland die Titelpartie sang und deren Mann Richard Bonynge dirigierte. Bald darauf reiste Kiri nach Monte Carlo, wo Decca gerade Giordanos *Fedora* einspielte. Kiri stand zusammen mit Tito Gobbi, Mario Del Monaco und Magda Olivero als Fedora im Studio.

Aber ihren größten Triumph erlebte sie im Frühsommer 1969 in London. In den fünfzehn Jahren seines Bestehens hatte sich das Camden Festival einen Ruf als Bewahrer vergessener Opern und Komponisten errungen. In jenem Jahr sollte Tom Hawkes mit Gerald Gover als Dirigent Rossinis Oper *La donna del lago* von 1819 produzieren, die auf Walter Scotts Verserzählung *The Lady of the Lake* basiert. Die Proben begannen nach Ostern in der Finchley Road Library im Norden Londons. Hawkes hatte eine hochkarätige Besetzung, unter anderem mit der hervorragenden jungen Mezzosopranistin Gillian Knight in der Hosenrolle des Malcolm sowie den Tenören Maurice Arthur und John Serge in den männlichen Hauptrollen. Obwohl Kiri dafür bekannt war, daß sie sich immer nur mangelhaft auf ihre Rollen vorbereitete, sollte sie die Elena singen, eine Partie, die im 19. Jahrhundert der Sopranistin Isabella Colbran auf den Leib geschrieben worden war und seither als eine der anspruchsvollsten überhaupt galt.

»Wieder einmal hatte sie ihre Rolle nicht richtig gelernt«, erinnert sich Hawkes. Doch nun konnte sie sich nicht mehr auf den Rückhalt des Opera Centre berufen. Ein besonders gespanntes Verhältnis herrschte zwischen Kiri und dem Londoner Maurice Arthur. Als Kiri eines Tages wieder große Mühe mit ihrem Text hatte, fuhr Arthur sie an. Der Streit erreichte nach Aussage von Tom Hawkes seinen Höhepunkt, als Arthur Kiri als »Mischling« beschimpfte.

»Es war schrecklich«, erinnerte sich Hawkes. Schließlich beruhigten Hawkes und Gillian Knight die beiden Streitenden wieder ein wenig, doch Kiri schwor, sich zu rächen. An einem warmen Abend im Mai lockte die Premiere in der Camden Town Hall gleich gegenüber der St. Pancras Station nicht nur zahlreiche Zuschauer, sondern auch die führenden Kritiker Londons an. Kiri hielt das ausverkaufte Haus von Anfang an in Bann, obwohl sie alles andere als fehlerfrei sang. Arthur und Knight lieferten weit bessere Leistungen ab, doch Kiri war der Liebling des Publikums.

»Sie trug ein schimmerndes Kleid mit Schmetterlingsärmeln. So etwas hatten die Leute bis dahin noch nicht gesehen«, erinnert sich Hawkes. Seit dem Streit mit Arthur hatte Kiri hart an ihrer Schlußarie gearbeitet, die als eine der schwierigsten in der Welt der Oper überhaupt gilt. Kiri meisterte sie mit Bravour. Tom Hawkes stand hinter der Bühne und beobachtete, wie Kiri, als sie sich dem Höhepunkt der Arie näherte, ganz langsam die Arme hob, damit sich das Licht der Scheinwerfer in ihrem schimmernden Kleid spiegelte. »Die Leute sind aufgesprungen und haben nicht mehr aufgehört zu jubeln«, sagt Hawkes lächelnd. »Sie wußte genau, was sie tat. Sie wußte einfach, wie man ein Publikum manipuliert. Es war der älteste Bühnentrick überhaupt. Gillian Knight hat an jenem Abend zweifellos besser gesungen als alle andern«, sagt Hawkes kopfschüttelnd, »aber Kiri war der Liebling des Publikums.«

Auch die Kritiker stellten sich auf ihre Seite. Die Schlagzeile des *Daily Express* am folgenden Tag lautete: »Maori beste italienische Schottin.« – »Sie sieht nicht nur aus wie eine junge Frau, derentwegen die Clans sich gegenseitig die Köpfe einschlagen würden, sondern hat auch eine warme, ausdrucksstarke Stimme, die gut für Rossinis ganz besonderen Stil geeignet ist«, meinte der Kritiker. Etwas pedantischere Beobachter wie zum Beispiel Alan Blyth vom *Daily Telegraph* brachten ihre Zweifel an Kiris schauspielerischen Fähigkeiten zum Ausdruck: »Sie wirkt auf der Bühne zu ruhig; ihre schauspielerischen Fähigkeiten sind rudimentär«, schrieb er später in der Zeitschrift *Opera*. Doch auch er war ansonsten voll des Lobes für Kiris Stimme: Ihre »Wärme, Frische und Natürlichkeit waren höchst erfreulich«, meinte er.

Die Kritiken kamen besonders in Neuseeland gerade recht, weil Kiri zusammen mit der New Zealand Opera Company und James Robertson am Pult eine Reprise von *Carmen* plante.

Daß Robertson an dieser Produktion teilnahm, war kein Zufall. Die Truppe wußte Bescheid über Kiris Unberechenbarkeit und hatte deshalb auf Robertsons Mitwirkung bestanden. »Er mußte sich um sie kümmern«, sagt John Thompson, der damalige künstlerische Leiter der Truppe. »Es mußten beide kommen. Einer ohne den anderen, das ging nicht. Wir haben mit den Planungen erst begonnen, als wir einen Vertrag mit beiden unter Dach und Fach hatten. Es stand einfach zuviel auf dem Spiel. James mußte sie ein bißchen an die Kandare nehmen.«

Kiri, so Thompson, erhielt nur ein paar hundert Dollar für jede Vorstellung, »nichts« nach internationalen Maßstäben[11].

In Neuseeland herrschte so große Aufregung über Kiris ersten Opernauftritt in der Heimat, daß ein Begrüßungsempfang im New Zealand House abgehalten wurde. Kiri und Des ließen sich zusammen mit dem High Commissioner Sir Thomas Macdonald und Lady Macdonald ablichten. Robertson und andere wichtige Angehörige des Opera Centre hielten Lobreden. Schließlich war es Robertson gewesen, der Kiri dazu ermutigt hatte, das Opera Centre zu verlassen und ihre ersten zaghaften Schritte in die Opernwelt zu wagen.

»Sie wollte nicht gehen«, erzählt Osvalda Robertson, die Kiris Zögern verstehen konnte. »Im Centre fühlte sie sich sicher. Dort sagte man ihr, was sie machen sollte. Sie mußte nicht zum Vorsingen. Draußen war eine ganz andere Welt, und James hat sie gedrängt, flügge zu werden. Er hat zu ihr gesagt: ›Du hast drei Jahre hier gehabt, es wird Zeit, daß du gehst.‹«

Doch Kiri schien sich hinsichtlich ihrer beruflichen Zukunft so unsicher wie eh und je zu sein. »Bei dem Empfang im New Zealand House hat sie zum erstenmal gesagt, daß sie mit dem Singen aufhören will«, erinnert sich Osvalda Robertson. »Es klang ein bißchen kokett. Sie hat gesagt: ›Ich höre mit dem Singen auf, und dann will ich viele Babys.‹«

Kiri reiste nach Neuseeland, machte jedoch einen Zwischenstopp in Spanien, wo sie sich zusammen mit Des, Bob und Sharon Morgan einen zweiwöchigen Urlaub gönnte. Als sie in Auckland ankam, hatte sie einen so dunklen Teint, daß man ihr die Carmen ohne weiteres abnahm.

Doch im St. James's Theatre in Wellington brachen wieder die Probleme auf, die Kiri schon immer gehabt hatte. Eines Tages sah der Produzent Richard Campion Kiri während der Proben mit einem kurzen Kleid aus der Garderobe kommen. »Sie ist zu mir ins Zimmer gestürzt und hat mir dieses kleine schwarze Ding hingehalten«, erinnert er sich. »›Das soll mein Kostüm für den ersten Akt sein!‹ hat sie sich beklagt. Alle anderen hatten lange Kleider bekommen. ›Und dabei habe ich die Hauptrolle!‹«

Campion wußte um Kiris Grenzen. »Sie war ausgesprochen attraktiv und hatte eine wunderbare Stimme, aber sie war keine Sexbombe, die einen Mann, den sie will, einfach verführt und sich von ihm verführen läßt«, sagte er. Campion hatte Angst, daß Kiri im Vergleich zu der großbusigen Joyce Blackham, der letzten Carmen, die Neuseeland gesehen hatte, schlecht abschneiden würde. Das Kostüm, das Kiri hatte, brachte das wenige, was Kiri an Oberweite zu bieten hatte, am besten zur Geltung. »Ich habe gesagt: ›Stell dir vor, du trägst ein langes Kleid – wo bleibt denn dann die Carmen? Bei dem Kleid hier sieht man deine Arme und deine Beine und noch ein paar andere Sachen. Es ist ein heißer Tag in einer Fabrik. Du hast soviel wie möglich ausgezogen. Du bist verletzlich – und du bist die einzige, die kein langes Kleid trägt‹«, sagte er. »Sie hat ziemlich lange geschwiegen und nachgedacht. Aber dann ist sie doch so auf die Bühne und hat das Beste draus gemacht.«[12]

Befreit von den Fesseln des Opera Centre, beschloß Kiri, sich bei ihrem »Heimspiel« in Neuseeland soviel wie möglich zu amüsieren. Im dritten Akt, als José mit dem Gewehr in die Kulissen zielt und abdrückt, warf Kiri, die bereits auf diesen Augenblick gewartet hatte, einen großen leblosen Schwan auf die Bühne. Robertson und der australische Tenor Donald Smith waren alles andere als amüsiert über das Gelächter der Zuschauer. »Es war ein echter toter Schwan. Ich habe keine Ahnung, woher sie den hatte«, erinnert sich Neil McGough, der an jenem Abend die Posaune spielte. »Die Leute fanden's toll; das ist nun mal so in Neuseeland. Die Musiker haben gekichert, und die Sänger haben gelacht und einfach weitergemacht, aber James hat ein ziemlich finsteres Gesicht gemacht.«

Donald Smith, ein alter Hase der Oper, rächte sich an Kiri, indem er sich in der Schlußszene mit vollem Gewicht auf sie fallen ließ. Hinter der Bühne nahm er sie sich dann zur Brust. »Er hatte sich hochkämpfen müssen und gab sein Bestes für die Truppe, deshalb konnte er nichts damit anfangen, wenn man so etwas während der Vorstellung macht«, sagt John Thompson. »Es hat Streit gegeben. Nach der Vorstellung hat er ihr ordentlich die Meinung gesagt, aber ich glaube, das hat ihr nur gutgetan. Wir haben einfach weitergemacht, ihr keine Beachtung geschenkt. Sie war immer noch ziemlich verspielt und wollte ihren Spaß. Sie mußte damals noch viel lernen.«

Doch in den Augen der Neuseeländer konnte Kiri einfach nichts falsch machen. *Carmen* gehörte zu den erfolgreichsten Produktionen dieser Zeit. »Für uns war das damals schon ein Risiko«, erinnert sich John Thompson. »Wir wußten nicht, ob die Leute nun die *Carmen* sehen wollten oder Kiri. Aber sobald die Sache lief, gab es natürlich keine Probleme mehr. Man hat sich um die Karten geprügelt. Das ging die ganze Saison so.«

Ende 1969 erhielten Kiri und ihre Kollegin Teresa Cahill vom Opera Centre das Angebot, an einer der wichtigsten Schallplattenaufnahmen des Jahres teilzunehmen, *Die Hochzeit des Figaro* in Starbesetzung unter dem Dirigat von Otto Klemperer. Kiri und Teresa, die Brautjungfern singen sollten, hatten große Angst vor der Zusammenarbeit mit dem als tyrannisch bekannten achtzigjährigen Maestro, der sich nicht mehr allzu guter Gesundheit erfreute. »Einmal hat er sich an einem Schokoladenkeks verschluckt und mußte abgewischt werden. Er war sehr gebrechlich. Wir hatten ziemliche Angst vor ihm«, erinnert sich Teresa Cahill.

Um den Abschluß der ersten Aufnahmeserie zu feiern, gönnten sich Kiri und Cahill neue Kleider für einen einmaligen Auftritt in der Royal Festival Hall. »Wir haben uns zwei gleiche Kleider gekauft, damit wir tatsächlich wie Brautjungfern aussahen.« Auf der Fahrt nach Kensington erzählte Kiri Teresa Cahill von den Schwierigkeiten, die sie außerhalb des Opera Centre hatte. Basil Horsfield hatte eine Reihe von Vorsingterminen in Glyndebourne, Sadler's Wells und Covent Garden arrangiert. Glyndebourne hatte sie für eine Rolle in *La Calisto* offiziell abgelehnt, doch die Leute von

Sadler's Wells hatten sich nicht einmal die Mühe gemacht, Horsfield anzurufen. Lediglich Covent Garden schien zurückhaltendes Interesse an ihr zu haben. Teresa Cahill erwähnte, daß Covent Garden sie bereits nach dem ersten Vorsingen engagiert habe. »Sie hat gesagt: ›Mein Gott, und ich habe dreimal vorsingen müssen‹«, erinnert sich Cahill. »Sie hat gesagt, sogar dann wußte sie noch nicht, ob man sie nimmt.«

Ihre Probleme hatten sich schon lange vor ihrem Abschied vom Opera Centre gezeigt. Während sie sich noch mit ihren Studien abmühte, mußte sie zusehen, wie ihre Mitschüler an ihr vorbeizogen: Teresa Cahill hatte Glyndebournes Jani Strasser in einer Meisterklasse des Opera Centre so sehr beeindruckt, daß ihr die Zweitbesetzung der Donna Elvira in einer Neuinszenierung von *Don Giovanni* angeboten wurde. Sie hatte zwei ausgesprochen erfolgreiche Jahre dort verbracht, bevor sie ans Opera Centre zurückkehrte, um dort ihre Studien zu beenden. Josephine Barstow hatte ihr Debüt als Mimì in der Opera-For-All-Inszenierung von *La Bohème* gegeben, war dann an der Welsh National Opera aufgetreten und bereitete sich nun auf ihr Debüt an Covent Garden in *Peter Grimes* vor. Und die Kanadierin Donna Fay Carr war als Donna Anna in der Eröffnungsinszenierung des *Don Giovanni* an der English National Opera ausgewählt worden.

Kiri erhielt immer noch Unterstützung aus Neuseeland, wo die Zeitungen nach wie vor über jeden ihrer Schritte berichteten. Nun lernte sie eine neue Gönnerin kennen, die Agentin Joan Ingpen.

Joan Ingpen war schon lange mit Basil Horsfield befreundet. Ihre Agentur Ingpen and Williams vertrat unter anderen Joan Sutherland und Georg Solti, den musikalischen Leiter von Covent Garden.

Horsfield hatte bereits erste Kontakte zu Joan Ingpen geknüpft, bevor Kiri das Opera Centre verließ. Ingpen fühlte sich bestätigt, als sie sich Kiri in *La donna del lago* in der Camden Town Hall genauer ansah. Kiris Stimme war der Wandel, den sie unter Florence Norbergs Anleitung durchmachte, deutlich anzuhören. »Es war ziemlich gräßlich«, erinnert sich Joan Ingpen. »Ihre Stimme war noch längst nicht soweit, aber sie sah toll aus und strahlte große Energie aus auf der Bühne… Ich habe auf den ersten Blick gesehen, daß sie sehr, sehr ehrgeizig war.«

Georg Solti, Joan Ingpen und David Webster, die Troika an der Spitze von Covent Garden, machten sich zunehmend Gedanken darüber, daß sich immer mehr englischsprachige Sänger und Sängerinnen aus London weglocken ließen. Joan Ingpen erahnte sofort das Starpotential, das Kiri besaß. Doch sie hatte genaue Vorstellungen darüber, unter welchen Bedingungen Kiri Ensemblemitglied von Covent Garden werden sollte. »Ich hatte Angst, daß sie kaputtgemacht wird«, sagt Joan Ingpen. »Es war schließlich schon öfter passiert, daß ein Sänger seine erste große Rolle in Covent Garden bekam, sich danach vor Angeboten nicht mehr retten konnte und dann kaputtgemacht wurde. Also habe ich gesagt: ›Geben wir dem Mädchen einen Fünfjahresvertrag, damit wir kontrollieren können, was aus ihr wird. Sonst müssen wir hinterher wieder sagen: Wie schade.‹«[13]

Zum erstenmal wurde Kiri nun auch mit den Machtspielchen in der Opernwelt konfrontiert. Im August 1969 hatte sie dem neuseeländischen *Listener* ein Interview gegeben, in dem sie ihre Lehrerin Norberg lobte. »Sie hat mir sehr geholfen, nicht nur meiner Psyche, sondern auch meiner Stimme. Sie hat mir Kraft verliehen.«

Doch Basil Horsfield betrachtete Florence Norbergs wissenschaftlichen Ansatz und ihre eklektische Sammlung von Schülern mit kaum verhohlener Verachtung und riet Kiri, sich eine neue Lehrerin zu suchen, die eher den Anforderungen von Covent Garden entsprach. Vera Rosza hatte in Budapest Gesang studiert und in den fünfziger Jahren an der Wiener Staatsoper als Mezzosopran gesungen. Sie war 1953 nach England gekommen und hatte unter Frederic Cox am Royal Northern College of Music in Manchester zu lehren begonnen. Sie unterrichtete bereits die damalige Frau von Horsfields Klienten Ryland Davies, die Mezzosopranistin Anne Howells. Ihr mächtigster Verbündeter jedoch war Georg Solti, den sie noch von ihrer Zeit in Budapest her kannte. Die Tatsache, daß sie beide Juden waren, knüpfte das Band zwischen ihnen noch enger.

Nicht viele Schüler kamen mit dem diktatorischen Stil von Vera Rosza zurecht. »Man mußte sich eine ganze Menge gefallen lassen. Das war fast so etwas wie Tyrannei«, erinnert sich Teresa Cahill, die ebenfalls kurze Zeit Unterricht bei Rosza nahm. Kiri jedoch war beeindruckt von ihrem Gehabe und ihren Kontakten zu berühmten Persönlichkeiten. Außerdem erkannte sie, daß Rosza ihr, ähnlich wie Des, die Disziplin bieten konnte, die sie selbst nicht besaß. Auch Des war für die Veränderung, nicht zuletzt deshalb, weil ihm Florence Norberg zu besitzergreifend war.

»Florence hat immer Samstagskurse veranstaltet, bei denen ihre Schüler singen mußten«, erinnert sich Mary Masterton. »Ich weiß, daß Des das nicht recht war, weil er das Wochenende zusammen mit Kiri verbringen wollte.«

Die Entscheidung für Vera Rosza sollte sich als richtig erweisen; allerdings beweist die Art, wie Kiri sich von Florence Norberg verabschiedete, die Rücksichtslosigkeit, mit der sie nunmehr ihre Karriere vorantrieb. In ihrer autorisierten Biographie von 1982 sagte Kiri, sie hätten sich in gegenseitigem Einvernehmen voneinander getrennt. Nach Aussage von Kiri hatte Florence Norberg ihr beigepflichtet, daß ihre Zusammenarbeit »nicht so fruchtbar war, wie Lehrerin und Schülerin es sich gewünscht hätten«, und ihr Vera Rosza als Alternative vorgeschlagen. Dann hatte Anne Howells sich für Kiri mit dieser in Verbindung gesetzt. Und Kiri hatte Florence Norberg angerufen, um dieser mitzuteilen, daß ihre Kollegin bereit sei, sie als Schülerin aufzunehmen. In Kiris Version der Ereignisse sagte Florence Norberg daraufhin: »Wenn Kiri eine andere Lehrerin bekäme, würde ich mich freuen, wenn diese andere Lehrerin Vera wäre.«

»Unsinn«, meint Mary Masterton. Ihrer Aussage nach beendete Kiri ihre zweijährige Verbindung mit Florence Norberg mit einem ziemlich kurzen Brief. »Der Brief war ausgesprochen unpersönlich. Sie unterschrieb ihn mit ›Kiri Te Kanawa‹, nicht mit ›Alles Liebe, Kiri‹ oder ›Danke‹. Er klang sehr förmlich, wie ein Geschäftsbrief. Er diente lediglich dazu, ihrer Lehrerin offiziell zu kündigen«, erinnert sich Mary Masterton. Norbergs Meinung nach hatte Kiri damit ihr Vertrauen verletzt. »Sie hatte das Gefühl, verraten worden zu sein«, sagt Mary Masterton, die selbst Schülerin und Freundin von Florence Norberg blieb, bis diese starb. »Denn schließlich war sie es gewesen, die Kiri die Technik beigebracht hatte, die es ihr ermöglichte, in Covent Garden zu singen... Allerdings war Florence sehr intelligent und wohl nicht allzu überrascht darüber, wie die

Sache lief. Kiri hat einen ziemlich guten Instinkt; sie sagt selber immer wieder, daß sie sich so verhalten muß. Sie wollte damals vorankommen und hat deshalb so gehandelt. In der Opernwelt machte Vera Rosza einfach mehr her als Florence.«

Im Februar 1970 verließ Kiri London, um zusammen mit ihrer alten Mentorin Barbara Brown auf eine lukrative zehntägige Konzertreise durch Neuseeland zu gehen. »Ich habe sie damals sehr ruhig gefunden«, erinnert sich Barbara Brown. »Und bescheiden. Das war eine der wenigen Phasen ihres Lebens, in denen sie bescheiden war!«

Doch in den Interviews mit der neuseeländischen Presse kam wieder die alte Kiri zum Vorschein: »Ein Künstler, der nach oben will, muß auch einmal rücksichtslos sein«, erklärte sie einem Reporter. »Ich habe festgestellt, daß man um so weiter kommt, je gröber man ist.« Ihrer Auffassung nach war die Opernwelt nur eine Verlängerung der Wettbewerbe. »Hier gibt es keine Freunde: Man ist ganz auf sich allein gestellt. Das bedeutet nicht, daß ich einfach alle plattwalze. Aber ich bin bereit, wenn sich eine Chance auftut.«[14]

Kiri hatte vor ihrer Abreise nach Neuseeland erst ein paar Wochen mit ihrer neuen Lehrerin zusammengearbeitet, war sich jedoch schon sicher, daß sie die richtige Entscheidung getroffen hatte: »Sie hat sehr viel für mich getan und mir beigebracht, wie man die Rollen richtig interpretiert«, sagte sie über Vera Rosza. »Vor dem Unterricht bei ihr hatte ich dieses gewisse Etwas noch nicht. Jetzt habe ich das Gefühl, daß sich mir ganz neue Lebensperspektiven eröffnen.« Das Resultat waren ausverkaufte Häuser in Wellington, Auckland, Napier und Hawke's Bay.

Barbara Brown erinnert sich, daß Kiri sich oft die Texte auf die Unterarme und die Innenseite ihrer Ärmel schrieb. »Sie hat das sehr elegant gemacht. Es hat ausgesehen, als ob sie tanzt. Dabei hat sie nur den Text gelesen«, erinnert sich Brown lächelnd. »Das war wirklich sehr gekonnt.«

Nun gelang es Kiri, auch die Kritiker für sich zu gewinnen, die ihr drei Jahre zuvor noch feindlich gegenübergestanden hatten. Russell Bond vom Wellingtoner *Dominion* zum Beispiel schrieb: »Gestern abend hat Kiri Te Kanawa die letzten Zweifel zerstreut, daß sie es auf die großen europäischen Opernbühnen schaffen wird.«

Doch dafür kamen neue Zweifel auf. Kiris Programm bestand aus klassischen Arien, zum Beispiel aus der *Hochzeit des Figaro, Faust, Eugen Onegin* und anderen sowie aus beliebten Musicalnummern. Bond gefiel diese Mischung, wie später so vielen anderen Kritikern, nicht: »... Sie muß sich entscheiden«, schrieb er. »Das hingerissene Publikum in der fast ausverkauften Town Hall gestern abend wäre wahrscheinlich auf jeden Fall gekommen, um sie zu hören, egal, was sie sang. Die Maori-Lieder haben ihre Rechtfertigung im Programm, aber sie hat mittlerweile ein Niveau erreicht, auf dem sie Nummern aus *Carousel* oder *The Sound of Music* nicht mehr nötig hätte.«

Ein paar Tage später erklärte sie einem Reporter ihre Repertoireauswahl mit einem Argument, das sich seitdem kaum verändert hat: »Ich möchte alle erreichen. Und nicht alle wollen Opernarien hören.«

Der wichtigste Augenblick der Reise kam am 18. März, als Kiri sich zusammen mit etwa zwanzig anderen Prominenten aus Politik, Kirche und Maori-Gemeinde zu einem Lunch an Bord der königlichen Jacht *Britannia* im Hafen von Dunedin traf. Dort wurde sie der Königin, dem Herzog von Edinburgh, Prinz Charles und Prinzessin Anne vorgestellt, die gerade eine Reise durch die Commonwealth-Länder machten. Kiri verstand sich sofort gut mit der Königsfamilie. Als sie der Queen gegenüber erwähnte, daß sie vielleicht bald in Covent Garden auftreten würde, wandte diese sich, so Kiri, einem ihrer Berater zu und meinte: »Ich finde, sie sollte in Covent Garden auftreten, meinen Sie nicht auch?«

Am Abend war Kiri mit der Habanera aus *Carmen* und dem »Nonnenchor« zu hören, unterstützt von 270 Mitgliedern des Combined Dunedin Choir und dem NZBC Symphony Orchestra unter Walter Susskind. Dann fuhr Kiri zu einem erneuten Vorsingen für Covent Garden nach London zurück. Joan Ingpen hatte dafür gesorgt, daß Colin Davis und Peter Hall, die 1971 Georg Solti ablösen sollten, sie hörten. Die beiden waren entzückt. Davis erinnerte sich noch, daß er Kiri bat, das »Lied von der Weide« aus Verdis *Otello* noch einmal zu singen. »Ich habe meinen Ohren einfach beim erstenmal nicht getraut«, sagte er später. »Ich mußte mich vergewissern, daß das nicht ein einmaliger Glücksstreffer gewesen war, aber je mehr ich von ihr hörte, desto bemerkenswerter erschien sie mir.«[15] Auch Peter Hall hatte ein Gefühl, das er zuletzt als Leiter der Royal Shakespeare Company gehabt hatte: Damals hatte der Schauspieler David Warner für die Rolle von Richard II. vorgesprochen, und Hall hatte sofort gewußt, daß Warner sein nächster Hamlet sein würde. Bei Kiri spürte er die gleichen Starqualitäten.

Schon bald wurde ein Vertrag mit Basil Horsfield vereinbart. Anfangs sollte Kiri 50 Pfund pro Woche erhalten, doch dieses Gehalt würde an ihren jeweiligen Erfolg in Covent Garden angepaßt. Bis 1975 benötigte Kiri immer noch die ausdrückliche Erlaubnis von Webster oder seinem Nachfolger John Tooley, um außerhalb der Company arbeiten zu dürfen. Kiri war erfreut und erleichtert: »Ich war fest davon überzeugt, daß die Queen die Leute von Covent Garden angerufen und ihnen gesagt hatte, daß sie mich an der Royal Opera engagieren sollen!«[16]

Eine wertvolle Perle

Als der neue musikalische Leiter der Royal Opera 1961 seinen Posten antrat, machte er seine Pläne von vornherein klar: »Ich habe nur einen einzigen Wunsch, nämlich aus Covent Garden das beste Opernhaus der Welt zu machen«, sagte Georg Solti[1]. Nach zehn turbulenten Jahren, in denen er sich antisemitische Schmähungen gefallen lassen mußte oder in denen schon einmal ein Kohlkopf auf der Bühne landete oder das Publikum »Weg mit Solti!« rief, hatte Solti sein Versprechen eingelöst, während die Wiener, Mailänder und New Yorker Opernhäuser mit den unterschiedlichsten finanziellen und künstlerischen Krisen zu kämpfen hatten.

Und Kiri befand sich im Zentrum der damaligen Opernwelt. Anders als im Opera Centre hatte sie in Covent Garden zahlreiche Bekannte und Freunde getroffen, zum Beispiel Teresa Cahill und Jeffrey Tate. Sie alle sollten unter Colin Davis arbeiten, dem Nachfolger von Solti.

Am meisten freute sich John Matheson, den Colin Davis als ersten Dirigenten gewählt hatte, über das Engagement von Kiri. »Ich habe zu meinen Kollegen sofort gesagt: ›Da gibt's diese wunderbare Sopranistin aus Neuseeland. Alle sagen, sie ist faul und anstrengend und fährt die ganze Zeit zu Wohltätigkeitskonzerten zurück nach Neuseeland, und alle haben die Schnauze voll von ihr.‹ Da hat Colin Davis gemeint: ›Wen meinst du denn? Sag schon, wie heißt sie?‹ Und ich habe geantwortet: ›Kiri Te Kanawa.‹ Da hat er gesagt: ›Dann brauchst du dir keine Gedanken mehr zu machen, die haben wir schon engagiert.‹«

Nach wechselhaften privaten und beruflichen Jahren stand Colin Davis vor einer wichtigen Saison. Er hatte eine Schar namhafter Sänger und Sängerinnen um sich gesammelt. Kurz nach ihrer An-

kunft Ende November 1970 stellte Kiri sich mit fünf anderen Neu-
erwerbungen des Covent Garden auf der großen Treppe vor dem
Opernhaus zum Phototermin auf. Schon bald erschien das Bild von
Kiri, Delia Wallis, Norma Burrowes, Alison Hargan, Nan Christie
und Teresa Cahill in der *Daily Mail.* »Damit Sie sehen, daß nicht
alle Opernsängerinnen über dreißig und übergewichtig sind«, lautete die Schlagzeile.

Ähnlich wie Kiri hatte auch Teresa Cahill ihre neue Tätigkeit in
Covent Garden voller Dankbarkeit und Ehrfurcht begonnen. »Das
Opera House hat seine Sänger damals sehr umsorgt. Wenn man dort
anfing, wußte man gleich, was man zu tun hatte. Die Leute berei-
teten einen mit Weitblick auf seine Aufgabe vor. Damals haben sie
uns viel mehr mit Glacéhandschuhen angefaßt als heute«, sagt sie.
Man scheute weder Kosten noch Mühe, wenn es um die Förderung
der Sänger ging. »Wenn wir erst einmal einen Vertrag hatten, konnten wir jeden Tag eine Übungsstunde haben, wenn wir das wollten.« Teresa Cahills erste große Rolle in Covent Garden war die Bar-
barina in einer Inszenierung der *Hochzeit des Figaro* unter Solti.

Kiri arbeitete eine Weile sowohl unter Solti als auch unter Colin
Davis. Davis hatte vor, die Saison im Dezember 1971 mit seiner
eigenen prachtvollen Inszenierung der *Hochzeit des Figaro* zu eröffnen. Davis' zaudernder Stil stand in krassem Widerspruch zu Soltis
stahlharter Entschlossenheit. Allerdings hatte er sich gleich zu Beginn seiner Zeit in Covent Garden mit dem Problem auseinandersetzen müssen, daß Peter Hall das eigene Haus verließ und das
National Theatre übernahm. John Matheson nutzte die allgemeine
Verwirrung sofort und schlug Kiri für die Paraderolle der Oper vor,
die liebeskranke Gräfin Almaviva.

»Zum Glück für sie wußten sie damals nicht so genau, wem sie
die Rolle sonst hätten geben sollen«, sagt Matheson. Die Südafrika-
nerin Wendy Fine und die Waliserin Gwyneth Jones waren im Gespräch gewesen, doch Matheson hatte sich für Kiri eingesetzt. Also
bat man Kiri zum Vorsingen vor Colin Davis und John Copley, der
sich noch vom Opera Centre an sie erinnerte und zögernd reagierte.
Doch Davis ließ sich von Mathesons Empfehlung überzeugen.
»Am Ende haben sie beschlossen: ›Gut, geben wir ihr eine
Chance‹«, erinnert sich Matheson.

Er versprach Kiris Gegnern, daß sie ihre Entscheidung nicht bereuen würden: »Ich habe gesagt: ›Ich verspreche, daß sie, was die Musik anbelangt, hundertprozentig präzise sein wird.‹« Ende 1970 begann Kiri das intensivste Übungsprogramm, das sie bis dahin absolviert hatte.

Zu Beginn von Davis' erster Spielzeit war überall noch die Präsenz von Solti zu spüren. Obwohl sein Zehnjahresvertrag abgelaufen war, sollte er weiter für Covent Garden arbeiten. Schon bald sorgte Joan Ingpen dafür, daß Kiri einen Termin zum Vorsingen vor Solti bekam, der gerade eine Neuinszenierung von *Carmen* besetzte, die in der Saison 1972/73 auf die Bühne kommen sollte. Ingpen sah Kiri eher in der Sopranrolle der Micaela als in der der Titelheldin, die sie im Jahr zuvor gesungen hatte. Kiri selbst war überwältigt von der Aussicht, vor Solti zu singen. »Sie ist normalerweise nicht nervös, aber vor Solti hat sie nicht sonderlich gut gesungen«, erinnert sich Ingpen. Obwohl sie Solti von Kiris Qualitäten zu überzeugen versuchte, blieb dieser unbeeindruckt. Statt dessen beauftragte er Joan Ingpen, eine seiner Favoritinnen, die ausgezeichnete italienische Sängerin Mirella Freni, für die Rolle zu engagieren. Doch Ingpen ließ nicht locker. »Ich habe einfach immer wieder vergessen, Mirella zu fragen«, erinnert sie sich lächelnd. »Ich wollte unbedingt, daß Kiri diese Chance bekommt.«

Kiri und Des hatten sofort nach Kiris Unterzeichnung ihres Vertrags begonnen, sich nach einem neuen Zuhause umzusehen. Sie entschieden sich gegen London und die Wohnungen dort, weil Kiri keine Lust hatte, jeden Tag zu einer »Topfpflanze auf dem Fensterbrett« nach Hause zu kommen. Statt dessen fuhren sie hinaus nach Esher in Surrey, wo sie ein kleines Häuschen auf dem Esher Palace Estate fanden, dem früheren Anwesen von Kardinal Wolsey. Es war klein, hatte aber einen schönen Blick auf die grasenden Kühe, die Kaninchen und die Eichhörnchen, die dort herumsprangen. In diesen ruhigen Hafen konnten sie sich aus der Hektik Londons zurückziehen. Kiri hatte ein wenig Geld von ihrer Tournee im Jahr 1970 gespart, und Des überwand seinen Stolz und bat seinen Vater um ein Darlehen von 2000 Pfund. Sie erwarben das Häuschen mit einer Hypothek von 9000 Pfund. Da ihre finanziellen Mittel damit erschöpft waren, suchten sie sich einen jungen Untermieter, mit dem Kiri sich jedoch schon bald zu streiten begann. Als er sich einmal weigerte, Kiri zum Bahnhof zu bringen, bat Kiri kurzerhand Des, ihn vor die Tür zu setzen. So wurde das Zimmer für Gäste wie Raewyn Blade oder sogar Kiris Exverlobten Brooke Monks frei, wenn sie sich in London aufhielten.

Kiris Hoffnungen, Nell und Tom nach England einzuladen, zerschlugen sich schon bald, als Nell wieder einmal ins Krankenhaus mußte, diesmal wegen eines Knotens in der Brust. Anfangs waren die Ärzte noch der Meinung, der Tumor sei gutartig, doch als sie ihn entfernen wollten, stellte sich heraus, daß er bösartig war. »Schließlich mußten sie ihr eine Brust abnehmen«, erinnert sich ihre Enkelin Judy Evans-Hita[2].

Doch auch im Krankenbett des Green Lane Hospital verlor Nell ihre Energie nicht. Kiris Tour mit Barbara Brown und ihr Auftritt zusammen mit Inia Te Wiata im Rahmen der Expo 70 im japanischen Osaka am 8. Juli, dem Neuseelandtag, hatte Kiri die Bezeichnung »Entertainer of the Year« für das Jahr 1970 eingebracht. Tom hatte die Auszeichnung bei einer Feier im Trillo's Westhaven Cabaret entgegengenommen, wo Kiris Dankesrede telephonisch übertragen wurde. Danach hatte Betty Hanson die Auszeichnung ins Green Lane Hospital zu Nell gebracht, wo diese sich damit ablichten ließ. »Mir geht's gut, und ich hoffe, in einer Woche wieder daheim zu sein«, erklärte sie den Reportern augenzwinkernd[3].

Doch ihr Optimismus hielt nicht lange an. »Sie erholte sich nicht und mußte noch einmal operiert werden«, sagt Judy. Die Familie machte sich große Sorgen um sie. »Sie hat gesagt, ihr geht's gut, aber sie wurde sehr schnell müde.«

Nell war sehr stolz auf Kiri und ihr Covent-Garden-Engagement, reagierte aber zunehmend niedergeschlagen auf die Trennung von ihrer Tochter. »Nana war am Boden zerstört, weil ihr Baby nicht bei ihr war«, sagt Judy.

Kiri hatte ihren Eltern schon bald mitgeteilt, daß sie wahrscheinlich wegen ihrer Rolle als Gräfin zwei Jahre lang nicht nach Neuseeland zurückkehren könne. Sie schrieb nur wenige Briefe nach Hause und wußte, daß sie ihre Mutter damit sehr traurig machte. Als diese sich wieder ein wenig erholt hatte, versuchte sie, sie mit langen Tonbandaufnahmen aufzumuntern und über den Verlust ihrer Brust hinwegzutrösten. Doch den Aufnahmen ist nicht nur Kiris Einsamkeit in London anzuhören, sondern auch ihre Unzufriedenheit darüber, daß Des immer mehr Kontrolle über ihr Leben erlangte.

Kiri hatte bereits mit den Proben zur *Hochzeit des Figaro* begonnen und sollte außerdem am 31. März zusammen mit der Royal Choral Society in der Royal Albert Hall in Händels *Messias* singen. »Natürlich bin ich im Augenblick der Liebling aller, aber allzu viele Freunde habe ich hier auch nicht«, teilte sie ihrer Mutter mit. »Wahrscheinlich hast du dir das schon gedacht«, fügte sie hinzu. »Das hat nichts mit Überheblichkeit zu tun, aber wenn man gerade dabei ist, seinen Weg zu machen, und eine potentielle Gefahr für die ›Alten‹ darstellt... die schon zwei oder drei Jahre dabei sind... tja, dann ist man einfach nicht so willkommen.«

Doch ganz allmählich schaffte es Kiri, den Blick von ihren Konkurrentinnen abzuwenden. »Eigentlich sind sie mir egal«, meinte sie. Statt dessen konzentrierte sie sich auf die wichtigen Männer des Hauses, auf Colin Davis und John Pritchard. »Es geht nicht nur um die Leistung«, sagte sie, »nein, die macht nur ungefähr 75 Prozent aus; die anderen 25 Prozent sind gute Verbindungen zu den richtigen Leuten in der Direktion.«

An dem Abend, an dem Kiri zum erstenmal ein Tonband für ihre Mutter besprach, sei Des, so Kiri, »zusammen mit seinen Freunden einen trinken« gewesen. Kiri füllte das Einstundenband ganz allein; Des hatte keine Lust, einen Gruß an seine Schwiegermutter daraufzusprechen. Kiri machte sich Sorgen darüber, daß die beiden immer noch nicht so gut miteinander zurechtkamen. »Er ist wirklich ein wunderbarer Mann, Mummy. Ich weiß, daß du ihn nicht sonderlich gut leiden kannst. Ich weiß, daß ihr euch nicht so gut versteht, weil ihr ziemlich unterschiedliche Vorstellungen habt, aber er mag dich wirklich, Mum, und ich weiß, daß er viel von Daddy hält. Er ist ein großartiger Ehemann. Ich kann nur hoffen, daß du ihn eines Tages auch gern haben wirst. Ich weiß, daß er kein einfacher Mensch ist, ja, es ist sogar sehr schwierig, ihn zu lieben... ich meine als Verwandten. Ich weiß auch, daß es jede Menge Mädchen gibt, die sagen: ›Mein Gott, dein Mann ist ja toll‹, und ich sage: ›Ja, ist er wohl.‹ Für mich ist er genau der Richtige, aber er versteht sich nicht mit allen.«

Tom und Nell hatten die Weihnachtszeit wie immer in Hatepe verbracht. Kiris Vater, der in jenem Jahr 69 wurde, arbeitete immer noch hart, weil die Te Kanawas praktisch ihr ganzes Geld in die Ausbildung ihrer Tochter investiert hatten. Sie hatten im Jahr zuvor eine zweite Hypothek aufgenommen, und als Kiris alter Simca, den mittlerweile Tom fuhr, allmählich den Geist aufgab, baten sie Kiri um 850 Pfund. Im Augenblick sei nicht der richtige Zeitpunkt, antwortete Kiri. »Wir haben gerade auch kein Geld«, meinte sie. »Tja, da müßt ihr wohl selber weitersparen.« Diese Auskunft muß Kiris Eltern besonders hart getroffen haben, weil ihre Tochter mittlerweile recht offen über das Geld sprach, das sie verdiente. »Es sieht ganz so aus, als würde dieses Jahr ziemlich lukrativ«, erklärte sie.

Zum erstenmal in ihrer dreijährigen Ehe konnte Des seine Frau nun mit teuren Geschenken, darunter Diamantohrringen, verwöhnen. Kiri liebte noch immer alle modischen Dinge. Bei einem Einkaufsbummel, erzählte sie ihrer Mutter, habe sie drei halblange Röcke, zwei Kleider, einen Hosenanzug, einen halblangen Mantel und ein Paar Stiefel gekauft. Des, der die Finanzen der beiden mit eiserner Hand regelte, konnte nicht allzuviel mit ihrer Verschwendungssucht anfangen. Kiri erzählte, daß er sich jeden Samstag mit ihr an den Küchentisch setzte, um ihre Ausgaben, ihre Briefe und ihre Verträge durchzugehen. Besonders genau wurden dabei immer Kiris Rechnungen unter die Lupe genommen. Des kritisierte Kiri immer wieder wegen ihrer mangelnden Disziplin. »Er ist schon ein komischer Kerl. Er sagt zu mir: ›Nun hast du dir wieder die ganzen Klamotten gekauft... Du hättest nicht soviel Geld ausgeben sollen.‹ Und ich sage dann: ›Ach, rutsch mir doch den Buckel runter. Wenn ich das Geld ausgeben will, mache ich das auch.‹ Und dann meint er: ›Wenn du dich nicht ordentlich aufführst, nehme ich dir dein Scheckheft weg.‹ Er behandelt mich wie ein Kind. Meine Nachbarin Jessica hat zu mir gesagt: ›Weißt du, Kiri, du bist eine erwachsene Frau, aber er behandelt dich wie ein Kind. Er traut dir nicht zu, daß du allein zurechtkommst.‹« Kiri schwieg einen Augenblick, bevor sie hinzufügte: »Aber eigentlich lasse ich mich gern wie ein Kind behandeln.«

Niemand verstand Kiris Bedürfnis, umsorgt zu werden, besser als

Vera Rosza. »Eine Gesangslehrerin ist wie eine Psychologin«, sagte Kiri später einmal[4].

»Sie muß sich frei entscheiden können. Man muß ihr helfen, darf sie aber nicht drängen«, meinte Vera Rosza. »Kiri ist ein Freigeist.«[5] Vera Rosza war der Ansicht, daß viele von Kiris Problemen mit ihrem frühen Erfolg zu tun hatten. »Sie hatte so viel Talent und sah so gut aus, da war ihr in Neuseeland alles in den Schoß gefallen. Sie hat gedacht, sie braucht bloß den Mund aufzumachen und einen schönen Ton herauszulassen, und das ist es dann auch schon. Aber in England gibt es hervorragende Musiker, und die wissen es besser als sie.«

Die Zusammenarbeit zwischen Vera Rosza und Kiri erwies sich schon bald als ausgesprochen fruchtbar. »Die höheren Register ihrer Stimme haben sich erst bei Vera richtig entwickelt«, sagt Teresa Cahill. »Das ist Veras Verdienst, sie hat ihr sozusagen das Sahnehäubchen obendrauf geschenkt.«

Auch mit der Interpretation ihrer Rollen kam Kiri inzwischen besser zurecht. Das hatte unter anderem mit ihrer Fähigkeit zu tun, die Ideen anderer aufzusaugen wie ein Schwamm, und mit Vera Roszas Originalität. »Ich glaube, sie waren ein ziemlich gutes Team, weil Vera großen Einfluß auf sie hatte«, meint Teresa Cahill. »Kiri ging die Dinge nicht mit dem Intellekt, sondern mit dem Instinkt an, und wenn man ihr die richtigen Ideen vorgelegt hat, hat sie was daraus gemacht.«

Kiri arbeitete zusammen mit Vera Rosza und John Matheson an ihrer Rolle im *Figaro*. Mit Ubaldo Gardini gingen sie das italienische Libretto Zeile für Zeile durch. Kiri war konzentriert wie nie zuvor. Wahrscheinlich ahnte sie, daß sie nie wieder eine solche Gelegenheit bekommen würde. »Ich wußte, daß ich nie wieder eine Rolle so gründlich würde studieren können. Sie haben versucht, mir alles innerhalb eines Jahres einzutrichtern.«

Während ihrer Vorbereitung auf den *Figaro* übernahm sie die Partie der hinter der Bühne singenden Priesterin in *Aida* sowie, als Zweitbesetzung, die Sklavin Liù in *Turandot*. Zwei Monate lang wartete sie vergeblich darauf, daß eine der beiden Sopranistinnen der Erstbesetzung ausfallen würde. Mittlerweile nahm sie zusammen mit anderen Solisten unter Colin Davis Kirchenmusik von Mozart für

Philips auf. Dann wurde sie als erstes Blumenmädchen in Wagners *Parsifal* und als Xenia in Mussorgskis *Boris Godunow* besetzt.

Kiri enttäuschte John Mathesons Vertrauen in beiden Aufführungen nicht. Als Xenia beeindruckte sie alle mit der Reinheit ihrer Stimme. »Sie stieg auf in dem Raum. Ein Theater ist ein Instrument, das man zum Klingen bringen muß, aber dazu braucht man die richtige Stimme, und die hatte sie.« Diese Leistung beruhigte Davis und seine Kollegen, die bis dahin immer noch an Kiri gezweifelt hatten. »Ich habe zu Colin und den andern gesagt: ›Seht ihr, ihre Stimme ist wie geschaffen für dieses Haus.‹«

Auch Donald McIntyre, der den Klingsor in *Parsifal* sang, sah die Fortschritte seiner Landsmännin. Wie viele Neuseeländer hatte er anfangs Vergleiche zwischen Kiri und Mina Foley angestellt. Doch jetzt merkte er, daß Kiri eine stabilere Persönlichkeit hatte. »Kiri war psychisch viel stärker«, sagt er. »Man hat sich um sie gekümmert und sie nicht so sehr gedrängt. Mina hingegen war ziemlich einsam in Italien. Sie hatte einfach eine ganze andere Mentalität. Ich glaube, Kiri hatte einen viel stärkeren Überlebenswillen.«

Diesen Überlebenswillen bewies Kiri bei *Parsifal*. Die Oper wurde von Reginald Goodall dirigiert, einem früheren Angehörigen von Mosleys Schwarzhemden, der im Ruf stand, Solti mit antisemitischen Bemerkungen angefeindet zu haben. Er betrachtete die neue Sopranistin von Covent Garden, in deren Adern Maori-Blut floß, während der gesamten Proben, so Kiri, »voller Verachtung«. Aber Kiri ließ sich nicht auf die Provokation ein.

Kiris Auftritt in *Parsifal* sollte dann doch noch direkten Einfluß auf eine Entscheidung von Georg Solti haben. Joan Ingpen half dem Maestro dabei, die Besetzung für eine wichtige *Parsifal*-Einspielung der Decca Ende des Jahres in Deutschland zusammenzustellen. Solti war nicht zufrieden mit dem Blumenmädchen, das die Decca wollte. Daraufhin schlug Ingpen Kiri für die Rolle vor und arrangierte ein weiteres Vorsingen in Covent Garden. »Sie war gut gewesen auf der Bühne und sang auch für Solti wunderbar. Sie gefiel ihm«, sagt sie. Ingpen nutzte die Gunst der Stunde. »Ich habe zu Kiri gesagt, sie soll die Micaela singen. Damit hatte sie nicht gerechnet, aber sie war ja schon eingesungen, hatte gar keine Zeit zum Überlegen und sang auch diese Rolle wunderbar.«

Daraufhin wandte Solti sich Joan Ingpen zu und fragte: »Hat Mirella denn keine Zeit?«

»Ich hab' vergessen, sie zu fragen«, antwortete Joan Ingpen.

»Na schön«, meinte Solti mit einem wissenden Lächeln.

Doch vorerst mußte Kiri sich noch vorrangig mit ihrer Rolle der Gräfin Almaviva im *Figaro* beschäftigen. Im Juni 1971 reiste sie auf Colin Davis' Vorschlag nach Santa Fe, um ihr Debüt in der Rolle abseits des Rummels von Covent Garden zu geben. Dort freundete sie sich mit der amerikanischen Mezzosopranistin Frederica Von Stade, die die Rolle des Pagen Cherubino sang, sowie mit Sam Niefeld an, der in der großen amerikanischen Agentur Columbia Artists tätig war und ihr sofort nach ihrem Auftritt das Angebot machte, sie in Amerika zu vertreten.

Als Kiri wieder nach London zurückkehrte, um sich auf die dortige Inszenierung des *Figaro* vorzubereiten, vergaß sie den Erfolg von Santa Fe schon bald wieder. Vier Monate vor der Premiere sah sie sich plötzlich jenem Mann gegenüber, der seit jeher ihr schärfster Kritiker gewesen war.

John Copley hatte ihr kindisches Verhalten in der *Zauberflöte* am Opera Centre nie vergessen. Er war von Anfang an gegen ihre Besetzung im *Figaro* gewesen. Doch seine Abneigung mobilisierte nur neue Energien in Kiri. »Wenn man am Boden ist, muß man sich wehren. Besonders weil die Leute in dieser Branche einem immer wieder den Schneid abzukaufen versuchen«, sagte sie später[6].

Copley bestand darauf, daß sie sechs Wochen vor den Stars zu proben begann, und fing mit ihr sozusagen bei Null an. »Er hat mich völlig verändert«, erklärte Kiri dem *Sunday Telegraph* seinerzeit. »Früher war ich eine Range, aber er hat mir beigebracht, wie man richtig geht und sitzt. Er hat eine Dame aus mir gemacht«, meinte sie lachend. »Er kann sich phantastisch auf Details konzentrieren, er hat mich sogar dazu gebracht, mir die Fingernägel wachsen zu lassen.«

Copley war wie John Pritchard und Basil Horsfield homosexuell. »Die besten Regisseure sind schwul – das sage ich ganz offen«, erklärte Kiri Jahre später in einem Interview. »Sie sind in der Lage, ihre eigenen Gefühle zu sublimieren und sich in die Frustrationen eines anderen Menschen hineinzudenken. Ein schwuler Regisseur ist im Regelfall sensibel und verständnisvoll. Er ist ganz nahe an den Schauspielern und den Sängern und der Arbeit dran.«[7]

Nach dem Ende der vorgezogenen Probenarbeit mit Kiri hatte auch Copley eine andere Meinung von ihr. Nun hielt er sie nicht mehr für das »alberne Mädchen« von früher. Außerdem verstand Kiri sich auf Anhieb mit Basil Horsfields Freund Geraint Evans, dem Figaro der Inszenierung. Sie kam auch gut zurecht mit dem kanadischen Bariton Victor Braun, der den Grafen sang, und mit ihrer neuseeländischen Landsmännin Heather Begg, der Marcellina. Nur mit der amerikanischen Sopranistin Reri Grist, der Susanna der Inszenierung, kam es zu Spannungen.

Doch im Verlauf der Proben wurde allen schon bald klar, daß Kiri sich gegen ihre Konkurrentin durchsetzen würde. Kiri erzählte später, Victor Braun habe sie auf einen Drink in ein Pub am Covent Garden eingeladen und ihr gesagt, daß sie kurz davor stehe, ein Star zu werden. »Ach, Unsinn. Ich bin doch noch in der Ausbildung«, hatte Kiri daraufhin erwidert[8].

Am Abend des 1. Dezember 1971 schließlich warteten alle voller Spannung auf den Beginn der Premiere und das Debüt des neuen musikalischen Leiters.

Colin Davis gab Kiri mittlerweile letzte Ratschläge. Er wußte aus Erfahrung, daß die schwierigste Stelle ihrer Partie die erste Szene der Gräfin ist, ihre Auftrittsarie im zweiten Akt. »Porgi amor« gilt als eine der schwierigsten Arien in der Welt der Oper überhaupt, weil sie sozusagen »aus dem Stand«, ohne jegliches Aufwärmen, gesungen werden muß. Davis riet Kiri, die ganze Arie vier- oder fünfmal in der Garderobe zu singen, bevor sie die Bühne betrat – ein Rat, den Kiri auch später noch befolgte. Als sich der Vorhang zum zweiten Akt hob, war eine blonde Kiri mit Pompadour und tief ausgeschnittenem, sich bauschendem Kleid zu sehen. Ihre Stimme war noch beeindruckender als ihr Aussehen.

»Ich weiß noch, daß sie das Publikum mit ihrer ersten Arie von den Sitzen gerissen hat«, erzählt Donald McIntyre. »Und dann hat sie die zweite Arie gesungen, und die Leute waren wieder aus dem Häuschen.« Kiris »Dove sono« am Ende des dritten Aktes hatte sogar noch größeren Erfolg.

Beim Schlußapplaus wurde sie mit Blumensträußen überhäuft.

Hinterher drängten sich Basil Horsfield, Vera Rosza, John Matheson und Horden weiterer Bewunderer in ihrer Garderobe. Des war ein wenig angetrunken und völlig euphorisch. Kiri selbst jedoch blieb angesichts ihres Triumphs ganz ruhig. »Ich fand es toll, daß sie kühl und beherrscht blieb. Sie war kein bißchen nervös... Aber am Ende hat sie dann natürlich doch gelächelt«, sagt Matheson.

Am nächsten Morgen wurde das Lächeln noch breiter, denn selbst die zurückhaltenden Londoner Kritiker griffen zu Superlativen. William Mann, der Kritiker der *Times*, schrieb, Kiris Gräfin »sieht aus und bewegt sich wie eine Teenager-Göttin. Sie meistert die beiden schwierigen Arien und die ebenso wichtigen Ensembles und Rezitative voller Würde und Sicherheit...«

Andrew Porter, der Kritiker der *Financial Times*, äußerte sich erst einen Tag später über »eine würdevolle und unvergeßliche junge Gräfin«. Porters Lob wurde noch Jahre später in Programmen auf der ganzen Welt abgedruckt. Seiner Ansicht nach hätte Colin Davis »keinen besseren Einstand« haben können. Doch im wesentlichen konzentrierte er sich in seiner Besprechung auf die junge Neuentdeckung. »Der neue Star ist Kiri Te Kanawa. Wir loben die junge neuseeländische Sopranistin schon seit Jahren... aber ihre bisherigen Auftritte haben uns nicht vorbereitet auf... nun, offen gestanden, auf eine Gräfin Almaviva, wie ich sie noch nie gehört habe, weder in Covent Garden noch in Salzburg oder Wien. Sie ist jung und hat eine volle Stimme; sie ist eine großartige, lebhafte Sängerin.«

Die ganze Woche über erschienen weitere Besprechungen. Desmond Shawe-Taylor, der Opernfachmann der *Sunday Times*, schrieb, Kiri sei »eine Sensation« gewesen, und zwar »zu Recht«. »Sie steht an der Schwelle zum internationalen Ruhm.«

Peter Heyworth vom *Observer* faßte es folgendermaßen zusammen: »Covent Garden hat in ihr eine wertvolle Perle.«

Kiri sollte später sagen: »Wenn mich jemand fragt, wann meine Karriere begann, antworte ich: ›Am 1. Dezember 1971: Peng, da war ich – wie eine Leuchtrakete.‹«[9]

Als Teresa Cahill ihr ein paar Tage nach der Premiere in Covent Garden begegnete, scherzte sie: »Mein Gott, schau dir nur diese Besprechungen an, wahrscheinlich meldet sich Karajan bald bei dir.«

Darauf antwortete Kiri lächelnd: »Das hat er schon.«

Für Beobachter wie Donald McIntyre lag der Schlüssel zu Kiris Erfolg in ihrer Stimme. »Es war eine große Stimme; sie hat alles mit der Stimme gemacht, nicht wie die Callas, die die Menschen auch als Schauspielerin gefesselt hat«, sagt er. »Sie ist keine Künstlerin wie die Callas. Kiri hat nicht sonderlich viele Nuancen, und sie bietet auch nicht viel Abwechslung, aber dafür schwingt in ihrer Stimme und in ihrem Aussehen immer ihre Seele mit.«

Auch Tom Hawkes sah Kiris Stimme als etwas Besonderes: »Sie ist weich und sinnlich«, sagte er. Doch seiner Meinung nach hatte Kiris Erfolg noch eine andere Dimension. »Es war das Gesamtbild. Sie war keine typische Diva, keine typische Opernsängerin. Sie war unglaublich schön und wirkte durch ihr Maori-Blut exotisch. Das war etwas völlig Neues«, meinte er.

Außerdem hatte Kiri natürlich auch Glück, denn sie läutete eine neue Ära für Covent Garden ein. »Die damaligen Diven waren alle schon ein bißchen angestaubt. Joan Carlyle stand am Ende ihrer Karriere. Das einzige Glamourgirl war Elizabeth Robson. Kiri hatte diese Frische, und wenn sie die Bühne betrat, sah sie einfach wunderbar aus.«

In den folgenden Wochen äußerten sich alle führenden Opernkritiker über die Neuentdeckung. Harold Rosenthal von der Zeitschrift *Opera* schrieb einen Leitartikel über den Doppelerfolg von Kiri und Colin Davis. »Covent Garden muß dafür sorgen, daß dieses große Talent sich nicht durch diese oder jene Rolle, dieses oder jenes lukrative Angebot weglocken läßt«, schrieb er über Kiri. »So etwas ist uns schon öfter passiert. In diesem Fall wäre es ein Verbrechen.«

Einen vergleichbar großen Überraschungserfolg hatte nur 1958 Joan Sutherland als Lucia in Franco Zeffirellis opulenter Inszenierung von Donizettis *Lucia di Lammermoor* in Covent Garden für sich verbuchen können. Auch sie war an einem einzigen Abend vom ganz normalen Ensemblemitglied zum Star aufgestiegen. Damals beherrschte sie nur noch zwei weitere Rollen auf Italienisch. »Tja, da war ich also plötzlich ein internationaler Star, hatte aber kein Repertoire, das ich auf den Bühnen der Welt singen konnte«, scherzte sie später.

Kiri war sogar noch schlechter dran. Abgesehen von der Micaela in Soltis *Carmen* hatte sie lediglich begonnen, sich mit der Rolle der Desdemona in *Otello* zu beschäftigen, die sie im folgenden Jahr an der Scottish Opera singen sollte. Außerdem waren noch die Amelia in *Simon Boccanegra* und die Donna Elvira in *Don Giovanni* im Gespräch. Letztlich war die Gräfin aber zu diesem Zeitpunkt die einzige Rolle, die sie wirklich beherrschte.

Nach dem Erfolg mit der *Hochzeit des Figaro* wurde Basil Horsfield mit Angeboten für Kiri überschüttet. Er nahm nur vier für die Rolle als Gräfin an, in Lyon im Frühjahr 1972, in San Francisco im Herbst desselben Jahres, in Bordeaux im Dezember und in Glyndebourne im Sommer 1973. Fast alles andere lehnte er ab.

In der Zwischenzeit sorgten Kiris Kollegen dafür, daß sie wieder auf den Boden der Realität zurückkehrte, obwohl das Publikum sie auch nach ihrem zweiten Auftritt bejubelte. Doch Vera Rosza und John Copley ließen sich nicht täuschen.

Nach ihrem Premierenerfolg schwänzte Kiri ihre wöchentliche Unterrichtsstunde bei Vera Rosza. Als diese ihr später erklärte, sie habe bei ihrem zweiten Auftritt müde geklungen, herrschte Kiri sie an, sie wolle sie nie wiedersehen. Doch bereits am folgenden Tag kehrte sie zu ihr zurück und entschuldigte sich.

Copley suchte Kiri nach ihrem dritten Auftritt in ihrer Garderobe auf. Er widersprach Kiri, die der Meinung war, ihre Leistung sei »toll« gewesen, und erklärte ihr, sie müsse sich anstrengen, um wieder das Niveau der Premiere zu erreichen. Auf seine Kritik reagierte sie wie gehabt: Copley mußte später zugeben, daß ihre letzten fünf Auftritte in der *Hochzeit des Figaro* tatsächlich alle toll waren [10].

Neue Welten

Am Abend des 20. Februar 1970 sang Kiri ihre letzte *Figaro*-Vorstellung an der Oper von Lyon. Auch diesmal wurde sie mit Beifall, Bravorufen und Blumen überschüttet. Kiri wollte sich an jenem Sonntagabend erst in ihrem Hotel umziehen und dann mit einigen Freunden bei einem Essen den Abschluß ihrer Aufführungsserie in der französischen Stadt feiern. An der Rezeption des Hotels wurde ihr jedoch mitgeteilt, daß Bill Denholm, der Mann ihrer Schwester Nola, aus Auckland angerufen habe und sie unbedingt sprechen wolle. Er hatte ihr ausrichten lassen, daß er später noch einmal anrufen würde.

Kiri wußte, daß es in Neuseeland früher Morgen war. Sie ahnte, daß etwas Ernstes vorgefallen sein mußte, sagte das geplante Essen ab und wartete mit ihrer Freundin Anne Howells nervös in ihrem Hotelzimmer. Als das Telephon wieder klingelte, so gestand Kiri später, schoß ihr zuerst der Gedanke durch den Kopf: »Welcher von beiden? Hoffentlich nicht Daddy.«[1] Sie seufzte erst einmal erleichtert auf, als sie hörte, es gehe um ihre Mutter. Dann brach sie in Tränen aus, als sie erfuhr, daß Nell gegen ein Uhr früh Ortszeit im Green Lane Hospital in Auckland gestorben war.

Nell war von der Krebsoperation im vorausgegangenen Jahr nicht mehr vollständig genesen. Sie hatte zusehends an Gewicht verloren; die einst robuste Frau war nur noch ein Schatten ihrer selbst gewesen. Die 74jährige hatte zudem unter finanziellen Sorgen zu leiden gehabt. Tom hatte schließlich aufgehört zu arbeiten, und noch einen Monat vor ihrem Tod hatte Nell das Haus in der Mitchell Street für 27 500 Dollar verkauft[2] und sich in ein schäbiges kleines Häuschen in der nahe gelegenen Wingate Street eingemietet.

Die Strapazen des Umzugs dürften ihre schwache Gesundheit sicherlich nicht gefördert haben. Drei Wochen später mußte sie wieder ins Krankenhaus eingeliefert werden. Zunächst zeigten sich ihre Angehörigen nicht sonderlich besorgt. Ihrer Enkelin Judy erzählte man es überhaupt erst zwei Tage später, am Sonntag. Judys Stiefvater hatte gemeint, es bestehe kein Grund, sofort an das Krankenbett der Großmutter zu eilen. »Er sagte: ›Wenn du sie heute besuchst, sind alle da. Geh lieber morgen, dann habt ihr mehr Zeit füreinander‹«, erinnert sie sich. »Doch gegen ein Uhr früh am Montag morgen lebte sie schon nicht mehr.«

Kiri traf eilige Vorkehrungen, am folgenden Tag über Paris nach Auckland zu fliegen. Zum Glück war die Nachricht am Ende ihrer Aufführungsserie in Lyon eingetroffen; auch in Covent Garden entstanden dadurch kaum Probleme, weil sie dort eine kleine Auftrittslücke hatte. Die Beerdigung wurde auf den Freitag jener Woche hinausgeschoben. Des holte Kiri in Auckland vom Flughafen ab.

»Zeit ihres Lebens wollte meine Mutter, daß ich das mache, was ich jetzt mache«, berichtete Kiri den wartenden Reportern. »Sie hegte Träume, die man lieber nicht hegen sollte, die jetzt aber allmählich wahr werden.«[3]

Die Trauerfeier fand in der St. Patrick's Cathedral statt. Wie bei Kiris Hochzeit fünf Jahre zuvor hatte sich vor der Kirche eine riesige Menschenmenge versammelt. Eine Horde von Photographen drängelte sich in Position, als die Trauergemeinde die Kirche betrat und nach dem Gottesdienst wieder verließ. »Das hat mich wirklich genervt«, meint Judy Evans-Hita. »Als wir Nanas Sarg vor der Kathedrale in den Leichenwagen heben wollten, mußten wir die Photographen bitten, aus dem Weg zu gehen. Das werde ich nie vergessen. Ich dachte, ›ihr Geier‹.«

Der engste Kreis – Tom, Kiri, Des, Nola, Stan und Judy – geleitete den Sarg zum Waikumete Lawn Cemetery, wo Nell in einem für sie und Tom vorgesehenen Grab beigesetzt wurde. Anschließend kamen zahlreiche Freunde und Bekannte in dem Haus und dem kleinen Garten in der Wingate Street zusammen. Nach dem Tod seiner Frau zeigte Tom wenig Interesse, in jenem Haus zu bleiben. Für ihn war Nells Tod ein schwerer Schlag; er wollte sich in das Häuschen in Hatepe zurückziehen und sich nur noch dem Angeln, dem Golfspielen und der Gartenarbeit widmen. Kiri war jedoch um sein Wohl besorgt und bestand darauf, daß er erst einmal für eine Weile mit ihr nach England kam.

Unmittelbar nach dem Tod ihrer Mutter blieb Kiri zumindest äußerlich relativ gefaßt. Erst im Laufe der folgenden Monate wurde ihr so richtig bewußt, welch starke und unterschiedliche Emotionen der Verlust ausgelöst hatte. Natürlich hegte sie Schuldgefühle über die Art und Weise, in der sich Mutter und Tochter nach der Übersiedelung nach England auseinandergelebt hatten. In ihrem letzten Gespräch hatte sich die Mutter über den mangelnden Austausch zwischen ihnen beschwert. »Liebling, du schreibst nie«, hatte sie geklagt.

»Vor ihrem Tod hat meine Mutter immer wieder darüber geklagt, wieviel Kummer ich ihr bereitet habe. Hätte man ihr doch nur klarmachen können, daß das ganz normal ist. Es war nicht meine Absicht, ihr weh zu tun. Ich habe sie immer geliebt«, beteuerte sie im Zusammenhang mit Nells leidvollem Abschied von London fünf Jahre zuvor. »Im Grunde wollte sie mich nicht hergeben, nicht einmal an die Musik.«[4]

Bedauern herrschte auch darüber, daß Nell nie gesehen hatte, wie wunderbar sich ihr früher Traum erfüllt hatte, und daß sie ihre Tochter nie auf der Bühne von Covent Garden erlebt hatte. Kiri konnte sich zumindest damit trösten, daß Nell in dem Wissen gestorben war, daß ihre Tochter mit ihrer Rolle im *Figaro* »den großen Sprung geschafft« hatte, wie sie es formulierte. Betrüblich war auch die Tatsache, daß Kiri ihre Mutter nie so richtig kennengelernt hatte. Die Dynamik ihrer Beziehung war natürlich mit den meisten Mutter-Tochter-Beziehungen vergleichbar. Nell hatte in Kiris ersten Lebensabschnitten eine ausgesprochen dominante Rolle gespielt. Angesichts der starken Persönlichkeiten der beiden Frauen war ein Bruch kaum zu vermeiden gewesen. Die beste Phase in ihrer Beziehung wäre sicherlich erst in Kiris reiferen Lebensjahren zu erwarten gewesen, doch nun mußte sie sich damit abfinden, daß sich eine Freundschaft zwischen ihr und ihrer Mutter nicht mehr entwickeln konnte. Das beklemmende Gefühl, das diese Erkenntnis auslöste, wurde sie nicht mehr los. »Ich hätte mir gewünscht, meine Mutter länger gekannt zu haben«, klagte sie.

Ein Teil von Kiri blieb angesichts des Todes ihrer Mutter jedoch vollkommen ungerührt. Die Bitterkeit der Auseinandersetzungen und die tiefe Schmach, die Nell ihrer Tochter gelegentlich bereitet hatte, ließen sich nicht so leicht vergessen. Ein paar Wochen später, als zwei alte Studienkolleginnen von St. Mary's sie in Esher besuchten, zeigte Kiri kaum Anzeichen von Traurigkeit, geschweige denn Trauer. Die beiden Jugendfreundinnen wußten um die Spannungen, die zwischen Kiri und Nell bestanden hatten, doch auf die offene Kritik, die Kiri damals während eines Essens an ihrer Mutter übte, waren sie in keiner Weise gefaßt.

Des unternahm bei dieser Gelegenheit wenig, um die Schimpftiraden einzudämmen. Er schwieg, während die übrigen Gäste stumm auf ihre Teller starrten. Dem armen Tom wurde es allerdings zuviel. Als Kiri nicht mehr zu bremsen war, legte er sein Besteck hin, schob seinen Stuhl zurück und stand von der Tafel auf. Wie einer der anwesenden Gäste berichtete, trat er ans Fenster und starrte fast den ganzen Abend über still in die Finsternis hinaus.

Während der schmerzlichen Zeit der Trauer stand Tom jedoch unter dem wachsamen Auge seiner Tochter. Im April reiste er mit ihr nach Schottland, wo sie mit den Proben für eine Neuinszenierung des *Otello* beginnen sollte, die im Mai Premiere hatte. Dies war Kiris Debüt in der Rolle der Desdemona, der unglücklichen Frau Otellos in Verdis erschütterndem Meisterwerk. Eine Gastspielreise mit sieben Aufführungen in Glasgow, Edinburgh und Aberdeen sollte als Warmlauf für das anschließende Rollendebüt in Covent Garden dienen. Ohne verständnisvolle Lehrer wie John Matheson oder John Copley fiel Kiri das Rollenstudium eher schwer. Mit dem italienischen Dirigenten Alberto Erede kam sie nicht so gut zurecht, und sie rang mit ihrer Partie, abgesehen von den beiden Nummern aus dem Schlußakt, dem »Lied von der Weide« und dem »Ave Maria«, die sie bereits aus ihrer Zeit an St. Mary's in Auckland kannte. Später gestand Kiri, daß der nachträgliche Schock über den Tod der Mutter das Ganze auch nicht gerade erleichtert hatte. Mitten in den Proben brach sie zusammen und mußte von ihrem Otello, Charles Craig, und dessen Frau betreut werden.

Kiris Desdemona entwickelte sich bald zu einem der Wunder der Opernwelt. Ihr offizielles Rollendebüt am 5. Mai im King's Theatre war jedoch alles andere als ein reiner Erfolg. Die Reaktionen resümierte der geachtete Kritiker Noël Goodwin später im Magazin *Opera*. Goodwin lobte die »seltene Schönheit« ihrer Stimme, attestierte ihrem Darstellungsstil jedoch einen »Mangel an emotionaler Ausdrucksvielfalt«. Für einen der Zuschauer im Saal war die Aufführung jedoch das Bewegendste, das er je erlebt hatte. Tom liefen die Tränen über die Wangen, als er seine Tochter zum erstenmal auf einer Opernbühne agieren sah. Anschließend beteuerte er gegenüber Kiri, wieviel es ihrer Mutter bedeutet hätte, dabeigewesen zu sein. Kiri versicherte ihm ihren eigenen Worten zufolge, daß »die Chefin« sicher immer noch irgendwo über sie wache und zusehe.

Trotz der offensichtlichen Anzeichen einer seelischen Instabilität, die Kiri in Schottland gezeigt hatte, füllte Basil Horsfield ihren Terminkalender weiterhin mit Engagements. Sie hatte sich verpflichtet, auf einer mörderischen Tournee fünf Konzerte und sechs Liederabende zu geben, die von der New Zealand Broadcasting Corporation übernommen wurden. Bei den Konzertterminen wechselten sich das NZBC Symphony Orchestra unter der Leitung von John Matheson und die Symphonia of Auckland unter Juan Matteucci ab. Ihre bewährte Partnerin Barbara Brown begleitete sie bei den Liederabenden, bei denen Kiri einige ihrer Lieblingsarien aus Opern von Händel, Gounod und Mozart darbot. Das Programm bereitete ihr keinerlei Probleme, doch elf Auftritte in drei Wochen bedeuteten eine enorme Strapaze. Als Kiri in Dunedin gastierte, mußte sie sich vor ihrem Auftritt hinlegen, um Schlaf nachzuholen.

Die Stadthalle von Dunedin verfügte über so viele Plätze, daß die obere Galerie seit Jahren geschlossen geblieben war. Zu Kiris Auftritt wurde jedoch das gesamte Haus geöffnet, um das Rekordpublikum von 3000 Zuhörern aufzunehmen. Matheson hatte beschlossen, an seinen Tourneeterminen das selten zu hörende Werk *La Damnation de Faust* von Berlioz zu spielen. Weil Kiri mit ihrem Part, dem der Marguerite, erst im zweiten Teil in Aktion trat, blieb sie zunächst in ihrem Hotel. Matheson erinnert sich an die makabre Farce, die sich daraufhin abspielte und die fast den Abend verdorben hätte. »Sie blieb in ihrem Zimmer im Southern Cross Hotel und nahm sich zu der vereinbarten Zeit, fünfzehn oder zwanzig

Minuten vor dem Ende des ersten Teils, ein Taxi«, erzählt er. »Sie kam zum Bühneneingang der Stadthalle, klopfte an die Tür, doch es rührte sich niemand. Sie klopfte und klopfte und klopfte und geriet beinahe in Panik, wie sie mir später gestand. Schließlich tauchte ein älteres Faktotum auf, öffnete die Tür einen Spalt und sagte: ›Ja?‹ Sie wollte ihm klarmachen, wer sie sei, doch er ließ sie nicht hinein. Er meinte: ›Tut mir leid, wir sind mitten in einer Vorstellung, da können Sie nicht einfach reinplatzen.‹ Schließlich konnte sie sich ihm doch noch verständlich machen.«

Im großen und ganzen löste die Tournee in Neuseeland das übliche positive Echo aus; besondere Lobeshymnen erntete Kiri in Gisborne bei ihrem bis heute letzten Auftritt in ihrer Heimatstadt. Im Laufe der Gastspielreise wurde jedoch klar, daß Kiris Energieniveau gefährlich absank. Als die Liederabende anstanden, war die Sängerin fast erschöpft. Barbara Brown wußte, daß Kiri wenig dazu beitrug, sich zu schonen. Wie eh und je liebte sie das Nachtleben, und die Tournee bot die ideale Gelegenheit, sich mit alten Freunden zusammenzutun. Darunter litt natürlich ihre Stimme. »Kiri wollte das Leben genießen und bekam einfach nicht genug Schlaf«, berichtet Brown. »Das wirkte sich sofort auf ihre Stimme aus. Sie neigte dazu, leicht zu tief zu singen.«

Schließlich nahm Brown Desmonds Hilfe in Anspruch. Des reiste von Australien aus nach und begleitete seine Frau auf einem Teil der Tournee. Brown wußte, wie weit Des gehen konnte, um Kiris Disziplinlosigkeit zu zügeln. Er hatte Brown einmal erzählt, wie er seine Frau daran hinderte, nach dem »Zapfenstreich« noch auszugehen. »Er schloß Kiri in ihrem Zimmer ein und saß die ganze Nacht auf einem Stuhl vor der Tür, damit sie sich nicht davonstehlen konnte«, weiß sie zu berichten. Auch damals sorgte Des dafür, daß sich Kiri die nötige Ruhe gönnte, um die Tournee durchzustehen. Brown ist heute noch derselben Meinung wie vor dreißig Jahren. »Des hat verdammt viel mitgemacht. Ich denke, ihren Erfolg verdankt sie ganz allein ihm.«

Im September 1972 sang Kiri in San Francisco fünfmal die Rolle der Gräfin Almaviva, die bald als eine ihrer Glanzpartien gefeiert wurde. Als sie nach der Premiere den jubelnden Schlußapplaus entgegennahm, schweifte ihr Blick über den Saal, in dem sie eine ganz bestimmte Person suchte. Unter den Zuschauern befand sich, aufgeregt wie ein Teenager, die siebenundsiebzigjährige Schwester Mary Leo, die ihre einstige Schülerin zum erstenmal in der Rolle sah, mit der sie zum Star aufgestiegen war. Dank der großzügigen Unterstützung wohlhabender Gönner unternahm Schwester Mary Leo ihre erste Reise außerhalb Australiens und Ozeaniens. Inzwischen wirkten die Eliteschüler der Nonne an den großen Opernhäusern der ganzen Welt. Die Pädagogin reiste vier Monate lang durch Amerika und Europa, um möglichst viele ihrer einstigen Schülerinnen zu besuchen. »Davon hatte sie jahrelang geträumt«, erzählt ihre Reisebegleiterin, Schwester Margaret Browne[5].

Schwester Mary Leo und Schwester Margaret gewannen Einblick in die feinen Kreise, in denen sich das Mädchen von St. Mary's inzwischen bewegte. Nach der Eröffnungsvorstellung nahm Kiri sie mit zu einer Premierenfeier im 52. Stock eines Wolkenkratzers. »Das war eine ganz neue Welt«, erinnert sich Schwester Margaret.

Und diese Welt war auch ganz besonders auf sich selbst fixiert, wie es Schwester Margaret schien. »Diese Opernleute waren so versessen darauf, die Kritiken vom nächsten Tag zu lesen, daß sie gleich alle Zeitungen kauften, um zu sehen, wie sie aufgenommen wurden«, erzählt sie. »Sie schienen mit den Namen sämtlicher Musikkritiker vertraut zu sein und wollten unbedingt wissen, wer was über sie schrieb.«

Obwohl die Aufführung bei den Zuschauern offensichtlich gut angekommen war, wirkte Kiri bei der Premierenfeier alles andere als gelöst. »Man war ziemlich angespannt, denn man wußte noch nichts. Sie hatte jubelnden Beifall erhalten, und aus der Sicht des Publikums sah alles bestens aus, aber es war trotzdem sehr wichtig zu wissen, was die Kritiker zu sagen hatten«, erklärt die Nonne. »Ein paar Tage später gab der neuseeländische Konsul Kiri zu Ehren eine große Cocktailparty. Da ließen sich Kiri und die anderen Sänger immer noch über die Kritiken aus.« Damals hatte sie auch allen Grund dazu. Der *Figaro* von San Francisco war ein weiterer Triumph für Kiri Te Kanawa. Wenige Wochen später nahm Kiris begeistertes Interesse an den Kritiken ihren eigenen Worten zufolge indes ein jähes Ende.

Schwester Mary Leo, die nach England mitgereist war, saß abermals im Publikum, als Kiri ihre Glanzrolle in einer Wiederaufnahme des *Figaro* in London sang. Doch diesmal äußerten drei führende Kritiker – William Mann von der *Times*, Ronald Crichton von der *Financial Times* und Arthur Jacobs von *Opera* – gewisse Vorbehalte gegenüber der Sensation des Vorjahres. Ihre Hymnen beschränkten sich auf die rumänische Sopranistin Ileana Cotrubas in der Rolle der Susanna. Jahre später gestand Kiri ihrem offiziellen Biographen David Fingleton, daß dies ein Wendepunkt für sie gewesen sei. In dem Buch wird den Äußerungen der Kritiker zwar »ein gewisses Maß an sachlicher Wahrheit« zugesprochen, doch Kiri beschloß damals ein für allemal, sich nicht mehr um die Kritiken zu kümmern. »Und sie tut es auch nicht«, erklärte der Biograph. »Sie macht sich selten die Mühe, sie zu lesen, und überläßt es Desmond, an Abenden zu Hause vor dem Fernseher die Zeit damit auszufüllen, die diversen Pressenotizen über ihre Auftritte auszuschneiden und abzuheften.«

Kiris Hang zu solcher Überheblichkeit war natürlich nichts Neues. In diesem Fall war ihre Entscheidung allerdings ein Akt des reinen Selbstschutzes. Zwölf Monate nach ihrem ersten Londoner Triumph hatte sie einen schwindelerregenden und bisweilen wahrlich furchterregenden Gipfelpunkt in ihrer Karriere erreicht. Sie gab selbst zu, daß sie sich bisweilen fragte, ob ihr Aufstieg nicht zu schnell erfolgt war. »Ich hätte mehr von den Priesterinnen und Blumenmädchen singen sollen. Im Grunde hatte niemand erwartet, daß der *Figaro* so gut laufen würde. Im Hintergrund meinten alle immer nur, wie unbrauchbar ich sei, wie träge, und daß ich es nie zu etwas bringen würde – was unterschwellig absolut stimmte. Ich wußte, daß ich ungenügend war. Ich bin darauf nicht stolz, aber ich gebe es offen zu.«

Trotz all des vordergründigen Selbstbewußtseins war und blieb sie genauso anfällig für innere Zweifel wie eh und je. Aber sie zog es vor, den Blick nicht auf die Tatsachen zu richten. Für ihre Chefs an der Royal Opera galt im Grunde das gleiche. Nachdem ihnen die Überraschungssensation geglückt war, die höchstens einmal pro Generation eintritt, richteten sie ihren Blick nur noch in den Himmel.

Zu Beginn des Jahres 1973 – nach einem kurzen Urlaub auf Malta, wo Kiri und Des ein kleines Apartment mieteten – kehrte die Sopranistin an das Opernhaus von Covent Garden zurück, um die Herkulesarbeit in Angriff zu nehmen, die in diesem Jahr vor ihr lag. Ihre Aktien waren dort so sehr gestiegen, daß sie im Januar ein Stipendium erhielt, das es ihr ermöglichen sollte, sich auf den nächsten Abschnitt ihrer Laufbahn vorzubereiten. Das Drogheda-Mayer-Stipendium erlaubte es ihr, nach Mantua zu reisen und sich von dem berühmten Lehrer Campogalliani unterweisen zu lassen. In der italienischen Stadt nahm sie sich Zeit, die drei neuen Rollen einzustudieren, die im kommenden Jahr im Vordergrund stehen sollten: Micaela in *Carmen* unter Solti, Amelia in *Simon Boccanegra* mit John Matheson sowie Donna Elvira in *Don Giovanni* mit Colin Davis.

Ursprünglich hatte man Kiri nur die ersten beiden Rollen angetragen. Die *Carmen* sollte im April und *Simon Boccanegra* im September anlaufen. Ähnlich wie bei der Partie der Gräfin hatten Vera Rosza und John Matheson einen sorgfältigen Plan ausgearbeitet, nach dem Kiri die beiden neuen Rollen so detailliert wie möglich einstudieren sollte. Dieser Plan wurde jedoch von Colin Davis vereitelt, der Kiri bat, zusätzlich die Rolle der Donna Elvira für eine Plattenaufnahme zu lernen, die er in jenem Frühjahr für Philips einspielen sollte. Er trug ihr außerdem an, bei der Eröffnung der Produktion in Covent Garden im April für Wendy Fine und bei der ersten Wiederaufnahme im November für die italienische Sopranistin Margherita Rinaldi diese Rolle als Zweitbesetzung zu übernehmen.

Das Arbeitspensum war beängstigend. Basil Horsfield füllte Kiris Terminkalender mit weiteren, oft lukrativen Engagements, und so stand sie vor dem bislang strapaziösesten Abschnitt ihrer Laufbahn. Die Proben für *Carmen* mit Solti begannen kurz nach dem Abschluß der Platteneinspielung. Soltis Zweifel an Kiri waren endgültig zerstreut. Die beiden kamen blendend miteinander aus. »Es war eine musikalische Verbindung, die der Himmel gestiftet hatte«, meint Joan Ingpen, Soltis engste Vertraute in jener Zeit, mit einem Schmunzeln.

Daß Kiri mit ihren Reizen ihre männlichen Kollegen bezaubern konnte, gab immer häufiger Anlaß zu Neid, Mißgunst und Gerüchten. Weder Colin Davis noch Georg Solti machten ein großes Geheimnis daraus, daß sie insgeheim in sie vernarrt waren. Einmal sah

Davis' Sekretärin, wie er sich in seinem Büro mit Kiri auf dem Boden wälzte. Davis gab später eine eigene Deutung dieser Episode und erklärte, sie hätten sich einen »Ringkampf« geliefert. »Keiner weiß warum, aber so war es nun einmal«, meint er. Der feingliedrige Davis hatte sich in dem ehemaligen Raufbold von der Blockhouse Bay allerdings den falschen Gegner ausgesucht. Als die Sekretärin sah, wie Kiri den armen Davis im Klammergriff hielt, bekam sie es mit der Angst. »Sie rief sogar meine Frau an, um ihr mitzuteilen, daß ich mit einer Primadonna auf der Matte lag und daß es so aussah, als würde ich unterliegen.«[7]

Georg Soltis Vorliebe für weibliche Formen war sogar noch legendärer. Seine zwanzig Jahre während erste Ehe mit Hedwig Oeschli endete 1967, als er die BBC-Redakteurin Valerie Pitts kennenlernte. Sie hatte den Maestro in einem Londoner Hotel besucht, um ihn zu interviewen. Als das Interview zu Ende war, hatte »eine heftige Affäre«, wie er es später nannte, begonnen. Valerie war 27, also etwa halb so alt wie der damals 52jährige Solti. Sie übte fortan den größten Einfluß auf ihn aus, doch selbst sie konnte nicht verhindern, daß ein Funkeln in seinen Augen aufleuchtete, sobald er sich in der Gegenwart einer schönen Frau befand.

Zu seinen »Favoritinnen« zählten die Amerikanerin Mary Costa, die Engländerin Elizabeth Robson, die Italienerin Mirella Freni und die Spanierin Teresa Berganza. Diesem kosmopolitischen Zirkel gehörte bald auch Kiri Te Kanawa an. »Er mochte gutaussehende Frauen, das läßt sich nicht bestreiten. Zwischen ihm und Kiri hat es sofort gefunkt. Aber ich glaube, weiter ging es in diesem Fall nicht«, meint Joan Ingpen.

Dies dürfte nicht unbedingt an der mangelnden Initiative auf seiten Soltis gelegen haben. Kiri hatte Ende 1971 bei der *Parsifal*-Einspielung in Wien erstmals mit Solti zusammengearbeitet. Einer Freundin erzählte Kiri, Solti habe einmal bei einem Engagement in Übersee mitten in der Nacht an ihre Hotelzimmertür geklopft.

»Kiri, laß mich rein«, hatte er geflüstert. Als Kiri den Maestro aufforderte, in sein Zimmer zurückzugehen, blieb dieser hartnäckig. »Komm schon, Kiri. Mach auf. Keiner wird etwas erfahren.«

»Und ob«, erwiderte Kiri. »Valerie wird es als erstes erfahren, weil ich es ihr nämlich sagen werde.«

Kiri sah nichts Unrechtes darin, aus ihrer Schönheit Kapital zu schlagen, und machte auch kein Geheimnis daraus, daß sie die Gesellschaft von Männern schätzte. »Ich mag Männer«, gestand sie einer Kollegin in Covent Garden. »Was ist daran auszusetzen?« In der Londoner Musikszene war klar, daß ihre halb verführerische, halb unnahbare Art ihre Anziehungskraft nur noch verstärkte. »Viele Dirigenten waren in sie verknallt«, sagt ihre alte Freundin Mary Masterton, der Kiri sich in ihrer Anfangszeit in Covent Garden häufig anvertraute. »Sie nutzte das aus, weil sie wußte, solange Des da war, würde es nie über einen gewissen Punkt hinausgehen. Es war ideal für sie. Sie arbeitete mit guten Leuten und hatte Des, der auf sie aufpaßte. So wurde es nie brenzlig für sie.«

Kiri selbst räumte einmal ein, wenn auch indirekt, daß sie sich in viele der Männer verliebte, mit denen sie zusammenarbeitete. »Unsere Arbeit bringt sehr viel Leidenschaft mit sich, und oft bestehen starke Gefühle zwischen Sängern«, bekannte sie 1992. »Manche lassen sich von dieser Leidenschaft hinreißen. Manch ein Kollege hat sich in meine Stimme verliebt und dann geglaubt, er sei in mich verliebt. Mir geht es umgekehrt genauso, aber bei mir geht es nie so weit, daß ich den Kopf verliere.«[8]

Unabhängig davon, wie sich die persönliche Beziehung zwischen Kiri und Solti gestaltet haben mag, war absolut klar, daß die beiden auf musikalischem Gebiet von Anfang an vollkommen harmonierten. Ähnlich wie Vera Rosza strahlte Solti eine überwältigende Energie aus. Es war fast so, als lieferten diese Energiebündel den nötigen Ausgleich für Kiris lässige Art. »Beide sind ungarische Juden, und es ist einfach irre, wieviel Energie sie aufbringen, allein um über Musik nachzudenken«, sagte sie einmal. »Sie sind bei ihrer Arbeit so konzentriert, daß sie es manchmal sogar schaffen, aus einem so trägen, lethargischen Menschen wie mir einen regelrechten Workaholic zu machen.«[9] Kiri gestand, ohne Soltis und Roszas inspirierenden Einfluß »hätte ich nie die Fähigkeit, das Wissen und den Elan gehabt, das zu machen, was ich mache«.

Die Qualität des Ensembles, das Solti zusammengestellt hatte, beflügelte Kiri noch zusätzlich. Shirley Verrett sang die Partie der Carmen; die Rolle des Don José wurde mit dem rapide aufsteigenden Plácido Domingo besetzt. Kiri gestand später, daß es nur mit dem Regisseur Michael Geliot, der für Franco Zeffirelli eingesprungen war, gewisse Reibungen gab. Er hatte verlangt, daß sie während der Proben die Arie der Micaela aus dem dritten Akt vor dem gesamten Ensemble singt. »Fies, wie ich nun einmal bin, habe ich sie eine Oktave tiefer gesungen«, sagte sie später[10]. Geliot fand das gar nicht komisch.

Im Juni wurde Kiris bemerkenswerte Entwicklung zu ihrer eigenen Überraschung mit der Verleihung des Ordens des Britischen Empire gewürdigt. Als ob dies nicht schon genug der Ehre gewesen wäre, sorgte die Queen für eine weitere Überraschung, als Kiri mit Des in den Buckingham-Palast kam, um die Auszeichnung in Empfang zu nehmen: Die Königin sagte nämlich, sie erinnere sich noch an ihren Auftritt in Dunedin drei Jahre zuvor. Bei der Galapremiere von Soltis *Carmen* am 4. Juli wurde Kiri der Königinmutter vorgestellt. Die herzliche Begrüßung ließ erkennen, daß Kiri immer mehr zum Liebling der Royals wurde.

Die *Carmen* selbst war eher von mäßigem Erfolg. Das einzige Lob wurde Kiri und José Van Dam gezollt. »Kiri Te Kanawa gab die Rolle der Micaela mit ihrem vollen, lieblichen Sopran und ließ die Figur natürlicher und ansprechender erscheinen, als dies gewöhnlich der Fall ist«, schrieb Desmond Shawe-Taylor in der *Sunday Times*. Kiri hatte kaum Zeit, sich um die Kritiken zu kümmern, selbst wenn sie sich dafür interessiert hätte. Sie reiste sofort nach Glyndebourne, um mit den Proben zu Peter Halls Inszenierung der *Hochzeit des Figaro* zu beginnen. Danach ging es zurück nach Covent Garden, wo sie, wiederum unter den fähigen Händen von John Copley und John Matheson, in die neue Rolle der Amelia in *Simon Boccanegra* schlüpfte.

Matheson fand Kiri diesmal sogar noch faszinierender als bei ihrer ersten Begegnung im New Zealand House. Er hatte den Eindruck, daß sie sich musikalisch und persönlich entwickelt hatte. Aus dem nervösen Neuling war ein selbstsicherer, gelegentlich sogar anspruchsvoller Star geworden. Kiri begegnete Matheson nach wie vor respektvoll und aufgeschlossen. »Wir kamen gut miteinander aus«, erinnert er sich. Als Matheson auf ihrer letzten gemeinsamen Reise nach Neuseeland jedoch mit anhören mußte, wie der Tourneemanager wegen eines unzulänglichen Hotelzimmers zur

Schnecke gemacht wurde, wußte er, worauf er sich gefaßt machen mußte, für den Fall daß ihre Freundschaft einmal verblassen sollte. Kiri hielt dem Manager eine gehörige Standpauke, weil er sich um irgend etwas nicht gekümmert hatte. »Der arme Kerl war völlig verängstigt, absolut sprachlos.«

Kiris mangelnde Selbstsicherheit war nach wie vor ein zentraler Zug ihres Wesens. Ihre zickige Abwehrhaltung äußerte sich bisweilen immer noch in einer scheinbar unnötigen Biestigkeit. Trotz gegenteiliger Behauptungen behielt Kiri beispielsweise ihre pubertäre Angewohnheit bei, sich zwanghaft auf Rivalinnen zu fixieren. Matheson erinnert sich, wie Kiri eine andere Sopranistin einmal als »meine Feindin« bezeichnete. »Ich sagte: ›Das ist Unsinn. Sie ist nicht deine Feindin. Sie kann dir gar nicht das Wasser reichen. Sie wird sich wie von selbst auflösen.‹ Und so war es auch, aber ich glaube, Kiri hat ein bißchen nachgeholfen.«

Es kam auch vor, daß sie sich allzu wörtlich an das Sprichwort »Bescheidenheit ist eine Zier, doch weiter kommt man ohne ihr« zu halten schien. »Sie kam und machte ihre Arbeit und plauderte nett in der Kantine, aber sie sorgte für viel Verdruß und Ärger. Niemand mochte sie so richtig leiden«, gesteht Matheson. »In der Oper hatte sie keine engen Freunde. Ihre Freunde hatte sie außerhalb des Hauses.«

Es blieb natürlich nicht aus, daß Kiris Feinde Zwietracht säten. Eine Kollegin prägte eine besonders unfreundliche und ungerechte Abwandlung von Nelsons gemeiner Beschreibung für Lady Caroline Lamb: »Mad, bad and dangerous to know.« Über Kiri zirkulierte in London bald der Spruch: »Ugly, vicious and can't sing a note« – »Häßlich, niederträchtig und unfähig zu singen«. Kiri hatte sich jedoch längst an solche Mißgunst gewöhnt. »Die sitzen nur da und warten, bis du eine falsche Note singst«, sagte sie einmal über ihre Rivalen. »Wenn du eine Kehlkopfentzündung hast, lachen sie sich heimlich ins Fäustchen.«

Bereits während ihrer epischen Vorbereitungen auf den *Figaro* wußte Kiri, daß sie nie wieder den Luxus genießen würde, ein ganzes Jahr auf das Studium einer Rolle verwenden zu können. Verdis komplizierte Arien mußte sie sich in der Tat in viel kürzerer Zeit aneignen. Ihre Vorbereitungen für *Simon Boccanegra* wurden durch anderweitige Projekte in Covent Garden nicht gerade erleichtert. Die Wiederaufnahme des *Don Giovanni* unter Colin Davis war für Ende November geplant. Weniger als zwei Monate vor der Premiere gab die italienische Sopranistin Margherita Rinaldi bekannt, sie erwarte ein Kind, und sagte ab. Nun mußte Kiri also den großen Schritt wagen, die Rolle der Donna Elvira vom Plattenstudio auf die Opernbühne zu übertragen.

Selbst kurz vor der Premiere von *Simon Boccanegra* war sich Kiri in manchen Passagen noch unsicher. Sie machte nie ein Hehl daraus, wie schwer es ihr bisweilen fiel, sich Texte einzuprägen. »Ich bin absolut auf den Souffleur angewiesen. Das ist vielleicht mein größtes Problem«, gestand sie einmal. »Die Verantwortlichen behaupten immer, dafür sei kein Geld da und auch keine Zeit, und ich sage immer, das muß drin sein – ohne Souffleur kann ich mich nicht auf die Bühne stellen.«[11]

Inzwischen verfügte sie über ganz eigene Hilfsmittel gegen ihre unangenehmen Anflüge von Vergeßlichkeit. »Manche Sänger haben panische Angst, sie könnten den Text vergessen, doch wenn mir das passiert, dann erfinde ich einfach irgendwas. Da kenne ich keine Skrupel«, gab Kiri einmal zu. »Solti ruft in solchen Fällen immer ›Chinesisch, Chinesisch‹, denn er meint, keiner würde es merken, wenn man sich chinesische Wörter einfallen läßt.«[12]

Bei der Premiere von *Simon Boccanegra* mußte John Matheson sich etwas einfallen lassen, um Kiri zu »retten«. Später erinnerte sich der Dirigent: »Der *Boccanegra* lief sehr gut, doch Colin hatte den *Don Giovanni* davorgestellt, denn er wollte ihn für die Platte einspielen, und so wurde die sorgfältig geplante Abfolge von Premieren plötzlich über den Haufen geworfen, weil keine geringere Rolle als die der Elvira eingeschoben wurde. Kiri hatte eigentlich gar nicht die Zeit, sich richtig auf *Boccanegra* vorzubereiten, aber das war nicht ihre Schuld.«

Bei der Eröffnungsvorstellung war Kiri fast durchweg bei bester Stimme. Kurz vor dem Schlußensemble bemerkte Matheson jedoch die untrüglichen Anzeichen der Ermüdung in ihren Augen. »Ich sah, wie sie mich mit leerem Blick von der Bühne herab anstarrte, als wolle sie sagen: ›Und was kommt jetzt?‹«, erinnert er sich. »Sie wußte es nicht mehr genau, und so zeichnete ich mit der linken Hand den schwierigen verschränkten Rhythmus in die Luft, und sie folgte mir! Und ich zeichnete den Verlauf der Melodie, auf und ab. Es hat wunderbar geklappt«, erzählt er schmunzelnd.

Das Echo der Kritiker rechtfertigte Kiris Entscheidung, sie zu ignorieren. Die meisten waren viel zu sehr damit beschäftigt, sich für ihr umwerfendes Aussehen und ihr stimmliches Feuerwerk zu begeistern, als daß sie ihre Schwierigkeiten überhaupt bemerkt hätten. Die graue Eminenz von *Opera*, Harold Rosenthal, bezeichnete sie als »die Offenbarung des Abends«. »Das war Verdi-Gesang auf höchstem Niveau.« Stanley Sadie von der *Times* stieß ins selbe Horn und schrieb: »Sie lebt die Rolle; ihr Gesang ist gefärbt von Liebe, Angst, Verzweiflung und all den Emotionen, von denen die Figur erfüllt ist, und ihr Bühnenspiel ist anmutig und voller Leben und Gefühl.«

Kiri hatte weniger als drei Wochen Zeit, um von der kühlen und vergeistigten Amelia zu der tigerhaften Donna Elvira zu wechseln. Zum Glück standen ihr John Copley und Colin Davis hilfreich zur Seite. Neben vertrauten Gesichtern wie Teresa Cahill in der Rolle der Zerlina und Ryland Davies als Ottavio gehörten der Besetzung auch ausländische Gäste an. Als der italienische Baß Cesare Siepi eintraf, wußte er gar nicht, daß der neue Star von Covent Garden aus Neuseeland und nicht aus Japan stammte. »Wo ist die Kanawa?« fragte er, als er zu den Proben erschien.

John Copley und der Bühnenbildner Stefanos Lazaridis fanden die pittoresken Inszenierungen der vergangenen Jahre langweilig und präsentierten eine kühne modernistische Bühnenausstattung aus schweren Metallröhren. Das Ganze erinnerte an ein hell beleuchtetes Gerüst. Die Mitglieder des Ensembles verloren in den Lücken zwischen den Röhren regelmäßig den Halt. Beim Schlußapplaus wurden Copley und Lazaridis ausgebuht.

Kiri entsprach abermals allen Erwartungen. William Mann beschrieb sie in der *Times* als »einsam-verzweifelte Tigerin«, und für Alan Blyth von *Opera* war ihre »furiose Interpretation ... die beste Elvira seit Schwarzkopf und Jurinac«.

Inzwischen war Kiri aufgrund ihrer Überanstrengung natürlich geschwächt. Sie erkrankte an einer Grippe und wurde bei den folgenden Aufführungen durch Teresa Cahill ersetzt.

Am 28. Januar 1974 erblickte Kiri durch das Fenster eines Flugzeugs die grauen Umrisse der Ostküste Amerikas. Sie landete auf dem New Yorker John-F.-Kennedy-Flughafen und stieg in die Limousine, mit der die Metropolitan Opera sie abholen ließ. Schon kurze Zeit später starrte sie an den Wänden der Betonschluchten von Manhattan hinauf. Als Basil Horsfield die Royal Opera erstmals um die Erlaubnis gebeten hatte, Kiri in einer New Yorker Neuinszenierung von *Otello* in der Regie von Franco Zeffirelli und unter der musikalischen Leitung des brillanten Met-Dirigenten James Levine auftreten zu lassen, hatten John Tooley und Colin Davis das Ansinnen rundweg abgelehnt. Der territorial gesinnte Tooley hatte darauf bestanden, daß Kiri ihr Debüt als Desdemona in London gab. Und der nervöse Davis hatte gefürchtet, man würde seinen Schützling in der Luft zerreißen. »Das Met-Publikum wird dich niedermachen«, hatte er sie gewarnt.

Vera Rosza, die durchaus etwas von Psychologie verstand, hatte als erste einen wichtigen Wesenszug Kiris erkannt. Rosza hatte mitbekommen, daß Kiri dazu neigte, mit dem Lernen immer bis zur letzten Minute zu warten. Sie hatte eingesehen, daß ihre Schülerin damit einfach nur für mehr Spannung im Leben sorgte. »Sie liebt nun einmal ein gewisses Risiko«, sagt sie [13]. Deswegen hatte Davis' Warnung Kiri im Grunde höchstens motiviert. Ihrem Sinn für das Prekäre konnte jedoch selbst Kiri selten so sehr frönen wie in New York.

Kiri hatte sich also doch von Covent Garden freistellen lassen und reiste lange vor ihrem Met-Debüt, das für den 7. März geplant war, nach New York. Die Neuinszenierung des *Otello* sollte am 9. Februar mit Teresa Stratas in der Rolle der Desdemona Premiere haben. Auf Basil Horsfields Rat hin hatte sich Kiri mehr als einen Monat Zeit genommen, um sich mit der Produktion vertraut zu machen.

Kiri erhielt eine Wohnung an der West End Avenue, nur zehn Blocks von der Met entfernt. Weil Des zu Hause geblieben war, um in London Geschäfte abzuwickeln, wurde eine Frau namens Rosanne als Gesellschafterin und Haushälterin eingestellt. Kiri hatte auch auf eigene Kosten eine PR-Agentur beauftragt, vor ihrem Debüt die Werbetrommel zu rühren und sie in die Zeitungen zu bringen. Kiri verbrachte die erste Woche in den Probenräumen der

Met, um sich wieder in die Rolle einzufinden, die sie zwei Jahre zuvor in Glasgow zum erstenmal gesungen hatte, und um James Levine kennenzulernen.

Der aus Cincinnati stammende Levine war 1971 im Alter von nur 28 Jahren von Cleveland an die Metropolitan Opera gekommen. »Big Jim« war sowohl dem Status als auch der Statur nach ein Schwergewicht. Er war Herbert von Karajans Protegé gewesen, und es wurde allgemein angenommen, daß er den legendären Dirigenten als Chef bei den Berliner Philharmonikern ablösen würde. Er hatte die Angewohnheit, mit einem farbigen Handtuch über der Schulter aufs Podium zu steigen. Nach getaner Arbeit war das Schweißtuch in der Regel tropfnaß. Doch mit seiner Energie und seinem Elan hatte er bereits die größten Wunder an der Met bewirkt. Es war sein Verdienst, ein glanzloses, alterndes Orchester wieder auf Vordermann zu bringen und eine Schule ausgezeichneter neuer Sänger heranzuziehen. Kiri sprach sofort auf ihn an.

Am Nachmittag des 8. Februar sickerte durch, daß Teresa Stratas erkrankt sei. Die Met rief Kiri an und alarmierte sie, sich für den kommenden Nachmittag bereitzuhalten. Kiri wurde von panischem Schrecken gepackt, doch sie konnte weder Des noch Horsfield erreichen. Kiri lief wie eine Tigerin im Käfig in der Wohnung auf und ab. Ihr Agent Niefeld bestand darauf, daß bis neun Uhr abends eine endgültige Entscheidung gefällt wurde. Nachdem Kiri abends erfahren hatte, die Stratas sei nun doch wieder auf dem Damm, konnte sie zum erstenmal seit ihrer Ankunft in New York richtig gut schlafen. Als am nächsten Morgen um zehn Uhr das Telephon klingelte, sagte Kiri zu Rosanne: »Wenn das die Met ist, bin ich nicht da.«[14] Als Rosanne ihr ausrichtete, daß die Stratas nun doch ausfalle und Kiri an jenem Nachmittag definitiv singen müsse, fühlte sich Kiri »absolut einsam und verlassen… Keiner war da, kein Korrepetitor, kein Begleiter, niemand«, gestand sie später[15].

Kiri stürmte aus der Wohnung und schnappte sich ein Taxi. Es dauerte eine Ewigkeit, bis sie bei der Oper war. »Der Taxifahrer stammte aus der Bronx und wußte nicht, wo die Met ist, obwohl sie nur zehn Blocks entfernt war.«[16] Im Opernhaus erwartete sie eine angenehme Überraschung: Levine und ihr Otello, Jon Vickers, hatten ein Mittagessen und eine Schnellprobe für sie arrangiert. »Wir hatten uns vorher ein wenig abgesprochen«, gestand Vickers später. »Das Met-Debüt ist immer eine äußerst beängstigende Angelegenheit. Ich wollte ein wenig Wirbel um sie machen, damit sie wußte, daß sie unter Freunden ist.« Kiri hatte bislang noch keinen Fuß auf Zeffirellis kompliziert angeordnete Bühne gesetzt. Sie nutzte die wenige noch verbleibende Zeit, um sich mit ihren Auftritten, Abgängen und Bühnenpositionen vertraut zu machen.

Um 14.30 Uhr gingen im Saal die Lichter aus, und Levine hob den Taktstock. Von ihrem Liebesduett mit Otello im ersten Akt bis zu ihren beiden Arien im vierten Akt – dem »Lied von der Weide« und dem »Ave Maria« – profitierte Kiri vom Adrenalinschub und der Spannung des Moments. »Ich war noch nie so nervös gewesen«, bekannte sie anschließend. »Ich zitterte bis zum Schluß des vierten Aktes. Ich habe es nur geschafft, weil ich mich absolut konzentriert habe. War ich erleichtert, als es vorbei war!« Kaum hatte sich Otello erstochen und die sterbende Desdemona noch einmal geküßt, brachen die Beifallsstürme los.

Vickers erspürte die Stimmung des Publikums und schob Kiri einmal allein vor den Vorhang. Als Kiri an den Bühnenrand trat, schwoll der Jubel sogar noch an. Kiri war in absoluter Hochstimmung und feierte fast den ganzen Abend.

Das angespannte Warten auf die ersten Kritiken am Montagvormittag lohnte sich. Die *New York Times* lobte: »Miss Te Kanawa gewann die Sympathie des Publikums auf Anhieb und verspielte sie nicht.« Harriet Johnson von der *New York Post* bezeichnete Kiris Stimme als »vollen, klangreichen, unforcierten Sopran, der sich in der Höhe wie eine prächtige Rose öffnet«. Die Kritiker waren sich im Grunde alle einig. Die größte Hymne sang jedoch Alan Rich im *New York Magazine*. »Eine so schöne Sopranstimme habe ich seit der Zeit der jungen Tebaldi in diesem Haus nicht mehr gehört. Man sollte sich diese glänzende Künstlerin nicht entgehen lassen – in dieser Spielzeit in *Otello*, in der nächsten in *Don Giovanni* oder wo immer man sie hören kann.«

Bei ihrer Ankunft in New York war Kiri noch besorgt über ihr mangelndes Profil in den Vereinigten Staaten gewesen, doch nach ihrem Debüt wurden ihre PR-Berater mit Aufträgen aus dem ganzen Land überschwemmt. Teresa Stratas erholte sich rasch wieder, und so hatte Kiri fast einen ganzen Monat Zeit bis zu ihrem offiziellen Debüt.

Ihren 30. Geburtstag feierte Kiri in New York. Zu diesem Anlaß kamen Des, Tom, Basil Horsfield, Vera Rosza und ihre englische Freundin und Klavierbegleiterin Jean Mallandaine nach Amerika. An der Geburtstagsfeier nahm auch der Bürgermeister von New York, Abe Beame, teil und überreichte ihr eine Ehrenurkunde der Stadt. Sie erhielt sogar ein Telegramm des neuseeländischen Premiers Norman Kirk. Da Kiris offizielles Debüt am folgenden Abend bevorstand, verliefen die Feierlichkeiten, zumindest für Kiri, eher gedämpft. Richtig gefeiert wurde am Abend darauf, nachdem Kiri eine ohrenbetäubende fünfzehnminütige Ovation entgegengenommen hatte.

Und wieder stand Kiri auf der Wunschliste jedes Dirigenten ganz oben – völlig unabhängig davon, ob sie für die entsprechende Rolle überhaupt in Frage kam. John Matheson erinnert sich noch, mit welchen Worten Horsfield ihm schilderte, wie Leonard Bernstein ständig bei ihm anrief und den Wunsch äußerte, Kiri für seine Aufführung des *Requiems* von Verdi mit dem London Symphony Orchestra zu gewinnen. »Bernstein, der sie nicht singen gehört, sondern nur von ihrer Reputation gehört hatte, war anscheinend völlig versessen auf sie. Basil erzählte mir, Bernstein sei durchgedreht, er rufe ununterbrochen an und sage: ›Ich muß dieses Mädchen haben! Ich muß dieses Mädchen für das Verdi-*Requiem* haben.‹ Basil hielt ihm entgegen: ›Sie kann das Verdi-*Requiem* nicht singen; dem ist sie im Augenblick noch nicht gewachsen.‹ Er ließ und ließ sich nicht abwimmeln und gab erst auf, als endgültig klar war, daß sie es tatsächlich nicht machen konnte.«

Als Kiri nach London zurückkehrte, erfuhr sie, daß sich ihr Triumph auch dort herumgesprochen hatte. Als ein Kollege in Covent Garden ihr zu der gigantischen Publicity gratulierte, die sie erhalten hatte, verzog sie das Gesicht und sagte: »Hast du gewußt, daß wir dafür bezahlen mußten?« Als der Kollege meinte, das müsse ihre gesamte Gage verschlungen haben, nickte Kiri nur. Zumindest konnte sie sich mit dem Gedanken trösten, daß sie ihr Geld noch nie so vernünftig ausgegeben hatte. »Es war äußerst wohlberechnet, denn von dem Augenblick an war sie eine Sensation.«

Der gefallene Engel

Im September 1974 trauerte Neuseeland um seinen beliebten Premierminister Norman Kirk, der nur zwei Jahre nach seiner Wahl im Alter von 51 Jahren einem Herzinfarkt erlag. Am Abend des 26. September schalteten in Neuseeland Tausende das Radio an, um die Live-Übertragung der Gedenkfeier zu verfolgen, die in Anwesenheit der Witwe und zahlloser Würdenträger sowie diplomatischer Vertreter aus 64 Ländern in der Londoner Westminster Abbey stattfand.

Emotionaler Höhepunkt der Trauerfeier war sicherlich der Moment, in dem Kiri, begleitet von Streichern unter John Matheson, »I Know that My Redeemer Liveth« aus Händels *Messias* singen sollte. Als Matheson den Taktstock hob, machte der Rundfunksprecher seinen Hörern jedoch eine überraschende Mitteilung. »Miss Te Kanawa äußerte den Wunsch, daß ihre Stimme nicht über die Westminster Abbey hinaus ausgestrahlt wird.« An den Radiogeräten in ganz Neuseeland blieb es minutenlang still. Viele Hörer schüttelten ungläubig den Kopf.

Kiris ungewöhnlicher Entscheidung war eine hitzige Debatte unter anderem mit dem High Commissioner von Neuseeland und zahlreichen ratlosen Beamten vorausgegangen. Als am Tag darauf Kritik laut wurde, versuchte sie, ihre Entscheidung gegenüber dem *Auckland Star* zu rechtfertigen. Kiri räumte ein, daß sie von den Proben für eine bevorstehende Australientournee erschöpft und im Augenblick vielleicht nicht ganz in Höchstform war, daß dies jedoch nicht der ausschlaggebende Grund gewesen sei. »Ich bedaure es, wenn meine Beweggründe in Neuseeland mißverstanden wurden. Vielleicht konnte man dort nicht nachvollziehen, daß ich einfach nur für die Trauerfeier singen wollte«, erklärte sie. »Es war mein

Wunsch – mein ausdrücklicher Wunsch –, einen persönlichen Beitrag zum Gedenken an einen großen Menschen zu leisten, und es sollte eine private Geste sein, die nicht über den Rahmen der Feier in der Abbey hinausging. Ich hatte das Gefühl, nur dann mein Bestes geben zu können, wenn meinem Wunsch entsprochen wurde.«[1]

In Neuseeland wurde diese aufrichtige Erklärung weitgehend verstanden und akzeptiert. In London drohte Kiris Eigensinn jedoch die erste größere persönliche und berufliche Krise heraufzubeschwören.

Im Herbst 1974 stellte sich Kiri einer neuen Herausforderung, der Rolle der Marguerite in Charles Gounods *Faust*. Trotz einer gewissen Popularität war diese Version von Goethes Drama seit 1938 nicht mehr in Covent Garden gespielt worden. Nun bot ein amerikanischer Philanthrop der Royal Opera 500 000 Pfund, damit sie seine Lieblingsoper inszenierte. An die Finanzspritze knüpfte der Förderer allerdings eine Bedingung: Die Rolle des Méphistophélès sollte von seinem Lieblingssänger, dem amerikanischen Baß Norman Treigle, gesungen werden. Kaum hatte John Tooley in den Handel eingewilligt, ließen verschiedene Anzeichen Schlimmes ahnen. Viele hatten den Eindruck, Covent Garden habe seine Seele an den Teufel verkauft oder zumindest einen künstlerischen Kompromiß geschlossen, der dem gefährlich nahe kam.

Kiri wurde für die weibliche Hauptrolle, die der Marguerite, engagiert; den Faust sollte Stuart Burrows singen. John Matheson, der eigentlich Rossinis *Wilhelm Tell* hatte spielen wollen, willigte widerstrebend ein, die musikalische Leitung zu übernehmen. Schon bald tauchten die ersten Probleme auf. Treigle traf verspätet in London ein. Er sah beängstigend unterernährt aus und war im Grunde nur noch ein Schatten seiner selbst. Bevor er überhaupt eine Probe besuchte, meldete er sich krank, weil er sich den Fuß verletzt hatte, als er eines Morgens in seinem Hotel aus dem Bett stieg. Als das Ensemble vollständig vertreten war, mußte sich Matheson zeitweise aus den Proben ausklinken, um die Partitur neu einzurichten. Kiris Stimmung war eher gedämpft, denn die Proben fanden wieder im Opera Centre statt, und so mußte sie jeden Tag die nervenaufreibende Fahrt quer durch London von Esher ins East End machen. Und zu allem Übel kehrte sie jeden Abend in ein leeres Haus zurück, weil Des für sechs Monate nach Australien geschickt worden war. Kiri war ohnehin nie sonderlich begeistert, in ganz kurzer Zeit etwas Neues einzustudieren; zusätzlich entmutigt wurde sie durch die zahllosen Änderungen, die Matheson immer wieder einführte. Mathesons größte Sorge war jedoch Treigle. Der Dirigent erschrak regelrecht, als er den Amerikaner zum erstenmal sah. »Wenn man ihn von der Seite anblickte, war er kaum zu sehen«, gesteht er. »Und er hatte kaum noch eine Stimme.« Als der Sänger endlich zu den Proben erschien, untergrub er wiederholt Mathesons Autorität. »Ach was, Maestro, ich habe das schon zweihundertmal gemacht«, verwehrte er sich mehrfach.

Von Treigles Freundin erfuhr Matheson, daß der Sänger überhaupt nichts aß und nur von Whisky und Wasser lebte. Gemeinsam mit Horsfield und anderen setzte sich Matheson bei Tooley dafür ein, Treigle durch die Zweitbesetzung Richard Van Allan abzulösen, der in Treigles Abwesenheit bereits für diesen eingesprungen war. Schließlich mußte Tooley Treigle ein Ultimatum stellen: Falls er nicht zur Generalprobe erschien, dürfe er nicht bei der Premiere auftreten. Treigle trat prompt an, in vollem Kostüm – und auf Krükken. In früheren Jahren war er für seinen hochintensiven Darstellungsstil bekannt gewesen. »Sein Ruhm beruhte darauf, daß er wie wild über die Bühne flitzte, plötzlich hinter einem Stuhl auftauchte und so weiter. Und auf einmal stand er auf Krücken da«, erzählt Matheson. »Es war absurd, aber es war nichts zu machen. Der Millionär hielt ihn für phantastisch und meinte, Covent Garden müsse ihn erleben. Er war verrückt. Es war unglaublich.«

Zur Premiere traten Matheson und das Ensemble ziemlich mißgestimmt an. Die berühmte »Juwelenarie« sang Kiri wunderbar. »Die Premiere war für niemanden ein Vergnügen, das kann ich Ihnen sagen«, erklärt Matheson[2]. Auch von den Kritikern wurde *Faust* verdammt. Nach dem jüngsten Begeisterungstaumel an der Met fürchtete Kiri, ihren ersten echten Mißerfolg einstecken zu müssen.

Nach der Premiere fühlte sich Kiri einsam und niedergeschlagen. Über die Zeit der folgenden Aufführungen suchte sie Rückhalt bei ihren diversen Freundinnen. Eine dieser Vertrauten, Anne Howells, hatte den Eindruck, daß Kiri immer exzentrischer wurde. Beispielsweise drehte sie die Heizung so stark auf, daß man sich vorkam »wie in der Regenzeit in Rangun«. Auf Howells wirkte Kiri damals zutiefst unglücklich. Die harte Arbeit, die Kiri sich aufgeladen hatte, um an ihren Erfolg mit *Figaro* anzuknüpfen, hatte sie völlig ausgelaugt, wie sie Jahre später selbst zugab.

»Man wird nicht als jemand anerkannt, der immer besser wird, wenn man nur Mittelmäßiges leistet. Alles, was ich bisher gemacht habe, schien sich in der ersten Liga abzuspielen. Das machte mir angst, aber ich war so damit beschäftigt, immer gleich zum nächsten zu gehen, daß ich nie Zeit hatte zurückzuschauen, um zu sehen, ob sich die Wogen geglättet hatten«, gestand sie einmal. »Als die Marguerite kam, brach ich zusammen, weil ich zwischen *Figaro* und *Faust* so viele Rollen einstudiert hatte, daß ich einfach gesättigt war.«

Die Probleme mit der Inszenierung sorgten aber auch in der ohnehin schon gespaltenen Opernkompanie für zusätzliche Spannungen. Zwischen John Matheson und Colin Davis herrschte bereits seit einiger Zeit ein gespanntes Verhältnis. Matheson hatte bekanntgegeben, daß er zum Ende der folgenden Spielzeit ausscheiden wolle. Nun hatte er das Gefühl, er werde zum Sündenbock für das gesamte *Faust*-Fiasko gemacht. Die Kritiker hatten Beute gewittert. Sie stürzten sich auf die Inszenierung und schossen sich auf den Dirigenten ein. Matheson machte keinerlei Hehl daraus, daß sein Orchester zu wünschen übrigließ. »Bei William Mann in der *Times* kam ich sehr gut weg, doch die meisten anderen Kritiker meinten, das Orchester habe dumpf und uneinheitlich geklungen, und zwar zu Recht – das stimmte auch«, bekennt er. »Doch dann kam Manns Chef John Higgins persönlich in die zweite oder dritte Vorstellung und suchte den Grund für alle Probleme bei mir. Er hat mich total verrissen. Inzwischen hatte sich alles auf mich konzentriert.« Bald schöpfte Matheson einen gewissen Verdacht. »Es war eine Intrige gegen mich im Gange.« Die größte Enttäuschung empfand Matheson darüber, daß Kiri an diesem Ränkespiel mitzuwirken schien.

Im Grunde war Matheson über das Verhalten seines Protégés nicht sonderlich überrascht. »Kiri hat so gar nichts Liebenswürdiges. Sie ist wahnsinnig ehrgeizig und hat keine Hemmungen, über

Leichen zu gehen«, klagt er. »Sie hat nichts von einer Tebaldi, nichts von einer Callas, einer Maggie Smith oder einer Peggy Ashcroft. Das waren alles liebenswürdige Menschen, vielleicht mit einem harten Kern, aber sie wußten, was sich gehört.« Inzwischen verlangte Kiris Status in Covent Garden, daß man sie ernst nahm. »Ich glaube, für Kiri war das Ganze ein Machtspiel. Sie merkte, daß es in Covent Garden Spielraum für taffere Persönlichkeiten gab, und da konnte sie ihre Macht ausspielen.«

Damals war er tief verletzt über den in seinen Augen schäbigen Verrat. »Ich weiß noch, wie ich dachte: ›Gütiger Gott, jetzt fällt sie mir in den Rücken, nach allem, was ich für sie getan habe.‹« Er empfand jedoch eher schmerzliche Trauer als Wut. »Ich habe sie geliebt. In all den ersten Jahren hielt ich sie für ein wunderbares Geschöpf«, gesteht er. »Doch wir mußten alle erkennen, daß sie furchtbar fies sein kann.«

Schließlich erklärte sich Matheson bereit, von seinem Posten zurückzutreten. Kurz darauf wurde bekanntgegeben, Matheson scheide aus gesundheitlichen Gründen aus der Produktion aus und werde von Charles Mackerras abgelöst, der damals am Coliseum tätig war.

Als Agent aller vier Kontrahenten steckte Basil Horsfield bös in der Klemme. »Er war entsetzt und betrübt«, kommentiert Matheson, »weil seine Klienten miteinander im Clinch lagen. Aber er war ein viel zu sanftmütiger Mensch. Solti hätte das Ganze in zehn Minuten erledigt gehabt. Man hätte nur ein paar Leuten den Kopf zurechtrücken müssen. Es war eine dumme, peinliche und traurige Angelegenheit.«

Für Mathesons Entscheidung zeigte man allgemein großes Verständnis, über Kiris Rolle in dem Drama jedoch mehr oder weniger offene Verärgerung. Viele glaubten, Kiri habe ihre Anfangserfolge in Covent Garden vor allem Matheson zu verdanken. »John wird nicht immer in dem Maße gewürdigt, wie er es verdient«, meinte der Regisseur Tom Hawkes, der Kiri aus ihrer Anfangszeit kannte. »Er zeigte großes Verständnis für sie, als sie frisch an die Royal Opera kam, und arbeitete unglaublich intensiv mit ihr. Er sorgte dafür, daß sie alles mitbekam. Sie nahm alles nur sehr langsam auf und kam auch mit den Sprachen nicht sonderlich gut zurecht, deswegen mußte man ihr manches ganz behutsam vorkauen und eintrichtern.«

Besonders großes Mitgefühl für den Dirigenten zeigte Donald McIntyre. Der neuseeländische Sänger hatte immer das Gefühl, daß *Faust* für keinen seiner beiden Landsleute das Richtige war. »Für mich hatte Kiri nie die ideale Stimme für die Rolle der Marguerite. Sie hat eine absolut wunderbare, herrlich runde, sozusagen goldene Stimme. Marguerite verlangt jedoch eine wie Diamanten funkelnde Stimme«, erklärt er. »Ich weiß auch nicht, ob John gut daran tat, diese Oper zu dirigieren. Er wollte ja eigentlich *Wilhelm Tell* spielen, doch die Intendanz machte ihm einen Strich durch die Rechnung. Die hatten Schiß. Das Werk ist sehr lang und wird kaum gespielt.«

Einem Sänger von Covent Garden zufolge beschuldigte McIntyre Kiri später in aller Öffentlichkeit, Matheson in den Rücken gefallen zu sein. Mitten in der Opernkantine warf er ihr vor, schuld an Mathesons Absetzung zu sein. »Du solltest dich schämen«, warf er ihr an den Kopf. »Es ist allein deine Schuld.« McIntyre selbst hüllte sich in bezug auf diesen Zwischenfall in diskretes Schweigen. »Es war ziemlich traurig, wie sie sich entzweiten. John hat Kiri sehr bewundert.« Mehr hatte er dazu nicht zu sagen.

Kiri bezeichnete die ganze *Faust*-Episode später als ein großes Mißverständnis und »eine schlimme Zeit«. Ihr Verhältnis zu John Matheson hat sich nie wieder normalisiert. In ihrer autorisierten Biographie erwähnt sie ihn nur kurz und räumt ein, daß er einer ihrer hilfreichsten Lehrer in ihrer Anfangszeit war. Doch die beiden haben nie wieder zusammen gearbeitet und sind sich erst nach sechzehn Jahren überhaupt wieder begegnet. Es überrascht vielleicht nicht, daß Kiri die Rolle der Marguerite nie wieder übernommen hat. (Ein tragischer Epilog folgte diesem *Faust*-Drama sechs Wochen nach der letzten Aufführung an der Royal Opera. Norman Treigle hatte seine Whisky-und-Wasser-Diät nicht aufgegeben und wurde tot in seinem Hotelzimmer aufgefunden.)

Charles Mackerras hatte es nicht leicht, als er die restlichen Aufführungen übernahm. Als erstes hielt er es für geboten, seine Gesangssolisten in die Commercial Road zu bestellen, um sie auf eine professionelle Linie einzuschwören. Als er Kiri in Esher anrief, war diese gerade mitten in einem Interview mit Bernard Levin, der in den siebziger Jahre eine der besten und meistgelesenen Kolumnen in der Londoner *Times* schrieb. Aufgrund seiner eigenwilligen Betrachtungen über ganz unterschiedliche und teils kontroverse Themen galt er in England als regelrechte Institution.

Der begeisterte Operngänger Levin hatte bereits kurz nach Kiris Durchbruch als *Figaro*-Gräfin begonnen, große Lobeshymnen auf sie anzustimmen. Inzwischen verging kaum ein Monat, in dem er nicht irgendein Gesäusel über die Sopranistin vom Stapel ließ, die er peinlicherweise als »Kanawissima« bezeichnete. Aufgrund seiner Ergebenheit sicherte er sich die Möglichkeit, Kiri für ein BBC-Porträt zu interviewen. Mackerras war äußerst mißmutig darüber, daß Levin nicht bereit war, seinen Dreh zu unterbrechen.

Es war allerdings verständlich, daß Levin Kiri bei der Stange halten wollte, denn sie zeigte unter den Bogenlampen, die er in ihrem Wohnzimmer aufgestellt hatte, eine überraschende Offenheit. Kiri hatte sich nämlich entschlossen, endlich die Wahrheit über ihre Herkunft zu offenbaren, nachdem sie diesem Thema jahrelang ausgewichen war.

Seit Kiri beim Mobil Song Quest in Hamilton im Jahr 1963 das Interesse der Medien geweckt hatte, war sie immer nervös auf dem Stuhl hin und her gerutscht, wenn man sie auf ihre Eltern ansprach. Viele Interviewer reagierten verwirrt, wenn sie von ihrer »Halbschwester« Nola sprach. Fragte man nach, brach Kiri das Gespräch ab, und am Ende war man genauso schlau wie vorher. In der sanften Medienlandschaft Neuseelands hatte Kiri anfangs noch eine gewisse Schonung genossen, doch inzwischen sah es ganz anders aus. Die diversen Gerüchte über ihre Herkunft, die in Neuseeland kursierten, stärkten Kiris Selbstsicherheit auch nicht gerade. Eines der wildesten und zugleich hartnäckigsten Gerüchte, das ehemalige Mitglieder des St. Mary's College jahrelang nährten, lautete, Kiri sei die Tochter einer Schwester Tom Te Kanawas. Diese Schwester, so hieß es, habe eine kurze, leidenschaftliche Affäre mit einem durchreisenden italienischen Opernsänger gehabt, der sofort das Land verließ, als er von der Schwangerschaft erfuhr. Die Schwester sei todunglücklich in den Schoß der Familie zurückgekehrt. Tom habe angeblich ihre Ehre gerettet, indem er sich bereit erklärte, das

Kind als sein eigenes anzunehmen. Es kursierte sogar eine noch schwärzere Version dieses düsteren Märchens, die einige ehemalige Kollegen und Freunde von Kiri auch heute noch in Umlauf halten: Tom sei mit seiner Schwester zu Nell gegangen, um eine Abtreibung vornehmen zu lassen. Als Nell den Eingriff aus irgendeinem Grund verpfuschte, soll Tom sie vor eine Entscheidung gestellt haben – entweder willigte sie ein, ihn zu heiraten und das Kind als Adoptivkind großzuziehen, oder er drohte ihre Nachlässigkeit an die große Glocke zu hängen. Angesichts solch düsterer und böser Gerüchte war es kein Wunder, daß Kiri sich auf die erfreulicheren Seiten ihrer Lebensgeschichte konzentrierte, zumal sie damals kaum Einblick in die wahren Zusammenhänge hatte.

Ihr Herz sagte ihr, daß Tom und Nell ihre Eltern waren und immer sein würden. Andererseits wußte sie, daß sie adoptiert worden war. Es war an der Zeit, endlich Klarheit zu schaffen. Tom, der wieder für einige Zeit nach England gekommen war, bestärkte Kiri in ihrer Entscheidung. Kiri versicherte sich seiner Zustimmung, bevor sie in aller Öffentlichkeit über ihre Herkunft sprach. Mit einem stummen Nicken hatte Tom sein Einverständnis bekundet.

»Ich weiß nicht, wer meine Eltern sind, und ich will es auch nicht wissen«, gestand sie in dem Interview mit Levin, das kurz vor Weihnachten 1975 im englischen Fernsehen ausgestrahlt wurde. »Ich verstehe die adoptierten Kinder nicht, die so viel Aufheben darum machen herauszufinden, wer ihre richtigen Eltern sind.« Kiri erzählte die Geschichte, die ihr vermutlich Nell erzählt hatte, wie eine Sozialarbeiterin damals in Gisborne eine Bleibe für sie suchte. Sie erzählte auch, daß Tom und Nell anfangs dagegen waren und es sich dann doch anders überlegten. »Offensichtlich war ich für sie bestimmt«, sagte Kiri zu Levin. Auch in diesem Gespräch versäumte Kiri es nicht, ihren Adoptiveltern und insbesondere Tom ihre Anerkennung zu zollen. Tom war für sie »der beste Mensch auf Erden«.

Als das Interview im Dezember 1975 in Neuseeland ausgestrahlt wurde, nahm man Kiris Offenheit mit einhelliger Bewunderung und Anteilnahme auf. Bei Noeleen Rawstron dürften ihre Äußerungen indes weitaus gespaltenere Gefühle ausgelöst haben.

Kiris leibliche Mutter scheint in den dreißig Jahren seit der Geburt ihrer Tochter unentwegt darum gerungen zu haben, ihre unglückliche Beziehung zu Jack Wawatai und deren trauriges Ende zu vergessen. Tragischerweise mußte dieses Bestreben aufgrund von Kiris unerbittlichem Aufstieg zu Ruhm zwangsläufig scheitern.

In der Zeit nach Kiris Adoption war Noeleen zunächst in Tokomaru Bay geblieben, wo sie ihren ersten Sohn, Jimmy, großzog. Von dem, was Anfang 1944 vorgefallen war, hat sie nie etwas erwähnt. »Erst viel später hörten wir etwas von einem Baby, nichts Genaues, und auch nicht von Noeleen«, berichtet ihre Schwester Donny. Die Wahrheit kam erst ans Licht, als Donny einen Brief fand, der in einer Matratze versteckt war. In dem Brief hatte Noeleen ihrer Mutter Thelma mitgeteilt, daß sie ihr zweites Kind in Gisborne zur Adoption freigegeben habe. Dieser Brief bestätigte, daß Thelma in das Geheimnis ihrer Tochter eingeweiht gewesen sein muß. In den folgenden Jahren hat jedoch keines von Noeleens Geschwistern sie darauf angesprochen. »Ich war im Krieg, als es passierte, und erfuhr erst nach meiner Heimkehr von meiner Schwester Kate davon«, erinnert sich ihr Bruder Ken. »Aber ich dachte, es geht mich nichts an, und ich habe Noeleen nie danach gefragt.«

Ein paar Jahre nach der Geburt der kleinen Claire hatte Noeleen den Taxifahrer Rex Williams geheiratet. 1948 brachte sie ihr drittes Kind, Sharon, zur Welt und zog dann mit ihrer Familie an die Westküste, nach New Plymouth. Dort hätten sich im Jahr 1967 Noeleens und Kiris Wege beinahe gekreuzt. Wenige Tage vor Kiris rekordbrechenden Auftritten in jenem Ort hatte Noeleen stolz im Publikum gesessen, als ihre achtzehnjährige Tochter Sharon an einem Schönheitswettbewerb teilnahm. Hätte Noeleen gewußt, daß eine der ersten Pflichten der Siegerin darin bestehen sollte, Kiri bei ihrer filmstarmäßigen Ankunft in New Plymouth einen Strauß Chrysanthemen zu überreichen, hätte sie ihre Jüngste wahrscheinlich nicht so rückhaltlos unterstützt.

Rückblickend konnte Sharon die seltsame Haltung verstehen, die ihre Mutter damals und auch in späteren Jahren gegenüber der neuseeländischen Queen of Song einnahm. Doch damals wunderte sie sich, daß die Mutter sich wiederholt verächtlich über die junge Maori-Heldin äußerte, während ganz New Plymouth in einer regelrechten Kiri-Manie schwelgte. »Sie tat so, als könne sie Kiri nicht ausstehen«, berichtet Sharon. »Immer wenn Kiri im Fernsehen, im Radio oder in der Zeitung war, sagte sie: ›Sie ist ein Niemand. Ich kann diese schrille Stimme nicht ausstehen.‹«

Trotz ihres engen Verhältnisses zu Sharon hat Noeleen ihr nie den wahren Grund für ihr seltsames Gebaren verraten. »Meine Mutter war für mich wie eine Schwester, sie war meine beste Freundin«, berichtet Sharon. »Ich will es fast nicht wahrhaben, daß sie mir das vorenthalten hat.«[3] Sie konnte sich zumindest damit trösten, daß Noeleen sich auch keinem anderen in ihrer Familie offenbarte. Ihr Bruder Ken erfuhr erst sehr viel später, in welcher Beziehung seine Schwester zu Kiri stand. Auch er hatte den Eindruck, daß Noeleen eine Form der Verdrängung praktizierte und Kiri vollständig verleugnete – und damit auch die Gefühle der Schuld, der Angst und des Verlustes, die sie immer mit ihr verbunden haben muß. »Sie war die einzige, die ich nie über Kiri reden hörte, obwohl Kiri eine richtige Heldin in Neuseeland war«, erzählt er.

Nachdem Kiri erstmals offen über ihre Adoption gesprochen hatte, erinnerten sich in der engen Dorfgemeinschaft von Tokomaru Bay viele an Noeleens Affäre mit Jack Wawatai, ihre ungewollte Schwangerschaft und auch an ihre ebenso unglückliche Beziehung zu Jimmy Collier. Man hörte alle möglichen Geschichten, doch Donny war überzeugt, daß ihre Schwester kein leichtes Mädchen war. Für sie stand auch fest: »Wenn Noeleen Kiris Mutter war, dann konnte nur einer ihr Vater sein, nämlich Jack Wawatai.«

Leider konnte sich Donny nie bei ihrer Schwester direkt vergewissern. Noeleen Williams starb am 26. Juli 1979 während eines Besuchs bei ihrem Sohn Jim in Sydney an einem Herzanfall. Noeleen und Kiri sind sich nie begegnet.

Ende 1974 reiste Kiri nach New York und gab ihr Met-Debüt als Donna Elvira. Auch diesmal begeisterten sich die Kritiker an ihrer erotisch aufgeladenen Darstellung. »Donna Elektra wäre fast passender. Ihr funkelnder Blick, ihr zerzaustes kastanienbraunes Haar und ihr Auf-und-ab-Schreiten, das an eine Tigerin im Käfig erinnerte, machten vom ersten Auftritt an klar, daß dies keine zurückgenommene Standardinterpretation war«, schrieb William Zakariasen in der *New York Daily News*. Kiris Interpretation des »Mi tradì«

wurde Zakariasen zufolge mit »vulkanartigem Beifall« bejubelt. »Kein Wunder – eine bessere Darbietung scheint heute fast undenkbar.« An den Tagen unmittelbar nach ihrem Debüt wußte nur Kiri, welchen Preis ihre Hochspannungsdarbietung gefordert hatte.

Nachdem Des und Kiri nun seit acht Jahren zusammen waren, hatten sie endlich beschlossen, ein Kind haben zu wollen. Kurz vor Kiris Abreise nach New York hatten ihr die Ärzte bestätigt, daß sie schwanger war. Nach ihrem Debüt als Donna Elvira fühlte sie sich tagelang unwohl, doch sie zwang sich, alle Auftritte durchzustehen. Am Ende ihrer Aufführungsserie bestätigten ihre New Yorker Ärzte jedoch das Schlimmste: Sie hatte eine Fehlgeburt gehabt.

Inzwischen war Kiri die Sklavin eines Terminplans, der fünf Jahre im voraus erstellt wurde. Anstatt heimzureisen und sich gründlich auszuruhen, flog sie nach Paris, wo sie in *Don Giovanni* debütieren sollte. »Ich kam schon gar nicht mehr zum Denken«, räumte sie kurze Zeit später ein. »Man setzte mich in ein Auto, ich stieg aus und sang, dann setzte mich wieder jemand ins Auto.«[4]

In Paris traf Kiri wieder mit zwei Menschen zusammen, die ihr beruflich enorm weitergeholfen hatten – Georg Solti und Joan Ingpen, die inzwischen für die Programmplanung der Pariser Opéra verantwortlich war. Da Kiri noch in Covent Garden unter Vertrag stand, mußte Ingpen John Tooleys Erlaubnis einholen, bevor Kiri an der Opéra auftreten durfte. Ingpen konnte sich ein Grinsen nicht verkneifen, als Kiri sich darüber beklagte, wie stark ihre Hände in Covent Garden gebunden waren. »Sie sagte: ›Du hast mich dorthin vermittelt, und nun läßt man mich nicht mehr los.‹ Dann gab ich zu, daß ich genau das beabsichtigt hatte, weil ich befürchtete, sie würde sich sonst ruinieren – und ich bin mir sicher, daß sie sich ruiniert hätte«, gesteht Ingpen. »Sie sagte, damals hat sie sich unheimlich geärgert, doch später hat sie es zu würdigen gewußt. Kiri schuldet mir viel für jene fünf Jahre.«

Die Wiedersehensfreude wurde jedoch schon bald getrübt. Die Nachwirkungen der Fehlgeburt und die Folgen des ausschweifenden Pariser Lebensstils führten Kiri schließlich an den Rand des Abgrunds. Sie zog sich wieder eine Halsentzündung zu und verlor fast ihre Stimme. Mitte Februar stellte ein Arzt den neuerlichen Ausbruch einer Hepatitis fest. Kiri kehrte nach London zurück, wo ihr Hausarzt zusätzlich eine »Angstdepression« diagnostizierte. Er redete Fraktur mit ihr und ließ keinen Zweifel daran bestehen, daß sie bald einen kompletten seelischen und körperlichen Zusammenbruch erleiden würde, falls sie nicht eine längere Pause einlegte.

Nun war Kiri aber bereits für zwei weitere große Rollen engagiert – im Mai als Mimì an der Scottish Opera und einen Monat später als Fiordiligi in Covent Garden. Da Des noch immer in Australien war, fühlte sie sich wieder völlig allein gelassen, und so fügte sie sich schließlich in das Unvermeidliche. Ende März 1975 gab die Royal Opera offiziell bekannt, daß Kiri Te Kanawa ernsthaft erkrankt sei und daß man sich dem Rat der Ärzte folgend widerstrebend darauf verständigt habe, daß ihr nichts anderes übrigbleibe, als sämtliche Engagements für April, Mai und Juni abzusagen, um eine vollständige Genesung zu gewährleisten.

Kiri reiste inkognito nach Perth, wo Des beruflich zu tun hatte. Sie verbrachte viel Zeit auf dem Golfplatz und erhielt den ersten professionellen Unterricht. Zur selben Zeit wurde sie aber von einer Grippe niedergestreckt und verlor ihre Stimme. Im Grunde kränkelte ihre Ehe genauso wie sie selbst. Aufgrund ihrer unterschiedlichen beruflichen Verpflichtungen führten Des und Kiri inzwischen eine Teilzeitehe. In den folgenden Wochen bemühten sie sich, die Bruchstücke ihrer Beziehung wieder zusammenzukitten. Beiden war klar, daß ihre Berufe ihre Ehe zu zerstören drohten. So konnte es nicht weitergehen. Des sah natürlich ein, daß Kiri ihre Musik nicht aufgeben konnte. Und je mehr sich ihre Karriere entwickelte, um so mehr brauchte sie seine Unterstützung. Also brachte er das Opfer. Des erklärte seinen Chefs bei Selection Trust, er wolle mehr Zeit für Kiri haben und nur noch als freier Mitarbeiter tätig sein und Aufträge nur dann annehmen, wenn und solange Kiris Terminkalender dies zuließ. »Ich gab diesen Lebensbereich auf«, erklärte er später[5].

Des sorgte dafür, daß Kiri langsam wieder Vertrauen in ihre Stimme gewann. Als sie Anfang Juli nach London zurückkehrten, trug auch Vera Rosza dazu bei, daß sie sich wieder fing. »Sie ließen nicht zu, daß ich aufgab«, sagte Kiri drei Jahre später. »Ich mußte wieder ganz von vorn anfangen. Ich hatte überhaupt kein Selbstvertrauen mehr.«

Kiri blieb indes nur kurz in London. Die nötige Stärkung ihres Selbstvertrauens verschaffte sie sich mit einer Konzertreise durch Neuseeland, wo sie drei Jahre lang nicht mehr aufgetreten war. Die Tournee war fast ein Jahr im voraus ausverkauft gewesen. »Unsere geliebte Kiri kehrt heim«, frohlockte *New Zealand Woman's Weekly* in einer Schlagzeile, vielleicht ohne zu wissen, wie wohltuend diese Worte klangen.

Leider war Kiri bei den Konzerten in ihrer Heimat nicht in Bestform. Den Zuhörern in den ausverkauften Sälen wurde vor Kiris Auftritten mitgeteilt, daß die Sängerin noch immer unter den Folgen einer Halsentzündung leide und nur ein begrenztes Programm darbieten könne.

Kiri verbrachte auch einige Zeit mit Tom, der seit Nells Tod ein ganz einfaches Leben führte. Er versorgte sich selbst und freute sich immer, wenn Kiri anrief. Kiri weilte auch des öfteren in Rawhiti in der Nähe von Russell an der wunderschönen Bay of Islands an der Ostküste der Nordinsel. Dort erholte sie sich auf dem Privatbesitz der wohlhabenden High-Society-Dame Kura Beale, die seit Nells Tod eine ihrer wichtigsten Freundinnen geworden war[6].

Nachdem Kiri in aller Öffentlichkeit über ihre Adoption gesprochen hatte, wurde ihre Beziehung zu Kura Beale zum Gegenstand heftiger Spekulationen in den engeren Kreisen beider Frauen. Viele waren überzeugt, Kura sei Kiris richtige Mutter. Im Grunde war sie jedoch eher eine gute Fee. Die Tochter einer Halbmaori und eines wohlhabenden Engländers war eine der schillerndsten Figuren Neuseelands. Mit ihren sieben Geschwistern wuchs sie in privilegierten Verhältnissen auf und genoß in Privatschulen eine Erziehung nach europäischem Vorbild. Nach dem Tode ihres Vaters heiratete ihre Mutter ihre Jugendliebe, Arnold Beetham Williams, den Erben der reichsten Grundbesitzer der Gegend.

Aufgrund ihres Reichtums mußte Kura nie arbeiten. Sie engagierte sich jedoch für soziale und wohltätige Zwecke. So arbeitete sie beispielsweise in der Verwaltung und in der Entbindungsstation des Krankenhauses von Te Puia Springs. Gleichzeitig verkehrte sie in den höchsten gesellschaftlichen Kreisen an der neuseeländischen Ostküste und hatte hohe Ämter in diversen Sportvereinen und im Wohlfahrtsverband der Maori-Frauen inne.

Trotz ihres Vermögens und ihres attraktiven Aussehens hatte sie nie geheiratet. Freunde und Familienangehörige glauben jedoch, daß sie mindestens einmal an den südlichsten Zipfel Neuseelands reiste, um dort heimlich ein Kind zur Welt zu bringen. Im Jahr 1965 zog sie endgültig nach Rawhiti an der Bay of Islands, wo ihr Stiefvater einen großen Landbesitz für sie erworben hatte. Auf dem herrlichen Grundstück direkt über dem Meer legte sie einen prächtigen Park an, der jeden Sommer Hunderte von Besuchern anzog.

Bereits zu Beginn der siebziger Jahre kam Kiri, häufig auch unangemeldet, nach Rawhiti zu Besuch. Bisweilen erschien sie mit Des, manchmal auch allein. Oft landete sie mit einem Wasserflugzeug, damit selbst die Einheimischen nichts mitbekamen. Zunächst sah man den Kontakt als gesellschaftlichen Verkehr zweier prominenter Frauen. »Kura kam mit jedem zurecht. Sie hatte eine natürliche Würde, fast etwas Aristokratisches, und strahlte einen gewissen Glamour aus«, sagte Eva Brown, die langjährige Chefredakteurin des Lokalmagazins *Russell Review*.

Manche vermuteten, Kura benutze Kiri lediglich, um sich selbst aufzuwerten. »Sie ließ keine Gelegenheit aus, Anerkennung zu finden, und Geld spielte für sie und ihre Familie natürlich keine Rolle«, sagt Mabel Kewene, eine langjährige Freundin Kuras. Madge Malcolm, die Kura über den Frauenverband kannte, fügt hinzu: »Kura pflegte gern Kontakte zu wichtigen Leuten und spielte die Dame von Welt. Wir waren bloß Landfrauen, doch ich glaube, mit Kiri konnte sie ihre hochfliegenden Ambitionen ausleben.«

Als Kiri berühmter wurde und sich ihre Besuche in Rawhiti herumsprachen, wurde immer wilder spekuliert. Man erinnerte sich wieder an die Gerüchte, wonach Kura heimlich ein Kind zur Welt gebracht haben soll. Selbst ihre Verwandten hielten Kura anscheinend für Kiris Mutter, auch wenn es dafür natürlich keinerlei Beweise gab. Und da Kiri ihrerseits so gut wie nichts über ihre mysteriöse Gönnerin laut werden ließ, erhielten die Spekulationen, die man sowohl in Kuras Familie als auch in Kiris engerem Freundeskreis in Neuseeland anstellte, zusätzliche Nahrung. Viele waren überzeugt, daß zwischen den beiden eine Blutsverwandtschaft bestand. In Wirklichkeit war die Beziehung jedoch weitaus komplexer, als allgemein vermutet wurde. Kura Beales Interesse an Kiri hing ebenso eng mit Kiris unseliger Vergangenheit zusammen wie mit deren späterem Prestige. Lange bevor Kura nämlich Kiri kennenlernte, verband sie eine enge Freundschaft mit Noeleen Rawstron, die als Teenager auf dem Landsitz von Kuras Stiefvater als Putzhilfe tätig gewesen war.

Auf den ersten Blick waren die reiche Gesellschaftsdame und das arme Dienstmädchen ein höchst ungleiches Paar. Dennoch scheinen sie eine enge Freundschaft geschlossen zu haben. Als Noeleen schwanger wurde – zuerst mit Jimmy und später mit Kiri –, hat sie sich angesichts der ablehnenden Haltung seitens ihrer Mutter wahrscheinlich an Kura gewandt. Kuras Verbindung zum Krankenhaus in Te Puia und ihre vermeintliche eigene Erfahrung mit ungewollten Kindern machten sie zur idealen Beichtmutter. Sie spielte über viele Jahre eine Rolle in Noeleens Leben. Das enge Verhältnis zwischen Kura und Noeleen liefert eine plausiblere Erklärung für Kuras Interesse an Noeleens Kind als Kuras spätere Aussage, wonach sie Kiri im Alter von drei Jahren rein zufällig kennenlernte und von deren »wunderbaren großen Augen« so hingerissen war, daß sie sie fortan ins Herz schloß.

Könnte Kura die Vermittlerin gewesen sein, die die Adoption des kleinen Jimmy durch Nell und Tom Te Kanawa in die Wege leiten wollte? War sie es, die Noeleen über die neue Identität der kleinen Claire informierte? Und hat sie Nell den Namen von Kiris leiblicher Mutter mitgeteilt? Es scheint, daß Kura bis nach Nells Tod im Jahr 1972 ganz in den Hintergrund getreten war und erst später wieder eine größere Rolle in Kiris Leben spielte.

Im Herbst 1975 kehrte Kiri nach London zurück, um die Fäden ihrer Karriere wiederaufzunehmen. Bereits im Juli hätte sie dort bei einer *Carmen*-Einspielung für Decca unter Solti die Micaela singen sollen, doch sie war noch nicht wieder voll bei Kräften und litt unter einer erneuten Halsentzündung. Solti zog den Großteil der Einspielung ohne sie durch und nahm die Partie der Micaela fünf Monate später separat mit Kiri auf. Ihr »Comeback« auf der Opernbühne begann in Paris mit drei Auftritten als Donna Elvira. Von dort reiste sie nach San Francisco, wo sie die Amelia in *Simon Boccanegra* und eine neue Rolle, die der Pamina in der *Zauberflöte*, sang. Danach gab sie in Wien unter Karl Böhm ihre *Figaro*-Gräfin bei einer Einspielung des Soundtracks zu einer *Figaro*-Verfilmung, die Jean-Pierre Ponnelle im folgenden Jahr in England drehen wollte.

Die Kollegen in Europa und Amerika hatten den Eindruck, einer umsichtigeren und selbstbewußteren Kiri zu begegnen. Die Quelle ihrer neuen Kraft war leicht auszumachen. Desmonds neue Rolle bestand unter anderem darin, seiner Frau als Schutzschild zu dienen. Sein Einfluß war in San Francisco fast unmittelbar zu spüren. Am Beginn ihrer Laufbahn hatte sich Kiri nur allzugern unter die High-Society gemischt. Bei der jährlichen Gala der Opera Guild, einem Höhepunkt im Gesellschaftsleben der kalifornischen Metropole, glänzte sie jedoch durch Abwesenheit. Ihr Fehlen bildete den Anlaß zu einer bissigen Glosse im *San Francisco Chronicle*: »Sicher hat kein einziger unter den Tausenden im Civic Auditorium sie beziehungsweise ihre Arie aus *La rondine* vermißt«, lästerte die Zeitung. »Dagegen hat Kiri Te Kanawa, die inzwischen bekannt dafür ist, die Leute ohne jegliche Erklärung zu versetzen, eine der besten Partys des Jahres verpaßt.«

Des wußte – und Kiri wußte es auch –, daß sie seinen isolationistischen Tendenzen nachgeben mußte, wenn sie den Problemen der Vergangenheit aus dem Weg gehen wollte. Er schirmte sie ab, besonders vor lästigen Kletten.

So manche berühmte Kollegin konnte sich in ihrem Beruf auf ihren Ehemann stützen. Lucia Popp, Ileana Cotrubas und auch Joan Sutherland hatten das Glück, mit Dirigenten verheiratet zu sein. Auch Elisabeth Schwarzkopf wurde von ihrem Mann, Walter Legge, beruflich geführt und gefördert. Diese Form von Unterstützung und Feedback konnte Des seiner Frau natürlich nicht geben. Dafür profitierte sie von seinem Beschützerinstinkt und seinem Geschäftssinn. Nach Kiris Zusammenbruch war er der Fels, auf den sie bauen konnte. »Der beste Vertrag, den ich je unterschrieben habe«, sagte Kiri bald über ihre wiederbelebte Ehe.

Es dauerte jedoch bis 1976, bis sie wieder eine größere neue Rolle in Angriff nahm. In Covent Garden war sie, diesmal ohne festen Vertrag, für die tragische Rolle der tuberkulösen Mimì in *La Bohème* engagiert worden. Bemerkenswert an der Produktion war vor allem die Starbesetzung für die Rolle des Rodolfo: Der damals vierzigjährige

Luciano Pavarotti hatte sich inzwischen den Rang als führender Tenor seiner Generation und damit auch den Anspruch gesichert, zu seinen eigenen Bedingungen zu arbeiten. Pavarotti bewies eine mustergültige Lockerheit und tauchte für seinen einmaligen Auftritt neben Kiri erst zur Generalprobe auf. Die Kritiker äußerten ihre Zweifel, ob Kiri für die Rolle der verarmten Pariser Näherin geeignet sei. Allgemein herrschte der Eindruck, daß die Rolle der Mimì mit Kiri fehlbesetzt war.

So ziemlich das gleiche Urteil fällte man drei Monate später, als Kiri in der Rolle des romantischen russischen Gutsbesitzerstochter Tatjana in *Eugen Onegin* debütierte. Es war eine offenkundige Tatsache, daß ihre Anhänger sie lieber in den prächtigen adligen Rollen sahen. Dies bestätigte sich wieder, als sie in einer *Figaro*-Inszenierung von Günther Rennert an der New Yorker Met auftrat und beinahe peinliche Lobeshymnen erntete. »Kiri Te Kanawa, eine Gräfin von absoluter Schönheit, eine ewige Freude«, lautete die Schlagzeile der *New York Post*.

Erst gegen Ende des Frühjahrs kehrte Kiri schließlich nach Paris zurück und begab sich auf ein Terrain, auf dem sie sich absolut zu Hause fühlte. An der Opéra gab sie ihr Debüt in der Rolle der eleganten jungen Dame aus Ferrara, der Fiordiligi in Mozarts unsterblicher *Così fan tutte*. Die Inszenierung war tatsächlich ein Riesenerfolg und erntete bei der Pariser Presse »Bombenkritiken«, wie Kiri später schwärmte. Die Zusammenarbeit mit dem Regisseur Jean-Pierre Ponnelle wurde in den heißen Sommermonaten bei den Dreharbeiten zu der aufwendigen *Figaro*-Verfilmung fortgesetzt.

Nachdem Kiri ihre Verpflichtungen erfüllt hatte, ging sie mit Des für drei Wochen an die portugiesische Algarve zum Golfspielen. Nach einem kurzen Besuch bei ihrem Vater in Hatepe reiste sie nach Australien weiter, wo sie an der Oper von Sydney eine Saison lang in *Simon Boccanegra* und *La Bohème* auftreten sollte. Kiris bevorstehende erste Spielzeit an der prächtigen Oper von Sydney weckte die Neugier der australischen Presse.

Inzwischen war Kiri die Ehrerbietung eines Bernard Levin und den seriösen Stil englischer Musikkritiker gewohnt und fand die weit weniger schmeichlerische Art der australischen Schreiberlinge höchst irritierend. Kiris eigene unverblümte Art brachte ihr einige nicht gerade respektvolle Schlagzeilen ein: »Schöne Stimme, scharfe Zunge« lautete die Überschrift über einem Interview, in dem Kiri erst einmal einen Seitenhieb gegen das australische Opernpublikum austeilte. »Die Leute sind nicht informiert. Ich würde sie nicht unbedingt als ignorant bezeichnen, aber als uninformiert«, meinte sie gegenüber dem Sydneyer Interviewer John Yeomans. »Sie bereiten sich nicht vor, bevor sie eine Vorstellung besuchen. In Paris kennen die Opernbesucher das Werk so genau, daß sie bei jeder Note richtig mitgehen.« Kiris Gespräch mit Yeomans war überhaupt eine Aneinanderreihung von Fauxpas. Über das Leben in Australien äußerte sie sich sogar noch weniger diplomatisch. »Ich liebe Australien«, gestand sie. »Aber in Sydney fühle ich mich doch ziemlich abgeschnitten von der Welt.«[7] Für den Fall, daß noch irgend jemand daran zweifelte, daß sie Desmonds Heimat für kulturelles Notstandsgebiet, für tiefste Provinz hielt, fügte sie hinzu: »Hier lebt man doch ziemlich behütet. Draußen in der großen Welt kann das Leben viel rauher sein.«

»Es macht Spaß, sich mit Kiri Te Kanawa zu unterhalten«, schrieb Yeomans, »aber man tut gut daran, sich den Ellbogen vor die Magengrube zu halten.« Das letzte Wort hatte Yeomans. Er beschrieb die hochnäsige Operndiva als »wohlhabende junge Ehefrau, die viel Golf spielt«. Doch wer zuletzt lacht, lacht am besten. Kiris Auftritte in beiden Opern waren allesamt ausverkauft, teilweise dank ihrer treuen Anhänger in Neuseeland, die zu Hunderten angereist kamen.

Anschließend gab Kiri ihren ersten Arienabend in Covent Garden. Vor einem – selbst für die Maßstäbe der Royal Opera – erlesenen Publikum sang sie Arien aus *Simon Boccanegra* und *La Bohème*. Prinz Michael von Kent und Lord Mountbatten waren die Ehrengäste des Abends, der mit einer fürstlichen Benefizparty im New Zealand House endete.

Einige der führenden Londoner Kritiker äußerten Zweifel an der Qualität von Kiris Darbietung, doch Bernard Levin sprang sofort zu ihrer Verteidigung an. Levin, der inzwischen in Kiris Haus ein und aus ging, ärgerte sich insbesondere über Philip Hope-Wallace, der ihre Interpretation der »Juwelenarie« als »eher blaß« bezeichnete, und über John Higgins, der den gesamten Abend »ein bißchen un-

befriedigend« fand. »Eher blaß? Ein bißchen unbefriedigend?«
wetterte Levin. »Ich schwöre, wenn die beiden beim Wunder der
Brotvermehrung zugegen gewesen wären, hätte sich der eine darüber beklagt, daß es zum Fisch keine Zitrone gab, und der andere,
daß ihm zum Brot die Butter fehlte!«[8]

Levin und die gesamte Londoner Opernwelt warteten gespannt
auf Kiris Covent-Garden-Debüt als Fiordiligi im November, das in
der Tat ein ebenso großer Erfolg wurde wie ihr *Così*-Debüt in Paris
einige Monate zuvor. Beim Schlußapplaus in Covent Garden wurde
Kiri mit roten Nelken und weißen Chrysanthemen überschüttet.
»Die Darbietung bezauberte dermaßen durch Stil, Gefühl, Charme
und Geist, daß einem fast die Freudentränen kamen«, schrieb Christopher Grier am Tag darauf im *Evening Standard*.

Verlorene Seelen

～✦～

Anfang November 1976 flog Desmond allein von London nach Auckland. Abgeholt wurde er von einer alten Freundin der Familie Te Kanawa, Shirley Barrett, die ihn so diskret wie möglich aus dem Flughafen schmuggelte. Selten in seinem Leben war Des so aufgeregt und besorgt gewesen wie an den folgenden Tagen. Barrett brachte Des an einen abgeschiedenen Ort, wo er dem Grund für seine heimliche Reise ans andere Ende der Welt begegnete – einem blonden, blauäugigen kleinen Mädchen.

Des erfuhr sehr wenig über das Kind, nur daß es zwei Monate alt und seine Mutter Neuseeländerin war. Als die Adoptionsbehörde den nötigen Papierkram erledigt hatte, spielte die Vergangenheit jedoch keine Rolle mehr. Nun waren Kiri und Des die rechtmäßigen Eltern des Babys.

Die komplizierten Vorbereitungen für die Adoption hatten Kiri und Des bei einer ähnlich geheimen zweitägigen Reise nach Neuseeland Anfang Oktober getroffen. Die Adoption mußte auf höchster staatlicher Ebene genehmigt werden, weil Des und Kiri die ungewöhnliche Absicht hegten, das Kind außerhalb Neuseelands großzuziehen.

Nach einer kleinen Feier im Haus von Barbara Brown flog Des mit dem Baby und dem Kindermädchen Lynne Newman nach London zurück. Nach der Ankunft in »Rushmere« nahm Kiri unter Tränen ihre neue Tochter in Empfang. Ein paar Wochen später taufte Basil Horsfields Bruder, der Reverend Monsignore Frank Horsfield, das Kind in der Catholic Actors' Church Corpus Christi unweit des Opernhauses von Covent Garden. Taufpaten waren Basil und John Davern. Das Kind wurde auf den Namen Antonia Aroha Park getauft. Einen passenderen Mittelnamen hätten die

Eltern gar nicht wählen können, denn in der Sprache der Maori bedeutet »Aroha« soviel wie »Glück«.

Mit der Taufe endete eine schlimme und oft entmutigende Zeit. Die traumatischen Ereignisse der vergangenen zwei Jahre hatten Kiri und Des zu der Erkenntnis gebracht, daß sie um jeden Preis eine Familie gründen wollten. In materieller Hinsicht waren sie längst abgesichert. In Desmonds Heimatstadt Brisbane hatten sie erst unlängst ein großes Haus gekauft und sich überlegt, sich dort eine Zeitlang quasi niederzulassen. Doch während Kiris Terminkalender sie kreuz und quer über den Globus jagte, war ihnen ihr gemeinsames Leben schrecklich hohl und leer erschienen. Sie hatten das Gefühl, sie »geistern um die Welt wie zwei verlorene Seelen«, gestand Kiri später[1].

Nach ihrer Fehlgeburt hatte Kiri eine endlose Reihe medizinischer Untersuchungen über sich ergehen lassen, um festzustellen, ob sie überhaupt Kinder haben konnte. Im Laufe dieser Untersuchungen kam sie zu der Überzeugung, ihre Schwangerschaftsprobleme rührten daher, daß sie als Kind ständig geröntgt worden war[2]. Am schlimmsten war für Kiri, daß sich nichts Genaues sagen ließ. Bei absoluter Ruhe und gezielter Hormonbehandlung hätte sie sicher trotzdem Kinder gebären können. »Man hat mir nie definitiv gesagt, ich könne keine Kinder bekommen«, sagte sie später. »Ich hatte es nur irgendwann satt, daß die Ärzte ständig meine Temperatur abfragten und predigten: ›Liebet euch bis zum vierten Tage nach dem Eisprung.‹«[3]

Das einzig Gesicherte war, daß sie ihre Karriere auf Eis legen mußte, wenn sie überhaupt eine Chance haben wollte, eine Schwangerschaft bis zum Ende durchzustehen. Doch für Kiri bedeutete dies ein untragbares Risiko. »Ich war dazu nicht bereit«, gestand sie dem Musikjournalisten Paul Valelly. »Ich habe es erlebt, wie furchtbar enttäuscht so viele andere Frauen waren, die unentwegt versucht haben, ein Kind zu bekommen, und am Ende doch eine Fehlgeburt hatten. Ich würde nicht damit fertig werden, meinen Gesang aufzugeben und schließlich doch kein Kind bekommen zu können.«

Des behauptete später, es sei ursprünglich seine Idee gewesen, statt dessen ein Kind zu adoptieren. Für ihn war es »ein und dasselbe«, ein eigenes Kind zu haben oder eins zu adoptieren[4]. Aufgrund ihrer eigenen Lebensgeschichte konnte Kiri das Für und Wider jedoch besser ermessen als jeder andere.

In der Zeit vor und während der Adoption nutzte Kiri ihre angeborene Fähigkeit, Gefühle zu verbergen. In den Interviews, die sie anläßlich ihrer *Così*-Auftritte im November 1976 gab, ließ sie nichts von all der bangen Aufregung erkennen, die sie verspürte. Auf die Frage, ob sie Kinder haben wolle, antwortete sie leichthin, »ach, irgendwann einmal«[5], doch auch zwischen den Zeilen ließ sich einiges heraushören: »Ich möchte mir nicht die einmalige Chance verderben, die ich im Augenblick habe, meine Anlage und Begabung bis zur Grenze auszuschöpfen.« Die Maske blieb auch bestehen, als Kiri sich an ein Leben als Opernstar und Mutter gewöhnte.

Eine Ganztagsmutterschaft war natürlich undenkbar. Antonias Amme, Lynne Newman, übernahm die Aufgabe, das Baby rund um die Uhr zu versorgen. Da Kiri keine Schwangerschaft und Geburt durchgemacht hatte, fand sie ihre neue Rolle zunächst befremdlich. »Ich glaube, sie merkte, daß sich jemand vom Fach um das Baby kümmert, und sie wollte sich nicht einmischen«, erinnert sich Newman. »Aber ich dachte mir, nein, das ist *ihr* Kind und nicht meines. Ich sorgte dafür, daß sie sich mit um das Baby kümmerte.«[6] In der Zeit, in der Kiri in Covent Garden in *Così* auftrat, sorgte Newman dafür, daß das Baby auch nachts noch gefüttert werden wollte. Kiri kam gerade rechtzeitig heim, um »Toni« – wie sie liebevoll genannt wurde – die Flasche zu geben.

Die ersten fünf Monate verbrachte die neue Familie in aller Abgeschiedenheit in ihrem Heim in Esher. Im März 1977 waren die unvermeidlichen Gerüchte jedoch an die neuseeländische Presse durchgesickert. Des ließ die Adoption durch die New Zealand Press Association bestätigen. Der Wunsch nach Photos der vergrößerten Familie wurde jedoch rundweg abgelehnt. Kiri und Des waren von Anfang an eisern darauf bedacht, Toni nicht dem Medienrummel auszusetzen.

Als die ganze Geschichte bekannt wurde, erlebte Kiri bereits ihre erste Trennung von Toni. Damals trat sie ein dreimonatiges Engagement an der Pariser Opéra an, zunächst in einer weiteren Aufführungsserie des *Don Giovanni* und dann in einer Neuinszenierung der *Zauberflöte*, in der sie die Pamina erstmals auf Deutsch singen sollte. Lynn Newman reiste so oft wie möglich über den Kanal und vermittelte Antonia einen Geschmack jenes Lebensstils, an den sie sich bald gewöhnen sollte. »Sie fühlt sich in Hotels ganz wie zu Hause und ist begeistert vom Fliegen«, berichtete Kiri einem australischen Magazin. »Sie wächst ganz nach unserem Lebensstil auf und ist fast schon so eine Zigeunerin wie wir.«[7] Fortan waren die Kleine und das Kindermädchen oft hinter der Bühne zu sehen, wenn sie in Kiris Garderobe auf das Ende einer Vorstellung warteten.

Inzwischen hatte Kiri zu Paris und seinem imposanten alten Opernhaus eine noch innigere Beziehung als einst zu Covent Garden. Seit 1973 leiteten Rolf Liebermann und Joan Ingpen das Haus – »die beste Opernintendanz, die ich je erlebt habe«, urteilte Kiri später. Die Art und Weise, in der die Creme der Seinemetropole sie in ihre Arme schloß, setzte dem berauschenden Glamour noch zusätzliche Glanzlichter auf. Kiri hatte vor den Pariser Modezaren Pierre Cardin und Yves Saint Laurent Privatauftritte gegeben und gewann durch diese Kontakte Zutritt zu den nobelsten Salons der Stadt, in denen sie fortan regelmäßig verkehrte.

Insgeheim fürchtete sich Kiri immer noch vor Desmonds Pfennigfuchsermoral. »Einmal hatte sie ein schlechtes Gewissen, weil sie sich einen Ring gekauft hatte«, erinnert sich Ingpen. Doch manchmal muß sich eine Diva eben wie eine Diva verhalten, ohne Rücksicht auf den Haussegen. Die größte Schwäche bewies sie bei einem Luchspelzmantel für 13 000 Pfund, mit dem sie bald in das feudale Café de la Paix und die anderen Treffpunkte der Musikwelt um die Place de l'Opéra rauschte.

Kiris fünfstellige Abendgagen lösten inzwischen heftige Spekulationen in der Presse und neuerliche Neidgefühle aus, die sie Anfang 1977 in einem Interview in London anscheinend zu entschärfen bemüht war. »Das war maßlose Übertreibung, leider, denn es macht Kollegen, die man seit Jahren gekannt und geschätzt hat, unzufrieden.« Sie dachte jedoch nicht daran, sich für ihren Erfolg zu entschuldigen. »Man braucht hohe Gagen, denn die Jahre der Berufstätigkeit sind begrenzt und die Ausgaben sehr hoch. Und ganz offen gesagt, habe ich im Grunde gar nicht die Zeit, in den Genuß des

Geldes zu kommen, von dem anscheinend ohnehin alles beim Finanzamt landet.«[9]

Kiri war der Meinung, sie habe sich ihr Geld schwer verdienen müssen. Dies schien sie auch ihrer Tochter vermitteln zu wollen. Für Kiri war es ganz selbstverständlich, daß ihre Tochter mitunter auch abgelegte Kleidungsstücke von Freundinnen trug. »Ich möchte, daß Toni ganz normal aufwächst«, sagte sie in einem Interview. »Sobald sie sich etwas darauf einbildet, adrette Kleider zu tragen, gehen wir zu C&A.«[10] Kiris Aufenthalt in Paris war abermals von beruflichem und persönlichem Unglück überschattet. Mit ihrer Elvira gelang es ihr erneut, Publikum und Presse zu begeistern, doch ihre Pamina stand unter einem ungünstigen Stern, denn die Inszenierung der *Zauberflöte* durch das Wiener Gespann Horst Zankl und Arik Brauer, die für Regie und Bühnenbild verantwortlich zeichneten, war eine reine Katastrophe.

Mit seinen überspannten Ambitionen stellte sich das Regieteam, zumindest bei der Premiere, selbst ein Bein, denn der Wagen der drei Knaben blieb hoch über der Bühne hängen und ließ sich nicht mehr von der Stelle bewegen. Die Aufführung mußte unterbrochen werden, bis die drei wieder heruntergeholt worden waren. Beim Schlußapplaus wurde lautstark gebuht. Und so ging Kiris fleißiges Bemühen um den deutschen Text in einem allgemeinen Debakel unter. Wenigstens ein englischer Kritiker, Stanley Sadie von der *Times*, wußte Kiris persönlichen Beitrag zu würdigen. Sadie fand den Schluß von Kiris Arie überwältigend schön. »Sie singt diese aufsteigende Phrase so, daß einem ein Schauer über den Rücken läuft und daß selbst erwachsene Männer (nicht nur Bernard Levin) weiche Knie bekommen«, schrieb er. »Es war eine absolute Ausnahmeinterpretation, denn sie blieb schlicht und war zugleich tief empfunden.«

Die Enttäuschung über *Die Zauberflöte* wurde jedoch rasch in eine andere Perspektive gerückt. Während ihres Aufenthalts in Paris stellte Kiri erschüttert fest, daß sie wieder schwanger war. Auch diesmal erfüllte sie sämtliche vertraglichen Verpflichtungen und bestritt alle elf Aufführungen der *Zauberflöte* – eine ungewöhnlich hohe Zahl. Doch auch diesmal verlor sie das Baby bereits in den ersten Wochen der Schwangerschaft.

Wenigstens konnte Toni sie diesmal in ihrem Schmerz trösten. »Ich hatte Glück«, bekannte Kiri später. »In den Augenblicken der Verzweiflung und Einsamkeit, die nach einer Fehlgeburt auftreten, konnte ich wenigstens Toni halten.«[11] In der Folgezeit äußerte sich Kiri mit stoischer Resignation darüber, daß sie keine eigenen Kinder haben konnte. Einmal behauptete sie, erleichtert gewesen zu sein, das zweite Kind verloren zu haben – so sehr hätten sie und Des die kleine Toni in ihr Herz geschlossen. Ein andermal meinte sie, es sei einfach Schicksal.

Auch diesmal war die Musik das beste Heilmittel gegen ihren Schmerz. In Covent Garden stellte sie sich der größten Herausforderung, der schwierigsten neuen Rolle seit ihrem Wiedereinstieg nach ihrer Krise – der Rolle der Arabella in Strauss' gleichnamiger Oper. Kiri freute sich darauf, die Arabella zu spielen – die Tochter eines zügellosen Wiener Grafen, der sie verheiraten will, um seine Spielschulden zu begleichen. »In der Figur steckt viel von mir«, gab Kiri einmal zu. »Auch ich kann mich innerlich von unangenehmen Gefühlsmomenten lösen und das Geschehen nüchtern betrachten.«[12]

In dieser Rolle konnte Kiri nun auch die enorme technische Brillanz unter Beweis stellen, die sie sich inzwischen zusätzlich zu ihrer angeborenen Stimmbegabung angeeignet hatte. »Wenn man Strauss singt, besteht das Geheimnis darin, die Millionen Noten singen zu können, ohne sich dabei anzustrengen«, gestand sie. Dies sollte Kiri schließlich gelingen, doch wie gewöhnlich erst wieder fünf vor zwölf.

Kiris Angewohnheit, alles bis zur letzten Minute aufzuschieben, brachte ihren Pianisten in Covent Garden, Richard Amner, schier zur Verzweiflung. Als es nur noch zehn Tage bis zur Premiere waren, wußte er nicht mehr weiter und versicherte Kiri, es werde ihr nichts übrigbleiben als abzusagen. Doch wie immer verstand sie dies nicht als Angriff, sondern als Ansporn.

Als Rettung in letzter Not traten Vera Rosza und Jean Mallandaine auf den Plan. Fünf Tage lang wurde Kiri intensiv gedrillt. Mallandaine übernahm bei Kiris Rollenstudium inzwischen eine ebenso wichtige Funktion wie Rosza. Die Pianistin hatte gelernt, sich auf Kiris persönlichen Lernstil und ihr Unvermögen, vom Blatt zu singen, einzustellen, und hatte eine Methode entwickelt, ihr neue Rollen beizubringen. Mallandaine nahm Kiris Noten zu einer einfachen Klavierbegleitung auf Band auf. Sobald Kiri ihre Noten auswendig konnte, kam Vera Rosza hinzu, die sie beim Einstudieren des Textes und dem Anlegen der Interpretation anleitete. Bis zur Premiere am 16. Juli paukte Kiri genug, um die Krise zu überwinden. Ihr Auftritt war wieder einmal ein absoluter Triumph.» Ich kann mich nicht erinnern, in all den Jahrzehnten eine solch strahlende und wunderbar differenzierte Arabella erlebt zu haben«, schrieb William Mann in der *Times*. Nur an ihrer blonden Perücke und dem dicken Make-up nahmen die Kritiker Anstoß.

Arabella erwies sich in mehrfacher Hinsicht als wichtiger Erfolg. Die enge Beziehung, die Kiri nun zur Musik von Strauss aufgebaut hatte, eröffnete ihrer Laufbahn eine spannende neue Dimension. Ferner profitierte sie von dem erhöhten Maß an Disziplin, das sie sich in den letzten Tagen vor ihrem Triumph angewöhnen mußte. Bereits vor ihrem Debüt sprach Kiri von einem »neuen Ich«. Nach ihrem großen Erfolg gestand sie, erst seit *Arabella* habe sie das Gefühl, sich künstlerisch zu entwickeln.

Kiris Romanze mit Richard Strauss setzte sich im Herbst fort. Auf einer Europatournee mit den Wiener Philharmonikern unter Claudio Abbado sang sie dessen *Vier letzte Lieder*, die bereits seit 1972, als sie sie mit John Pritchard und dem BBC Symphony Orchestra darbot, zu ihren Spezialitäten zählten. Später sang Kiri die Lieder auch in einem Meisterkurs mit Georg Solti, der für das Fernsehen aufgezeichnet wurde. »Er paukte mit ihr, und der Unterschied zwischen vorher und nachher war erstaunlich, denn sie nahm alles auf und setzte alles um, was er ihr ans Herz legte«, sagt Joan Ingpen. »Kiri hat keinen Intellekt. Sie hat einen Instinkt, und wenn sie von jemandem lernt, den sie respektiert, dann nimmt sie sehr viel an.«[13] Spürbar blieb Soltis Einfluß auch in einer weiteren Einspielung der Lieder mit Andrew Davis, die Kiri später ihren ersten Grammy Award einbrachte.

Als sich das Jahr 1977 zu Ende neigte, entdeckten Kiri und Des nach langer Suche am Rand des wohlhabenden Fleckens Leatherhead in der englischen Grafschaft Surrey ein abgelegenes Landhaus im

Tudorstil mit sieben Schlafzimmern, Ställen, einem eigenen Teich und fast drei Hektar Land. Sie wußten sofort, daß sie ihr Traumdomizil gefunden hatten. »Fairways«, wie das Haus genannt wurde, sollte die nächsten zwanzig Jahre ihr Heim sein.

Das Haus »Rushmere« war zu klein geworden, nicht nur weil Toni sich rasant entwickelte, sondern auch weil man eine feste Haushälterin eingestellt hatte. Da außerdem das Kindermädchen im Haus wohnte und Tom oft für längere Zeit bei ihnen logierte, waren die Räumlichkeiten inzwischen zu beengt geworden. Kiris Einkommen erlaubte es ihnen, den Umzug in ein größeres Heim ins Auge zu fassen.

Es gab jedoch auch andere, unangenehmere Gründe. Basil Horsfield und Des hatten Kiri seit Jahren vor den Schattenseiten ihres Ruhms bewahrt und abgeschirmt. Kiris Fangemeinde bestand überwiegend aus männlichen Verehrern. Anfangs lachte Kiri über die psychologischen Mechanismen, die dieser Vernarrtheit zugrunde lagen. »Manche Menschen verlieben sich ganz leicht in diese Bühnenfiguren, diese Bilder von Idealmüttern«, sagte sie. »Sie genießen es, sich von dieser Wärme liebkosen zu lassen. Vermutlich begeistern sich deswegen so viele junge Männer so rückhaltlos an dieser unschuldigen Leidenschaft.«

So amüsant, schmeichelnd und erfreulich Kiri diese Verehrung auch fand, so entsetzlich fand sie die Vorstellung, diesen Fans leibhaftig gegenüberzustehen. In einem Raum mit einem Haufen übereifriger Anhänger eingesperrt zu sein war Kiris schlimmster Alptraum, wie sie einmal gestand. »In Paris drängten sich die Fans einmal wie ein Schwarm Bienen in meine Garderobe, und ich stand mit dem Rücken zur Wand. Ich konnte den Ausgang sehen, aber nicht erreichen. In solchen Momenten packt mich die Panik, deshalb meide ich solche Situationen nach Möglichkeit. Das ist eine echte Klaustrophobie.«[14]

Kiri erhielt auch Unmengen von Fanpost, die Des inzwischen aussortierte, um unwillkommene Briefe auszusondern. Kiri erhielt mitunter Briefe, die sie zutiefst bewegten. »In vielen Briefen lese ich: ›Wenn es Sie und diese Lieder nicht gäbe, hätte ich schon längst Schluß gemacht‹«, erklärte sie. Ein junger Mann schrieb ihr, einige ihrer Lieder auf Platte hätten ihm über den Tod seiner geliebten Mutter hinweggeholfen[15]. Einige Fans gingen mit ihrer Verehrung jedoch zu weit. Sie bombardierten Kiri nicht nur mit lästigen Briefen, sondern stellten ihr persönlich nach. »Wir waren viel zu leicht ausfindig zu machen.« Am 8. März 1978 zog die Familie in ihr neues Heim.

Kiri mußte ihrer neuen Idylle jedoch schon bald wieder den Rücken kehren. Höhepunkt des Jahres war eine ausgedehnte Tournee nach Australien. Antonia und Lynne begleiteten sie; Des hatte zwischenzeitlich einen Auftrag im Iran übernommen. An der Oper von Sydney gab Kiri ihr Debüt als Violetta in *La traviata*. Regie führte wieder einmal John Copley, und am Pult stand ihr alter Vertrauter Richard Bonynge.

Hin und wieder sorgte Kiri dafür, daß sie ihrem Ruf als bissiges Biest gerecht wurde. »Sie war fabelhaft in *La traviata*«, meint Moffatt Oxenbould, der künstlerische Leiter der damaligen Australian Opera Company. »Sie war sehr gut bei Stimme und sah blendend aus, aber ihr persönlich schien die Saison weniger Freude zu bereiten als die von 1976.« Oxenbould und andere fragten sich, ob Kiris Unbehagen etwas damit zu tun hatte, daß zeitgleich mit ihrer Ankunft in Sydney Joan Sutherland in einer Neuinszenierung von *Norma* auftrat und eine weitere profilierte Sängerin, Marilyn Horne, auf Tournee war. »Man befand sich in ziemlich prominenter Gesellschaft«, erinnert er sich[16].

Bereits vor der Premiere kam es zwischen Kiri und Copley zu ungewöhnlichen Spannungen. Es hieß, Copley habe sich darüber beklagt, Kiri sei ihm und einem Pianisten gegenüber »gehässig« und unverschämt gewesen. »Ich komme nun einmal direkt zur Sache. Ich verschwende meine Zeit nicht mit Geplänkel«, rechtfertigte sie sich gegenüber dem *Sydney Morning Herald*.

Die spitzesten Bemerkungen behielt sie diesmal jedoch ihrem Heimatland vor. Nachdem sie ein paar Jahre zuvor Australien als tiefste Provinz abgetan hatte, schoß sie sich nun auf Neuseeland ein. Nach ihrer unglücklichen letzten Tournee im Jahr 1975 hatte Kiri alle weiteren Einladungen nach Neuseeland ausgeschlagen. Ende 1977 erklärte sie schließlich ihre Gründe. Abgesehen davon, daß sie bis 1981 ausgebucht sei, »gibt es in Neuseeland keinerlei Einrichtungen für internationale Oper. Es gibt eine große Operngemeinde und gute Opernsänger und Orchester, aber kein Opernhaus. Wenn nur die New Yorker Met beispielsweise in Neuseeland wäre, dann wäre ich ständig da.«[17]

Als Kiri während der Vorbereitungen für *La traviata* zu ihrer langen Abwesenheit befragt wurde, schoß sie wieder direkt aus der Hüfte. »Die Neuseeländer verdienen es inzwischen, mich in einer Oper zu sehen«, meinte sie[18]. »Doch es gibt keine Bühne. Es ist ein Jammer, aber vermutlich sind die staatlichen Stellen – vielleicht zu Recht – der Meinung, es gibt Wichtigeres als die Kunst«, äußerte sie in einem Interview mit dem auflagenstärksten australischen Magazin *Woman's Day*. »Ich suche nur nach einem geeigneten Opernhaus«, gestand Kiri einem anderen Blatt. »Das Haus müßte eine möglichst perfekte Akustik bieten.«[19] Ihre Äußerungen lösten in Neuseeland natürlich eine breite öffentliche Diskussion aus.

Doch wie schon so oft gelang es Kiri, sich bei der Premiere absolut auf ihre Aufgabe zu konzentrieren. Ihr Gastspiel in Sydney im Jahr 1976 war wohl beim Publikum, nicht aber bei der Presse ein Erfolg gewesen. Diesmal feierte sie einen uneingeschränkten Triumph und erhielt nicht nur stehende Ovationen vor ausverkauftem Haus, sondern rang auch der hartgesottenen australischen Presse rührende Huldigungen ab. Maria Prerauer, die einflußreiche Kritikerin des *Australian*, interviewte Kiri kurz vor der Premiere. In ihrem Artikel zitierte Prerauer die Worte, die eine Rivalin ein paar Tage zuvor in Sydney über Kiri geäußert hatte: »Es ist ungerecht. Sie hat alles. Es ist gemein. Sie muß sich bloß in London oder New York auf die Bühne stellen und den Mund aufmachen, und schon hat sie alle in ihren Bann geschlagen.«

Auch in Sydney zog Kiri alle in ihren Bann. Prerauer selbst bezeichnete Kiris Stimme als »eines der unglaublichsten Instrumente, die ich je gehört habe«, und ihr Bühnenspiel als so gelungen, daß sie »jederzeit ans Sprechtheater« wechseln könne. »Von solch einer Heldin kann der Komponist nur geträumt haben«, schrieb sie. Die übrigen australischen Kritiker ergingen sich in ähnlichen Hymnen.

»Ich glaube, um sich auf der ganzen Welt zu profilieren, muß man sich ein Land nach dem anderen vornehmen«, sagte Kiri einmal[20]. Australien lag ihr bereits zu Füßen. Die verbleibenden Monate des

Jahres nutzte sie, um neues Terrain auf der musikalischen Land-
karte zu erobern. Ihre Bemühungen waren indes von unterschied-
lichem Erfolg gekrönt.

Ende September 1978 reiste Kiri nach Vicenza zu den Dreharbeiten für eine aufwendige Neuverfilmung des *Don Giovanni*. Ihre
Teilnahme an dem Projekt verdankte sie Rolf Liebermann, der seit
zehn Jahren von einem Mozart für die Massen gesprochen hatte.
Seine Absicht war ebenso hehr wie herkömmlich. »In Europa wird
die Oper weitgehend vom Steuerzahler subventioniert – von jedem
Steuerzahler –, doch nur ein kleiner Teil der Gesellschaft profitiert
davon«, erklärte er. »Wir müssen eine Möglichkeit finden, die Oper
zu demokratisieren.«[21] Für die Regie konnte Liebermann den
Filmveteranen Joseph Losey gewinnen, der solch subtile Meister-
werke wie *Der Mittler* und *Der Diener* gedreht hatte.

Die Produktion steckte voller Probleme. Die Musik war im Jahr
zuvor unter der unterkühlten, intellektuellen Leitung Lorin Maa-
zels in Paris aufgenommen worden. Bei der Einspielung hatte eine
angespannte und oft gereizte Stimmung geherrscht. Ähnlich hoch
gingen die Wogen bei den Dreharbeiten in der Rotonda, der berühmten Palladio-Villa vor den Toren Vicenzas.

Kiri hatte gewisse Schwierigkeiten mit der Filmwelt und speziell
mit der Angewohnheit, rund um die Uhr zu drehen. »Als Bühnenkünstlerin konnte ich mich überhaupt nicht daran gewöhnen, zu
allen möglichen verrückten Zeiten zu agieren. Man wurde um
Mitternacht geweckt, weil um vier Uhr das Drehen begann. Das war
einfach verrückt, und ich kam damit nicht klar«, bekannte sie später. »Wir haben viel und hart gearbeitet, und man sieht es auch an
den roten Augen auf der Leinwand.«[22]

Im Laufe der einmonatigen Dreharbeiten traten immer mehr
Probleme auf. Kurz nachdem Losey eine Regenmaschine gemietet
hatte, mußte er zusehen, wie sich die Himmelsschleusen öffneten
und die Arbeit von fünf Tagen zunichte machten. Ende Oktober
brannten bei Kiri schließlich die Sicherungen durch. An einem
Freitagnachmittag teilte Liebermann ihr mit, daß sie den Drehort
nicht verlassen und wie geplant für das Wochenende nach London
reisen und mit Des Tonis zweiten Geburtstag feiern könne.

Eine Reporterin der Zeitschrift *Musical America*, die den Schauplatz besuchte, hielt die Szene für die Nachwelt fest. Dorle J. Soria schilderte, wie die Idylle der Rotonda von der »wunderschönen, in Weiß gekleideten« Kiri gestört wurde, die dem Produzenten Liebermann hinterherjagte. »Sie hätte wahrhaftig die rachsüchtige Donna Elvira sein können, die ihrem Verräter nachsetzt«, schrieb Soria. »Sie war in Rage. Sie argumentierte, sie tobte, sie drohte, sie trotzte. Es war eine eindrucksvolle Szene, eines Mozart durchaus würdig.« Schließlich besänftigte Liebermann den Sturm. »Er bot all seinen Charme und seine Überredungskunst auf. Am Schluß nahm er sie am Arm, und sie gingen zusammen weg. Liebermann kehrte mit entspannter Miene zurück. Er sagte nur: ›Sie ist göttlich.‹« Und tatsächlich kam Kiris Stimmung ihrer göttlichen Darbietung auf der Leinwand nur zugute.

Kiri begeisterte sich inzwischen immer mehr für die Rolle der Elvira. Der Reiz lag darin, daß diese Partie sie bis an die äußersten Grenzen ihrer Persönlichkeit brachte. »Sie führt mich an den Rand des Wahnsinns. Ich versuche, sie als nahezu verrückt darzustellen.«[23] Inmitten all des Chaos in Vicenza gelang es Losey, die vielleicht elektrisierendste Verkörperung der Elvira überhaupt auf die Leinwand zu bannen. Kiris Interpretation war voller neurotischer und hypnotischer Energie – eine wahre Tour de force. Der Film fand bei Publikum und Presse großen Anklang. Liebermann hatte sein Ziel somit voll erreicht.

Kiris Sieg über Italien blieb jedoch eher in der Schwebe. Ende des Jahres war sie in Mailand, wo sie an der Scala die Amelia in *Simon Boccanegra* sang, ihre erste Rolle in der großen Bastion der italienischen Musikwelt. Sie war sich zwar der Bedeutung des Mailänder Opernmekkas bewußt, zeigte jedoch wenig Verständnis für die absonderlichen Gepflogenheiten, die dort herrschten. Vor der Premiere war ein Vertreter der örtlichen Claque an Kiri herangetreten. Die Claque – in Mailand eine jahrhundertealte Institution – brachte es fertig, mit ihrer strategisch plazierten Anhängerschaft vor allem bei Premieren die Publikumsreaktionen zu steuern. »Einmal kam ein Mann in meine Garderobe, der sich als Signor Soundso vorstellte und mich fragte, was ich zahlen wolle, und ich wußte gar nicht, was ich sagen sollte«, erinnerte sie sich später. »Ich hatte die schauerlichsten Geschichten gehört, von Künstlern, die sich geweigert hatten zu zahlen und beim Schlußvorhang überhaupt keinen Applaus bekamen oder – was noch schlimmer war – ausgebuht wurden. Selbstverständlich zahlte ich.«[24]

Kiris Vorstellung von einem fairen Preis dafür, daß die Claque bei vier verschiedenen Aufführungen den Applaus vorgab, bewegte sich in einer Größenordnung von umgerechnet zwölf Pfund. Als sie dem Bariton Piero Cappuccilli erzählte, was sie gezahlt hatte, brach er in lautes Lachen aus[25]. Es schien kein Zufall gewesen zu sein, daß Kiri an der Scala ihren eigenen Worten zufolge »ein wenig kühl« aufgenommen wurde und seither auch nur noch selten in Italien aufgetreten ist.

Anfang März 1979 trafen Kiri, Des und Toni am Flughafen von Auckland ein, wo sie von Graeme Lindsay, dem Inhaber des renommiertesten Limousinenservice der Stadt, abgeholt wurden. Als Lindsay zum Flughafen fuhr, wußte er nicht, wer sich hinter der »Familie Park« verbarg, die er abholen sollte. Im Laufe der Jahre hatte er bereits einige der größten Berühmtheiten der Welt chauffiert. Welchen Status Kiri in ihrem Heimatland genoß, merkte er, als er mit Kiri und ihrer Familie den neuseeländischen Zoll passierte. »Hätte ich gesagt, ich bringe Rod Stewart oder auch Muhammed Ali, wäre es den Leuten vom neuseeländischen Zoll völlig schnuppe gewesen; die hätten nach Drogen oder irgend etwas anderem gesucht«, sagt er. »Kiri Te Kanawa wurde einfach durchgewunken.«

Lindsay blieb noch jahrelang Kiris persönlicher Chauffeur und Leibwächter in Neuseeland. Bereits in der Anfangszeit bekam er mit, welch einer sonderbaren Situation sie in ihrem Heimatland begegnete. Kiri versuchte, einen ganz normalen Umgang mit den Menschen zu pflegen, mit denen sie aufgewachsen war. In der Regel dauerte es nicht lange, bis sie von ganzen Schwärmen umlagert war. »Oft bedeutete sie mir, mich zurückzuhalten und die Autogrammjäger vorzulassen. Manchmal sagte sie: ›Nein, ich habe keine Zeit.‹ Dann trat ich dazwischen«, berichtet er.

Kiri befand sich in einer schwierigen Lage. »In England wird man in der Regel in Ruhe gelassen, auch wenn die Leute einen vergöttern«, erklärte sie einmal. »Doch in Neuseeland muß ich mich regelrecht verstecken.« Lindsay fügt hinzu: »In Übersee ist Kiri ein Superstar, aber wenn sie nach Neuseeland kommt, meinen alle, sie ist eine von uns. Da liegt das Problem.«[26]

Auch diesmal hegte Kiri nicht die Absicht, in Neuseeland öffentlich aufzutreten. Ihr Standpunkt, daß Neuseeland ein richtiges Opernhaus brauche, hatte sich noch verfestigt. Ihre Äußerungen hatten bereits dazu geführt, daß Pläne für einen neuen Kulturkomplex in Auckland entwickelt wurden. Kiri zeigte sich bei einigen Empfängen und Pressekonferenzen, die für das Projekt werben sollten.

Kiri besuchte auch ihren Vater in Hatepe. Sie kam per Hubschrauber und landete auf dem kleinen Strand vor Toms Blockhütte. Doch selbst dort war sie vor unerwünschten Avancen nicht sicher, denn es sprach sich sofort herum, daß sie da war. Nur auf Kura Beales idyllischem Landsitz in Rawhiti fand Kiri wirklich Ruhe. Dort konnte sie stundenlang hoch über den Klippen sitzen und den Delphinen zusehen. »Für mich ist das der Himmel«, sagte Kiri über dieses Fleckchen.

Kiri kehrte nach Europa zurück, um abermals neues Terrain zu erobern. Sie reiste nach Salzburg, wo sie bei den Festspielen viermal im *Figaro* auftreten sollte. Eine der Aufführungen wurde von Herbert von Karajan geleitet. Die Anerkennung, die der legendäre Dirigent ihr zollte, war eine der höchsten Auszeichnungen, die Kiri bis dahin erhalten hatte.

Das wichtigste Ereignis des Jahres 1979 spielte sich jedoch wiederum unter Ausschluß der Öffentlichkeit ab. Im August reiste Des, wie bereits drei Jahre zuvor, ganz allein und heimlich nach Neuseeland. Mit Hilfe von Shirley Barrett war es Kiri und Des gelungen, ein weiteres Kind zu finden, das sich für eine Adoption eignete.

Antonia wuchs rasch heran. Kiri und Des meinten, es sei an der Zeit, ihr ein Geschwisterchen zu schenken. »Wir wollten nicht, daß Antonia als Einzelkind aufwächst«, sagte Kiri[27]. Diesmal adoptierten sie einen kleinen Jungen, den sie nach seinem Adoptivopa auf den Namen Thomas tauften und den Antonia bereits nach kürzester Zeit als ihren »besten Freund« bezeichnete.

TEIL DREI

»Ich kann nichts anders werden, nimm mich, wie ich bin.«

aus *Arabella* von Richard Strauss

» 250 000mal Covent Garden «

Anfang des Jahres 1980 stand zumindest für Sir John Tooley zweifelsfrei fest, wer inzwischen die absolute Königin von Covent Garden war. Als mit einer farblosen Inszenierung von *Simon Boccanegra* in der Regie von Filippo Sanjust eine neue Spielzeit eröffnet wurde, hatte Tooley eine Saison vor halbvollem Haus befürchtet. Er gestand, daß die Amelia dieser Produktion einen finanziellen Fehlschlag verhinderte. »Ohne Kiri wäre *Boccanegra* sehr wahrscheinlich nicht ausverkauft gewesen«, erklärt er. »Sobald Kiris Name auf den Plakaten steht, gehen die Karten weg. Man vergöttert sie.«[1]

In den vergangenen zehn Jahren hatten sich der Ruf der Royal Opera und der ihres Starsoprans fast entgegengesetzt entwickelt. Unter der Leitung von Colin Davis hatte Covent Garden den Glanz der Ära Solti eingebüßt. Davis zeigte schon fünf Jahre vor Auslaufen seines Vertrags eine extreme Gereiztheit und gelegentlich sogar paranoide Züge. Bei Pressekonferenzen saß er bisweilen halb abgewandt da und schnauzte selbst auf die harmlosesten Fragen: »*Sie* sollten den Job mal für sechs Monate übernehmen, dann würden wir ja sehen, was Sie hinterher zu kritisieren haben!«[2] Als er in einer Zeitung eine kritische Bilanz seiner Amtszeit las, rief er den Verfasser an und heulte ihm etwas vor.

Seine Schwäche hatte allerdings die Position der Gesangsstars an seinem Haus gestärkt. Niemand profitierte davon so sehr wie die beiden Sänger, die inzwischen als die Juwelen in der Krone der Royal Opera galten: Plácido Domingo und Kiri Te Kanawa. Domingos Popularität beruhte auf seiner einnehmenden Art, seinem attraktiven Äußeren und seiner unvergleichlich professionellen Einstellung. Kiri faszinierte sicherlich durch ihre exotische Erscheinung; zugleich aber verkörperte sie einen ganz neuen Typ von Opernstar, nämlich den der absolut ungezierten Diva.

Im März 1980 sollte Kiri in einer populären Rundfunksendung der BBC Musik ihrer Wahl vorstellen – Stücke, die sie auf die sprichwörtliche einsame Insel mitnehmen würde. Unter den zehn Titeln, die sie nannte, befand sich nur ein einziges klassisches Werk, Mozarts erstes Flötenkonzert. Dazu könne sie am besten »meine Isadora-Duncan-Nummer abziehen«, gestand sie dem Moderator scherzhaft. Dies war sicherlich keine Public-Relations-Pose. Kiri gab zu, liebend gern in der Küche herumzufuhrwerken, wenn im Hintergrund Anne Murray oder Neil Diamond plärrte. Ihr derber Humor und ihre Naturverbundenheit unterstrichen die Tatsache, daß sie alles andere als eine Grande Dame war. Daß sie keinerlei Primadonna-Allüren an den Tag legte, zeigte sich auch bei einem Golfspiel gegen Domingo, das im Fernsehen übertragen wurde und das Kiri mühelos gewann.

Als bei der anderen großen Covent-Garden-Produktion in jener Spielzeit, *La Bohème*, eines Abends Mirella Freni ausfiel, sprang Kiri sozusagen von jetzt auf gleich ein. Sie stellte nur zwei Bedingungen – daß man sie von zu Hause mit dem Wagen abholte und daß man eine ihrer Lieblingssouffleusen bereitstellte, falls ihr Mimìs Text nicht mehr einfiel. Beim Schlußapplaus tobte das Haus. Ähnlich große Begeisterung löste sie zwei Tage später aus, als sie anscheinend mühelos wieder in die Rolle der Amelia schlüpfte.

Abgesehen von solch turbulenten Momenten trachtete Kiri inzwischen danach, ein übermäßig intensives Arbeitspensum möglichst zu vermeiden. Seit ihrer Krise hatte sie darauf bestanden, in den Verträgen längere Ruhepausen festzuschreiben. Vor allem aber hatte sie ihre Verpflichtungen insgesamt zurückgeschraubt. Im Jahr 1972 hatte Horsfield sie innerhalb eines Zeitraums von zwölf Monaten für 101 Engagements gebucht. Acht Jahre später waren es nur noch etwa halb so viele – wobei Kiri keinerlei finanzielle Einbußen erlitt.

Mit Abendgagen von etwa 10 000 Dollar in London und 12 000 Dollar in New York und gelegentlich sogar noch höheren Gagen in Paris gehörte Kiri inzwischen zu den bestbezahlten Sopranistinnen der Welt. Ende der siebziger Jahre hatte ihr Jahreseinkommen erstmals die Marke von 500 000 Pfund überstiegen. Ihr Ruhm sicherte ihr inzwischen sogar noch weitere Verdienstmöglichkeiten. Kiri war beispielsweise zur Werbeikone von Rolex geworden. Der Uhrenhersteller war nach ihrem triumphalen Erfolg mit *Così fan tutte* in Paris im Jahr 1976 an sie herangetreten, weil Kiri genau das wohlhabende, ehrgeizige und markenbewußte Zielpublikum von Rolex ansprach.

Kiris Kontrakt mit Rolex wurde von Des gemanagt, der inzwischen die einflußreichste und gewichtigste Instanz in ihren geschäftlichen Angelegenheiten war. Der alternde, aristokratische Basil Horsfield hatte sich mehr und mehr aus seiner Agentur zurückgezogen und bereitete sich darauf vor, sich in Monte Carlo zur Ruhe zu setzen. Er hatte die Zügel immer mehr aus der Hand gegeben, und Des hatte sie bereitwillig übernommen.

Kiri war mächtig stolz auf Des und den Geschäftssinn, den er bewiesen hatte, seit er Mitte der siebziger Jahre eine zentrale Rolle in ihrer Laufbahn übernommen hatte. In der Öffentlichkeit spielte sie seine Rolle eher herunter und bezeichnete Horsfield als ihren Manager. »Desmond ist mir ein großer Trost und eine große Hilfe, wenn die Lage prekär wird«, gestand sie damals einem Interviewer. Privat dagegen sprach sie fast schon in übermenschlichen Begriffen von ihm. »Bereits Mitte der siebziger Jahre schwebte ihr vor, Des solle das Royal Opera House übernehmen, das heißt Intendant werden und Gott weiß was«, erinnert sich ein damaliger Kollege von Covent Garden. »Sie war ganz besessen von der Vorstellung.«

Die Entwicklung professioneller Bande zwischen Kiri und Des fiel auch Bob Morgan auf, einem alten Studienfreund Desmonds, als die beiden ihn in Brisbane besuchten. Der Ingenieur Morgan fragte seinen Freund, was er zur Zeit arbeite. »Er erzählte mir, Kiri hat im vergangenen Jahr 800 000 Pfund verdient, und er kann mehr Geld machen, wenn er sie managt, als wenn er im Ingenieurfach arbeitet.«

Des hatte bereits ein Interesse an Immobilienverwaltung gezeigt. Neben einer Villa und einem Golfplatz in Portugal kaufte er eine Wohnung in San Francisco, Desmonds und Kiris Lieblingsstadt in Amerika. Dort wohnten sie zwei Monate, als Kiri im November 1980 an der San Francisco Opera in *Arabella* sang.

Auf den ersten Blick wirkten Kiri und Des noch genauso wie als Frischvermählte fünfzehn Jahre zuvor. »Sie nannte ihn immer noch Parky«, erinnert sich Morgan. Doch je mehr Zeit Morgan mit seinen alten Freunden verbrachte, desto mehr bekam er den Eindruck, die Ehe der beiden habe etwas von ihrem Zauber verloren. »Die Körpersprache verriet wenig Traulichkeit zwischen den beiden. Sie wirkten eher wie Geschäftspartner als wie Ehepartner.« Die besonderen Ereignisse des Jahres 1981 machten aus Kiri ein Unternehmen, das zu managen sich sogar noch mehr lohnte.

Als John Davern Kiri am 1. April 1981 in aller Frühe anrief, war sie zunächst der Meinung, ihr Agent wolle sie auf den Arm nehmen. Davern rief sie in ihrem Hotel in Paris an, wo sie sich auf zwei große Herausforderungen vorbereitete – ihr Pariser Debüt als Arabella und eine Einspielung von Berlioz' *Les Nuits d'été* mit dem Orchestre de Paris unter Daniel Barenboim.

»Charles möchte, daß du bei seiner Hochzeit singst«, schwärmte Davern ganz aufgeregt.

»Was für ein Charles?« fragte Kiri.

»Als John es mir sagte, dachte ich: ›Was für ein alberner Aprilscherz.‹« Schließlich hörte Kiri aus Daverns Stimme, daß er es ernst meinte. »Als mir klar wurde, daß es stimmte, war ich sprachlos«, sagte sie später[3]. Bereits die Verlobung von Prinz Charles und der neunzehnjährigen Lady Diana Spencer hatte in England und auf der ganzen Welt für Aufregung gesorgt. Ihre Hochzeit, die am 29. Juli in der Londoner St. Paul's Cathedral stattfinden und weltweit im Fernsehen übertragen werden sollte, versprach das größte Medienereignis des Fernsehzeitalters zu werden. Man ging davon aus, daß 700 Millionen Menschen das Spektakel am Bildschirm verfolgen würden.

Der kunstsinnige englische Thronfolger war darauf bedacht, daß man seine Hochzeit ebenso wegen ihrer Musik wie wegen ihres feierlichen Prunks in Erinnerung behielt. Sir John Tooley und der Leiter des Bach Choir, Sir David Willcocks, wurden beauftragt, ein geeignetes Programm zusammenzustellen.

Charles war ein noch größerer Opernliebhaber geworden, seit er Kiri 1974 in Glyndebourne als *Figaro*-Gräfin und 1976 in Covent Garden als Fiordiligi gesehen hatte. Da seine Berater im Buckingham-

Palast bestrebt waren, das Commonwealth bei dem großen Ereignis mit einzubeziehen, war man sich bald darin einig, daß während der Unterzeichnung der Heiratsurkunde Kiri Te Kanawa Händels »Let the Bright Seraphim« singen sollte.

Der Zeitpunkt paßte auch in Kiris Terminkalender. Der Hochzeitstag folgte auf das Ende des Mozart-Festivals der Royal Opera, bei dem Kiri in den zweieinhalb Wochen vom 6. bis zum 25. Juli siebenmal die Donna Elvira und viermal die Fiordiligi singen sollte. Nach ihrem letzten Auftritt hatte sie also vier Tage Zeit, sich voll auf die Hochzeit vorzubereiten.

Nach etlichen Besprechungen mit Tooley, Willcocks und Charles machte sich Kiri an die Arbeit. Mit Vera Roszas Hilfe machte sie sich wieder mit der Arie vertraut, die sie siebzehn Jahre zuvor in Auckland als B-Seite zu ihrem »Nonnenchor« aufgenommen hatte. Kiri bat ihren Pariser Lieblingsdesigner Leonard, drei Entwürfe für ein entsprechend auffallendes Kostüm anzufertigen. Ihr einziger Wunsch war, daß die Kreation »sommerlich« ausfiel. Der Londoner Hutmacher Philip Somerville wurde beauftragt, einen passenden Hut zu entwerfen.

Während London unter einer Hitzewelle stöhnte, kampierten vor dem Buckingham-Palast Medienvertreter aus der ganzen Welt. Auch Kiri wurde in den hektischen Wirbel der Hochzeitsvorbereitungen hineingezogen und gebeten, in Covent Garden eine Pressekonferenz zu geben. Wenn sie nicht schon nervös war, dann sorgte der amerikanische Fernsehmoderator Tom Brokaw für Hochspannung, indem er in seinem Nachrichtenmagazin das bevorstehende Ereignis in die entsprechende Perspektive rückte. Die weltweit erwartete Zahl der Fernsehzuschauer entsprach einem Publikum von »250 000mal Covent Garden gleichzeitig«, prophezeite er ihr.

Charles besuchte eine der letzten *Don Giovanni*-Vorstellungen, in denen Kiri auftrat. Am Abend des Montag vor der Hochzeit wurden Kiri und Des zu einem großen Ball in den Buckingham-Palast eingeladen. Später erinnerte sich Kiri, daß sie sich die meiste Zeit mit Charles und seiner Familie und kaum mit seiner Verlobten unterhielt. Einen besonders guten Draht fand Kiri zu Charles' Vater Prinz Philip, dem Herzog von Edinburgh. Diana schien einem anderen »Lager« anzugehören.

Am Morgen des 29. Juli wachte Kiri in einer »phantastischen Hochstimmung« auf. Gemeinsam mit Des ging sie die lange Liste von Instruktionen durch, die ihr am Montag abend ein königlicher Kammerdiener überreicht hatte. Sie folgte seinem Rat und beschränkte sich auf eine einzige Tasse Tee. Die St. Paul's Cathedral zeichne sich durch einen chronischen Mangel an Toiletten aus, hatte der Kammerdiener zu bedenken gegeben. Dann schlüpfte Kiri in das ungewöhnliche regenbogenfarbene Kleid, das Leonard für sie kreiert hatte, stopfte eine Thermosflasche mit Eiswasser und eine Tüte Bonbons als Rachenputzer in ihre Handtasche und sprang in den Wagen, der sie zur Kathedrale bringen sollte. Erst im Wagen bemerkte sie, daß sie auf dem Weg zum Gesellschaftsereignis des Jahrhunderts war und ein ziemlich wesentliches Detail außer acht gelassen hatte. In ihrer Hektik hatte sie ganz vergessen, Schlüpfer anzuziehen. »Dafür war keine Zeit«, gestand sie Jahre später kichernd einem Freund [4].

Was Kiri durch die Scheiben ihrer Limousine sah, stimmte sie auch nicht gerade ruhiger. Die Straßen und Plätze um die Kathedrale waren von Tausenden und Abertausenden von Schaulustigen gesäumt. Kiri erreichte die Kathedrale eine volle Stunde, bevor sich die königliche Familie in ihren geschmückten offenen Kutschen den Weg durch die Londoner Innenstadt bahnte.

Als Diana gegen elf Uhr zu den Klängen von Purcells *Trumpet Voluntary* die Kirche betrat, reckte Kiri wie alle anderen Anwesenden den Hals, um die Märchenbraut zu erspähen. »Ich sah Lady Diana, als sie nach vorn schritt«, erinnerte sich Kiri. »Sie trug einen wunderschönen Schleier, der nur ganz wenig glänzte. Sie sah hinreißend aus. Von da an zitterte ich bloß noch, bis ich singen mußte.«

Als Diana und Charles sich das Jawort gaben, bereitete sich Kiri auf ihren großen Augenblick vor. Genau um 11.44 Uhr zog sich das Brautpaar in die Dean's Aisle zurück, um die Formalitäten zu erledigen, und nun trat Kiri in den Mittelpunkt. »Ich machte mir fast ins Hemd, so nervös war ich. Es war absolut nervenaufreibend. Man hat nur einen einzigen Versuch. Die Musik setzt ein, und es geht los. Und man darf nicht stocken«, gestand sie. Die folgenden Minuten waren ein intensiver Moment, ein einzigartiges Erlebnis. »Als meine Arie vorbei war, war alles wie verschwommen.«

Nach der Zeremonie fanden sich Des und Kiri im Kreis von Ehrengästen und Würdenträgern zu einem Mittagessen im Palast ein. Doch auch hier verpaßte Kiri die Gelegenheit, mit Diana zu reden. Die Braut hatte in den Speisesälen, in denen die Gäste tafelten, ihre Runde gemacht. »Es war so heiß und stickig, daß wir an die frische Luft gingen, als ein paar Türen aufgemacht wurden, und so verpaßten wir sie«, klagte Kiri anschließend[5].

Am Abend gab Kiri diverse Fernsehinterviews. Danach saß sie bis Mitternacht mit Des und Basil Horsfield in dessen Wohnung bei Champagner zusammen. Als Kiri nach Hause kam, saß Tom still in einer Ecke. Wie immer sorgte ihr Vater dafür, daß sie wieder auf den Boden der Realität zurückfand. Seine Reaktion auf den noblen Pomp, den er im Fernsehen verfolgt hatte, war typisch.

»Wie fandest du es?« fragte Kiri.

»Gut«, erwiderte er mit einem sanften Lächeln.

»Solch ein Riesenspektakel, und mein Vater fand es ›gut‹«, amüsierte sich Kiri später[6].

Übertrieben wurde indes genug. Da Kiri im Schlaglicht des prunkvollsten Ereignisses der Dekade gestanden hatte, wurde sie auf einmal mit einem ganz anderen Blick gewürdigt. Ihre Darbietung der Händel-Arie wurde einhellig gelobt. »Rücksichtsvollerweise ließ Ihre Königliche Hoheit Kiri Te Kanawa zurück, um uns zu begeistern«, hieß es in einem Leitartikel des *Guardian*. »Die einzigen Klänge, die so brillierten wie der *Trumpet Voluntary*, waren die glockenreinen Töne der Neuseeländerin Kiri Te Kanawa«, schwärmte die *Daily Mail*.

Leonards Kleid löste jedoch kein solch begeistertes Echo aus. Clive James vom *Observer* konnte sich eine boshafte Bemerkung über »das letzte lebende Exemplar der Maori-Nationaltracht« nicht verkneifen. Kiris Garderobe lieferte sogar Munition für das englische Satiremagazin *Private Eye*; dessen Kolumnist meckerte darüber, daß »diese dunkle Diseuse von Down Under in einem mehrfarbigen Tischtuch und einem Stewardessenhütchen stundenlang vor sich hin trällern mußte«. Selbst ihre Schwester Nola, die normalerweise den Mund halten konnte, ließ sich über das Kleid aus. Kiri meinte später im Spaß, mit Nolas Fernseher müsse etwas nicht gestimmt haben.

Die königliche Hochzeit brachte für Kiri sofort spürbare Veränderungen mit sich. Davor war sie für viele Menschen ein beliebiges Gesicht in der Menge gewesen. In dem Trubel nach der Trauung konnte sie ihre offizielle Limousine nicht finden, doch nun war sie selbst der Londoner Polizei bekannt, und so brachten zwei neue Fans sie in ihrem Streifenwagen zum Buckingham-Palast. Fortan wurde Kiri auch auf der Straße angesprochen und um Autogramme gebeten. Kiri konnte nur verwundert den Kopf schütteln. »Nie in meiner Laufbahn habe ich einen ähnlich hohen Bekanntheitsgrad erlangt«, sagte sie.

In den folgenden Wochen wurde Kiri mit Angeboten von Fernsehsendern und Wohltätigkeitsorganisationen, Musikfestivals und selbst von Verehrern nur so überschüttet. »Viele Fans machten mir Anträge«, gestand sie lachend. »Einer stellte sich als vitaler Neunzehnjähriger vor, aber ich dachte, das ist wohl doch ein bißchen zu jung für mich.«[7]

Vorläufig war und blieb jedoch die Oper ihre Welt. Ihre Verpflichtungen stellten sie wieder einmal vor große Herausforderungen. Im Spätherbst reiste Kiri nach Paris und bereitete sich auf ihr gespannt erwartetes Debüt als Marschallin in Strauss' *Rosenkavalier* vor. Stimmlich kam sie mit der Rolle aufgrund ihrer Affinität zu Strauss sehr gut zurecht. Die Komplexität der Figur stellte sie jedoch wieder einmal auf eine harte Probe. Die Rolle kam ihr vor wie »ein Puzzle, das Stück für Stück zusammengesetzt werden muß«[8].

Mit dieser Schwerarbeit begann sie bereits während eines Urlaubs, den sie mit Des und den Kindern in der Villa in Portugal verbrachte, wo sie ein weiterer golfspielender neuseeländischer Sänger, Chris Doig, besuchte. »Es war phantastisch. Wir spielten jeden Tag Golf und tranken jede Menge Bourbon«, erinnert sich Doig. »Ich fand sie richtig reizend, absolut unprätentiös. Sie hat das Image einer Grande Dame, aber im Bikini am Swimmingpool ist sie das süßeste, charmanteste Wesen.«[9]

Trotz all dieser Vergnügungen hielt Kiri an ihrer neu erworbenen Disziplin fest. »Damals lernte Kiri die Marschallin für Paris und stand jeden Morgen auf, um gewissenhaft zu üben«, erzählt Doig. »Selbst wenn wir am Abend davor alle lange aus waren und morgens am Pool lagen, hörte man aus Kiris Zimmer die himmlischsten

Töne. Sie ließ das Tonband laufen, hatte einen Kopfhörer auf und ging im Zimmer auf und ab.«

Doig traute sich nicht, in Kiris Gegenwart sein eigenes Repertoire aufzupolieren. Kiri wußte, daß er ein paar wichtige Termine vor sich hatte, und vermittelte ihm einige mühsam erworbene Einsichten. Sie tadelte ihn, weil er nicht arbeitete, und meinte: »Du wirst es bereuen. Früher war ich auch so wie du, aber inzwischen weiß ich, daß man die Stimme nicht einmal drei Wochen lang schleifen lassen darf.« Doch Doig ignorierte ihren Rat. Am ersten Tag seines Engagements war er phantastisch bei Stimme und dachte noch, Kiri hatte unrecht. Er sang vier Stunden lang, doch am nächsten Tag mußte er es büßen. Seine Stimme war fast weg. »Das war mir eine Lehre«, gesteht er. »Sie hatte recht.«

Kiris Gewissenhaftigkeit zahlte sich aus, als sie Anfang Dezember als Marschallin debütierte. Ihre Pariser Fans nahmen ihre ausgefeilte Interpretation begeistert auf. Die Rolle wurde in den folgenden Jahren zu einem ihrer Markenzeichen.

Ihre Hoffnung auf ein ruhiges Weihnachtsfest in Fairways erfüllte sich indes nicht, denn das Sensationsjahr 1981 hatte noch eine letzte große Überraschung für sie parat. Kurz vor Weihnachten fuhr sie, wie sie meinte, zu einem Interview in ein Fernsehstudio und fand sich völlig ahnungslos inmitten einer Folge der Sendung *This Is Your Life* wieder. Dabei hatten Kiri und Des noch am Abend zuvor im Fernsehen gesehen, wie ein anderes argloses Opfer überrumpelt worden war. Kiri hatte zu Des gesagt: »Daß du mir das ja nie antust.« Er hatte nur erwidert: »Irgendwann wird es passieren« und hatte sich aus dem Zimmer gestohlen. »Dieser Schuft«, knurrte sie später[10].

Die Sendung präsentierte etliche Überraschungsgäste, unter anderem Tom Te Kanawa und Kura Beale, sowie gefilmte Beiträge von Georg Solti und Joan Sutherland. Verlesen wurde auch die persönliche Huldigung, die Prinz Charles seiner »Lieblingssopranistin« geschrieben hatte. Ein Jahr zuvor wäre Kiri wahrscheinlich gar nicht als Kandidatin der Sendung in Betracht gekommen. Es galt schließlich als große Auszeichnung, im Mittelpunkt einer Folge von *This Is Your Life* zu stehen. Ein Maßstab für den Status, den Kiri inzwischen genoß, war ferner die Tatsache, daß die Folge an Heiligabend zur Hauptsendezeit ausgestrahlt wurde.

Das Jahr 1982 begann für Kiri auf vertrautem Terrain, mit einer Neuinszenierung von *Così fan tutte* an der New Yorker Met. Fiordiligi war inzwischen eine ihrer erfolgreichsten und populärsten Rollen. Eine RCA-Einspielung von 1978 mit Kiri neben Teresa Stratas, Frederica Von Stade und David Rendall mit den Straßburger Philharmonikern unter Alain Lombard war sogar mit den klassischen Aufnahmen von Karajan und Böhm verglichen worden. Auf der Bühne versprach Kiris Fiordiligi sogar noch betörender zu wirken.

Ihr Landsmann Donald McIntyre weilte damals in New York und war bei der Generalprobe zugegen. Er hatte Mitleid mit den Kollegen, die in den Augen des Stammpublikums der Met von Kiri inzwischen völlig in den Schatten gestellt wurden. »Kiri war an jenem Tag sensationell bei Stimme. Es war fast schon ärgerlich«, meint er. »Das Publikum konnte sie kaum zwei Phrasen singen lassen, ohne in einen stürmischen Beifall auszubrechen, der den Fluß mehr oder weniger unterbrach. Das Publikum konnte sich nicht beherrschen.«[11] Die Kritiker sahen es ganz ähnlich. Nach einem Sonderkonzert am 14. Februar schwärmte der bekannte New Yorker Autor John Rockwell: »Miss Te Kanawa gilt als die führende Mozart-Sopranistin unserer Zeit.«

Ganz anders sah es jedoch bei Puccini aus. Im März reiste Kiri nach Paris, wo sie in einer Neuinszenierung von *Tosca* unter der Leitung von Seiji Ozawa die Titelrolle singen sollte. Mit Puccini hatte Kiri immer schon ihre Schwierigkeiten gehabt, vor allem mit den Libretti, die ihr wie Schnellfeuer vorkamen. »Dieser verdammte Text«, entfuhr es ihr bei einer Aufnahmesitzung zu *La rondine* mit Lorin Maazel in jenem Jahr[12]. Die Partie der Tosca wird normalerweise von einem Spintosopran gesungen. Kiri hatte Schwierigkeiten, in den unteren Registern die nötige Durchschlagskraft zu zeigen. Außerdem hatte sie Probleme mit den rein physischen Anforderungen der Rolle und zog sich beim dramatischen Höhepunkt eine Verletzung zu. »Für die Todesszene, in der ich von den Zinnen springe, hatte man zwei Matratzen bereitgestellt, und ich hatte darum gebeten, sie quer auszulegen«, erinnerte sie sich. »Als ich vor dem Sprung hinuntersah, lagen sie längs ausgebreitet.« Kiri sprang und merkte sofort, daß sie sich den Rücken verletzt hatte.

Dies war jedoch nicht die einzige Blessur, die Kiri davontrug. Es gab auch noch andere Wunden zu lecken. Während Ozawa beim Schlußapplaus regelrecht ausgebuht wurde, erhielt Kiri wenigstens kühlen Höflichkeitsapplaus, doch die Kritiken in Paris und auch in London waren vernichtend. In *Le Monde* hieß es, Kiri sei zwar höchst attraktiv, »wirkte in der Rolle jedoch irgendwie zu zaghaft. Wir warteten vergeblich auf die furchtbare Rache einer italienischen Tosca.« Der Kritiker des *Guardian* war ebensowenig beeindruckt. »Ihre Tosca leidet unter den gleichen Beschränkungen der schauspielerischen Fähigkeiten, die mir bei ihrer Fiordiligi – allerdings nicht störend – auffielen«, urteilte er. »In *Tosca* drückt sie tragisches Gefühl aus, indem sie ihr hübsches Gesicht hinter den Händen verbirgt. Die Stimme wird so schön produziert wie immer, doch es fehlt ihr an Fundament in der Tiefe, und sie ist nicht groß von Einfühlung erfüllt.« *Tosca* war seither nicht mehr in Kiris Repertoire vertreten.

Das Jahr nach der königlichen Hochzeit hatte Kiri fast wie einen endlosen Adrenalinschub erlebt. Ihr unglücklicher Sturz und das lauwarme Echo auf ihre Tosca hatten sie wieder ein Stück weit auf den Boden der Tatsachen zurückgebracht. Völlig ernüchtert wurde sie jedoch durch einen Anruf aus Neuseeland, der sie im Mai 1982 erreichte.

Tom hatte einen schweren Schlaganfall erlitten und lag auf der Intensivstation. Nola hatte Kiri zunächst gar nicht behelligen wollen, doch Nolas Tochter Judy hatte darauf bestanden, Kiri zu benachrichtigen. Und Judy hatte ganz richtig gehandelt, denn Kiri ließ sofort alles stehen und liegen und nahm die erste Maschine nach Neuseeland. Tom konnte kaum noch sprechen; er war äußerst irritiert darüber, sich nicht verständlich machen zu können, und zog sich in sich zurück. Doch als Kiri in sein Zimmer trat, leuchteten seine Augen auf. »Hallo, Liebling«, strahlte er. »Tom lebte nur noch für Kiri«, meint Judy lächelnd.

Kiri redete ihrem Vater gleich gut zu – genauer gesagt, ins Gewissen. Er hatte sich eine ganze Weile geweigert zu trinken. Kiri schlug Krach. Sie zwang ihn, wieder zu trinken, und er folgte ihr aufs Wort. Kiri saß viele Stunden am Bett ihres Vaters. Ihr Kampfgeist weckte seinen erlahmten Lebensmut. »Kiri fragte Tom, ob er mit ihr nach

England kommen wolle«, berichtet Judy. »Als er nickte, sagte sie: ›Also, dann sieh zu, daß du wieder auf die Beine kommst, und zwar schnell.‹ Das spornte ihn an.«

Kiri verbrachte viele Stunden im Krankenhaus und saß geduldig am Bett ihres Vaters, meist zusammen mit ihrer Schwester Nola, einer stillen, in sich gekehrten Frau, die ihre jüngere Schwester absolut vergötterte – als Mensch und als Künstlerin. Auch Kiris Verhältnis zu ihrer Nichte Judy, das zeitweise recht kritisch gewesen war, pendelte sich wieder ein.

Kiri blieb vier Tage in Neuseeland. Dies war eine relativ kurze Zeit, doch allein ihre Anwesenheit genügte, um Tom aus seiner Apathie zu reißen. »Mama sauste wie eine Libelle um Großvater herum, aber sie verhätschelte ihn nur«, sagt Judy. »Kiri machte genau das Gegenteil. Sie war zutiefst besorgt, aber sie wollte nicht einfach nur dasitzen und zusehen, wie er zum Invaliden wird.« Als Kiri sich von ihm verabschiedete, konnte er ihre guten Wünsche bereits erwidern. »Kurz nachdem Kiri eintraf, fing er wieder an zu sprechen, und als sie abreiste, sprach er schon wieder ganz gut.« Tom versuchte wieder so weit zu Kräften zu kommen, um im Sommer nach England fliegen zu können.

Kiri kehrte nach London zurück und widmete sich ganz unterschiedlichen und auch ganz neuen Tätigkeiten. In jenem Herbst nahm die BBC eine Fernsehsendung mit ihr auf. In der einstündigen Sendung stellte Kiri ihre weniger bekannten Talente unter Beweis. Unter anderem sang sie mit Plácido Domingo eine Version von »Tonight« aus der *West Side Story*, mit Sir Harry Secombe im Chaplin-Kostüm eine ulkige Varieténummer und mit einem Team von Maori-Rugbyspielern ein paar traditionelle Rugbysongs. Bei der BBC fand das fertige Produkt so großen Anklang, daß man beschloß, die Sendung an den Weihnachtsfeiertagen auszustrahlen. Zum zweitenmal in Folge lieferte Kiri eines der Highlights des weihnachtlichen Fernsehprogramms.

Kiris Zugewinn an Popularität durch ihren Auftritt bei der königlichen Hochzeit hatte auch dazu geführt, daß ihr ein Filmporträt und vor allem eine Biographie gewidmet wurden. In den letzten sechzehn Jahren hatte Kiri einiges erlebt, was sich lohnte, festgehalten zu werden. Kiri und Des sorgten jedoch dafür, daß es sich um eine ausgewogene Darstellung der Ereignisse handelte, die vom St. Mary's College bis zur St. Paul's Cathedral geführt hatten.

Zu Kiris Entsetzen waren nach der königlichen Hochzeit nicht weniger als ein halbes Dutzend Autoren auf die Idee gekommen, eine Biographie über sie zu schreiben. Sie faßte den Entschluß, mit einem Journalisten an einer autorisierten Biographie zusammenzuarbeiten. »Diese Biographie verfolgt einen bestimmten Zweck«, räumte sie ein. »Sie soll andere Autoren davon abhalten, Bücher über mich zu schreiben.«[13] Die Arbeit an dem Präventivschlag nahm drei Jahre in Anspruch. Der ursprüngliche Autor, Sidney Edwards, starb leider 1979, als von dem Buch nicht mehr als ein Entwurf vorlag. Mit Horsfields Hilfe gelang es Kiri und Des, einen »zahmen« Autor zu finden, der die Arbeit zu Ende führte.

Dieser Mann hieß David Fingleton. Er wurde ganz klar instruiert. »Der Autor hat seine Rechte, aber auch die in der Biographie dargestellte Person hat gewisse Rechte«, stellte Kiri klar. »Man kann erwarten, daß der Autor die Episoden wahrheitsgemäß erzählt und die Fakten richtig wiedergibt, und man möchte die Gelegenheit haben, ein paar kontroverse Dinge zu äußern.« Sie ließ keinen Zweifel darüber entstehen, daß sie die redaktionellen Zügel in der Hand hielt. »Ich fürchtete, andernfalls würde ein Buch voller Fehler entstehen«, gestand sie[14].

Ähnliche Befürchtungen hegte sie bereits bei der Fernsehsendung *This Is Your Life*. »Es machte mir richtig angst, nicht zu wissen, was wohl als nächstes kommt«, gestand sie. »Kontrolle ist bei dieser Form von Existenz furchtbar wichtig, und ich habe echt Angst, die Kontrolle zu verlieren – den Finger nicht schnell genug auf der Stopptaste zu haben. Allerdings«, fügte sie hinzu, »steigert es das Selbstvertrauen, ehrlich zu sich und seiner Lebensgeschichte zu stehen. Ich weiß, was ich bin – was ich aus mir gemacht habe.«

Fingleton, ein ehemaliges Mitglied der Anwaltskammer und Amtsrichter, bot alle Gewähr für die nötige Integrität. Kiri fand Fingleton sympathisch und gab ihm grünes Licht. Des versorgte den Autor mit Material aus dem überquellenden Archiv voller Zeitungsausschnitte, Programmhefte und Photos, die er im Laufe der Jahre systematisch gesammelt hatte. Kiris Mann, verriet Fingleton,

»kniete sich dermaßen hinein, daß ich zeitweise das Gefühl hatte, er tat alles für dieses Buch, außer es tatsächlich zu schreiben«.

Gleichzeitig sorgte Kiri dafür, daß Fingleton Zugang zu einigen ihrer engeren Vertrauten und Bekannten bekam, wie etwa Schwester Mary Leo und Vera Rosza, John Copley und Jean Mallandaine, John Tooley und Raewyn Blade-Sprinz. Der frisch geadelte Sir Colin Davis ließ sich dafür gewinnen, ein Vorwort für die englische Ausgabe zu schreiben; James Levine verfaßte eine Lobeshymne für die amerikanische Ausgabe.

Die Fehler, die sich in das gedruckte Buch einschlichen, gingen jedoch kaum auf Fingletons Konto. Das Buch mit dem Titel *Kiri: A Biography of Kiri Te Kanawa* beginnt mit einem Rückblick auf Kiris Wurzeln in Gisborne. Fingletons knappe Betrachtungen über Kiris Kindheit stützten sich auf Kiris eigenes, noch immer lückenhaftes Verständnis der Ereignisse von 1944. Auch die Tatsache, daß der Autor nie in Kiris Heimat gereist war, kam dem Buch nicht gerade zugute. Fingletons Äußerungen über Kiris leibliche Mutter sind romantisch verbrämte Spekulationen, die weitgehend der Phantasie entsprangen; und in dem, was er über ihre Adoptiveltern schreibt, betet er längst vertraute Legenden nach.

Das Buch zielte natürlich vor allem darauf ab, Kiri als »die große Opernentdeckung unserer Zeit« zu feiern, wie es im Klappentext hieß. Als das Buch im Oktober in England erschien, wurde es trotz seiner beschönigenden Oberflächlichkeit ein beachtlicher Erfolg. Zumindest vorläufig verwandelte die midasgleiche Königin der Musik alles, was sie anfaßte, in Gold.

In der Zwickmühle

In der zweiten Dezemberwoche des Jahres 1982 standen am Flughafen von Auckland zwei Limousinen für die Familie Park bereit. Es war eine erprobte Taktik, die Kinder und ihr Kindermädchen ganz anonym in einen eigenen Wagen zu verfrachten. Des hatte wie immer versucht, die Ankunft weitgehend geheimzuhalten, doch ein Photograph des *New Zealand Herald* war vor Ort und machte einen Schnappschuß von Kiri, die den daumenlutschenden Tom im Arm hielt.

Als das Photo am nächsten Tag in der Zeitung erschien, ließ sich schwer sagen, wer von der Familie am meisten verärgert war. Desmond war wütend, weil die Zeitung das ungeschriebene Gesetz gebrochen hatte, wonach die Kinder nie ohne seine Erlaubnis photographiert werden durften. Toni dagegen war eingeschnappt, weil der Photograph nicht auch sie abgelichtet hatte. »Wieso war ich nicht in der Zeitung?« wollte sie wissen[1].

Zumindest während der folgenden drei Wochen war die Familie vor der Neugier der Öffentlichkeit sicher. Gemeinsam mit Kiris Vater verbrachten sie Weihnachten in Kura Beales Refugium an der Bay of Islands. Seit ihrer Krise war es ein ehernes Gesetz für Kiri, Fest- und Feiertage in Frieden im Kreise der Familie zu verbringen.

Es war noch nicht lange her, da hatte Kiri stolz behauptet, ihre etwas geordnetere Lebensweise habe ihre Stimme vor bleibenden Schäden bewahrt. »Es liegt wohl daran, daß ich vernünftig bin und mich nicht übernehme«, sagte sie. Sie bestand inzwischen darauf, zwischen zwei Auftritten grundsätzlich drei Tage auszusetzen. Nach langen Flugreisen nahm sie für jede Stunde Zeitverschiebung entsprechend viele Tage frei. »Wenn ich zum Beispiel in die Staaten reise, brauche ich fünf Tage, um mich zu erholen«, erklärte sie einem Londoner Interviewer[2].

In der Zeit nach der königlichen Hochzeit waren Kiri ernsthafte Zweifel darüber gekommen, ob sie all die Anforderungen erfüllen konnte, die neuerdings an sie gestellt wurden. »Ich dachte nur: ›Wie soll ich das alles schaffen? Wie kann ich es jedem recht machen? Wie soll ich all diese Aufgaben bewältigen?‹«, bekannte sie später[3]. Die Antwort auf diese Fragen sollte bald auf schmerzliche Weise klar werden.

Kiri sollte am 5. und 7. Januar in der Town Hall von Auckland zwei Konzerte geben. Diese Auftritte zählten zu den bedeutsamsten in ihrer gesamten Laufbahn. Nicht nur trat sie erstmals seit acht Jahren wieder in ihrer Heimat auf, sondern auch zugunsten des lang ersehnten neuen Kulturkomplexes in Auckland. Kiris bekannte Attacken auf die kulturelle Diaspora Neuseeland hatten unvermindert angehalten. So hatte sie naserümpfend gemeint, die Town Hall »riecht wie ein Boxring«[4]. Ihre Worte waren Musik in den Ohren der Lobbyisten, die sich für den Bau des 60 Millionen Dollar teuren Mehrzweckbaus einsetzten. Auch die Bürgermeisterin und spätere Generalgouverneurin Catherine Tizard pflichtete ihr bei. Hätte Kiri nicht immer wieder als Agent provocateur gewirkt, wären die Pläne des Stadtarchitekten nie über das Stadium des Reißbretts hinaus gediehen. Kiris Einfluß war so groß, daß sogar der Vorschlag gemacht wurde, das Zentrum nach ihr zu benennen. Anfang 1983 wurde das Projekt jedoch auf den Namen »Aotea Centre« getauft.

Die teuersten Karten für Kiris Konzerte kosteten 100 Dollar – ein Rekordpreis in Neuseeland; dennoch waren sie in kürzester Zeit ausverkauft. Das war man sich allemal schuldig, zumal Kiri selbst auf ihre Gage verzichtete. Die beiden Konzerte erbrachten schließlich einen Erlös von 300 000 neuseeländischen Dollar zugunsten des Kulturzentrums.

Bei den Konzerten sollte das Auckland Regional Orchestra unter John Hopkins spielen, der seit über zehn Jahren auf allen Podien Australiens und Ozeaniens stand. Kiri hatte ein Konzertprogramm gewählt, das wohl das anspruchsvollste in ihrer gesamten Laufbahn gewesen sein dürfte – drei Händel-Arien, jeweils drei Stücke von

Mozart und Puccini, drei der *Chants d'Auvergne* von Canteloube und zwei weitere Lieder.

Doch kaum hatten der Dirigent und das Orchester die Solistin bei der ersten Probe mit Beifall begrüßt, wurde klar, daß etwas nicht stimmte. Hopkins bemerkte sofort stimmliche Probleme. Offensichtlich hatte Kiri während ihrer Weihnachtsferien das Übungsreglement mißachtet, das sie damals Chris Doig ans Herz gelegt hatte.»Ich hörte, wie sich in ihrer Stimme eine gewisse Schärfe einschlich, und dachte, sie übernimmt sich vielleicht«, gesteht Hopkins. Niemand war so sensibel für die Disposition ihrer Stimme wie Kiri selbst.»Wir probten am Nachmittag mit dem Orchester, und sie wollte abends weitermachen«, erinnert sich Hopkins.»Sie kam gerade aus dem Urlaub und wollte ihre Stimme sofort wieder voll einsetzen. Sie sagte: ›Ich muß singen, weil ich Urlaub hatte‹, aber ich redete ihr zu, sie solle sich lieber etwas schonen.«[5]

Inzwischen hatte Kiri jedoch schon wieder ein Maß an Verpflichtungen übernommen, die es gar nicht zuließen, daß sie sich ausruhte. Zeitgleich mit ihrem Gastspiel erschien nämlich in Neuseeland David Fingletons Biographie. Anstatt auszuspannen, saß Kiri stundenlang in Buchhandlungen und schrieb unzähligen Fans Widmungen in ihre Exemplare. Ferner war sie Ehrengast bei der jährlichen Abschlußfeier der Auckland University, wo sie mit dem ersten Ehrendoktortitel ausgezeichnet wurde, den die Universität verlieh. Außerdem hatte sie sich bereit erklärt, weitere Werbemaßnahmen zugunsten des Aotea Centre zu unterstützen, und so nahm sie auch noch an einer ausgedehnten Pressekonferenz teil.

Kiri wußte, daß bei der Pressekonferenz nicht nur das Kulturzentrum, sondern auch andere, heiklere Themen zur Sprache kommen würden. Der Werbevertrag, den sie kurz zuvor mit American Express geschlossen hatte, war in ihrer Heimat auf ein negatives Echo gestoßen. Als das Thema tatsächlich aufgegriffen wurde, räumte Kiri ein, daß sie sich die Sache lange und gründlich überlegt habe.»Ich mußte mir überlegen, ob ich damit meine Kunst entweihe«, sagte sie[6]. In einem großartigen Bravourstück entschärfte sie das Thema jedoch, indem sie einen Goldbarren im Wert von 5000 Dollar präsentierte, den die Kreditkartengesellschaft dem Fonds für das Aotea Centre stiftete.

In dem Augenblick strahlte ein schwaches Lächeln über Desmonds Gesicht. Wie üblich hielt er sich während der gesamten Pressekonferenz mit verschränkten Armen, vorgebeugtem Kopf und gespitzten Ohren im Hintergrund. »Ich bin bloß hier, um Bier zu trinken«, foppte er einen Reporter. Es ließ sich indes kaum verbergen, welch wichtige Rolle er spielte.

Des hatte viele Veränderungen im Leben seiner Frau bewirkt. Eines war ihm jedoch absolut nicht gelungen, nämlich Kiris gelegentliche Kauforgien zu bremsen. Freunde behaupteten, daß er selbst kaum mehr als 300 Dollar im Jahr für Kleidung ausgab. Kiri hingegen liebte es, im Kaufrausch zu schwelgen, und gab auf einen Schlag Tausende von Dollars für Designermode aus.

Als ihr erstes Town-Hall-Konzert näherrückte, ließ sich Kiris rasch schwindendes Selbstvertrauen indes selbst mit ihrer Konsumtherapie nicht stärken. Bei einer Probe am Vormittag vor dem ersten Auftritt traten ihre Probleme offen zutage. »Sie war nicht in derselben Form wie bei der ersten Klavierprobe«, erinnert sich Hopkins. »Irgendwo klemmte es. Sie wußte nicht genau, woran es lag, und war sehr beunruhigt.«

Inzwischen spürten alle in Kiris näherer Umgebung, wie angespannt sie war. Wie bereits bei früheren Besuchen belegten Kiri und ihre Begleitung im White Heron Hotel ein paar nebeneinanderliegende Villen. Kiri wirkte nervös und besorgt. Sie redete sowenig wie möglich und schritt manchmal ruhelos in ihrem Zimmer auf und ab. So kannte man sie gar nicht. Obwohl Auckland unter einer Hitzewelle litt, wollte sie auf keinen Fall die Klimaanlage anschalten. Als Abhilfe gegen die trockene Luft wurden ein paar leistungsstarke Luftbefeuchter installiert, die rund um die Uhr Nebel verdampften.

An jenem Abend stieg Kiri in Lindsays Limousine und machte sich auf den Weg zur Town Hall. Dort war es so heiß und stickig, daß ihre Kinder und viele andere Besucher hoch oben im Rang ihre Programmhefte als Fächer benutzten. Einige Zuhörer im Saal waren aufgrund der Hitze bereits ohnmächtig geworden. Unter den grellen Scheinwerfern fing auch Kiri bald an zu schwitzen. Sie trank immer wieder einen Schluck Eiswasser. Bereits bei Händels Arie »Let the Bright Seraphim« und Mozarts »Ach, ich fühl's« aus der *Zauberflöte* war klar, daß Kiri stimmlich zu kämpfen hatte. Als sie ihr Konzert mit Mozarts »Alleluja« beschloß, war die Überanstrengung unverkennbar. An einer Stelle war deutlich zu hören, wie ihre Stimme mitten in der Arie brach.

Solche Anzeichen von Überlastung und Abnutzung waren natürlich selbst bei großen Künstlern alles andere als ungewöhnlich. Die Brüche in Maria Callas' Stimme machten zum Teil sogar das Geheimnis ihrer dramatischen Wirkung aus; sie waren sozusagen Narben vom Schlachtfeld, die stolz zur Schau gestellt wurden. Kiri dagegen war für die nahtlose, samtene Klarheit ihrer Stimme berühmt. Das Publikum in der Town Hall von Auckland stieß sich indes wenig an ihren technischen Schwierigkeiten. Am Ende des Konzerts wurde sie von allen 1700 Zuhörern geschlossen umjubelt und mit Blumen überschüttet.

Anderswo wäre ihr Auftritt wahrscheinlich mit vernichtenderen Kritiken bedacht worden. Doch selbst der wohlwollendste ihrer neuseeländischen Rezensenten kam nicht umhin, Kiris Probleme zu registrieren. »In den tieferen Lagen reagierten ihre Stimmbänder oft mit einer Reihe von Krächzern«, hieß es im *Auckland Star*. Der *New Zealand Herald* gab höflich zu verstehen, das Konzert »offenbarte nicht die volle Pracht und Größe ihrer Stimme«.

In diesem Fall gab es keinen strengeren Kritiker als Kiri selbst. In ihrer Garderobe sank sie erschöpft in den Sessel. Sie war am Boden zerstört. Auf der Fahrt zurück ins Hotel versuchte Des mit allen Mitteln, sie zu trösten, doch vergeblich. »Sie war todunglücklich«, erzählt Lindsay. »Sie war wütend auf sich und gab sich selbst die Schuld.«

Am Vormittag nach ihrem ersten Konzert hätte Kiri sich Ruhe gönnen sollen. Statt dessen düste sie in einer Limousine zum wohl wichtigsten Ereignis auf dieser Reise. An diesem bedeutungsvollen Tag sollte sie eine noch größere Auszeichnung entgegennehmen.

Vorgewarnt worden war Kiri im vergangenen Sommer in der Londoner Downing Street Nr. 10. Bei einem Essen mit Margaret Thatcher hatte der neuseeländische High Commissioner angekündigt, daß die englische Königin Kiri Te Kanawa vor allem als Dank für ihre Mitwirkung bei der königlichen Hochzeit mit dem Verdienstorden des britischen Empire auszeichnen und ihr den Ehrentitel

»Dame Commander of the Most Excellent Order of the British Empire« verleihen wolle. »Ich saß nur noch da und grinste«, erinnerte sich Kiri später[7].

Kiri hatte den Wunsch geäußert, die Auszeichnung in Neuseeland entgegenzunehmen. Das silberblaue Kreuz steckte ihr Generalgouverneur Sir David Beattie an. Beattie verlas die Laudatio und würdigte Kiri als »eine Opernsängerin von Weltrang, die während ihrer gesamten Erfolgslaufbahn eine innige Zuneigung und eine enge Verbindung zu Neuseeland bewahrt hat«. Kiri kamen die Tränen, als ihr Vater und andere Maori-Würdenträger eine improvisierte Version von »Pokarekare-ana« anstimmten[8].

Bei diesem Anlaß erhielt die neuseeländische Presse ausnahmsweise die Erlaubnis, Toni und Tom, die inzwischen sechs beziehungsweise vier Jahre alt waren, offiziell zu photographieren. Im Garten des Government House holte Toni die am Flughafen verpaßte Gelegenheit nach und lächelte süß in die Kamera. Während der dreistündigen Ansprachen äußerte der Bürgermeister von Auckland die treffenden Worte: »Ihr Talent ist so groß, das reicht für die ganze Welt.«

Am folgenden Abend wollte zumindest das Publikum in der Town Hall von ihr begeistert werden. Nach dem Trauma des ersten Konzerts stutzte Kiri ihr anspruchsvolles Programm. »Im Verlaufe des zweiten Abends strich sie ein paar Dinge«, sagt Hopkins. »Sie beschloß buchstäblich ad hoc, hinter den Kulissen, bestimmte Sachen wegzulassen.« Hopkins hatte den Eindruck, Kiri wußte selbst nicht, woher ihre Probleme rührten. »Sie wußte selbst nicht so recht, woran es lag. Ich glaube, es hatte mehrere Gründe. Es mangelte ihr auch an Selbstvertrauen, besonders bei Stücken, bei denen die Gesangslinie durch den Passaggio, also über den Registerbruch, führt.«

Bei der vorausgegangenen Pressekonferenz hatte Kiri noch – fast prophetisch – zugegeben: »Manchmal fragt man sich, ob man einen Auftritt überhaupt ganz durchsteht, doch irgendwie schafft man es.« Sie überstand das zweite Konzert ohne größeren Zwischenfall, doch allmählich war sie ernsthaft besorgt über den Zustand ihrer Stimme.

Am Tag nach dem zweiten Konzert reiste Kiri nach Los Angeles und flog dann weiter nach New York zu einer Neuinszenierung von *Arabella* unter der Leitung von Erich Leinsdorf. »Die Met bringt sie speziell für mich auf die Bühne, das ist sehr nett«, bemerkte sie vor ihrer Abreise in Auckland. »Nett« war jedoch kaum die treffende Beschreibung für die schlimmen Wochen, die folgen sollten.

Joan Ingpen war in ihrer Funktion als Leiterin der künstlerischen Direktion von der Pariser Opéra nach New York gewechselt. Dort wurde ihr einzigartiges Talent im Umgang mit launischen Opernstars schon bald auf eine schwere Probe gestellt. Ingpen hatte Kiris Entwicklung während der siebziger und frühen achtziger Jahre aufmerksam verfolgt. »Sie war inzwischen der selbstsichere Star, den man im Grunde schon immer in ihr gesehen hatte, und man akzeptierte sie als solchen«, erklärt sie. »Mir kam es nicht so vor, als hätte sich Kiri groß verändert. Sie war mitunter ein wenig verrückt, aber das sind sie schließlich alle.« Wenn im Ensemble der *Arabella* jemand ein wenig verrückt war – so empfanden es viele an der Met –, dann mit Sicherheit Kathleen Battle, die Arabellas leichtfertige jüngere Schwester Zdenka singen sollte.

Battle, die als siebtes Kind einer schwarzen Stahlarbeiterfamilie in Ohio das Licht der Welt erblickt hatte, war für die rassische Minderheit ihres Heimatlandes das gleiche, was Kiri für die neuseeländischen Maori war. Ihr Aufstieg bis an die Spitze einer von den Weißen beherrschten Domäne entsprach genau dem Ideal des amerikanischen Traums. Sie wurde jedoch nicht nur zur Lieblingssängerin James Levines, sondern auch, wie ein Autor es einmal formulierte, zum »Inbegriff der exzentrischen Diva«. Die Battle konnte sich beispielsweise nicht dazu durchringen, sich mit anderen Sängern eine Limousine zu teilen, weigerte sich einmal sogar, im Lincoln Center zu singen, solange in ihrer Garderobe nicht ein größeres Stück Seife bereitgelegt wurde, und schob den Dirigenten Trevor Pinnock während einer Probe einmal eigenhändig vom Podium. Nach einer nervenzermürbenden Aufführungsserie in San Francisco trugen einige Mitglieder des Orchesters T-Shirts mit der Aufschrift »I survived the Battle«[*]. Die Diva brachte es sogar

---

[*] Wortspiel um das Wort »battle«, das im Englischen »Schlacht« bedeutet: »Ich überlebte die Battle/Schlacht« (Anm. d. Übers.).

fertig, die Limousine wieder wegzuschicken, die sie zur feierlichen Amtseinführung Präsident Clintons bringen sollte, weil sie »nicht lang genug« war. In den neunziger Jahren führte ihr Verhalten schließlich dazu, daß ihr Kontrakt mit der Met aufgrund »unprofessionellen Gebarens, das jeder künstlerischen Zusammenarbeit absolut abträglich ist«, gekündigt wurde. Im Jahr 1983 kam sie jedoch erst so richtig in Fahrt.

Die Probleme fingen bereits vor den ersten Proben an. Wie Kiri hatte die Battle bereits Monate vor Beginn der Probenzeit eine Aufstellung mit Leinsdorfs Strichen erhalten. »Alles war entsprechend eingerichtet«, sagt Joan Ingpen. »Auf einmal, kurz vor Beginn der Proben, meinte Kathy, sie sei nicht einverstanden. Wir sagten: › Hör mal, du weißt das schon seit ungefähr vier Monaten. ‹ Von da an herrschten Spannungen.«

Kiri und die Battle betrachteten sich auf jeden Fall als Rivalinnen. »Beide nutzten ihr fabelhaftes Äußeres aus. Sie sahen überhaupt nicht wie Opernsängerinnen aus. Beide hatten eine wunderbare Figur und kleideten sich apart«, meint Johanna Fiedler, die damals in der Presseabteilung der Met arbeitete. Eines Tages kam es während einer Probe zum großen Krach. »Kathy sagte zu Kiri, sie soll sie nicht ansehen, während sie proben. Daraufhin kam es zum Knall.«[9]

Die Battle konnte leicht jemanden zur Schnecke machen. Kiri war jedoch genauso gut im Geben wie im Nehmen. Wegen ihrer fragilen stimmlichen und psychischen Verfassung weigerte sich Kiri, wieder eine neue Version mit allen möglichen Änderungen einzustudieren. Ingpen versuchte zu schlichten: »Ich sagte: › Könnt ihr zwei euch nicht einigen? ‹ Sie sagte: › Du weißt, wie langsam ich beim Lernen bin, und ich habe es so gelernt. Ich fange nicht wieder von vorn an. ‹ Mir war klar, daß Kiri nicht bereit war nachzugeben.«

Im Laufe der Jahre hatten sich bereits genügend Opernstars auf Ingpens Kosten die Köpfe eingeschlagen. Diesmal hielt sie sich heraus. »Man wußte, daß eine gewisse Spannung herrschte und daß es Kathys Schuld war, so spät reagiert zu haben. Ich dachte, wenn ich das Problem lösen kann, schön, aber wenn nicht, werde ich Kiri auf keinen Fall unter Druck setzen«, erklärt Joan Ingpen. »Ich dachte, ich werde mich da nicht einmischen.«

Während die Premiere näherrückte, redeten Kiri und die Battle kaum miteinander. Äußerlich betrachtet überstand Kiri den Konflikt mit Bravour. Insgeheim verschlimmerten die Spannungen jedoch ihr unsicheres Gefühl bezüglich ihrer Stimme. Sie befand sich in einer gefährlichen Abwärtsspirale. Je besorgter sie um ihre Stimme war, desto schlechter schlief sie. Sie neigte überhaupt zu Schlafstörungen und wachte jeden Morgen um halb vier Uhr auf, egal in welchem Winkel der Erde sie gerade weilte. Folglich griff sie immer öfter zu Schlaftabletten, um nachts durchzuschlafen. Als sie morgens nach dem Aufwachen immer häufiger das Gefühl hatte, wie unter Drogen zu stehen, griff sie zu anderen Mitteln. »Einmal war es so schlimm, daß ich mich hypnotisieren lassen mußte, um überhaupt schlafen zu können.«

Selbst wenn bei den Proben keine Probleme auftraten, konnte sie nicht so ohne weiteres abschalten. »Mein Gehirn schaltet nicht unbedingt ab, selbst wenn ich die Augen zumache. Die Musik geht weiter, wie ein Echo«, sagte sie einmal[10]. Kiri war von Natur aus abergläubisch und pflegte sonderbare Rituale. Sie hatte immer einen rosafarbenen Kristall bei sich, den ihr eine Frau zum Schutz ihrer Stimme gegeben hatte. »Wenn ich mich unsicher und angreifbar fühle, streiche ich mir damit über den Hals.«

Die Trennung von den Kindern trug auch nicht gerade zu ihrem seelischen Gleichgewicht bei. Als Toni klein war, hatte Kiri versprochen, sie würde zurückschalten, wenn ihre Tochter größer wird. »Es geht noch, solange sie klein ist, aber wenn sie in die Schule kommt, muß ich aufhören, ständig um die Welt zu fliegen. Man schafft sich keine Kinder an, um sie dann ins Internat zu schicken«, beteuerte sie 1978, als Toni ein Jahr alt war[11]. Fünf Jahre später wurden Kiris gute Absichten indes von ihren beruflichen Verpflichtungen durchkreuzt.

Als Krankheit und Selbstzweifel sie aufzuzehren drohten, wurde sie von einem Freund an einen Endokrinologen verwiesen. Der Facharzt stellte fest, daß Kiris Probleme von einer Trockenheit ihrer Stimmbänder herrührten, die er auf einen unausgeglichenen Hormonspiegel zurückführte. »Ich hatte zu trockene Schleimhäute, und das wirkte sich auf meinen Hals aus«, sagte sie. »Mein Hals war völlig ausgetrocknet. Ich konnte vielleicht zehn Tage im

Monat singen, und an den restlichen Tagen bekam ich keinen Ton heraus. Ich war vollkommen heiser.«[12] Zu Kiris großer Erleichterung verordnete ihr der Endokrinologe eine Behandlung, die die körperlichen Symptome bald linderte. Von nun an bekam Kiri immer zwei Tage vor einem Auftritt eine Vitamin-B-Spritze.

Die psychischen Probleme hielten jedoch weiterhin an. »Ich war nicht richtig krank«, erklärte Kiri später, »aber es wirkte sich auf meine Psyche aus, denn immer wenn ich singen sollte, wollte ich absolut phantastisch sein, und plötzlich war nichts mehr da, keine Stimme.«

Für Kiri stand aber absolut fest, daß sie auf keinen Fall aussetzen durfte und unbedingt weitersingen mußte. Sie war fest entschlossen, sich durch die Krise durchzukämpfen – ohne Rücksicht auf die Folgen. »Ich habe weitergesungen und nicht aufgegeben«, erklärte sie. »Mir war klar: Wenn ich jetzt aufhöre, betrete ich nie wieder eine Bühne. Das wußte ich ganz genau, weil es mir schon damals so zuwider war. Ich brachte es kaum über mich, ein Kleid auszupacken, um es zum Bügeln zu geben.«[13]

Wie immer gab ihr Des den nötigen Halt. Bei der *Arabella*-Premiere im März stand er, wie bereits während des Konzerts in der Town Hall in Auckland, den ganzen Abend über in den Kulissen, so daß Kiri ihn immer sehen konnte. An diesem Abend war er jedoch nicht Kiris einzige Quelle der Inspiration. Ironischerweise stachelten sich Kiri und Kathleen Battle gegenseitig zu interpretatorischer Bestform an. In keiner ihrer Rollen verspürte Kiri ein ähnlich prickelndes Gefühl wie in der Partie der Arabella. Die krönende Szene, in der Arabella mit einem Glas Wasser die Treppe hinabschreitet und ihre Liebe zu Mandryka besingt, bot sie inzwischen mit einer Mischung aus Pathos und Poesie dar, der sich nur wenige Kritiker entziehen konnten. »Ich spüre von oben bis unten ein Prickeln«, gestand Kiri einmal[14].

Das gleiche Prickeln spürten die amerikanischen Kritiker. »Sentimental, gewiß, aber auf schier übersinnliche Weise. Nicht einmal die Garbo hätte es wahrscheinlich fertiggebracht, so viel Bühnenzauber zu entfachen«, schrieb der Kritiker der *Newsweek*. »Ihre Stimme – eine großartige Mischung aus strahlenden hohen und samtenen tiefen Tönen – schwebt mühelos über dem Orchester.

Kein Wunder, daß Prinz Charles sie bat, bei seiner Hochzeit zu singen. Sie ist eine geborene Aristokratin auf der Bühne.«

Als Kiri nach London weiterreiste, war ihren engsten Vertrauten jedoch klar, daß sie wieder einmal für längere Zeit hätte aussetzen müssen. Statt dessen erwartete man sie in Covent Garden zu einer Inszenierung von Puccinis *Manon Lescaut* mit einem hochkarätigen Starensemble, dem unter anderem Plácido Domingo in der Rolle des Des Grieux und Thomas Allen als Lescaut angehörten. Die musikalische Leitung hatte der brillante, aber unterkühlte Giuseppe Sinopoli, der als jüngster italienischer Shooting-Star galt und gerade zum Chefdirigenten des Philharmonia Orchestra ernannt worden war. Die Zusammenarbeit dieser Künstler und die Neuinszenierung in der Ausstattung von Piero Faggioni lösten solch gespannte Erwartungen aus, daß sämtliche Vorstellungen bereits im voraus ausverkauft waren.

Die Produktion hatte von Anfang an etwas Chaotisches. Die Probleme fingen damit an, daß Faggioni seinen Job hinschmiß, als seine verwegene Ausstattung abgelehnt wurde. John Tooley mußte einen Ersatz suchen und übernahm eine erfolgreiche Inszenierung, die Götz Friedrich 1979 mit Domingo als Des Grieux in Hamburg herausgebracht hatte.

Kiri fing einen Monat vor der Premiere intensiv zu proben an. Domingo, der die Rolle des Des Grieux in- und auswendig beherrschte, kam eine Woche später hinzu. Anfangs war Kiri bei bester Laune und brachte ihre Kollegen oft zum Lachen, wenn sie den Regieassistenten nachahmte. Als der konzentriert und ernsthaft arbeitende Sinopoli allen das Maximum abverlangte, sank jedoch ihr Mut.

Schon bald zeigten sich Kiris alte Probleme beim Lernen neuer Rollen. Eine schlimme Grippe erschwerte ihr die Sache zusätzlich. Immerhin hatte Kiri noch ihre Stützen in Covent Garden. Großes Verständnis und Mitgefühl bewies unter anderem Sir Colin Davis, dessen fünfzehnjährige Ära als musikalischer Leiter bald zu Ende gehen sollte. Sinopoli dagegen zeigte wenig Interesse, Nachsicht mit seinem Starsopran zu üben. Das Verhältnis zwischen den beiden verschlechterte sich zusehends. »Es war wie in einer Schlangengrube«, bemerkte Kiri dazu [15].

Wie schon so oft baute Kiri auf ihre Besuche bei Vera Rosza. Doch diesmal war selbst ihre treue Ratgeberin der Meinung, Kiri müsse den Tatsachen ins Auge sehen und sich und ihrer Stimme eine Pause gönnen. »Das war das einzige Mal, daß ich Kiri riet, ein komplettes Opernengagement abzusagen«, erklärte sie später[16]. Vera Roszas hypnotischer Einfluß war nach wie vor eines der Fundamente, auf denen Kiris musikalische Laufbahn ruhte. Die Lehrerin brachte es sogar fertig, an den »schlimmen Tagen« die Wolken zu vertreiben. »Komm ans Klavier«, pflegte Rosza besänftigend zu sagen, wenn Kiri ausgelaugt zu ihr kam. »In zwei Minuten fühlst du dich wieder fabelhaft.« Kiri verließ sich absolut auf Roszas therapeutisches Talent. »An manchen Tagen tauche ich in einer gräßlichen Verfassung bei Vera auf«, erklärte sie einmal. »Es gelingt ihr immer, mich im Nu wieder aufzurichten.« Kiri vertraute stets auf Roszas Rat. »In diesem Geschäft überlebt man nur, wenn man an sich glaubt und seinen eigenen Überzeugungen folgt. Ich höre nie auf irgend jemanden, außer auf mich selbst und meine Lehrerin Vera Rosza.«

In diesem Fall hatte Kiri jedoch das Gefühl, sich in einer teuflisch vertrackten Lage zu befinden. »Man kann sich gar nicht vorstellen, wie viele Leute mir immer wieder hineinreden, ich solle nicht absagen, selbst wenn ich weiß, daß es das beste wäre«, erklärte sie. »Und dann singt man, obwohl man sich nicht gut fühlt, und die ganze Welt hält einen in der entsprechenden Rolle für alle Zeiten für ungeeignet. Und wenn man aber einmal absagt, wozu man manchmal einfach gezwungen ist, erzählen alle, denen es sowieso egal ist – die Intendanzen, die Plattenindustrie und so weiter –, überall herum, man sagt ständig ab, bis man den Ruf weg hat, unzuverlässig zu sein. Man steckt absolut in der Zwickmühle.«[17]

Kiri stand unter immensem Druck, nicht aus der Produktion auszusteigen. Und so setzte sie sich ausnahmsweise über Roszas Rat hinweg und sang weiter. Die Folgen waren absehbar. Die *Manon-Lescaut*-Inszenierung wurde in jenem Frühjahr mit einer Royal Gala eröffnet. Inzwischen ließen sich jedoch immer weniger Kritiker von Kiris Tarnmanövern täuschen. »Sie hatte die Sache alles andere als im Griff, vornehm gesagt«, schrieb Martin Hoyle in *Time Out*.

Da die Produktion insgesamt auf ein mäßiges Echo stieß, ließ

Sinopoli wissen, daß er über Kiris mangelnde Vorbereitung »verärgert« gewesen sei. Kiri konterte und warf ihm vor, gegen sie intrigiert zu haben. »Ich bin sicher, daß er es darauf angelegt hat, mich zu feuern«, sagte sie später [18]. Es überraschte kaum, daß Kiri durch Mirella Freni abgelöst wurde, als Sinopoli die Oper später mit Domingo für die Deutsche Grammophon einspielte. Kiri war nie wieder als Manon auf der Bühne zu hören.

Im Juli 1983 reiste Kiri erleichtert nach Portugal und stellte sich auf fünf Wochen Golfspielen, Schwimmen und Entspannen ein. An der Algarve aalte sie sich jedoch nicht nur in der Sonne, sondern beschäftigte sich, wie sie vor ihrer Abreise in London gegenüber der Presse erklärt hatte, selbstkritisch mit der Frage: »Was ist mein Kurs, was ist mein Ziel?« [19]

Mag sein, daß die edle Lady in Bedrängnis war, doch es tauchte schon bald ein Ritter in strahlender Rüstung auf. Der amerikanische Sportmanager Mark Hume McCormack hielt indes nicht die Zügel eines weißen Schlachtrosses in der Hand, sondern das Lenkrad eines elektrischen Golfbuggys, als er auf den Plan trat. Und mit einem gewissen Stolz gab McCormack zu, noch nie in einem klassischen Konzert, geschweige denn in einer Oper gewesen zu sein. Sein Interesse an Musik erschöpfte sich im großen und ganzen mit den Beatles. Als er im Herbst jenes Jahres in Surrey mit Kiri Golf spielte, entdeckte er jedoch seine Faszination für Kiri und die geheimnisvolle, fremde Welt, in der sich die Diva bewegte. Kurz darauf nahm er ihre Einladung zu einem Abend in Covent Garden an [20].

Über die Vorstellung, die das ungleiche Paar besuchte, ist nichts Näheres bekannt, außer daß Kiri ihrem Begleiter erklären mußte, daß es sich bei der Unterbrechung in der Mitte des Abends um »die Pause und nicht die Halbzeit« handelte. Gesichert scheint jedoch, daß McCormack mit seinem untrüglichen Geschäftsinstinkt an diesem Abend einzigartige Möglichkeiten witterte. Bald sollte er die gesamte Opernindustrie umwälzen. Und niemand sollte davon mehr profitieren als Kiri Te Kanawa.

Seit Mark McCormack in den sechziger Jahren seine Ambitionen, Star des amerikanischen Profigolfsports zu werden, aufgegeben hatte, war er zur einflußreichsten und umstrittensten Figur in der Welt des internationalen Sports aufgestiegen. Mit seinem visionären Geschäftssinn hatte er seinen ersten Klienten, Arnold Palmer, zum reichsten Sportler der Welt gemacht. McCormacks zehnprozentige Provision auf Palmers Millionenerträge ermöglichten es ihm, das multinationale Unternehmen IMG, International Management Group, zu gründen. Sein Erfolgsgeheimnis bestand darin, daß er das ungeheure wirtschaftliche Potential einer talentierten Elite erkannte. Zumindest für McCormack war der Tennissport nichts ohne Spieler wie Borg oder McEnroe. Er puschte den Sportler an die Spitze einer neuen kommerziellen Pyramide und salbte sich selbst zum Pharao des neuen Sportimperiums, das er auf diese Weise schuf. McCormacks IMG organisierte eigene Turniere, erpreßte von den Fernsehgesellschaften Unsummen für die Übertragungsrechte und nahm ähnlich große Summen durch das Sponsoring internationaler Firmen ein. Das Geniale an McCormacks Alchimie bestand darin, daß durch seine Geschäftsstrategie alle reicher wurden – die Sportler, die Veranstalter, die Fernsehgesellschaften und die Werbeagenturen.

Insgeheim hegte McCormack eine scheue Ehrfurcht vor Kiri. »Wie so viele Menschen dieses Typs wollte McCormack von einem Engel geküßt werden. Er hatte das Gefühl, sie ziehe ihn in eine höhere Sphäre und mache ihn zu einem besseren Menschen, und allein der Kontakt mit dieser geistigen Ebene läutere ihn«, meinte der Musikhistoriker Norman Lebrecht, der McCormack für seinen Bestseller über die Industrie der modernen klassischen Musik, *When the Music Stops*, ausführlich interviewte. »Ohne Kiri wäre er nie auf die Idee gekommen, in das Geschäft mit der klassischen Musik einzusteigen. Er war noch nie in einer Oper, noch nie in einem klassischen Konzert gewesen.«

McCormack entdeckte deutliche Parallelen zwischen dem Sport und der klassischen Musik. »Sportlerpersönlichkeiten und klassische Künstler«, so erklärte er Lebrecht, »üben ihre Tätigkeit ohne Rücksicht auf Sprachbarrieren aus. Beide stehen vor den gleichen steuerlichen und finanziellen Fragen, wenn sie international tätig sind.«

Ende 1983 begann McCormack, das neue Terrain zu sondieren. Einer seiner bewährtesten Mitarbeiter, Shirley Basseys Agent John Webber, wurde beauftragt, als neuen Geschäftsbereich seines

Imperiums eine Agentur, IMG Artists, aufzubauen. Diese Agentur übernahm die alte New Yorker Agentur Hamlen-Landau und deren Klienten. Einer der ersten Überläufer war der Geiger Itzhak Perlman, der von seiner alten Agentur ICM zu IMG Artists wechselte.

Für Kiri war McCormacks Einstieg in die klassische Musik in mehrfacher Hinsicht ein Glückstreffer. Nach den Problemen der vergangenen zwei Jahre wußte sie, daß sie ihre Stimme noch mehr schonen mußte. Insgeheim mußte sie auch zum erstenmal gespürt haben, daß die Zeit gegen sie arbeitete. McCormacks Kreativität und Einfluß versprachen, ihr die Tür zu neuen, hochlukrativen und weniger strapaziösen Auftrittsmöglichkeiten zu öffnen. McCormack hatte bereits ausgerechnet, daß sich mit einem einzigen exklusiven Konzert genausoviel verdienen ließ wie in einer gesamten Opernsaison in Covent Garden oder an der Met.

Kiri war von McCormack von Anfang an genauso fasziniert wie er von ihr. Bei einem gemeinsamen Essen sprach sie ihn direkt darauf an, daß er so viel für den Sport und nichts für die Musik tue. Und so beschlossen Kiri und McCormack, bei einer Reihe von »Sonderprojekten« zusammenzuarbeiten.

Es stand natürlich nie zur Debatte, daß sie die Opernengagements aufgab, an denen ihr Herz schon immer gehangen hatte. Doch während ihres Urlaubs an der Algarve hatte Kiri erkannt, daß es auch im Bereich der Oper an der Zeit war, Veränderungen vorzunehmen. Kiri und Des fanden die Zusammenarbeit mit Basil Horsfield immer schwieriger und irritierender; ihrer Meinung nach konnte er sein Versprechen nicht einlösen, von Monte Carlo aus dieselben Dienstleistungen zu erbringen wie in London. Gesundheitliche Probleme, die durch sein Trinken noch verschlimmert wurden, machten die Sache auch nicht gerade einfacher.

Joan Ingpen bemerkte erst in New York den Bruch zwischen ihrem alten Freund Horsfield und dem Star, den er vor mehr als einem Jahrzehnt in Covent Garden eingeführt hatte. »Kiri sagte, wende dich jetzt direkt an mich. Es bringt nichts, mit Basil in Monte Carlo zu verhandeln«, weiß Ingpen zu berichten. Doch kurz darauf wurde Ingpen von Horsfield persönlich angesprochen. »Er kam nach New York und sagte: ›Ich kümmere mich immer noch um sie.‹« Ingpen riet ihrem alten Freund: »Das müßt ihr unter euch ausmachen.«

Ende 1983 stand es fest. Kiri löste die geschäftliche Verbindung zu Horsfield, die immerhin fünfzehn Jahre bestanden hatte. Horsfield war alles andere als glücklich. Doch so unangenehm dies für den Agenten auch gewesen sein mochte – es war eine simple Tatsache, daß ihm Kiri bei ihrem unerbittlichen Aufstieg einfach über den Kopf gewachsen war. Sie unterzeichnete einen Vertrag mit der Spezialagentur Harrison Parrott. Den Cambridge-Absolventen Jasper Parrott, der 1969 mit Terry Harrison die Agentur gegründet hatte, fand Kiri auf Anhieb sympathisch. Kiris Zusammenarbeit mit Parrott war jedoch klar umrissen; sie betraf nur den rein klassischen Bereich – Engagements an Opernhäusern, Plattenaufnahmen und Liederabende. Die Rolle des Managers sollte von nun an Des übernehmen. Den dritten und möglicherweise lukrativsten Teil, »Spezialprojekte«, sollte IMG in die Hand nehmen. Die ersten Früchte dieser neuen Verbindung mit IMG zeigten sich bereits Ende 1983: Für den folgenden April wurde eine Konzertreise nach Neuseeland angekündigt, die von der neuen Agentur organisiert werden sollte.

McCormack beauftragte den Leiter seiner australischen Filiale, James Erskine, die Tournee zusammen mit seinem neuseeländischen Kollegen Paul Gleeson auf die Beine zu stellen. Der fesche Erskine war es eher gewohnt, Tennis- und Golfturniere auszurichten. Da American Express bereits zugesagt hatte, die Tournee zu sponsern, widmete er sich seiner neuen Klientin jedoch mit derselben mustergültigen Aufmerksamkeit fürs Detail, für die seine Agentur bekannt war.

John Hopkins, der für seine Loyalität während der Krise des vorausgegangenen Jahres belohnt und für die vier Konzerte als Dirigent engagiert wurde, war absolut beeindruckt von der Art und Weise, wie IMG alles organisierte – von den Flugreisen bis zu den Blumen in den Hotelsuiten. »Eine so gut organisierte Reise habe ich noch nie erlebt«, gesteht er. »Um jede Kleinigkeit hat man sich gekümmert.«

Hopkins half Kiri über die Nervosität hinweg, die sich vor dem ersten Konzert in Christchurch bei ihr bemerkbar machte. »Ich hatte das Gefühl, sie braucht jede Menge emotionalen Rückhalt«,

Das offizielle Verlobungsphoto von Kiri und Des, 1967.

Kiri auf dem Weg in die St. Patrick's Cathedral, August 1967.

Des und Kiri, flankiert von Trauzeuge Adolf Lacis und Brautjungfer Sally Rush, vor dem Altar.

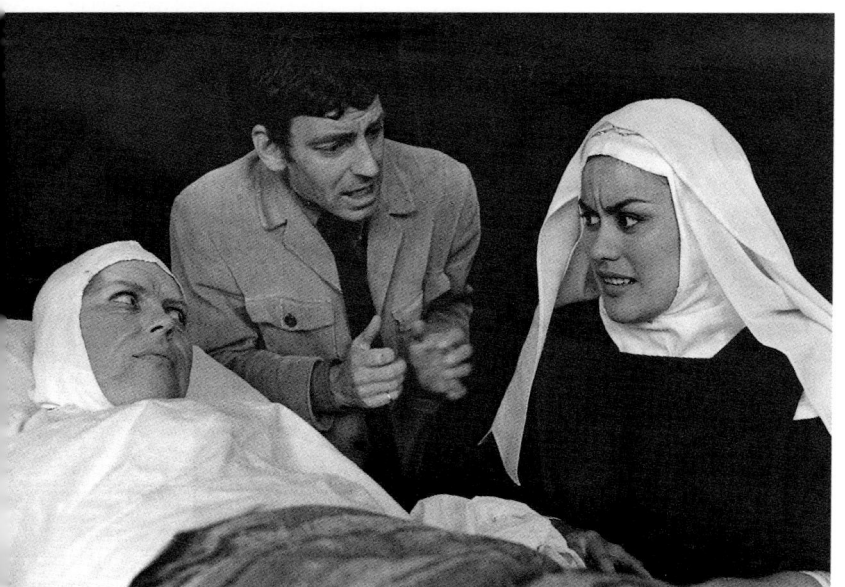

Tom Hawkes führt
Regie bei Poulencs
»Gesprächen der
Karmeliterinnen«
im London Opera
Centre, 1968.

Kiri als Bizets
Carmen, Wellington
1969.

Kiri am 29. Juli 1981 in der
St. Paul's Cathedral bei dem
Auftritt, der sie weltberühmt
machte.

Covent Garden, 1973. Kiri als
Donna Elvira in Mozarts »Don
Giovanni«.

Kiri und Sir Harry Secombe in
ihrer BBC-Fernsehsendung, 1982

Kura Beale, Kiris Freundin und
Gönnerin, mit einem Schwertfisch
aus der Bay of Islands.

...iri in seltener Vertrautheit mit ihrer Nichte Judy Evans-Hita (links)
...nd ihrer Schwester Nola, 1982.

Die frisch ernannte »Dame«
Kiri und Des stellen die
sechsjährige Toni und den
vierjährigen Tom der Presse
vor, Auckland, Januar 1983.

Kiris Landhaus in Long
Island vor den Toren
Manhattans, Mitte der
achtziger Jahre.

Kiri in einem unbeschwer-
ten Augenblick mit
Stephen Barlow, einem
ihrer Lieblingsdirigenten.

Kiri in einem Kostüm von
Gianni Versace in Strauss
»Capriccio«, 1991.

Nächste Seite: Kiri als
Amelia in Verdis »Simon
Boccanegra«, Covent
Garden, Juni 1997.
Der Schmerz über ihre
Scheidung zeigt sich
deutlich in ihren Zügen.

erinnert er sich. »Ich weiß noch, vor dem ersten Konzert war sie ziemlich angespannt, weil sie wußte, daß die neuseeländischen Kritiker in die Offensive gehen würden.«

Diese Befürchtung war einigermaßen berechtigt. Bei ihrer Ankunft in Neuseeland war Kiri sofort auf die Sponsorschaft von American Express und die exorbitanten Eintrittspreise angesprochen worden. »Reden wir nicht über Geld. Reden wir über Kunst«, entgegnete sie sichtlich verunsichert[21]. Als die Journalisten weiter auf dem Thema beharrten, schaltete sich Erskine ein und erklärte, die Eintrittspreise entsprächen durchaus dem, was man überall auf der Welt bezahlen müsse. »Solche Preise hatte es in Neuseeland noch nie gegeben, aber ich glaube, Geschäftsleute waren bereit, so viel zu zahlen, weil sie die Ausgaben wahrscheinlich von der Steuer absetzen konnten«, meint Hopkins. Damit die Negativreklame schnell vergessen war, stiftete Kiri 10 000 Dollar für die Vergabe des Sister-Mary-Leo-Stipendiums.

Das Programm, das Kiri wählte, war weniger anspruchsvoll als im Jahr zuvor. Das zahlende Publikum war wohl durchaus zufrieden, doch die Kritiker, wie etwa Terry Snow vom *Auckland Star*, zeigten sich weniger beeindruckt. »Dieses American-Express-Konzert, das weitgehend die Domäne von Rotary Club, mittlerem Management und Pelzmantelklientel abdeckte und bei dem wir selbst am Abend nicht von Werbung verschont blieben, war gezielt auf ein Easy-listening-Programm angelegt, doch das schmachtende Publikum war mehr als bereit, alles von Dame Kiri zu bejubeln«, krittelte Snow nach Kiris Auftritt in der Town Hall von Auckland.

Für James Erskine und IMG waren die ausverkauften Konzerte jedoch ein absoluter Erfolg. Erskine würdigte den Beginn dieser neuen und bereits höchst lukrativen Verbindung mit einer Geste, die Kiri sprachlos machte. »In Christchurch ging James mit Kiri und Des in eine Kunstgalerie zu einer Ausstellung eines bestimmten Malers«, erinnert sich Hopkins. »Kiri verliebte sich gleich in zwei Bilder und konnte sich lange nicht entscheiden, welches sie kaufen sollte. Schließlich entschied sie sich für eines, aber nicht ohne dem anderen nachzutrauern. Nach dem letzten Konzert in Wellington saßen wir in Kiris Hotelsuite beim Abendessen zusammen. Da sagte James plötzlich: ›Ach, Kiri, ich habe etwas für Sie. Bloß eine kleine Erinnerung an die erfolgreiche Tournee.‹ Er überreichte ihr ein Paket in braunem Packpapier. Ich werde nie den Blick vergessen, mit dem sie das zweite Bild, das ihr so gut gefallen hatte, auspackte. Es war eine sehr schöne Geste.«

Erskine und IMG planten bereits ähnliche Beutezüge in Fernost, Amerika und Europa. Gleichzeitig begannen die Steuerberater der Organisation in Hinsicht auf die riesigen Einkünfte, die Kiri nun erwarten konnte, gemeinsam mit Des ein kompliziertes Finanzsystem auszutüfteln, mit dem sich ihr Einkommen maximieren ließ. Kiris Klagen darüber, daß der Fiskus ihr alles wegnahm, wurden erhört und führten zur Gründung zweier Gesellschaften, Thor-Air Establishment in Liechtenstein und Mitani (Europe) AG mit Sitz in Luzern.

Die gravierendste Auswirkung zeitigte die neue Verbindung mit IMG jedoch am Ende des Jahres. Kiris Popularität an der Met war durch ihren Triumph in *Arabella* erneut gefestigt worden, und IMG operierte hauptsächlich in Nordamerika. So entstand die Überlegung, daß es von Vorteil wäre, wenn Kiri und Des ihren Hauptwohnsitz von London nach New York verlegten. Sie nahmen ihre Situation gründlich unter die Lupe und prüften die Argumente. Bald war klar, daß mehr für einen Umzug sprach als dagegen. Kiri hatte längst ihr Gelübde zurückgenommen, nie wieder Kritiken zu lesen, und war zunehmend irritiert über die snobistische Art der Londoner Kritiker, von denen sich im Laufe der Jahre viele von ihr abgewandt zu haben schienen. Besonders verärgert war sie über einen Londoner Kritiker, der ihre Tatjana in *Eugen Onegin* verrissen hatte, obwohl er nur die Generalprobe gehört hatte. »Ich war noch nie in meinem ganzen Leben so wütend wie in dem Moment, als ich diese Kritik las«, schnaubte sie. »Ich weiß, daß ich das meiste, das ich mache, gut mache. Wenn die Kritiker nichts anderes zu bekritteln haben als meine Aussprache, dann kann ich nur bedauern, daß ihnen nichts Besseres einfällt.«[22]

Für Kiri waren diese Attacken nichts anderes als ein Ausdruck derselben elitären Haltung, die sie bereits als Mädchen in Gisborne zu spüren bekommen hatte. In Amerika dagegen schien, zumindest auf den ersten Blick, eine weniger elitäre Denkungsart zu herrschen. Ende 1984 packten Des und Kiri ihre Habe, vermieteten ihr

Haus in England und flogen nach New York. Zunächst erwarben sie eine Wohnung in Manhattan, ganz in der Nähe der Met. Kurze Zeit später waren sie auch stolze Besitzer eines großen Landhauses in Oyster Bay Cove auf Long Island, eine Stunde außerhalb von Manhattan. Toni und Tom gingen in eine nahe gelegene Schule und wurden von einem neuseeländischen Kindermädchen, Catherine Ansett, betreut. Des besorgte sich in der Stadt ein kleines Büro, in dem er seine und Kiris Geschäfte abwickeln konnte. Bald bot die Neue Welt ganz neue Perspektiven.

In Kiris Terminkalender schlugen die Vorteile, in New York zu wohnen, schon nach kurzer Zeit positiv zu Buche. Ende 1984 sollte sie in der riesigen Constitution Hall in Washington singen. Kiri war 1982 erstmals in der amerikanischen Hauptstadt aufgetreten, und zwar in dem weit kleineren Kennedy Center. Nur ganz wenige Sänger waren je in den größeren Konzertsaal der Stadt geholt worden. Ihre Popularität ließ sich auch daran messen, daß das Konzert im Nu ausverkauft war.

Ende 1984 fing Kiri an, ihr altes Selbstvertrauen wiederzugewinnen. Dabei verdankte sie Des vielleicht mehr denn je. Immer wenn sie auf die Bühne ging, stand er in den Kulissen, sah ihr zu und unterstützte sie moralisch. »Des wich mir ein Jahr lang nicht von der Seite«, sagte sie. »Er ging immer seiner eigenen Arbeit nach, zu Hause, aber bei jedem Auftritt war er da, gleich neben der Bühne.«[23] Er war auch dabei, als Kiri im November nach London zurückkehrte, um in Covent Garden als Marschallin im *Rosenkavalier* zu debütieren, diesmal unter der Leitung ihres alten Mentors Georg Solti.

Kiri hatte ein noch tieferes Verständnis für die Rolle der Marschallin entwickelt. »Sie ist eine echte Frau und eine kontemplative und eher introspektive Figur«, sagte sie. »Deshalb schadet es gar nichts, bei sich selbst bereits die ersten grauen Haare zu entdecken, wenn man diese Rolle singt.« Seit Kiri drei Jahre zuvor in Paris erstmals in dieser Rolle aufgetreten war, hatte sie »doch einiges an Auf und Ab mitgemacht. Keine ernsthaften Krisen, keine Tragödien, wie manche Menschen sie durchmachen müssen, aber genug, glaube ich, um die Marschallin ein bißchen besser zu verstehen.«[24] Die Kritiker hatten nichts dagegen einzuwenden. Kiri ließ sich durch Solti zu einer Glanzleistung anspornen, und mit ihrer positiv aufgenommenen Interpretation konnte sie wieder einiges von dem zurückgewinnen, was sie mit dem *Manon-Lescaut*-Debakel verspielt hatte.

Als das Jahr 1984 zu Ende ging, hatte Kiri das Gefühl, im Ringen um neues Selbstvertrauen über den Berg zu sein. In der belebenden Atmosphäre New Yorks verbrachte sie mit Des und den Kindern wunderschöne Weihnachtstage. Das Leben hielt jedoch bald schon die nächste Prüfung bereit. »Ich dachte, ich hätte es überstanden«, erklärte sie. »Doch dann starb mein Vater, und alles fing wieder von vorn an.«[25]

Am 13. Januar 1985 fanden Freunde den 83jährigen Tom Te Kanawa in der Küche seiner Hütte regungslos auf dem Boden vor. Der Arzt, der gerufen wurde, konnte nur noch seinen Tod feststellen. Als Kiri in Long Island verständigt wurde, war sie von tiefem Schmerz ergriffen, doch sie bewältigte den Verlust ihres Vaters genauso wie den Tod ihrer Mutter – sie zog sich in sich selbst zurück.

Tom sollte am folgenden Freitag vormittag auf dem Waikumete-Friedhof beigesetzt werden. Kiri wußte, daß ihr Erscheinen die gleiche Aufmerksamkeit erregen würde, die dreizehn Jahre zuvor Nells Beerdigung gestört hatte. Sie wußte auch um die Kontroverse, die Toms Wunsch, außerhalb der Familiengrabstätte beerdigt zu werden, innerhalb des Te-Kanawa-Clans ausgelöst hatte. Ihr sehnlichster Wunsch war es, in Frieden um ihren Vater zu trauern.

Des erbot sich, an ihrer Stelle nach Neuseeland zu fahren. Gegenüber der neuseeländischen Presse wurde erklärt, Kiri sei »hin und her gerissen« zwischen dem Wunsch, zu der Beerdigung zu kommen, und dem, ihren Kindern bei der Eingewöhnung in ihre neue Umgebung zur Seite zu stehen. Zusätzlich erschwert werde das Ganze dadurch, hieß es in dem Statement, daß Kiris erstes Konzert in der Washingtoner Constitution Hall zeitlich genau mit der Beerdigung zusammenfiel.

Es war vorauszusehen, daß Kiri wegen ihres Fernbleibens unter Beschuß geraten würde. »Ich konnte es absolut nicht fassen, daß sie nicht kam, und Tom wäre ebenfalls niedergeschmettert gewesen, wenn er es noch erlebt hätte«, gesteht Toms alter Freund Terry Valentine. »Ich habe es bis heute weder verstanden noch verwunden, weil die Beziehung zwischen Kiri und Tom fabelhaft gewesen zu sein schien.«

Kiris Entscheidung rechtfertigte sich jedoch dadurch, daß die Trauerfeier zu einer Plattform für alte bittere Familienzwistigkeiten zu werden drohte. Tom hatte sich nach Nells Tod sogar noch weiter von seiner Sippe entfernt. Er hatte stur darauf beharrt, in dem Doppelgrab neben seiner verstorbenen Frau anstatt in der Familiengrabstätte in Te Kuiti bestattet zu werden. Viele Verwandte boykottierten die Trauerfeier. »Sie waren der Meinung, er hätte sich unten im Marae beerdigen lassen sollen. Doch Tom und Nell hatten ihre eigenen Verfügungen getroffen und auf dem Waikumete-Friedhof ein Doppelgrab gekauft«, sagt Toms Nichte Kay Rowbottom, eine der wenigen Verwandten Toms, die zur Beerdigung kamen.

Toms Bruder Mita kam anscheinend nur, um seinen Gefühlen Luft zu machen. Als der Sarg in die Erde gelassen wurde, stieß er in der Sprache der Maori einen Schwall von Verwünschungen aus, weil der Tote abtrünnig geworden sei und sein Volk verraten habe.

Auch bei der kleinen Trauerfeier nach der Beerdigung war die Spannung spürbar. Natürlich fielen kritische Bemerkungen über Kiris Abwesenheit. Ihre Nichte Judy setzte sich am stärksten für sie ein und verteidigte sie. »Ich weiß noch, wie ich sagte: ›Verdammt noch mal, er ist tot. Was kann sie jetzt noch für ihn tun?‹« Judy war der Meinung, Kiri habe alles getan, was sie tun konnte, und nun stünden andere Dinge für sie im Vordergrund. »Kiri und Des waren eben erst nach Amerika gezogen, und die Kinder waren in eine neue Schule gekommen«, meint Judy. »Als Kiri gebraucht wurde, war sie da. Als Tom seinen Schlaganfall hatte, war sie hier. Und jetzt bei der Beerdigung? Sie wäre ja doch bloß von Leuten umringt worden, die ihr Fragen über ihren toten Vater gestellt hätten.«

Kaum jemand war sonderlich überrascht, als Kiri das erste Konzert in Washington wegen einer angeblichen »Bronchitis« absagte. Nach Desmonds Rückkehr erholte sie sich rasch genug, um das Konzert nachzuholen. Washington umjubelte sie, trotz ihrer wieder einmal allzu offenkundigen Probleme mit dem Hals.

Erst im September jenes Jahres konnte Kiri richtig von ihrem Vater Abschied nehmen. Während einer dichtgedrängten Australientournee mit neunzehn Stationen reiste sie unauffällig nach Auckland und verweilte auf dem Waikumete-Friedhof eine Zeitlang ganz allein am Grab ihres Vaters.

Jene, die ihr Fehlen bei der Beerdigung für lieblos hielten, irrten sich gewaltig. In den folgenden Jahren verblaßte ihre Zuneigung zu Tom in keiner Weise. Auch nach seinem Tod war und blieb er für sie das, was er zeit seines Lebens für sie gewesen war – der Mensch, den sie am meisten liebte. In der Öffentlichkeit wie im Privaten sprach sie oft davon, welche Lücke er hinterlassen habe. Auch nach Toms Tod sang Kiri immer wieder ihr Lieblingslied aus der Zeit am St. Mary's College, »O mio babbino caro«. Und jedesmal, wenn sie das Lied sang, so gestand sie einer Freundin, hatte sie Toms stolzes, sanft lächelndes Gesicht vor Augen. In Interviews ließ sie selten eine Gelegenheit ungenutzt, sein Andenken zu ehren. »Er war ein so liebevoller und so einfacher Mensch. Er hat mich angebetet«, gestand sie sieben Jahre nach dem Tod ihres Vaters. »Wer so einen Vater hatte, findet wohl nie wieder jemanden, der einen so innig liebt.«

*

Im Oktober 1985 lehnten sich in den dunklen Nischen des New Yorker Ballroom-Restaurants die versammelten Gäste gemütlich zurück und richteten ihren Blick auf die Bühne. Es hätte eine Szene im Colony Club zwei Jahrzehnte zuvor sein können. Im Licht der Scheinwerfer stand Kiri und sang einige Klassiker von Cole Porter. Das Publikum war wie immer hingerissen. Knapp ein Jahr nach ihrem Sprung über den großen Teich wagte Kiri erste vorsichtige Schritte auf ein neues Terrain. Vor einem geladenen Publikum, das aus einflußreichen amerikanischen Musikjournalisten bestand, gab Kiri eine Kostprobe ihres neuen Albums *Blue Skies*, einer Platte mit Liedern, die sie im Jahr zuvor mit dem amerikanischen Komponisten Nelson Riddle aufgenommen hatte[26].

Den wohl einflußreichsten Musikarrangeur seiner Generation hatte Kiri 1984 auf ihrer Australientournee kennengelernt. Riddle hatte anfangs eine Zeitlang mit Nat King Cole zusammengearbeitet und später berühmte Filmmusiken wie die zu *Paint Your Wagon* mit Lee Marvin geschrieben. Seine größte Leistung bestand jedoch darin, in den fünfziger Jahren Frank Sinatras schwindender Popularität mit den klassischen Swingscheiben für Capitol Records neuen Auftrieb zu geben.

Kiri wandte sich an Riddle in der Hoffnung, vielleicht ein wenig von seiner musikalischen Zauberkraft zu profitieren. Erst nach zwei weiteren Gesprächen ließ sich Riddle überreden, ein Album mit U-Musik mit ihr zu machen. Am Ende des Jahres nahmen sie im Studio Klassiker wie »Here's That Rainy Day« und »How High the Moon« auf. Dies sollte eines von Riddles letzten Projekten sein. Im Oktober 1985 erlag er im Alter von 64 Jahren einem Herzinfarkt. Als das Album *Blue Skies* erschien, reagierten die Puristen erwartungsgemäß mit Spott, doch die Scheibe fand in Amerika und weltweit reißenden Absatz.

Ganz ähnlich war es, als Kiri am Ende des Jahres mit dem Tallis Chamber Choir und dem Philharmonia Concert unter Carl Davis eine weihnachtliche Fernsehsendung für die BBC aufzeichnete, für die sie ein breitgefächertes Programm von Weihnachtsliedern sang. Die Aufzeichnung erschien später auf Video. In den folgenden zehn Jahren folgten ähnliche weihnachtliche Gaben.

Kiri machte kein Hehl aus ihrer Absicht, sich mehr und mehr auf die leichte Muse zu verlegen. »Es ist nicht mein Lebensziel, die Menschen zu Tode zu langweilen oder nur für die Opernpuristen zu singen«, erklärte sie Anfang 1986 gegenüber dem *London Evening Standard*. Mit ihrem nächsten Projekt, *South Pacific* von Rodgers und Hammerstein, so erläuterte sie, knüpfe sie beispielsweise wieder an ihre Jugendzeit in Auckland an. »Ich hatte einmal einen Freund, der in einer Inszenierung in Neuseeland mitspielte«, gestand sie dem *Standard* in Anspielung auf ihre Jugendliebe Vincent Collins. »Ich kenne das Stück in- und auswendig.«

Im Bereich der klassischen Musik begann das neue Jahr für Kiri in Covent Garden. Ein neuer *Otello* mit dem hochgelobten jungen Regisseur Elijah Moshinsky mußte abgesagt werden, weil finanzielle Probleme aufkamen und weil Plácido Domingo nach Mexiko reisen mußte, wo seine Verwandtschaft unter den Folgen eines verheerenden Erdbebens litt. Die Produktion wurde auf das folgende Jahr verschoben. Statt dessen wurde *Simon Boccanegra* gespielt. Anschließend gab Kiri in New York ihren Einstand in Händels *Samson*, aus dem die Arie »Let the Bright Seraphim« stammte, die sie in der ganzen Welt bekannt gemacht hatte.

Samson hatte am 15. Februar Premiere und wurde bis 6. März gespielt. Neun Tage nach der letzten Vorstellung gab Kiri unter der Leitung von Myung-Whun Chung ihr New Yorker Debüt in der Rolle der Amelia. Beide Partien stärkten ihren Ruf als Liebling der Met. Kein Kreis von Opernfreunden verwöhnte seine Stars indes so sehr wie die Hüter in Amerikas selbsternanntem Tempel der Hochkultur. Mancher Krösus und Kunstkenner liebte es, in den schicksten Restaurants Manhattans seine Tafel mit der Diva des Tages zu dekorieren. Die Met-Prominenz veranstaltete auch die opulentesten Soireen in ihren Luxuswohnungen an der Westseite des Central Park. Kiri war jedoch niemandes Marionette. Hin und wieder war sie bei einer Premierenfeier zu sehen, doch im allgemeinen mied sie solche Ereignisse. Kiri war es schon fast leid, immer wieder erklären zu müssen, daß sie längst nicht mehr nächtelang durchfeierte.

»Wieso werde ich immer nach der Vorstellung zum Essen eingeladen?« fragte sie einmal belustigt. »Man ist erschöpft. Die Haare waren stundenlang unter eine Perücke gestopft und sind klatschnaß. Man hat keine Zeit, sich die Nägel und die Haare machen zu lassen. Man kann sich kaum rühren vor lauter Schminke und Puder und ist wie ausgewrungen vor Anspannung. Und dann soll man sich unter Frauen mischen, die den ganzen Tag Zeit hatten, sich zurechtzumachen.«[27] Kiri empfand einen Raum voller Fremder immer noch als schier unerträglich. »Anstatt zu sagen: ›Ach, hallo, Kiri, möchten Sie etwas trinken?‹, blasen sie einem Rauch ins Gesicht oder spucken einen an, wenn sie Häppchen essen. Sie haben nichts Wichtigeres zu tun als mich auszufragen, was ich im Augenblick mache und was ich als nächstes vorhabe, und vergessen dabei ganz, daß ich ja vielleicht Durst haben könnte.«[28]

In Paris beschloß sie die abendliche Arbeit am liebsten, indem sie sich zu einem geselligen Mahl mit ein paar Kollegen in ihr Hotelzimmer zurückzog. In New York sprang sie, wie in London, gleich in ein Auto und fuhr nach Hause zu Des und den Kindern. »Wenn ich am nächsten Tag lang ausschlafen muß, verliere ich drei wertvolle Stunden«, gestand sie.

Ihr Alltagsrhythmus in Long Island war von einer Präzision geprägt, die zugleich etwas Strenges und etwas Beruhigendes hatte[29]. Unabhängig davon, ob Kiri am Abend zuvor aufgetreten war, stellte sie ihren Wecker auf 6.45 Uhr. Zehn Minuten später hatte sie das Frühstück fertig und weckte die Kinder. Während Kiri Toms Pausenbrot und Antonias Schultasche packte, übte Antonia auf dem Klavier. Dann brachte Kiri die beiden in ihrem Jeep zur Bushaltestelle. An Tagen ohne Auftritt verbrachte Kiri den Vormittag am Klavier und am Telephon, fuhr nachmittags bisweilen zum Essen oder zum Einkaufen nach Manhattan und holte die Kinder anschließend von der Schule ab. Wenn sie auftrat, aß sie früher zu Mittag, fuhr rechtzeitig zur Oper, um sich in Ruhe umziehen und schminken zu können. Vor ihren Auftritten befolgte Kiri eine eiserne Routine. Sie schminkte sich so oft wie möglich selbst – »damit meine Hände etwas zu tun haben«, sagte sie einmal. Es dauerte nicht lange, bis Maske, Perücke und Kostüm angelegt waren, und weil sie sich bereits vorher eingesungen hatte, konnte sie gleich auf die Bühne gehen und loslegen. »Da ist gar nichts Geheimnisvolles dran«, erklärte sie in jenem Frühjahr.

Je mehr sich Kiri in Amerika einlebte, desto stärker kultivierte sie ihr Image einer neuen Diva, die so gar nichts von der traditionellen, verhätschelten Primadonna hatte. Im Sommer 1986 sprühte sie in einer Ausgabe von Andy Warhols Zeitgeist-Magazin *Interview* vor Witz, als sie ihre originellen Ansichten über so unterschiedliche Themen wie Snobismus in der Oper und ihr eigenes Selbstbild äußerte. Kiri räumte ein, daß die Bewunderung ihrer männlichen Fans ihr bisweilen den Kopf verdreht habe. »Manchmal bilde ich mir ein, ich bin etwas ganz Außergewöhnliches, mit dem Aussehen einer Marilyn Monroe und all diesen Anlagen«, sagte sie. »Doch dann komme ich wieder auf den Boden der Realität zurück und denke: ›Kiri, hör auf, du alte Ziege.‹«

Der Ton des Interviews wurde allmählich immer lockerer, und schließlich mußte Kiri ihrem Interviewer Gregory Speck in dessen Ansicht zustimmen, daß die muffige Sittlichkeit des traditionellen Opernbesuchers nicht so recht zu seinem Interesse an einer Kunstform passen wolle, die sich doch vornehmlich der »sinnlichen Begierde, der Leidenschaft, dem Wahnsinn und den sieben Todsünden« verschrieb.

Harte Wahrheiten

Drei Jahrzehnte, nachdem Kiri ihren Heimatort verlassen hatte, kehrte sie – Ende August 1987 – zum erstenmal für einen längeren Besuch nach Gisborne zurück. An einem Nachmittag stand sie in strömendem Regen mitten auf einem schlammigen Parkplatz an der Grey Street. Je mehr sie sich in der wüsten Gegend umsah, desto weniger wollte sie ihren Augen trauen. Als sie den Stumpf eines alten Pohukatawa-Baums sah, kamen ihr fast die Tränen. »Es ist furchtbar. Er ist weg.«[1]

Als Kiri vom Kai zur Grey Street hinaufspaziert war, hatte sie erwartet, das alte Haus noch stehen zu sehen. Ein Passant teilte ihr aber mit, daß man das baufällige Haus fünf Jahre zuvor abgerissen hatte, um Parkflächen für einen modernen Komplex zu gewinnen. »Wenn wir das gewußt hätten…«, sagte Kiri kopfschüttelnd und wandte sich sprachlos an Des, der sich mit den Kindern unter einen Regenschirm duckte.

Kiris Besuch in Gisborne erfolgte im Rahmen eines Projekts, das die BBC, TVNZ und eine unabhängige kanadische Gesellschaft gemeinsam verwirklichten. Eine Filmreihe mit dem Titel *Return Journeys* (Heimreisen) verfolgte den Lebensweg internationaler Stars und rollte ihre Geschichte bis zu den Anfängen auf. Das Filmteam begleitete unter anderem auch Omar Sharif auf der Reise in seine ägyptische Heimat und den Rennfahrer Jackie Stewart zurück nach Schottland.

Kiri kam mit Des und den Kindern nach Gisborne und wurde von einem Filmteam begleitet, das jeden Schritt und jedes Wort von ihr aufzeichnete[2]. Zunächst fand sie das, was ihr in der Poverty Bay begegnete, mehr oder weniger typisch und kaum überraschend. »Die Wellen sind dieselben, die Bäume sind dieselben. Ich habe mich verändert, aber mein Heimatland hat sich überhaupt nicht verändert«, sagte sie nachdenklich zur Kamera gewandt, während sie am Strand entlangspazierte. Nach dem Schock, den sie in der Grey Street erlebte, folgte eine Überraschung nach der anderen. So entdeckte sie, daß unweit ihres einstigen Elternhauses eine wunderschöne alte Kirche einem Vertrieb für Klimaanlagen hatte weichen müssen. In den Räumen eines Lokalsenders auf der anderen Straßenseite spielte man ihr eine Aufnahme von »Cara mia« vor, die sie als Siebenjährige gesungen hatte. »O Gott«, entfuhr es ihr, als sie die ungeschulte Stimme hörte. »Aber nicht schlecht«, meinte sie zwinkernd zur Kamera.

Begonnen hatten die Dreharbeiten zwei Tage zuvor bei einem traditionellen Fest in der Heimatgemeinde der Familie Te Kanawa in Te Kuiti, bei dem Kiri, Des und die Kinder, Toms Bruder Mita und Dutzende weitere Verwandte teilnahmen. Vor laufender Kamera sprach Kiri über ihre enge Verbindung zum Stamm der Te Kanawa, den Maniapoto. »Dies ist das Land meines Volkes«, sagte sie. »Für uns Maori gibt es ohne Land auch keine Seele, kein ›mana‹. Hier in diesem ›marae‹ sind meine Vorfahren, meine ›whakapapa‹.« Kiri gestand, daß sie die Familiengrabstätte erst einmal besucht hatte, vor ihrer Abreise nach England im Jahr 1966. Trotzdem fühlte sie sich mit dem Ort seltsam verbunden. Ihre Verwandten, vor allem Onkel Mita, erinnerten sie an ihren Vater. »Mein Vater fehlt mir wahnsinnig, und mein Onkel erinnert mich sehr an ihn.«

Kiri war sichtlich bewegt, als der Onkel ihr das Familiengrab zeigte. »Ich kann nicht behaupten, daß ich mich mit dem Gedanken an den Tod angefreundet habe, aber zumindest habe ich einen Platz gefunden, an dem ich einmal ruhen möchte«, sagte sie. »Wenn man hier begraben ist, wird man nie vergessen.« Mita erinnerte sich nur zu gut an den Streit, der über Toms letzte Ruhestätte entbrannt war. Obwohl Kiri die Stammeskultur ihres Vaters letztlich immer sonderbar und fremd empfand, schien ihr kurzer Besuch den jahrzehntealten Zwist zwischen Tom und seiner Familie doch beigelegt zu haben. Bei ihrem Abschied vom Marae tupfte Kiri sich die Tränen von den Wangen.

Der Drehplan war dichtgedrängt. Nach einem obligatorischen Stopp bei Toms Häuschen in Hatepe ging es weiter nach Auckland, wo einige Szenen am St. Mary's College und beim Aotea Centre, das sich gerade im Bau befand, aufgenommen werden sollten. Der Produzent des Films, David Baldock, hatte gehofft, diese zwei Drehtage durchziehen zu können, ohne großes Aufsehen zu erregen. Kiri wußte, daß das unmöglich war.

Wie zu erwarten, sprach sich Kiris bevorstehender Besuch herum, und so ließen sich die Honoratioren der Stadt etwas einfallen. Bei einem Empfang in der Town Hall wurde Kiri zum ersten Ehrenbürger der Stadt ernannt. Kiri bedankte sich bei den 150 versammelten Würdenträgern mit einer kurzen Ansprache. »Es ist so schön, wieder hier zu sein«, sagte sie lächelnd. »Ich habe mich oft gefragt, wieso ich überhaupt weggegangen bin. In Zukunft werden wir jedes Jahr und auch für länger kommen, bis ich wieder ganz hierbleiben kann.« Bei diesen Worten zeigte Des ein nachdenkliches Lächeln.

Die Maori-Gemeinde der Stadt hatte darauf bestanden, daß Kiri auch eine feierliche Zeremonie im Marae Te Poho-o-Rawiri des Ngati-Porou-Stammes besuchte. Das Filmteam erhielt jedoch keinen Zutritt zu dem Areal. Das Protokoll verlangte es, daß Kiri von einem männlichen Maori repräsentiert wurde, und so begleitete Onkel Mita sie. Da Mita schon bei der Ankunft auf dem Versammlungsplatz wußte, was auf sie zukommen würde, riet er Kiri und Des, ganz entgegen Brauch und Sitte die Schuhe anzubehalten. Er saß mit versteinertem Gesicht da, als die Zeremonie traditionsgemäß damit begann, daß ein Angehöriger des Stammes die Ahnenreihe des Ehrengastes aufführte.

Kiri kannte den ehrwürdigen Pahoe Mahuika nicht, der neben ihr auf die Bühne stieg. Als ihr seine in Maori gehaltene Rede von dem Maori-Rundfunksprecher Bill Kerekere übersetzt wurde, war sie sichtlich erschüttert über das, was Mahuika erzählte. Mit 43 Jahren hörte Kiri zum erstenmal den Namen ihres leiblichen Vaters.

Pahoe Mahuika war ein Vetter von Jack Wawatai. Der Stammesälteste der Wawatai-Sippe hatte genug von den jahrzehntelangen Gerüchten und Gegengerüchten und hielt es für an der Zeit, den Schleier der Geheimnistuerei um die Ereignisse von 1944 zu lüften. »Ich ließ sie wissen, wer sie ist, nämlich eine Ngati Porou, und wer ihre Verwandten sind, nämlich wir«, erinnerte er sich. »Ich drückte mich laut und klar aus. Sie wußte gar nicht, daß Jack ihr Vater war.«[3]

Mahuika erklärte, daß Kiris Großvater ein Cousin seines – Mahuikas – Vaters gewesen sei. Er erzählte den Anwesenden, daß er Kiri in der Grey Street hatte aufwachsen sehen und immer um ihre Herkunft gewußt hatte. Er lobte Tom und Nell für ihre Aufopferung und bezeichnete sie als »wunderbare Menschen«.

Die Versammlung hörte Mahuika mit andächtigem Schweigen zu. Wie unter Schock blickte sich Kiri um und suchte nach einer Bestätigung dafür, daß Mahuikas Worte der Wahrheit entsprachen. »Sie wußte nicht, was sie sagen sollte. Die um sie herum behaupteten, ihre Verwandten zu sein, und sie wußte nicht so recht, ob sie es glauben oder anzweifeln sollte, weil sie ja von nichts wußte«, berichtet Bill Kerekere. »Sie fragte mich, was ich davon hielt. Ich sagte: ›Ich will lieber nicht sagen, was ich denke, weil ich Sie nicht beeinflussen möchte.‹ Also enthielt ich mich jeden Kommentars.«[4]

Daß Mahuikas Worte der Wahrheit entsprachen, wurde bald durch Onkel Mitas Reaktion bestätigt. In Kiris Kindheit hatte Mita geglaubt, Kiri sei Toms Kind. »Onkel Mita war immer davon ausgegangen, daß Kiri Toms richtige Tochter ist, denn Tom gab ihr den Namen seines Vaters, ›Kiri‹. Meine Mutter hat es auch immer geglaubt«, berichtet Kay Rowbottom. Die jüngeren Mitglieder der Familie waren jedoch nicht so überzeugt. »Wir wußten nicht, ob es stimmt oder nicht.« Nachdem Kiri in der Öffentlichkeit über ihre Adoption gesprochen hatte, gab Mita bald keine Ruhe mehr. Laut Kay Rowbottom suchten Mita und seine Nichte Winnie Tom kurz vor seinem Tod in Hatepe auf – in einem letzten Versuch, die Wahrheit zu erfahren. »Sie erzählten uns, sie würden hinfahren, aber sie haben uns nie erzählt, worüber dort gesprochen wurde«, gibt Kays Mann Bruce zu Protokoll. »Soweit ich weiß, haben sie es nie jemandem gesagt.« Doch 1987 schien Mita akzeptiert zu haben, daß Kiri keine echte Te Kanawa war – zumindest nicht nach seinen eigenen strengen Maßstäben.

Mita war von Natur aus normalerweise genauso still wie sein Bruder Tom. Doch weder sein Stolz noch sein Sinn für Gerechtigkeit ließen es zu, die geäußerten Ansprüche auf Kiri unbeantwortet zu lassen. Er erhob sich mit zornrotem Kopf und ergriff das Wort. »Dieser alte Mann«, berichtet David Baldock, der die Zeremonie ohne sein Kamerateam miterlebte, »der schon weit über siebzig war, verwandelte sich plötzlich wieder in einen jungen Krieger. Er sagte: ›Du sagst, ihr seid Kiris Familie. Du sagst, ihr seid für Kiri verantwortlich. Ich frage euch, wo wart ihr, als sie klein war? Wo wart ihr, als sie versorgt werden mußte? Haben Ngati Porou sich um Kiri gekümmert? Nein, die Maniapoto haben das Kind angenommen und aufgezogen. Und deswegen betreten wir euren Marae heute mit Schuhen.«[5]

Kerekere übersetzte Mitas Worte für Kiri, der die Tränen über die Wangen liefen. Der Meinungsaustausch war zwar heftig, doch er reinigte die Atmosphäre. »Danach verlief die Versammlung friedlich. Schließlich war alles offen ausgesprochen worden«, sagt Kerekere.

Jahrzehntelang war Kiris Vergangenheit voller Geheimnisse gewesen. Zumindest in der Öffentlichkeit hatte sie immer wieder behauptet, sich nicht dafür zu interessieren. »Wozu diese alte Tragödie wieder aufrollen?« pflegte sie zu sagen[6]. Diese Haltung nahm sie vor allem auch deswegen ein, um Tom vor Schmach zu bewahren. »Ich habe meine Adoptiveltern so sehr geliebt und dachte, das wäre ihnen gegenüber nicht fair.« Doch da Tom nun nicht mehr lebte, schien sie bereit zu sein, ihrer Herkunft endlich auf den Grund zu gehen.

Ihren leiblichen Vater sollte sie jedoch nicht mehr kennenlernen. Nach seiner Affäre mit Noeleen Rawstron schenkte Jack Wawatai seiner Frau Apo sechs weitere Kinder und brannte dann mit einer anderen Frau durch, mit der er zwei weitere Kinder hatte, sein zwölftes und dreizehntes. Anfang der sechziger Jahre arbeitete er in einer Fleischfabrik in Auckland. Genau in jener Zeit stieg Kiri zum Jungstar auf. Jack könnte durchaus die Klubs besucht haben, in denen Kiri »O mio babbino caro« sang. Es gibt jedoch keine Beweise dafür, daß sich Jacks und Kiris Pfade je kreuzten. Kiris Aufstieg zu Ruhm in Neuseeland und auf der ganzen Welt hat er jedenfalls nicht mehr miterlebt. Am 1. Februar 1963 erlag er in einem Krankenhaus den Folgen eines Arbeitsunfalls[7].

In den Jahren nach jener denkwürdigen Zeremonie übten dieser Mann und sein Clan eine immer größere Faszination auf Kiri aus. »Ich glaube, die Ansprachen führten Kiri in den Schoß der Ngati Porou zurück«, meint Bill Kerekere. Gleichzeitig wurde Kiris Beziehung zu ihrer Adoptivfamilie beinahe unheilbar zerrüttet. In den zwei Jahren seit Toms Tod lag Kiri mit Nola in einem erbitterten Rechtsstreit über Toms Testament. Tom hatte sein Testament am 21. Mai 1982 aufgesetzt, kurz nach seinem Schlaganfall im Green Lane Hospital. Darin hatte er sein Häuschen in Hatepe und alles, was er besaß, Kiri vermacht. Kein weiteres Mitglied seiner Familie wurde darin direkt erwähnt.

Das Testament war ein Schlag ins Gesicht für Nola, die sich fast ihr ganzes Leben lang um Nell und Tom gekümmert hatte. Außerdem war Nola der Meinung, daß das Testament einer mündlichen Vereinbarung widersprach, die sie mit Tom und Kiri getroffen hatte, in der es um die Abtretung von Ansprüchen an Nells Nachlaß ging; Kiri sollte Toms Alleinerbin werden, wenn sie ihren Anspruch auf ihren Teil an Nells Hinterlassenschaft an Nola abtrat. Nolas Tochter Judy zufolge war diese Vereinbarung eine abgemachte Sache, doch Tom beging den Fehler, nichts davon schriftlich festzuhalten. Deswegen kam es zum Streit.

Judy zeigte Verständnis für ihre Mutter. Nola hatte ihr Leben lang in Kiris Schatten gestanden, obwohl sie Nells leibliche Tochter war. »Himmel und Erde mußten in Bewegung gesetzt werden, wenn Kiri nach Hause kam, und es lag an Mama, sich um alles zu kümmern«, berichtet Judy. »Wenn sie es nicht tat, bekam sie von Großmutter etwas zu hören. Das mit Toms Testament war für sie der letzte schwere Schlag. Das hatte sie nicht verdient. Sie bekam ja nicht einmal einen Kaktus oder eine Angelrute.«

Kiri und Des pochten stur auf das schriftliche Testament. Nola berief sich auf die mündliche Vereinbarung und beteuerte, Kiri habe davon gewußt, doch Kiri behauptete, davon sei ihr nichts bekannt. Mit Judys Zustimmung schaltete die zutiefst gekränkte Nola einen Anwalt ein. Der Rechtsstreit zog sich zwei Jahre lang hin. Eine Einigung wurde vielleicht auch deswegen nicht erzielt, weil Nolas Anwalt zu hartnackig war und »versuchte, das Maximum herauszuschlagen«, wie Judy meint.

Nola regte sich schließlich so sehr auf, daß sie Kiri damit drohte, an die Öffentlichkeit zu gehen, egal welche Folgen dies für den Ruf der Familie Te Kanawa hatte. Kiri erklärte sich bereit, sich mit Nola zusammenzusetzen und ein letztes Mal zu versuchen, den Konflikt zu lösen. Die Atmosphäre war eisig. Nola beharrte auf ihrem Standpunkt. Wütend, aber wehrlos ließ Kiri sich erweichen. Judy gegenüber äußerte Kiri ganz klar, daß sie nur deswegen nachgegeben habe, weil Nola ihr damit gedroht habe, an die Öffentlichkeit zu gehen.

Judy bedauerte, daß es so weit hatte kommen müssen. Nola litt seit dem Ende der siebziger Jahre unter Herzbeschwerden. »Es war keine Riesensumme«, meint Judy. »Es ging nur um ein paar lausige Piepen, ungefähr 9000 oder 10000 Dollar, die meine Mutter aber sehr gut hätte gebrauchen können und auf die Kiri meiner Meinung nach überhaupt nicht angewiesen war. Fairerweise muß man zugeben, es war nicht ihre Schuld, daß Tom sich nicht klar ausgedrückt hat, aber letzten Endes ging es doch bloß um eine ganz lächerliche Summe.«

Der Streit und die Art, wie er entschieden wurde, fügte der Beziehung zwischen Kiri und Nola dauerhaften Schaden zu. Kiris Cousine Kay Rowbottom hatte beide Seiten gehört. Sie wußte, daß Nola ein langweiliges Leben unter Nells Fuchtel geführt hatte und das Geld gebrauchen konnte. Zugleich sah sie ein, daß Kiri darüber aufgebracht war, daß man ihr die Pistole auf die Brust setzte. Wenn man auf ihre Schwester zu sprechen kam, biß Kiri die Zähne zusammen. Sie schimpfte nicht über sie, sondern wechselte einfach das Thema. »Sie ging nicht darauf ein, sondern seufzte nur.«

In der Öffentlichkeit ließ sich Kiri von ihrem privaten Kummer bezeichnenderweise nichts anmerken. Sie beschloß die Aufnahmen zu *Return Journeys* mit einem Besuch der 92jährigen Schwester Mary Leo im Mount Eden Mater Hospital. Sie saß auch in der Jury des Mobil Song Quest, der in jenem Jahr in Auckland ausgetragen wurde. Kiris Rat an all jene, die ihr nachzueifern trachteten, war ganz einfach: »Wer heute ins Ausland gehen will, muß etwas draufhaben, was andere nicht draufhaben«, sagte sie. »Es reicht nicht mehr, durchschnittlich zu sein.«[8]

Kiri lebte absolut nach dieser Devise. Ihre Aktivitäten waren intensiv und vielfältig zugleich. Das hektische halbe Jahr vor ihrer Reise nach Neuseeland hatte mit Elijah Moshinskys verschobenem *Otello* in Covent Garden begonnen. Die Produktion stieß nur auf ein lauwarmes Echo, wahrscheinlich weil Kiris Beziehung zu Plácido Domingo, jedenfalls auf der Bühne, eher gespannt wirkte. Vier

Jahre nach der vertrackten *Manon Lescaut* brachte Kiri es kaum fertig, Domingo in die Augen zu schauen. »Kiri Te Kanawa... stürzt durch das Liebesduett, fast ohne je in Domingos Richtung zu blikken (kein Wunder, daß Otello Zweifel an Desdemonas Lauterkeit hegt!)«, spöttelte James M. Keller in *Opera News*.

Die eher ernüchternden Kritiken bestätigten den Verdacht, daß in Kiris Opernkarriere eher Flaute herrschte. In jenem Frühjahr hatte sie in Wien eine ihrer anerkannten Glanzrollen gesungen, die Marschallin im *Rosenkavalier*, doch auch in dieser Partie erreichte sie nicht mehr das Niveau früherer Jahre.

In jener Zeit begegnete sie zwei bekannten Gesichtern, Osvalda und James Robertson. Nach einer Vorstellung unterhielt sich das Paar mit Vera Rosza, die sich besorgt über ihren Schützling äußerte. »Sie hat die Rolle ohne Bühnenprobe übernommen, hat nicht voll ausgesungen und ziemlich schlechte Kritiken bekommen«, erinnert sich Osvalda Robertson. Rosza fürchtete, Kiri würde ihre schlechten alten Angewohnheiten wieder annehmen, und bat Robertson um Rat und Hilfe. »James sollte einmal mit Kiri reden.«

Tatsache war, daß sich Kiri immer mehr darum bemühte, eine Nische in dem rasant expandierenden Crossover-Markt zu finden. Die Oper trat in den Hintergrund. Der phänomenale Erfolg der »Opernversion« von Leonard Bernsteins *West Side Story*, die Kiri 1984 mit José Carreras in New York eingespielt hatte, lieferte den Funken für eine Reihe ähnlicher Projekte. In jenem Jahr spielte Kiri in einer Aufführung von *My Fair Lady* in der Londoner Albert Hall die Rolle der Eliza Doolittle, neben Jeremy Irons als Henry Higgins und Warren Mitchell als Alfred Doolittle. Auch die Einspielung dieses Werks wurde ein durchschlagender Erfolg. Es stand außer Zweifel, daß Kiri sich mit ihren breitgefächerten Aktivitäten ein weit größeres Publikum erschloß.

Vor ihrer Reise nach Neuseeland ging sie mit dem Tokyo Philharmonic Orchestra auf Tournee nach Japan, wo sie vor ausverkauften Sälen sang. Wochen später in Hongkong wurde sie sogar noch begeisterter empfangen. Die City Hall der Kronkolonie war erstmals in ihrer Geschichte alle angebotenen Karten losgeworden, ohne überhaupt eine Kasse aufzumachen; alle 1480 Karten waren über schriftliche Bestellungen weggegangen. »Nicht einmal Maria

Callas hatte ein volles Haus, als sie hier auftrat«, erklärte der Veranstalter[9].

Im Herbst jenes Jahres kehrten Kiri und Des nach New York zurück. Amerika war und blieb zwar der Mittelpunkt ihres musikalischen Wirkens, doch auch hier schien die Rose allmählich zu verblühen. In den drei Jahren seit ihrer Übersiedelung war Kiri kreuz und quer durch Nordamerika gereist und hatte an allen möglichen Orten, von Vancouver bis Quebec, in North Carolina und Florida, Liederabende gegeben. Man kannte sie aus Zeitschriften und aus dem Fernsehen. Sie hatte, wie sie selbst zugab, sehr viel Geld verdient. Die Anerkennung innerhalb der elitären Führungsriege des amerikanischen Musiklebens war ihr jedoch versagt geblieben. Sie hatte immer wieder das Gefühl, einer unsichtbaren Mauer gegenüberzustehen. Ein treffendes Beispiel dafür war die frustrierende Art und Weise, wie ihr eine Titelgeschichte im Magazin *Time* verwehrt blieb.

Kiris Kontakte an der Met hatten ihr ein wirksames Entree in die High Society der Stadt verschafft. Einer derjenigen, die sie in ihrer Anfangszeit in New York beeindruckt hatte, war der einflußreiche und opernliebende Chefredakteur des Magazins *Time*, Ray Cave. Kiri hatte Cave bei einem Tennisspiel kennengelernt. Er hatte sie schon immer bewundert, doch nach der Begegnung war er überzeugt, daß sie ein Phänomen war, das eine Titelgeschichte in seinem weltberühmten Magazin verdiente. Dies wäre eine große Auszeichnung gewesen und hätte Kiris Bekanntheitsgrad noch weiter gesteigert. In Public-Relations-Kreisen galt ein *Time*-Titel schließlich soviel wie eine Seligsprechung durch den Papst.

Als Cave die entsprechenden Schritte einleitete, kam es jedoch zu Differenzen mit dem mächtigen Musikkritiker des Magazins, Michael Walsh, der die Auseinandersetzung später in seinem Buch *Who's Afraid of Opera* schilderte. Walsh, der erst kurz zuvor auf seinen Posten berufen worden war, wurde in Caves Büro gerufen, um über dessen neuesten Schwarm zu sprechen. »Ich erklärte höflich, Kiri Te Kanawa sei zwar sicherlich eine führende Sopranistin ihrer Zeit, doch meiner Meinung nach gebe es andere Musikerpersönlichkeiten, welche die Ehre, auf dem Cover von *Time* zu erscheinen, viel eher verdienten«, schrieb er.

Der Chefredakteur hatte eine tolle Story gewittert. Trotz aller

Rezensionen und Porträts, die in Amerika erschienen waren, hatte es noch keinen vollständigen und freimütigen Bericht über Kiris Adoption, ihre Maori-Abstammung und ihren sensationellen Sprung von Neuseeland nach England gegeben. Walshs Einwände stützten sich dagegen rein auf musikalische Kriterien. »Ich hielt dagegen, daß ich persönlich nicht sehr viel von ihrem Gesang hielt, daß es ihr meiner Meinung nach an einem soliden musikalischen Fundament mangele, was sich als großes interpretatorisches Handicap erweise, und daß die Erfahrung zeige, daß sie nicht in der Lage ist, auf die Partitur zurückzugreifen, um darin Stütze und Inspiration zu finden, weswegen sie in einer bestimmten Rolle im allgemeinen schlechter statt besser wurde«, erinnert sich Walsh. Cave beugte sich schließlich dem Urteil seines Kritikers. Der *Time*-Titel über Kiri kam nie wieder zur Sprache.

Weihnachten verbrachte Kiri mit Des und den Kindern in Mexiko. Zu Beginn des Jahres 1988 schlüpfte sie wieder in das inzwischen bequeme Mieder der Fiordiligi, und zwar in einer opulenten Neuinszenierung von *Così fan tutte* an der New Yorker Met unter James Levine.

Levine führte an der Met eine solche Absolutherrschaft, daß dort das inoffizielle Motto galt: »Was Jimmy will, bekommt er auch.« Wie Solti hatte er einen Sinn für alles Schöne, und so hatte er einen Harem attraktiver junger Sängerinnen um sich geschart, die ihn regelrecht anbeteten. Kiris Beziehung zu Levine war jedoch etwas kühler. »Kiri und James waren nie ein Herz und eine Seele. Kiri hatte einiges an ihm auszusetzen«, bemerkt ein Mitarbeiter im Verwaltungsstab des Opernhauses.

Die Rolle der Despina erhielt eine von Levines anerkannten Protegés, die umwerfend hübsche junge koreanische Sopranistin Hei-Kyung Hong. Hong war in vielerlei Hinsicht ungewöhnlich, nicht zuletzt weil sie anscheinend damit zufrieden war, eine möglicherweise hoch hinausgehende internationale Karriere den höheren Weihen Levines und der Met zu opfern.

Bei den Proben traten keinerlei Probleme auf. Kurz vor der Premiere ließ Kiri Levine jedoch wissen, daß sie Bedenken hege. »Kiri war der Meinung, Hong sei ihrer Aufgabe nicht gewachsen. Sie sagte zu Levine: ›Sie ist noch nicht soweit‹«, berichtet ein damaliges Mitglied der Truppe. Trotz Levines Protesten beharrte Kiri auf ihrem Standpunkt. Wenige Stunden bevor sich der Vorhang hob, wurde Hong ausgetauscht.

Kiri hatte auch früher schon erkennen lassen, daß sie keine Hemmungen hatte, ihren Einfluß geltend zu machen. »Natürlich gibt es hin und wieder kleinere Konflikte, besonders wenn ich das Gefühl habe, jemand im Ensemble oder im Regieteam vergeudet unsere Zeit«, äußerte sie einmal nebulös[10]. Je älter, erfahrener und – wenn man so will – bedeutender sie wurde, desto besser wußte sie sich durchzusetzen.

Zum erstenmal sickerten Einzelheiten über ihren Hang zur Primadonna an die Öffentlichkeit durch. Will Crutchfield, ein aufstrebender Dirigent und Musikredakteur der *New York Times*, hatte die Story in kürzester Zeit aufgegriffen. Die verletzte Hei-Kyung Hong berichtete Crutchfield, sie sei bestürzt über Kiris Vorgehen gewesen. »Ich verstehe das nicht. Sie steht an der Spitze. Sie singt phantastisch. Wieso mußte sie mir das antun?« schluchzte sie. Auch die Regisseurin Graziella Sciutti meinte, sie sei »empört« gewesen über den Vorfall.

Als Hong bei der folgenden Vorstellung dann doch auftrat, wurde sie erwartungsgemäß mit überschwenglicher Begeisterung aufgenommen. Bei Kiris erneutem Auftritt am 15. März sah es dagegen ganz anders aus. Vierzehn Jahre nachdem das New Yorker Publikum Kiri mit stehenden Ovationen gefeiert hatte, erlebte sie den wohl demütigendsten Augenblick ihrer Laufbahn. Das riesige Auditorium hallte von Buhrufen und Pfiffen.

Der Skandal zog natürlich unendlichen Klatsch nach sich und führte zu diversen Spekulationen. Manche meinten, Kiri habe sich an der jüngeren Sängerin gerächt, weil sie selbst in jener Spielzeit an der Met etliche unterdurchschnittliche Rezensionen bekommen hatte. Andere sahen darin den Versuch, sich von Levines Zirkel abzugrenzen. Einige fragten sich auch, ob Kiri nicht einfach überreagiert habe. Hong war aufgrund ihrer Schönheit und Brillanz bereits mit Renata Tebaldi, einem von Kiris Idolen, verglichen worden. »Vielleicht sah Kiri in Hong die Sängerin und die Frau, die sie selbst einmal war«, meint Johanna Fiedler. »Das munkelte man damals jedenfalls.«

Kiri räumte später selbst ein, daß sie diplomatischer hätte vorgehen sollen. »Ich habe es verdient«, gestand sie. Auf ihrer Kritik an Hong beharrte sie jedoch trotzig. »Am Ende zeigte sich, daß ich recht hatte. Die Kleine war noch nicht reif für die Rolle.«

Die meisten an der Met führten den Zwischenfall auf eine tieferliegende Unzufriedenheit zurück. »Es herrschte der Eindruck, Kiri habe eine jüngere Sängerin ohne jeden Grund attackiert. Niemand konnte es verstehen. Ich erinnere mich, daß ich völlig bestürzt war«, erklärt Johanna Fiedler. »Deshalb kam mir der Verdacht, daß irgend etwas anderes in ihrem Leben vielleicht nicht stimmte.«

Möglicherweise lag es an der Unzufriedenheit, die Kiri und auch Des in Amerika verspürten. Rein wirtschaftlich gesehen hatte sich ihr Wechsel nach New York als höchst lukrativ erwiesen, doch privat wirkte er sich in vielerlei Hinsicht negativ aus. Ihre Freunde Bob und Sharon Morgan besuchten sie Ende der achtziger Jahre für längere Zeit und bekamen einiges mit. Für sie war ganz klar, daß Des und Kiri von dem Geld angelockt worden waren, das ihnen unter der Regie von IMG winkte. »Der Umzug nach Amerika war ein wirtschaftlich kluger Schachzug«, sagt Bob Morgan. »Ihre Berater versicherten ihr, sie würde dort leicht Fuß fassen können, und ihre potentiellen Einkünfte würden weit über das hinausgehen, was sie in England verdienen könnte.« Kiri machte kein Hehl aus dem Tauschhandel, den sie eingegangen war. »Kiri sagte, sie finde das Leben dort unausstehlich, aber finanziell seien es ihre besten Jahre gewesen.«

Für Kiri bildete New York den denkbar größten Kontrast zu Neuseeland mit seiner großen Weite. In der überfüllten Enge der Stadt zog sie sich oft Erkältungen oder eine Grippe zu; sie haßte die Aggression, das Tempo, selbst den Verkehr. Trotz aller Ansprüche auf individuelle Freiheiten war Amerika das konservativste Land, in dem sie je gelebt hatte. Kiris Enttäuschung über das Land erreichte ganz neue Tiefen, als sie und Des nach einer Möglichkeit suchten, Tennis und Golf zu spielen. »Sie wollten einem Sportklub auf Long Island beitreten«, erinnert sich Bob Morgan. »Man erklärte Des, er könne beitreten, doch Kiri könne nicht aufgenommen werden, weil sie farbig sei.«

Des fühlte sich vielleicht sogar noch entfremdeter. Er war es inzwischen gewohnt, sich Kiris Berufsleben unterzuordnen. »Er forderte nie irgendwelche persönliche Aufmerksamkeit. Er hatte auch überhaupt nichts dagegen, als ›Mr. Te Kanawa‹ angesprochen zu werden«, sagt Morgan. London mit seinen Verbindungen zu Australien, seinem Kricket und Rugby und seinem vergleichbaren Sinn für Humor war ihm wie ein regenreicherer Ausläufer seiner Heimat vorgekommen, in dem er auch Kontakte zu einem Kreis australischer Freunde gepflegt hatte. In New York dagegen gab er sich in Ermangelung echter Freunde mit der Opernclique ab, die er bald nicht mehr ausstehen konnte. »Er will nicht immer von all den affektierten und schrillen Typen umringt sein. Kiris New Yorker Freunde waren alles kunstbeflissene Lesben, ›ach! wie fabelhafte‹ Frauen, um die Des einen großen Bogen machte.«

Die Kinder und vor allem auch Des holten Kiri immer wieder auf den Boden der Realität zurück. »Manchmal komme ich heim und spiele ein bißchen die große Dame. Ein paar Tage läßt er mich gewähren, dann staucht er mich wieder zusammen«, sagte Kiri einmal über Des. In der New Yorker Gesellschaft konnte sich Kiri jedoch schnell zur überlebensgroßen Diva aufblähen.

Sharon Morgan erinnert sich, daß sie während ihres Besuchs bei Kiri in New York unbedingt eine Ausstellung im Guggenheim-Museum besuchen wollte. Sie äußerte immer wieder den Wunsch, erntete aber keinerlei Reaktion. Als sie schließlich darauf drängte, wies Kiri den Vorschlag mit einer gebieterischen Geste zurück.

»Ich kreiere Kunst«, schnaubte sie ihre Freundin an. »Es ist nicht nötig, daß ich sie auch noch konsumiere.«

Als Kiri und Des im August für längere Zeit nach Australien reisten, stand die Entscheidung so gut wie fest. Es schien ein günstiger Zeitpunkt zu sein, den Wohnsitz wieder nach England zu verlegen. Mit einer gewissen Erleichterung machten sie erst einmal Urlaub in Port Douglas im tropischen Queensland. Am Ende des Monats reiste Kiri nach Brisbane, wo sie auf der Weltausstellung beim Finale der Neuseeländischen Woche singen sollte. Des und IMG hatten dafür gesorgt, daß die Show ausverkauft war, bevor überhaupt Karten zum Verkauf gelangten.

Ursprünglich war geplant gewesen, daß Kiri auf dem Ausstellungsgelände Neuseelands singt, doch Überlegungen zur Sicherheit des Publikums sprachen dagegen. Als der Auftritt in das Performing Arts Centre von Brisbane verlegt wurde, hegten ihre Landsleute noch immer die Hoffnung, die Show selbst aufzuziehen und einige Karten zu ermäßigten Preisen anbieten zu können. Die Veranstalter schreckten jedoch zurück, als Des eine Pauschale von nahezu 200 000 Dollar für seine Frau forderte.

Um den kommerziellen Erfolg zu sichern, nahm IMG das Ganze schließlich selbst in die Hand, woraufhin sich die neuseeländischen Veranstalter ausgebootet fühlten. Über die Verkaufspolitik war nicht nur das neuseeländische Ausstellungskomitee verärgert, das gezwungen war, ein großes Kartenkontingent aufzukaufen, um Verpflichtungen gegenüber ausländischen Diplomaten, Würdenträgern und Sponsoren zu erfüllen, sondern auch die Abonnenten der städtischen Oper, für die ein kleiner Restbestand an Karten zu überteuerten Preisen übrigblieb.

Vor allem aber zeigte Kiri eine Leistung, die ihr alter Förderer bei der New Zealand Opera Company, John Thompson, alles andere als beeindruckend fand. »Sie gab eine äußerst kühle Darbietung, und ich dachte mir noch: ›Du legst dich aber gar nicht ins Zeug.‹ Sie behandelte uns sozusagen wie die zweite Klasse.«[11]

In Kiris Terminkalender nahmen solche Veranstaltungen jedoch immer mehr Raum ein. Die lukrativsten Ereignisse wurden stets von IMG organisiert. Mark McCormack war nur einer der Marketingstrategen, die damals die Musikindustrie revolutionierten. Der Ungar Tibor Rudas beispielsweise strich für Luciano Pavarotti ungezählte Millionen ein, indem er den Tenor von den traditionellen Opernhäusern weglotste und ihm Massenauftritte etwa auf Parkplätzen vor Supermärkten oder auf Sportplätzen verschaffte. Sein Meisterstück im Marketing, ein gemeinsames Konzert mit den drei größten Tenören der Welt – Pavarotti, Domingo und Carreras –, brütete Rudas bereits damals aus.

McCormack, Rudas und ihresgleichen erkannten, daß die Finanzstruktur des traditionellen Opernhauses fatale Mängel aufwies. Eine Sängerelite forderte Gagen, die sich die meisten Häuser einfach nicht leisten konnten. Ohne staatliche Subventionen beziehungsweise multinationale Sponsoren konnten es sich Opernhäuser wie Covent Garden und die Met oder die Opern von Paris oder Sydney überhaupt nicht leisten, Sopranistinnen wie Kiri Te Kanawa, Jessye Norman und Kathleen Battle mit Gagen von 15 000 Dollar pro Abend oder Tenöre wie Luciano Pavarotti und Plácido Domingo mit Abendgagen von sage und schreibe 25 000 Dollar aufzubieten. Durch die Kontakte zu großen Sponsoren sorgte IMG gelegentlich dafür, daß sich an den großen Häusern die roten Zahlen in Grenzen hielten. Gleichzeitig aber dirigierte die Agentur ihre Klienten hin zu den neuen, unendlich profitableren Auftrittsmöglichkeiten, die sich ihnen inzwischen boten.

Zumindest McCormack war der Meinung, daß speziell auf den Sänger zugeschnittene Konzerte und Crossover-Platten den Opernstars die gleichen Möglichkeiten eröffneten wie die Starturniere seiner Sportlerelite. Aufgrund ihrer einzigartigen Freundschaft mit McCormack war Kiri in einer besseren Position als die meisten ihrer Kollegen. Die Beziehung war für beide Seiten vorteilhaft; jeder hatte dem anderen etwas zu bieten, sei es ein charismatischer Nimbus, sei es ein exklusiver Kontakt.

Die Kreativität von IMG – und der Preis, den die Agentur dafür verlangte – stieß allerdings nicht immer auf Begeisterung. Anfang der achtziger Jahre, kurze Zeit nachdem IMG Kiris Geschäfte übernommen hatte, sprach Moffatt Oxenbould, der künstlerische Leiter der Australian Opera, mit James Erskine über einen einmaligen Konzertauftritt Kiris im Opernhaus von Sydney. »Sie wollte ein Konzert fast im Stil eines Varietés bringen. Das war die Masche von IMG, aber was sie vom Gewinn einstreichen wollten, machte die Sache für uns völlig uninteressant. Die Kartenpreise wären unerschwinglich gewesen«, sagt er[12]. Das Konzert kam nicht zustande. Oxenbould verließ den Verhandlungstisch völlig resigniert angesichts der neuen Bedingungen, die dem traditionellen Musikbetrieb diktiert wurden.

In anderen Bereichen gab es dagegen genügend Leute, die bereit waren, nach den neuen Regeln zu spielen. Und so beschloß Kiri ihre Australienreise des Jahres 1988 mit dem wohl ungewöhnlichsten Konzert ihres Lebens.

Die Idee, ein klassisches Konzert mitten im australischen Busch zu veranstalten, war zwei leitenden Angestellten eines Energiekonzerns angeblich auf dem Golfplatz von Adelaide gekommen. In kürzester Zeit zündete ihr Funke nicht nur bei IMG, sondern im ganzen Land. Die beiden Stromkonzerne sowie die Fluggesellschaft Qantas steuerten eine Million Dollar Sponsorengelder bei, und so wurde die Veranstaltung »Opera in the Outback« eine der Hauptattraktionen bei den Feiern zum 200jährigen Bestehen Australiens[13]. Der Reinerlös sollte dem Royal Flying Doctor Service zufließen.

Am Rande des abgelegenen Fleckens Beltana, einer regelrechten Geisterstadt 540 Kilometer von Adelaide entfernt, wurden eine riesige Bühne und eine Tribüne mit 9000 Sitzplätzen aufgebaut, mitten in der Yalkarinhaschlucht, die an dieser Stelle ein natürliches Amphitheater bildete, das von den steilen ockerfarbenen Felsen der Flinders Ranges eingefaßt wurde.

Kiri traf am Nachmittag vor dem Konzert am 8. September mit dem Hubschrauber ein. In der Sieben-Seelen-Gemeinde Beltana tummelten sich 10 000 Menschen. Die meisten Besucher kamen von Adelaide mit dem Nachtzug angereist. Dazu hatte man sämtliche verfügbaren Schlafwagen des Landes auf eine schwindelerregende Länge von 3,8 Kilometern aneinandergehängt. Betuchte Städter mischten sich unter staubige Buschbewohner, die T-Shirts mit der Inschrift trugen: »Ich marschierte 100 km, um Kiri zu hören.« In einem Zeltdorf kampierte ein tausendköpfiges Heer von Armeeköchen und Ärzten, Journalisten und Technikern.

»So aufregend fand ich bisher keinen Auftritt in meinem Leben«, gestand Kiri im Vorfeld. Es herrschte eine allgemeine Euphorie. Das Konzert sollte live im australischen Rundfunk übertragen werden. Nur die neuseeländischen Medien waren verständlicherweise eingeschnappt. Wenn Kiri bereit war, mitten in der australischen Wildnis zu singen, wieso sang sie dann nicht im neuseeländischen Hinterland? »In Neuseeland bemüht man sich gar nicht, so etwas auf die Beine zu stellen«, erklärte Kiri. Wie so oft griff Des ein, wenn Kiri von der Presse ausgequetscht wurde. »Sie hat heute abend noch einiges vor sich«, beschwichtigte er die Journalisten, als er ihnen Kiri entführte.

Gegen halb sechs, als die Sonne hinter den Flinders Ranges versank, spielte der Dirigent John Hopkins die Musiker des Adelaide Symphony Orchestra mit der *Fledermaus*-Ouvertüre ein. Danach trat Kiri in einem aufsehenerregenden schwarzen Kleid mit riesigen roten Puffärmeln und passender Schärpe auf die Bühne. Die Eröffnungsarie, »Mi tradì« aus *Don Giovanni*, verriet deutlich, daß sie den ganzen Tag Staub geschluckt hatte. Doch als sie sich warmgesungen und die Luft sich abgekühlt hatte, war ihre Stimme in Bestform. Kiri sang verschiedene Stücke von Puccini bis Bernstein und von Verdi bis Rodgers und Hammerstein.

Mutter Natur ließ sich allerdings selbst mit der Finanzkraft von IMG nicht bezähmen. »Es lief alles wunderbar, abgesehen von den Nachtfaltern, die in Schwärmen einfielen«, erinnert sich Hopkins schmunzelnd. Den ganzen Abend über zerdrückte Hopkins Insekten zwischen seinen Partiturseiten. »Überall schwirrten die Brummer herum. Sie wurden von den grellen Scheinwerfern auf der Bühne und den hellen Notenblättern angezogen«, sagt er. »Ich hatte richtig Angst, daß einer in Kiris Mund landet.«[14]

Trotz Staub und Faltern war dies eine Herausforderung ganz nach Kiris Geschmack. Sie zog sämtliche Register und setzte alle Tricks ein, die sie im Laufe der Jahre gelernt hatte, um das Publikum mitzuziehen. Für die lebhafte Resonanz bedankte sich Kiri mit drei Zugaben, die das Publikum mit stehenden Ovationen quittierte.

Nach dem Ende des Konzerts erstrahlte am nächtlichen Himmel ein Feuerwerk. Etwas Vergleichbares hatte man in Australien seit den Tagen von Nellie Melba nicht erlebt. Die australischen Medien priesen das Konzert als den musikalischen Höhepunkt der Zweihundertjahrfeier. Einen ähnlich großartigen Moment erlebte die Welt der klassischen Musik erst wieder, als Tibor Rudas 1990, also eineinhalb Jahre später, Pavarotti, Domingo und Carreras in den römischen Caracalla-Thermen gemeinsam auf die Bühne brachte.

Im dritten Jahrzehnt ihrer musikalischen Laufbahn war es eher selten, daß Kiri bei einem Auftritt den allgemeinen Erwartungen entsprach. Später bezeichnete Kiri dieses Konzert als »das wohl aufregendste Ereignis meines Lebens… Ich fand es toll, weil es so kühn und abenteuerlich war. Niemand hatte geglaubt, daß es klappen würde, doch es hat geklappt.«[15]

Ein Geschenk an die Nation

Das Abenteuer Amerika war also beendet. Kiri und ihre Familie ließen sich wieder in Pachesham Park nieder. Tom wurde in einer Schule im Ort angemeldet, Toni in ein privates Internat eine Stunde weit entfernt aufgenommen. Die Mieter, die in den vier Jahren in »Fairways« wohnten, hatten einige Spuren hinterlassen, und so kümmerte sich Des erst einmal um eine gründliche Instandsetzung des Hauses und der Anlagen. Dabei wurde das alte Kutschenhaus gleich in ein weiteres Gästequartier umgebaut.

Im April 1989 trafen auch schon die ersten Gäste ein. Bob und Sharon Morgan kamen für einen Monat zu Besuch. Bob spürte deutlich, daß sein alter Studienfreund Des erleichtert war, New York wieder entkommen zu sein. In Oyster Bay Cove hatte sich Des isoliert gefühlt und oft nichts mit sich anzufangen gewußt. »Des war glücklich, denn er renovierte das Haus; er hatte etwas zu tun, und ich glaube, das brauchte er auch.« Das Ehepaar Morgan bekam einiges vom Lebensstil ihrer alten Freunde mit. In »Fairways« herrschte eine regelrechte Feierstimmung, denn Kiri und Des luden oft Gäste zum Essen ein. »Kiri kocht ausgezeichnet und gern, vor allem japanisch«, sagt Morgan. Ihre Trinkgewohnheiten hatten sich gegenüber der alten Zeit in den Londoner Klubs deutlich gemäßigt.

Die Morgans begleiteten Kiri auf einer Reihe von Kurzgastspielen. Die Truppe reiste nach Schottland und flitzte für einen Auftritt sogar nach Hongkong. Über die Begleitung freute sich niemand so sehr wie Des. Als Kiris Manager war er nach wie vor verpflichtet, Kiri zu großen Premieren und speziellen IMG-Konzerten zu begleiten. Doch es war klar, daß das Zigeunerleben für ihn schon längst seinen Reiz verloren hatte. »Es war sogar so, daß er schon gar nicht mehr mit Kiri mitreisen wollte«, sagt Bob Morgan.

Seit die gesundheitliche und psychische Krise überwunden war, die Kiri Mitte der achtziger Jahre durchgemacht hatte, widmete sich Des verstärkt den Kindern. »Des nahm seine Aufgabe als Vater sehr ernst. An den Wochenenden war er immer für die Kinder da. Jeden Freitagabend fuhr er eine Stunde hin und zurück, um Toni von der Schule abzuholen. Er war der perfekte Vater«, berichtet Morgan.

Nach achtzehnmonatiger Abwesenheit von den Londoner Bühnen mußte sich Kiri in ihrer Wahlheimat erst einmal wieder etablieren. Der erste Schritt dazu war eine dreiteilige Konzertreihe im Barbican Centre, die Jasper Parrott für sie organisierte. Jeder der Auftritte beleuchtete eine unterschiedliche Seite in Kiris breitgefächertem Repertoire. Sie bestritt einen Abend mit Mozart und Strauss, gab einen gemischten Liederabend und bot, wie ein Kritiker es formulierte, »einen Schnelldurchlauf durch Arien und Musicalnummern im Stil der Boston Pops«.

Da Kiri ihre reinen Opernauftritte allmählich immer weiter zurückschraubte, wurde solcher Spott bald immer alltäglicher. Etwa ein Jahr zuvor hatte sie noch davon gesprochen, Janáčeks schwierige *Jenufa* in Angriff zu nehmen. »Ich glaube, dazu komme ich jetzt nicht«, sagte sie in jenem Jahr. Zum erstenmal gab sie offen zu, daß ihre Liebe zur Oper im Schwinden begriffen war. »Ich empfinde nicht mehr die tiefe Befriedigung, die sie mir früher gab.«[1]

Des hatte sich in Pachesham Park inzwischen ein Büro eingerichtet, von dem aus er Kiris geschäftliche Interessen wahrnahm. Außerdem widmete er sich verstärkt seinen Immobiliengeschäften. Es stand jedoch außer Zweifel, daß Kiri der Familie den luxuriösen Lebensstil sicherte. Sie nahm ihre Verpflichtung sehr ernst. »Kiri hat sich gründlich geändert. Sie ist inzwischen viel disziplinierter«, sagt Bob Morgan, der von Kiris Eifer und Engagement insgeheim beeindruckt war. Dies zeigte sich auch im Bereich des Sports. Sie hatte in jedem ihrer Häuser rings um die Welt Sportgeräte stehen und trainierte systematisch und gewissenhaft.

Vor allem aufgrund von Desmonds Einfluß hatte sie sich auch auf finanziellem Gebiet mehr Disziplin angewöhnt. »Was die Finanzen betrifft, ist Kiri sehr auf Draht. Sie weiß genau, wo das Geld herkommt«, meint Morgan. »Kiri wußte, daß sie und Des und die

Kinder sich den gewünschten Lebensstil nur leisten konnten, wenn sie pro Jahr eine gewisse Summe verdiente, und dazu war sie auch durchaus bereit. Und solange IMG sie managte, ließen sich ihre Einkünfte natürlich noch maximieren.«

Der Preis, den sie dafür zahlte, war jedoch nicht gering. Da sie längst nicht mehr die Jüngste war, kämpfte sie nicht selten mit Gewichtsproblemen. In der Regel ließ sie das Frühstück ganz aus und aß vor dem Abendessen nichts weiter als ein Stück Knäckebrot. »Ich habe ständig Hunger«, gestand sie. »Aber wenn ich jetzt zunehme, werde ich die Pfunde nie wieder los, das weiß ich genau.«[2]

Noch schwerwiegender war die emotionale Belastung, die die längeren Phasen der Trennung von Antonia und Thomas mit sich brachten. Egal wie überschwenglich manche Freunde Kiris Einsatz für die Kinder lobten – »Ich weiß nicht, worin sie besser ist, als Mutter oder als Sängerin«, meinte Vera Rosza einmal[3] –, Kiri litt unter den Schuldgefühlen, mit denen sich viele häufig abwesende Eltern quälen.

Als Barbara Brown während eines Besuchs in New York mit Kiri durch die riesigen Spielwarengeschäfte zog, empfand sie beinahe so etwas wie Mitleid. Kiri türmte fast geistesabwesend Spielzeuggeschenke im Wert von mehreren hundert Dollar auf einen Einkaufswagen. »Das waren Versöhnungsgeschenke. Ich war entsetzt«, gesteht Brown.

Tonis und Toms Einstellung gegenüber Kiris Arbeit machte die Sache auch nicht gerade einfacher. »Die Kinder hassen Musik, denn sie wissen, wenn ich singe, bin ich weg«, erklärte sie damals. »Für sie ist Musik ein Monster, das in ihr Leben eindringt und mich entführt.«[4]

Die Überkompensation, die Kiri betrieb, wenn sie zu Hause war, ließ sich nicht übersehen. »Des kümmerte sich um alles, aber wenn Kiri da war, dann setzten er und die Kinder ihr ganz schön zu, denn sie wußten, daß sie sie nur für kurze Zeit hatten«, sagt Bob Morgan. Zuweilen verzweifelte Kiri über die Opfer, die sie bringen mußte. »Manchmal denke ich: ›Ich will raus aus diesem Gefängnis!‹«, gestand sie damals in einem Interview[5].

Im Herbst 1989 legte das Mädchen, das in St. Joseph's, Avondale und St. Mary's wenig literarisches Talent hatte erkennen lassen, stolz das erste Buch vor, das als Verfasser ihren Namen trug. Unter großem Tamtam erschien *The Land of the Long White Cloud*, eine Sammlung von Kindergeschichten, die auf Maori-Legenden beruhten und die Kiri Anfang des Jahres niedergeschrieben hatte[6]. Kiri behauptete, die Idee zu dem Buch sei ihr 1987 im Marae von Te Kuiti gekommen, als sie ein dreitägiges Treffen des Te-Kanawa-Clans besuchte. »Dort erzählten mir die Häuptlinge unzählige Sagen und Legenden, die ich jetzt in das Buch aufgenommen habe«, erklärte sie. Außerdem behauptete sie, daß einige der Geschichten auf den Maori-Märchen beruhten, die ihr Nell in ihrer Kindheit erzählt hatte. Es ist wohl verzeihlich, daß sie hier selbst eine gewisse Legendenbildung betrieb.

Kiris Beziehung zu ihrer Maori-Verwandtschaft war und blieb belastet. Es verwunderte also kaum, daß Kiri sich statt dessen lediglich mit harmlosen Märchen befaßte. »Sie stand ihrer Verwandtschaft nicht sehr nah, und wir haben sie nicht sehr oft gesehen«, sagt ihre Cousine Kay Rowbottom – aber »wohl weniger aus Absicht, sondern aufgrund der Umstände«, fügt deren Mann Bruce zu Kiris Verteidigung hinzu.

Selbst wenn Kiri einmal zu Besuch kam, ließen es die Umstände im allgemeinen nicht zu, sich richtig zu entspannen. Es überraschte auch kaum, daß Kiri ihr ehrgeiziges Versprechen, jedes Jahr zu Besuch zu kommen, nicht einlöste. Nach ihrem Besuch von 1987 dauerte es drei Jahre, bis sie wieder nach Te Korapatu kam. Und auch diesmal wurde sie wieder von Fernsehkameras begleitet; das Team des wichtigen englischen Kulturmagazins *South Bank Show* stellte ein Porträt über ihr Leben und ihr Schaffen zusammen. Kiri hätte gerne ein paar Augenblicke allein mit ihrem Onkel Mita verbracht, doch im Nu wurde sie wieder von dem Kamerateam in Beschlag genommen und von den Einheimischen belagert, die von Kiris Hubschrauber angelockt worden waren.

Bisweilen trat Kiris schwieriges Verhältnis zu ihrer ferneren Verwandtschaft offen zutage. Einmal waren Kay und Bruce Rowbottom eingeladen, Kiri in deren Motel in Auckland zu besuchen. Bruce beging den Fehler, weitere Mitglieder des Te-Kanawa-Clans mitzubringen. »Sie gab deutlich zu verstehen, daß die nicht willkommen waren«, berichtet Bruce. »Abgesehen von einer kurzen Begrüßung hat sie sie so ziemlich ignoriert. Es war fast ein bißchen peinlich.«[7] Zumindest Bruce zeigte ein gewisses Verständnis für Kiris Verhalten und ihr distanziertes Verhältnis zu ihrer Verwandtschaft.

Im Grunde war Kiri mindestens ebenso stark von englischen und europäischen Einflüssen geprägt wie von der Kultur der Maori und der Maniapoto. Sie hatte schließlich fast ihr halbes Leben in England verbracht und die dortigen Sitten und Gebräuche angenommen. Verglichen mit England, so gab sie einmal zu verstehen, erschien ihr Neuseeland etwas rauher und primitiver. »Vermutlich bin ich inzwischen anglisiert«, gestand sie in jenem Jahr. »Mein Lieblingsland ist England, denn dort herrschen Etikette, Zurückhaltung, Würde. Dort hacken sie nicht wie die Tiere aufeinander rum.«[8]

Ende 1989 erhielt Des einen Anruf des Anwalts, der das Vermögen Kura Beales verwaltete. Kiris Freundin und Gönnerin war im August jenes Jahres in einem Altenheim unweit der Bay of Islands gestorben. Dies war der zweite schwere Verlust innerhalb von vier Monaten, den Kiri zu verwinden hatte. Im Mai war Schwester Mary Leo im Alter von 93 Jahren gestorben. Kura Beales Anwalt bestätigte, daß die Verstorbene als Dank für ihre lebenslange Freundschaft Kiri das Anwesen in Rawhiti vermacht hatte. Das Testament hatte Beale bereits 1975 geschrieben, als Kiri sich angewöhnt hatte, öfter nach Rawhiti zu kommen, doch nur wenige waren in den Inhalt des Dokuments eingeweiht gewesen.

Daß das Juwel in der Krone der Familie an eine Außenstehende fiel, war vor allem für Kuras Bruder Des ein harter Schlag. Er hatte nach A. B. Williams' Tod den Familienbesitz verwaltet und fest damit gerechnet, auch das Schmuckstück in Rawhiti zu übernehmen. Nun erhielten die Spekulationen über die wahre Beziehung zwischen Kura und Kiri natürlich wieder neue Nahrung. Und Kuras verwirrter Zustand kurz vor ihrem Tod nährte die Gerüchte noch zusätzlich. »Wir hörten, sie hätte einer Pflegerin gesagt, sie sei Kiris Mutter und habe ihr nicht nur das Haus, sondern auch noch zwei Millionen Dollar hinterlassen«, berichtete Madge Malcolm und wiederholte damit ein gängiges, wenn auch völlig unhaltbares Gerücht aus jener Zeit.

Kuras Patensohn, Christopher DeLautour, hatte seine Patentante häufig in der Bay of Islands besucht und oft über ihre berühmte Freundin reden gehört. »Sie sprach von ihr wie von einer sehr guten Freundin«, erinnert er sich. Auch er hatte von den endlosen Spekulationen über die Beziehung zwischen den beiden Frauen gehört. »Ich wußte, daß auch Kura einst wunderbar gesungen hat, und auf einem Photo als neunzehnjähriges Mädchen sah sie aus wie Kiris Ebenbild. Für mich war die Verbindung zwischen den beiden so eng, daß ich nicht überrascht war, als sie ihr das Haus vermachte.«

Kiri hüllte sich wie gewohnt in stoisches Schweigen. In späteren Jahren behauptete sie, genausowenig zu wissen, wieso Kura Beale ihr das paradiesische Fleckchen vererbt hatte. »Es ist ein Geschenk von Frau zu Frau.«[9] Mehr wußte sie dazu nicht zu sagen.

Ein schwerer Schlag war der Übergang des Besitzes an Kiri auch für die Tausende Amateurgärtner, die zu Kuras Lebzeiten die spektakulären Anlagen besuchen und bewundern durften. Es zeigte sich bald, daß Kiri einschneidende Änderungen plante. Bereits nach kürzester Zeit reichten Kiri und Des die ersten Anträge für eine Reihe von Umbaumaßnahmen ein. Bereits zu Kura Beales Lebzeiten hatte Kiri gesagt, hier in Rawhiti wolle sie einmal sterben. Als neue Besitzerin des Anwesens genoß sie dort aber erst einmal das Leben.

Am Abend des 14. Januar 1990 geleitete Graeme Lindsay Kiri, Des und einen kleinen Kreis von Freunden durch einen Seiteneingang des Sheraton Hotel in Auckland zur größten und luxuriösesten Limousine seines Fuhrparks. Des hatte ausdrücklich einen Wagen mit dunklen Scheiben verlangt, und zwar aus gutem Grund. Kiri gab drei Konzerte im Rahmen der Feierlichkeiten zum 150. Jahrestag des Vertrags von Waitangi, dem Vertrag zwischen den Maori und den Engländern, der als Grundstein des heutigen Neuseeland gilt.

Das erste Konzert hatte Kiri fünf Tage zuvor in Christchurch gegeben. Auch dort hatte die familiäre Vergangenheit eine Überraschung für sie bereitgehalten. In einer Schlange von Menschen, die Kiri hinter der Bühne vorgestellt wurden, standen auch zwei von Jack Wawatais Töchtern, »Bubba« und Mihi. Vorgestellt wurden sie Kiri von einer Freundin der beiden Frauen, die von der Verbindung wußte. »Und das sind Bubba und Mihi – Ihre Schwestern!« hatte sie gesagt. Kiri war bloß erblaßt. »Ach wie nett, Verwandten zu begegnen«, hauchte sie noch, bevor sie weiterdrängte [10].

In Auckland sang sie in einem riesigen Park auf einem erloschenen Vulkan im Zentrum der Stadt. Die Konzerte kosteten keinen Eintritt. Die Bank von Neuseeland, die Kiri pro Auftritt angeblich 200 000 Dollar bezahlt haben soll, bezeichnete die Veranstaltungen als »ein Geschenk an die Nation«.

Als die Limousine auf der abgesteckten Strecke zu dem natürlichen Amphitheater fuhr, bemerkte Kiri die Menschenmassen, die sich neben der Straße in dieselbe Richtung wälzten. Kiri fragte ihren Chauffeur: »Wo wollen die denn hin?« Als sie erfuhr, daß die Menschen alle zu ihrem Konzert gingen, entfuhr ihr ein lautes »Shit!«. Das war das erstemal, daß Lindsay einen Kraftausdruck aus Kiris Mund vernahm. Als sie ihrem Ziel näher kam, drückte sie sich sogar noch drastischer aus.

Als Kiri hinter der Bühne ankam, wimmelte es von Menschen, so weit das Auge reichte. Die ersten Fans hatten sich bereits am Morgen um halb vier eingefunden. Sogar der Mount-Everest-Bezwinger Sir Edmund Hillary hatte seinen Klappstuhl schon vier Stunden vor Beginn des Konzerts aufgestellt. Eine solche Menschenmenge hatte Kiri noch nie erlebt. Auch in Neuseeland hatte man so etwas noch nie gesehen. Hier waren weit mehr Menschen zusammengekommen als die rund 60 000 Fans, die Rockgrößen wie die Rolling Stones, David Bowie oder U2 anlockten. Die Polizei von Auckland schätzte die Zahl der Besucher auf 140 000. Das hieß, knapp jeder 20. Einwohner Neuseelands hatte sich eingefunden.

Ein paar Besucher hätten fast mehr von Kiri zu sehen bekommen, als sie erwartet hatten. Bei Sonnenuntergang ging Kiri in das Zelt, in dem sie sich umziehen sollte. »Hinter der Bühne hatte man ein weißes Zelt als Garderobe für sie aufgestellt«, erinnert sich Lindsay. »Als sie im Zelt verschwand, um sich umzuziehen, wurden dort riesige Lampen eingeschaltet, und die halbe Arena sah ihren Schattenriß wie im Scherenschnitt. Es mußte erst jemand hineinsausen und ihr sagen, sie soll das Licht ausmachen. Sie war entsetzt.«

»Danke, daß Sie sich die Zeit genommen haben zu kommen«, scherzte Kiri, als sie auf die Bühne kam. In den folgenden drei Stunden hielt sie das größte Live-Publikum ihres Lebens in Atem. Das Konzert wurde wieder von John Hopkins dirigiert. In all den Jahren seiner Zusammenarbeit mit Kiri hatte er sie auf der Bühne noch nie so gelöst erlebt. »Es war etwas ganz Besonderes. Es war ein wunderbares Gefühl«, sagt er. »Kiri rührte das Publikum an, und sie wußte, daß sie in einem Kreis von Menschen war, die sie liebten.«

Nach dem Konzert war Kiri so aufgeputscht, daß an Schlaf gar nicht zu denken war. Sie blieb die halbe Nacht auf und hörte Rundfunksendungen mit Zuhöreranrufen, bei denen es größtenteils um ihr Konzert ging.

Wie zu erwarten war, fiel das Echo nicht einhellig positiv aus. Die Ehrerbietung der sechziger und siebziger Jahre war einem neuen Gefühl der Skepsis gewichen. Manchen Neuseeländern fiel an ihrer Nationaldiva eine gewisse Kühle auf. »Man hat nicht das Gefühl, daß sie uns je an den Busen drücken und uns zum beglückendsten Phänomen seit der Erfindung der computergesteuerten Stimmgabel erklären wird. Und es ist unwahrscheinlich, daß das Land je von ›Te-Kanawa-Heimen für pensionierte Chorleiter‹ übersät sein wird«, schrieb die bekannte neuseeländische Journalistin Helen Brown bereits im Vorfeld des Konzerts in Auckland[11].

Attackiert wurde aber auch die »herablassende« Programmgestaltung. »Dame Kiri ist viel zu sehr die perfekte Bühnenkünstlerin, um einem Publikum je das Gefühl zu geben, sie lasse sich zu ihm herab«, schrieb der Kritiker Peter Shaw. »Schade, daß die Organisatoren des Konzerts in Auckland nicht die gleiche professionelle Haltung an den Tag legten.«[12]

Kiri fand die Kritik wie immer schwer zu schlucken. »Wenn sich die Leute kritisch äußern wollen, wenn ich nach Neuseeland komme, dann sollen sie das ruhig tun. Das akzeptiere ich, das gehört mit dazu. Aber sie könnten doch auch schon zu meinen Lebzeiten so nett zu mir sein wie nach meinem Tod«, sagte sie damals. »Wenn ich tot oder am Ende bin, braucht man mich auch nicht mehr zu loben. Jetzt würde ich mich mehr darüber freuen.«[13]

Im Grunde fühlte sie sich jedoch durch die rein rechnerischen Fakten bestätigt. Nach ihrem letzten Auftritt vor 65 000 Besuchern in Wellington stand fest, daß sie auf ihrer Tournee insgesamt sage und schreibe 300 000 Menschen angelockt hatte. »Rechnet man die

Puristen gegen die Konzertbesucher auf, unterliegen die Puristen«, sagte sie lächelnd [14].

Kiris Verbindungen zu Neuseeland waren so eng wie seit Jahren nicht mehr. In Chicago äußerte sie in jener Zeit: »Ich habe das Gefühl, indem ich meinen persönlichen Ruhm mehre, trage ich auch zum Ruhm Neuseelands bei, und das ist gar nicht schlecht.« [15]

In London wirkte sie auch bei den englischen Feiern zum Gedenken an den Vertrag von Waitangi mit und stand in jenem Juli im Mittelpunkt eines speziellen Neuseeland-Abends in Covent Garden. Bei den Proben zu jenem Konzert begegnete Kiri einem vertrauten Gesicht – Rodney Macann, der seit ihren gemeinsamen Mobil Song Quests eine ähnlich wechselvolle Entwicklung durchgemacht hatte wie Kiri. Als die beiden alten Freunde das Sextett aus *Don Giovanni* probten, stellte Macann fest, daß Kiri sich überhaupt nicht verändert hatte. Im Grunde zeigte sie nach wie vor zwei höchst unterschiedliche Seiten. Manches erinnerte noch an das betörende Mädchen, mit dem er am Ufer des Waikato spazierengegangen war. »Sie war wahnsinnig nostalgisch an jenem Abend. Sie trug sogar das rote Kleid, das sie beim Mobil Song Quest von 1963 anhatte«, berichtet er. »Sie wirkte sehr herzlich und sehr großzügig.« Manches erinnerte aber auch an die frischgebackene Primadonna, als die er sie vor fast dreißig Jahren schon kennengelernt hatte. »In einem Augenblick war sie richtig warmherzig, und im nächsten erinnerte sie sich plötzlich daran, daß sie ja der große Star war«, erzählt Macann. »Sie fing an, mich herumzukommandieren. Es war ganz komisch. Sie vergaß immer wieder, daß auch ich Karriere gemacht hatte und ein recht erfahrener Opernsänger war.« Manchmal klang sie wie Kathleen Battle bei den Proben zu *Arabella*. »Als wir das Sextett aus *Don Giovanni* durchgingen, sagte sie zu mir: ›Rodney, schau mich nicht an. Schau mich nicht an, während wir singen!‹« [16]

Es schien so, als sei die unbeschwerte Kiri im Körper der unsicheren, imagebewußten Kiri gefangen. »Im Grunde ist sie ein Mensch, der sehr einfach ist, sehr willensstark und sehr energisch und der aufgrund seiner wunderbaren Begabung beinahe alles verlangen kann, was er will«, sagt Macann. »Aber sie kommt nicht damit klar, eine Diva zu sein.«

Weitere Verpflichtungen gegenüber Neuseeland erfüllte Kiri im September, als sie ihr Versprechen gegenüber Catherine Tizard einlöste, das Aotea Centre feierlich einzuweihen. Tizard, die in jenem Jahr von der Bürgermeisterin Aucklands zur Generalgouverneurin Neuseelands aufgestiegen war, hatte das Centre ursprünglich mit einer Oper eröffnen wollen, in der Kiri die Hauptrolle singen sollte. An den baulichen Verzögerungen waren ihre Pläne jedoch gescheitert. Wohl oder übel mußte sie Kiri absagen. »Ich mußte ihr mitteilen, daß der Bau bis dahin nicht fertig sein würde. Ich wußte, daß dies Kiris ganze Terminplanung durcheinanderbringen würde, nachdem sie alle möglichen Hebel in Bewegung gesetzt hatte, um zu jenem Zeitpunkt in Auckland sein zu können«, sagt sie. »Des konnte knallhart sein, und er hätte sogar ganz zu Recht verärgert reagieren können, aber statt dessen reiste er extra nach Neuseeland, um die Lage zu klären und den neuen Termin so zu legen, daß Kiri dabei sein konnte.«

Kiri erklärte sich bereit, das Aotea Centre in jenem September mit einem Galakonzert einzuweihen. Die Karten mit Spitzenpreisen von 115 neuseeländischen Dollar stellten einen neuen Rekord auf. Doch für viele war Kiris Auftritt eine Art von Weihung. »Alle hatten hier das Gefühl, daß das Centre erst dann als eröffnet gelten kann, wenn Kiri darin aufgetreten ist«, sagt der Bauleiter David Stubbs. Mit einer richtigen Oper sollte das Centre im Jahr darauf eröffnet werden, und zwar mit Kiri in der Rolle der Mimì in einer Wiederaufnahme von John Copleys *La Bohème*, in der Kiri bereits 1989 in Melbourne geglänzt hatte.

Die neue Generalgouverneurin zeigte sich höchst dankbar für die Flexibilität, die Kiri und Des bewiesen. »Ich bin den beiden wärmstens zugetan, weil sie so viel Verständnis für unsere Probleme zeigten«, sagt Tizard. Sie sorgte dafür, daß die Stadt Auckland Kiri die gebührende Anerkennung zollte, und so wurde bei der Einweihung des Kulturzentrums eine Statue von Kiri enthüllt.

Genau in dem Augenblick, als Kiri vor der frisch enthüllten Statue stand, wurde sie von Bob Parker überfallen, der die neuseeländische Version von *This Is Your Life* präsentierte. Neun Jahre nach der britischen Sendung war Parker an Des und Kiris IMG-Vertreter in Neuseeland, Paul Gleeson, mit dem Vorschlag herangetreten, eine aktualisierte Fassung des Porträts zu bringen. Bald zeigte sich jedoch, daß die Produktion der Sendung in Neuseeland ein höchst kompliziertes Unterfangen war. Unter dem Siegel der Verschwiegenheit arbeitete Parker eng mit zwei langjährigen Vertrauten Kiris zusammen, zu denen auch der Fernsehjournalist Max Cryer gehörte, der Kiri von Kindesbeinen an kannte.

Des, der von England aus mitmischte, und die neuseeländischen Eingeweihten sorgten dafür, daß Parker die unzähligen ungelösten Dispute um Kiri aussparte. »Bei einigen meiner Sendungen habe ich selber sozusagen jeden Stein umgedreht und auch einige Entscheidungen getroffen, die mehr in unserem Sinne waren als im Sinne desjenigen, um den es in der Sendung ging«, erinnert sich Parker. »Bei Kiri war es ganz anders. Ich hatte das Gefühl, ganz vorsichtig über ein Minenfeld geführt zu werden.« Es war klar, daß Kiris Familie der problematischste Bereich war. Parkers Vorschlag, Kiris Geschwister Nola und Stan in die Sendung einzubeziehen, wurde ziemlich schnell abgeblockt. Von Judy hieß es, sie habe »kein Interesse«. »Ich glaube, sie hatten Schiß, ich könnte was anrichten«, meint Judy.

Ebenso schnell war klar, daß auch Kiris Beziehungen zu Musikerkollegen höchst delikat waren. Man gab Parker zu verstehen, daß Kiri nicht begeistert wäre, gewisse Leute in der Show zu sehen. Grünes Licht gab es für ein Telegramm von Prinz Charles und Filmbeiträge von Sir Colin Davis und Vera Rosza, eine Huldigung von Sir Harry Secombe und einen Auftritt von Kiris treu ergebenem Bewunderer Bernard Levin, der extra aus London eingeflogen wurde. »Das Schöne an Ihnen ist, daß Sie mit jedem Wort und jedem Lächeln demonstrieren, daß Größe nicht unbedingt mit Eitelkeit und Wichtigtuerei und Egoismus einhergehen muß… und das ist nur einer der Gründe, weshalb ich Sie verehre«, sagte Levin über Kiri, ohne rot zu werden.

Die letzte und schwierigste Hürde bildete Kiris Verbindung zu den Maori. »Ich wollte, daß die Sendung unter Einbezug der Maori endet, denn diese Kultur gehört durchaus zu ihrem Leben, doch auch hier mußten wir ganz behutsam vorgehen und auf die verschiedenen Familien Rücksicht nehmen«, sagt Parker. »Weit mehr Leute, als Kiri selbst vielleicht bewußt ist, sind wohl bereit, Besitzansprüche auf sie zu erheben. Ihre Freunde witterten auch da ein Problem.«

Sicher entdeckte Parker einiges, was er über die berühmteste Bürgerin Neuseelands noch nicht gewußt hatte, doch für die größte Überraschung dürfte der labile Status von Kiris Ehe gesorgt haben. Wie die meisten Neuseeländer hatte Parker in Kiri und Des das perfekte Paar gesehen. »Bei den Recherchen kam heraus, daß in ihrer Ehe offensichtlich gewisse Spannungen herrschten«, berichtet Parker.

Den engeren Freunden waren gewisse Anzeichen der Ernüchterung bereits seit Jahren aufgefallen. Barbara Brown gehörte zu denjenigen, die die umfangreiche »Sicherheitsüberprüfung« bestanden hatten und in Kiris Sendung auftraten. Brown hatte allen Grund, Kiri und Des gegenüber dankbar zu sein, und sie empfand Kiri gegenüber auch einen gewissen Stolz und eine treue Ergebenheit. Sie war aber auch realistisch genug, die unterschiedlichen Facetten in Kiris Persönlichkeit wahrzunehmen, die sie wie nur wenige andere Menschen mitbekam. Brown hatte bereits Risse in Kiris und Desmonds Ehe entdeckt, als sie die beiden Ende der achtziger Jahre in New York besuchte. Das damalige Kindermädchen gestand ihr, sie werde wohl bald kündigen – wegen der »lautstarken Kräche« zwischen Kiri und Des. »Sie hatte die Nase gestrichen voll«, sagt Brown. »Sie konnte sich gar nicht schnell genug absetzen.« Brown kannte Kiris Stimmungswechsel seit fünfundzwanzig Jahren. Desmonds Bereitschaft, Kiris Launen zu ertragen, fing jedoch irgendwann an zu schwinden.

Im Oktober des vorangegangenen Jahres, zur Zeit des Freilichtkonzerts, hatte Des zehn Kilometer außerhalb von Auckland, in dem exklusiven Hafenvorort St. Heliers, eine neue Luxuswohnung gekauft. Mit seinem Gespür für Schnäppchen hatte er die Immobilie im obersten Stock eines modernen kleinen Wohnblocks mit Blick auf Meer und Tennisplatz zum Schleuderpreis von 600 000 neuseeländischen Dollar erworben. Barbara Brown erinnerte sich lebhaft an den Augenblick, als Kiri die Wohnung betrat. »Als Kiri kam, hingen die Nachbarn auf den Balkonen und glotzten. Sie fand es schrecklich, von all diesen Normalbürgern angestarrt zu werden.« Kiri fegte herein, sah sich mit unwirschem Blick in der Wohnung um und fuhr ihren Mann an. »Sie sagte: ›Hier bleibe ich nicht! Sieh zu, daß du sie loswirst, Desmond!‹«, erinnert sich Brown. Kiris alte Klavierbegleiterin war richtig sprachlos, doch Des zuckte bloß mit den Achseln. »Des nahm gar keine Notiz davon«, sagt Brown. »Er war so etwas gewohnt.«

Neun Monate später wirkte er jedoch vergrämt. »Des kam mir verändert vor. Er war auf einmal ein bißchen mürrisch und nicht mehr annähernd so charmant wie früher. Er war bestimmt nicht glücklich.«

Sicherlich noch verstärkt wurde Desmonds Frust durch den zähen Fortgang eines neuen Projekts, an dem er damals mit Kiri arbeitete. Des hatte viel gelernt, seit er mit den IMG-Vertretern zusammenarbeitete und ihnen über die Schulter blickte. McCormacks Strategien und seine eigene Erfahrung machten ihn zu einem knallharten Verhandlungspartner. In Amerika und Japan war er es gewohnt, Supergagen für Kiri zu fordern und auch zu bekommen. Dies weckte natürlich einige Ressentiments. »Des ist in ganz Neuseeland als Gierhals bekannt«, bemerkt ein erfahrener Mittelsmann in der Unterhaltungsbranche, der direkt mit Des verhandelte. »Sein Auftreten hat ihr Verhältnis zu Neuseeland und den Neuseeländern auch nicht gerade verbessert.« Inzwischen herrschte der Eindruck, daß nicht Kiri, sondern er den Bogen überspannte.

Nach den Erfolgen, die andere Musikstars mit aufwendigen Musikvideos erzielten, übernahm Des die Rolle des ausführenden Produzenten bei der Herstellung eines Films, der zusammen mit Kiris neuem Crossover-Album *Heart to Heart* herauskommen sollte. Die Scheibe erschien bei Kiwi Pacific Records International, dem Nachfolger von Reeds altem »Kiwi«-Label, von dem Des 1989 einen Anteil von 40 Prozent erworben hatte[17]. Vielleicht brachte Desmonds Einstieg bei Kiris altem Label manche Leute auf die Idee, Kiri halte Ausschau nach jungen neuseeländischen Talenten, die in ihre Fußstapfen treten könnten, doch sie stellte umgehend klar, daß an sie nicht so leicht heranzukommen sei. »Wenn es Neuseeländer gibt, die gut genug sind, würde ich sie einsetzen«, erklärte sie kurz nach Abschluß des Deals in einem Interview. »Ich kenne aber keine. Es wird keine Abstriche an der Qualität geben. Das sollte fortan unsere Devise sein.«

Für ihr eigenes Projekt hatte Des als Autor und Produzenten den Regisseur der *Return Journeys*, David Baldock, engagiert und ein Team der besten Plattenproduzenten und Toningenieure der EMI aus London kommen lassen. In seiner Hoffnung, die Aufnahme des Albums und die Dreharbeiten zu dem Film zeitgleich mit der Eröffnung des Aotea Centre in einer einzigen intensiven Arbeitswoche unter Dach und Fach bringen zu können, wurde er jedoch bald enttäuscht.

Kiri nahm das Album mit dem neuseeländischen Jazzsänger Malcolm McNeill auf. Kiri sang lieber vormittags; McNeill dagegen war es gewohnt, spätabends aufzutreten, und kam erst am Nachmittag in Schwung. So zerschlug sich die Hoffnung, daß zwischen ihnen der enge persönliche Draht entstehen würde, der für das Trällern schmalziger Liebeslieder im Zwiegesang unentbehrlich scheint, und so spielten sie ihre Parts schließlich getrennt ein.

Es kam zu immer weiteren Verzögerungen. Des lief bald nur noch mit zerfurchter Stirn durch das Studio. Auch der EMI-Produzent Simon Woods war unzufrieden. Er hielt es von Anfang an für falsch, das Album so unter Zeitdruck zu produzieren. Kiri dagegen gab sich unerschrocken und tat die Probleme als »kreative Spannung« ab. »Vielleicht sind dies nicht die idealen Arbeitsbedingungen, aber sie spornen jeden dazu an, sein Bestes zu geben. Es gibt immer wieder einmal Zoff und Frust, aber das ist wohl ganz normal, und außerdem sorgt das für den nötigen Kick. Im übrigen denke ich, daß wir gute Arbeit geleistet haben«, beteuerte sie vor laufender Kamera.

Schließlich mußte Des finanzielle Einbußen hinnehmen und einsehen, daß er vielleicht ein bißchen zu optimistisch gewesen war. Die EMI bestand darauf, das Album nicht wie geplant an Weihnachten 1990 herauszubringen, sondern ein Jahr später. Die Aufnahme der letzten Korrekturtakes verzögerte sich und sollte im Januar in den Abbey Road Studios in London nachgeholt werden.

Wie unglücklich die Umstände waren, zeigte sich auch bei der Photosession für das Cover des Albums. Vor laufender Fernsehkamera nahmen McNeill und Kiri eine lockere Pose ein. Als der Photograph vorschlug, McNeill solle sich hinter Kiri stellen und sie ein bißchen inniger umarmen, war keine Spur mehr von Herzlichkeit. »Fassen Sie mir ja nicht an den Busen«, sagte sie und verzog das Gesicht.

Kiris Gereiztheit war durchaus verständlich, wenn man bedenkt, daß sie unter immensem Termindruck arbeitete und gleichzeitig auch noch ihre bis dahin vielleicht anspruchsvollste Opernpartie einstudierte. Sie lernte die Rolle der Gräfin in Richard Strauss' Oper *Capriccio* für eine Gemeinschaftsproduktion der Royal Opera in London und der San Francisco Opera. Nur wenige Tage nach Abschluß der Aufnahmen für *Heart to Heart* wurde sie zu den Proben in San Francisco erwartet.

Kiris Lamentieren in einem Interview für den *New Zealand Herald* vor ihrer Abreise nach Amerika deutete darauf hin, daß sie nur wenige Jahre nach dem Überwinden ihrer größten gesundheitlichen Krise wieder einmal gefährlich nahe am Abgrund stand. »Ich habe gerade fünf Wochen Urlaub in Frankreich und auf Safari in Afrika hinter mir und fühle mich, wie wenn ich keinen Tag frei gehabt hätte. Es ging alles Nonstop. Ich fange morgen mit den Proben an, aber mein Kopf ist gar nicht frei. Ich habe für nichts Zeit.«

Selbst Desmonds strenge Kontrolle über Kiris Leben schien allmählich nachzulassen. Außerdem gab Kiri ab dieser Zeit immer deutlicher zu verstehen, daß ihre Karriere sich dem Ende näherte und daß sie überlege, wann sie sich von der Bühne verabschieden solle. Auf die Frage, was sie tun würde, wenn sie ihre Stimme verlieren würde, lachte sie nur: »Das wäre der reinste Segen, ehrlich. Dann müßte ich nicht mehr singen. Dann müßte ich diese Entscheidung nicht fällen.«

Sie gab zu, daß sie sich wahrscheinlich auf dem Zenit ihres stimmlichen Potentials befinde. »Besser wird es nicht. Es ist wie bei einer Blume. Eine Blume erblüht und verwelkt. Es kann sein, daß ich in zehn Jahren keine Stimme mehr habe – ich bin mir sogar sicher, daß es so sein wird«, sagte sie in einem Interview für das Kunstmagazin *North & South* während ihrer Konzerttour durch Neuseeland. »Meine Zeit läuft ab. Ich bin dem Ende meiner Laufbahn näher als dem Beginn.« Kiri wußte, daß sie einem strengen Urteil unterzogen werden würde. »Ich will es nicht so weit kommen lassen, daß die Leute sagen: ›Sie war einmal so toll. Schade, daß sie immer noch singt. Wieso hört sie nicht auf?‹« sagte sie während ihrer Neuseelandreise in jenem Jahr. Es war klar, daß *Capriccio* für sie so etwas wie ihr Schwanengesang auf der Opernbühne zu sein schien.

Ihren Freunden in der Opernszene hatte Kiri schon seit geraumer Zeit gestanden, daß sie noch eine letzte neue Rolle einstudieren wolle. Auf den ersten Blick schien sich die Oper von Strauss nicht gerade anzubieten. Im Mittelpunkt des Werkes steht die intellektuelle Debatte zwischen einem Pariser Dichter und einem Musiker über die relativen Vorzüge ihrer jeweiligen Kunst. Der Komponist Strauss selbst bezeichnete *Capriccio* als » Delikatesse für kulturelle Feinschmecker« und empfahl das Werk nicht dem Allgemeinpublikum.

Bei der Londoner Inszenierung, die im Januar des folgenden Jahres auf die Bühne kommen sollte, lag die musikalische Leitung in der Hand von Kiris altem Freund Jeffrey Tate. Die Aufführungen in San Francisco dirigierte der forsche junge Engländer Stephen Barlow. Kiris Entschluß, die Rolle der Gräfin Madeleine zu übernehmen, wurde stark von Tate mitbeeinflußt; er war überzeugt, daß Kiris innige Beziehung zu Strauss zwangsläufig in dieser Rolle gipfelte.

» Dies ist die letzte der drei großen Rollen, die Strauss für ihr Stimmfach geschrieben hat. Die erste ist die Marschallin, dann kommt Arabella und dann Madeleine«, erläuterte Tate dem Interviewer Melvyn Bragg in der *South Bank Show.* » Er schrieb sie am Ende seines Lebens, das heißt, sie bildete eine Art Quintessenz all dessen, was er über die menschliche Stimme und vor allem über die weibliche Stimme wußte. Daher muß man für diese Rolle sehr viel Hintergrundwissen mitbringen. Ich glaube, deswegen war diese Rolle für Kiri so wichtig. Sie stellte sie auf eine schwierige Probe, denn hier mußte sie all ihre bisherige Erfahrung mit einbringen. Als Anfänger kann man das nicht singen.«

Dennoch schlüpfte Kiri wieder in die Rolle der Anfängerin. In London hatte sie mit dem mühsamen Prozeß begonnen, sich die Partie zu erarbeiten. Auch diesmal hatten ihr Vera Rosza und Jean Mallandaine bei den ersten Schritten zur Seite gestanden. Auch auf ihrer Reise durch Neuseeland hatte sie an der Partie gearbeitet; in ihrer Hotelsuite spielte sie auf der Stereoanlage immer wieder die

Bänder ab, die Rosza und Mallandaine für sie angefertigt hatten. Als Kiri nach San Francisco flog, wußte sie, daß sie die Rolle noch längst nicht verinnerlicht hatte. Stephen Barlow erlebte die gleiche Torschlußpanik, die schon so viele andere Dirigenten bei Kiri erlebt hatten.

Barlow, ein musikalisches Wunderkind, hatte sich in Cambridge dem Orgelstudium gewidmet, bevor er sich an der Londoner Guildhall School of Music zum Dirigenten ausbilden ließ. Er machte sich an den Provinzbühnen Großbritanniens einen Namen, bevor er an die English National Opera und nach Glyndebourne kam.

Auch diesmal teilte sich Kiri ihr Lernpensum denkbar knapp ein, so daß sie den Part erst in den letzten vierundzwanzig Stunden vor der Premiere wirklich beherrschte. »Zwei Tage lang zog ich es mir rein, bis ich es intus hatte«, gestand sie. »Irgendwann ist es soweit, daß man sich entweder umbringen oder einfach der Realität stellen muß. Ich dachte, ich drehe noch durch, so dröhnte mir der Kopf.«[18]

Barlow strahlte jedoch genügend Ruhe aus, glättete die Wogen und ebnete den Weg für eine gelungene Premiere. Während der Vorstellung saß Des, der gegenüber dem Drama um ihn herum inzwischen weitgehend abgestumpft und im Grunde noch immer kein Opernliebhaber war, in der Garderobe seiner Frau und trank Tee. Kiri stand auf der Bühne und wußte, daß sie einen Dirigenten gefunden hatte, der sie besser verstand als all jene, denen sie in den letzten Jahren begegnet war. Für beide war dies der Beginn einer fruchtbaren, wenn auch bisweilen hoch emotionalen Arbeitsbeziehung.

Die Diva als Popstar

Als ob Kiris Schwanengesang in einer neuen Rolle nicht schon faszinierend genug gewesen wäre, gewann *Capriccio* auf beiden Seiten des Atlantiks durch die Mitarbeit des italienischen Modedesigners Gianni Versace noch zusätzlich an Reiz. Der größte Showstar der Modewelt hatte für die Hauptfiguren der Oper eine Kollektion von vierzig extravaganten Kostümen kreiert, vier davon speziell für Kiri. Versace war das geborene Selbstvermarktungsgenie und schlachtete vor der Premiere jede Form von Publicity aus, wobei Kiri bereitwillig mitspielte. »Wissen Sie überhaupt, was diese Kleider kosten?« fragte sie lächelnd, während sie für Photos posierte[1].

Am Abend des 8. Januar 1991 erstrahlte Kiri auf der Bühne von Covent Garden in Versaces extravaganten Kreationen. Das aufwendigste Kostüm, ein figurbetontes Kleid mit durchschimmernder Perlstickerei, funkelte in tausend winzigen Lichtern und verlieh der Gräfin einen übernatürlichen Glanz. Die Rezensionen fielen dagegen deutlich matter aus. Nach der Lektüre der Kritiken am nächsten Morgen dürfte sich Kiri wieder einmal gefragt haben, ob sich ihr Bemühen um die Oper überhaupt noch lohnte. Aufgrund der Publicity vor der Premiere behandelte die Londoner Presse *Capriccio* eher als Modeevent denn als Opernereignis. Der protzige Pomp von Versaces Kreationen stieß vielen Beobachtern übel auf. »Brutal aufgemotzt«, schrieb Max Loppert in der *Financial Times*.

Auch Jeffrey Tates Dirigat und Kiris Interpretation stießen in den Kreisen der Kritiker auf wenig Begeisterung. Kiris Londoner Rollendebüt wurde fast einhellig verrissen. Robert Henderson vom *Daily Telegraph* vermißte »die aristokratische Größe für das opulente Kleid, das man für ihre Schlußszene entworfen hat«. Loppert sprach darüber hinaus eine höchst schmerzliche Wahrheit aus. »Sie hat den Text einstudiert und erzeugt ein paar hübsche Töne ganz oben auf der Tonleiter und auch einige bedenklich dünne weiter unten, hinterläßt aber in der Mitte des Ganzen ein großes Loch«, schrieb er. Sein Resümee drückte die Enttäuschung aus, die viele empfanden. »Es scheint Jahre her zu sein, seit Dame Kiri mit echter theatralischer Beseeltheit über die Bühne schritt.«

Es sagte wohl einiges, daß Kiri sich am folgenden Vormittag, als man in Covent Garden über den Rezensionen brütete, in die Abbey Road Studios absetzte. Des hatte das unter den Beatles berühmt gewordene Studio gemietet, um das verzwickte Album *Heart to Heart* mit Malcolm McNeill endlich unter Dach und Fach zu bringen. Kiri setzte den Kopfhörer auf, schlüpfte in ihre alternative Rolle und löschte jede Erinnerung an *Capriccio* aus. Je abgekühlter ihre Beziehung zur Oper wurde, desto eifriger suchte sie woanders nach Möglichkeiten der Hingabe und Bestätigung.

Daß sich Kiri immer mehr von der Rolle der Diva löste, erkannten inzwischen sogar jene, die sich nur im entferntesten für die Oper interessierten. In der zweistündigen *South Bank Show*, die jenes Jahr an Ostern endlich ausgestrahlt wurde, malte sie sich aus, wie sie sich ihre Traumkarriere vorgestellt hätte. »Am liebsten wäre ich Tina Turner. Ich beneide sie absolut um die verrückten Haare und die Stimme«, gestand sie Melvyn Bragg. »Ich empfinde die Oper als öde und langweilig. Popmusik ist so befreiend. Ich müßte nur dreißig Pfund abnehmen und Netzstrümpfe und Lederklamotten anziehen. Das wäre herrlich.«

Die seriöse Musikwelt reagierte natürlich entsetzt auf Kiris Geständnis. »Ich bin absolut erschüttert«, meinte Margaret Rand, die Chefredakteurin des Magazins *Opera Now*. Außerhalb der Opernwelt wurden Kiris Bekenntnisse jedoch mit Frohlocken aufgenommen. Ein Londoner Magazin überredete Kiri zu einer gewagten Photosession, bei der sie à la Tina Turner in Leder auf einer Harley Davidson posierte. Und Londoner Fernsehleute sondierten die Möglichkeit eines gemeinsamen Konzerts mit Tina Turner, das allerdings nicht zustande kam. Auch Kiris Traum von einer Zusammenarbeit mit Mick Jagger und den Rolling Stones[2] sollte nicht verwirklicht werden, doch im folgenden Jahr realisierte sie einige nicht weniger ungewöhnliche Projekte.

Kiris künstlerischer Kurs wurde von einer Gruppe unterschiedlicher – und mitunter divergierender – Berater gelenkt. Harrison Parrott betreute sie nach wie vor in der klassischen Sparte; IMG managte ihre Sonderprojekte, und Des schien selbst für die ungewöhnlichsten Verbindungen offen zu sein. So trug man Kiri beispielsweise an, mit Paul McCartney bei dessen Debüt als Klassikkomponist, seinem *Liverpool Oratorio*, zusammenzuarbeiten. Man bot ihr auch an, gemeinsam mit Elton John und dem Rapper MC Hammer in einem Benefizkonzert zugunsten kurdischer Flüchtlinge aufzutreten. Außerdem lieh sie der Schauspielerin Glenn Close ihre Stimme, als diese in David Puttnams Film *Meeting Venus* eine schwedische Diva spielte. Im Sommer schließlich nahm sie im Studio *World In Union* auf, eine gesungene Version des »Jupiter«-Satzes aus Gustav Holsts Suite *Die Planeten*, die in jenem Jahr als Titelmusik beim Rugby World Cup diente.

Kiris Aktivitäten beschränkten sich inzwischen keineswegs mehr rein auf den Gesang. Gemeinsam mit Des stieg sie in ein Konsortium ein, das sich unter der Regie von Time-Warner um die Zulassung des ersten englischen Klassikradiosenders bemühte[3]. Kiri pochte auf ihr Recht, ihre Interessen breit zu streuen. »Früher mußte ich Sachen machen, weil sie verlangt wurden. Jetzt mache ich sie für mich. Es ist mir egal, was die Leute denken.«[4]

Die Oper spielte natürlich nach wie vor eine wichtige Rolle in ihrem Leben, doch nach *Capriccio* blieb sie beim Altbewährten. Nach einer Reihe von Konzerten in Spanien, Amsterdam und Brüssel ging sie mit zwei alten Lieblingsrollen wieder nach Amerika: An der Met sang sie die *Figaro*-Gräfin und in Chicago neben Pavarotti die Desdemona in *Otello*. Auf Nummer sicher ging sie auch, als sie im August in Neuseeland ihre erste vollständige Oper seit der *Carmen* von 1969 sang. Nach einem sechswöchigen Urlaub traf sie zu den Proben für *La Bohème* in Auckland ein.

Kiri wollte sicherstellen, daß ihr Operncomeback in Neuseeland zu einem denkwürdigen Ereignis wurde. Deshalb bestand sie darauf, daß die *Bohème*-Inszenierung von Melbourne, in der sie 1989 reüssiert hatte, wiederaufgenommen wurde. Als Dirigent wurde John Hopkins verpflichtet.

Kiris Engagement war natürlich nicht ganz billig. Des hatte eine

Abendgage von 20 000 Dollar ausgehandelt – eine astronomische Summe in einem Land, in dem die Spitzengage bislang bei 6000 Dollar gelegen hatte. Doch der Autohersteller Honda lieferte eine kräftige Finanzspritze, und ein Fernsehsender ließ sich die Übertragungsrechte einiges kosten. Zumindest diesmal äußerte sich niemand mißgünstig über Kiris Supergage. Kiri war froh, wieder zu Hause zu sein. Und sie schien bereit zu sein, hart für ihr Geld zu arbeiten.

Im ersten Jahr nach der Eröffnung waren im Aotea Centre einige Probleme aufgetreten, insbesondere mit der Akustik. Die Raumakustik der Mehrzweckhalle, in der bei den meisten Veranstaltungen akustische Verstärker eingesetzt wurden, dämpfte den Hall, auf den Sänger, die »unplugged« singen, angewiesen sind. Das elektronische Hallsystem, das unter enormen Kosten installiert worden war, um Opernsänger zu unterstützen, hatte von Anfang an nicht funktioniert und war nie eingesetzt worden. Ohne Verstärker war daher eine schier übermenschliche Stimme erforderlich, um von allen 2200 Zuhörern im Saal gehört zu werden. Da Kiri von Anfang an massiv hinter dem Kulturzentrum gestanden hatte und ihr Name inzwischen gleichsam für das Centre stand, war sie höchst bestrebt, das Centre von Erfolg gekrönt zu sehen.

Abgesehen von den Problemen mit der Akustik wirkte sie bei den Proben so entspannt und gelöst, wie man sie seit Jahren nicht erlebt hatte. Eines Abends lud sie die Solisten und das Produktionsteam in ihre Suite im Pan Pacific Hotel ein. »Man sagte uns, wir sollten Kiri ganz ungezwungen begegnen; auch sie würde sich ungezwungen geben, und so war es auch«, sagt Keith Foote, der damalige Inspizient des Aotea Centre[5]. Patrick Power, der Kiris Liebhaber Rodolfo spielte, war nicht minder angetan. »Einmal arbeitete ich mit einer Mimì zusammen, die so abscheulich war, daß die ganze Truppe sie ›Muh-muh‹ nannte, so eine Kuh war sie«, berichtet er. »Manche osteuropäischen Sopranistinnen sind so erhaben und kalt, daß man viel zu eingeschüchtert ist, um auch nur andeutungsweise die Hand auf ihren Arm zu legen – und das in den leidenschaftlichsten Momenten. Bei Kiri ist das ganz anders. Sie ist so warmherzig und wohlwollend, daß man sich von ihrer Größe nie eingeschüchtert fühlt. Man hat sehr viel Spaß mit ihr.«[6]

Als absolute Superdiva erlebte sie dagegen ein unseliger Photograph, der während einer Probe anfing, Photos von ihr zu machen. »Sie machen kein Photo von mir, während ich singe, haben Sie verstanden?« explodierte sie mitten auf der Bühne. »Das ist mein Ernst!« Später erklärte sie: »Photographen wollen mich immer ablichten, wenn ich gerade den Mund aufsperre. Das sieht einfach nicht gut aus.«[7]

Ansonsten überließ sie es Des, den Buhmann zu spielen. »Des war der wichtigste Mensch für sie. Sie war total auf ihn angewiesen«, sagt John McKay, der die Produktion der Oper leitete. Zumindest McKay hatte den Eindruck einer idealen Arbeitsbeziehung. Während Kiri sich auf ihre Musik konzentrierte, klärte Des das Organisatorische und kümmerte sich um jedes Detail, von der Farbe ihrer Schuhe bis zur Sorte des Kamillentees, der in ihrer Garderobe bereitstand. »Des konnte Forderungen stellen. Er konnte sagen: ›Ich will das und ich will das‹, und Kiri konnte sich derweil ihrer Rolle widmen und die liebenswürdige Diva spielen.« Des handelte in dem Wissen, daß er nach fünfundzwanzig Ehejahren Kiris Bedürfnisse besser kannte als jeder andere. »Er war sehr bestimmend. Er sagte immer, was er dachte. Und er zögerte nicht, persönlich auf der Matte zu stehen und dieses und jenes zu verlangen«, sagt McKay[8].

Die Karten für Kiris Vorstellungen im Juni waren innerhalb von zwei Stunden ausverkauft. Ihre Mimì stieß fast durchweg auf ein positives Echo.

Im Juli reiste Kiri zur Aufführung von McCartneys *Oratorio* nach Liverpool. Das Werk fand nur wenige Freunde. Als »peinlich« bezeichnete der *Guardian* die Mischung aus Sentimentalität und Schwere. Die Enttäuschung wurde wenigstens durch die Erfolge auf anderen Gebieten gemildert. In jenem Herbst wurde in London bekannt, daß dem Konsortium die Lizenz für den Betrieb seines Rundfunksenders erteilt worden war. Bald ging Classic FM auf Sendung und warf fast auf Anhieb Gewinne ab. Ein noch größerer Hit wurde Kiris Single *World In Union*, die im Oktober zur Eröffnung des Rugby World Cup herauskam. Diese Scheibe wurde Kiris größter Verkaufsschlager überhaupt und ihre erste Nummer eins in den Pop-Single-Charts.

Am Samstag, den 18. Juli 1992, trafen die ersten der ungefähr zwei-hundert geladenen Gäste bereits zur Mittagszeit in Pachesham Park ein. Alle waren kostümiert und hatten ein Spielzeug unter dem Arm. Alte und uralte Freunde von Des und Kiri hatten sich auf den Weg nach Surrey gemacht. Unter den Gästen war auch Bob Sell, Kiris ehemaliger Boß im Colony Club. Sell und auch die anderen Gäste staunten, wieviel Mühe Kiri sich gemacht hatte, um Des zu seinem 50. Geburtstag mit einer Überraschungsparty zu überrum-peln. Kiri hatte für diesen Tag ein australisch angehauchtes Dorffest in »Fairways« aufgezogen. »Sie sagte, sie hat Des zum Golfspielen nach Schottland geschickt, während sie alles vorbereitete«, erzählt Sell. »Sie hatte Unsummen ausgegeben und draußen ein Zelt auf-gestellt und alles mit grünen und gelben Ballons geschmückt. Überall lagen Heuballen, und im Teich schwammen Plastikkroko-dile.«

Auch Teresa Cahill, Kiris alte Freundin vom Opera Centre und von Covent Garden, war platt. »Sie gab ein Vermögen aus für einen Didgeridoo-Spieler, eine Band und eine Stripperin, die erst als Poli-zistin auftrat. Sie hat wirklich auf den Putz gehauen«, sagt sie. »Damals dachte ich, Mensch, Des, wenn Kiri all das für dich aufge-zogen hat, was wirst du dann für sie aufbieten?«

Die Gäste sollten in australisch angehauchten Kostümen kom-men und statt Geschenken Spielsachen mitbringen, die einer Wohl-fahrtseinrichtung gespendet werden sollten. In einem Extraraum stapelte sich ein Berg von etwa 2000 Spielsachen.

Kiri übernahm die Regie für den Abend und schien ganz in ihrem Element, als sie das Mikrophon ergriff und den Gewinner des Kostümwettbewerbs bekanntgab. Wenige Wochen vor ihrem 25. Hochzeitstag wirkten Kiri und Des so unzertrennlich wie immer. »Wer bei dieser Geburtstagsparty dabei war, hätte geschworen, daß dies das ideale Paar war«, sagt Bob Sell.

Kiri hatte den Anlaß dazu genutzt, den Kontakt zu ganz alten Freunden wieder aufzufrischen. Darunter war auch Teresa Cahill, die bei Kiri und Des ebenfalls den Eindruck eines eingeschworenen Teams hatte. »Ich bedaure jeden, der mit einem Superstar verhei-ratet ist«, sagt sie. »Er wird zwangsläufig als Anhängsel betrachtet. Bei Des war das nicht so. Er hatte eine sehr starke Persönlichkeit.

Es erfordert eine gewisse Stärke, mit Leuten fertig zu werden, die denken, ach, er ist ja nur der Gatte. Eine Beziehung muß sehr gut eingespielt sein, um bestimmte Krisen zu überstehen, und ich glaubte, sie führten solch eine Beziehung. Kiri hat es wirklich sehr weit gebracht, und ich glaube, Des hat ihr dabei sehr geholfen.«

Nur eine Frage hing drohend über ihrer Zukunft. Obwohl sich Kiri immer wieder darüber geäußert hatte, daß ihre Karriere den Zenit erreicht habe, machte sie keinerlei Anstalten, in irgendeiner Weise zurückzuschrauben. Jasper Parrott hatte sie bereits bis in das Jahr 1997 gebucht. Das Reden vom Ruhestand betrachtete Kiri bestenfalls als eine Art Running gag. Sie sprach zwar oft davon, wollte sich aber nicht ernsthaft damit auseinandersetzen. Während der Party unterhielt sie sich mit ihrem alten Boß Bob Sell. »Sie sagte zu mir: ›Mit fünfzig steige ich aus. Ich will die Zeit mit meinen Kindern genießen, und ich will mein Geld genießen.‹ Natürlich ist sie nicht ausgestiegen.«

Des hingegen sehnte sich schon lange nach ruhigeren Zeiten. »Ich glaube, er wollte nicht, daß Kiri ewig weitermacht«, sagt Teresa Cahill. Des überlegte sich bereits, wo er sich als Pensionär niederlassen sollte. Als Höhepunkt des Nachmittags enthüllte Kiri eine Geburtstagstorte. Die Torte war ein Miniaturmodell von Desmonds Geburtstagsgeschenk – einem weitläufigen Haus in der Dordogne in Südwestfrankreich. »Auf der Torte war sogar der Schutt von den Umbauten zu sehen«, bemerkt Bob Sell.

Für ihre patzigen Kritiker hielt Kiri in der Regel zwei Entgegnungen parat. »Rechnet man die Puristen gegen die Konzertbesucher auf, unterliegen die Puristen«, lautete die erste Replik, die sie bereits 1990 vorgebracht hatte [9]. »Wenn ich mich ungeliebt und unverstanden fühle, sehe ich mir die Verkaufszahlen meiner Platten an«, lautete die zweite [10]. Kurz nach Desmonds Geburtstag offenbarte sie einem Journalisten bei einem Gespräch im Foyer des Fünfsternehotels Vier Jahreszeiten in Hamburg ihre wahren Gefühle gegenüber einigen Leuten in der Branche, die sie als »Bestiarium« bezeichnete. »Man wird so oft von so vielen Pfeilen niedergestreckt, daß man sich kaum aufrecht halten kann«, sagte sie. »Man muß sehr zurückhaltend sein, um die Stürme zu überstehen, und es passieren immer wieder ganz verrückte Dinge. Ich weiß, es gibt viele Leute, die es bloß darauf anlegen, mich unterzukriegen. Die können mir alle gestohlen bleiben. Doch da liegt das Problem. Ich brauche niemanden, außer meiner Familie, aber es macht diese Leute ganz verrückt, zu wissen, daß sie mir nichts anhaben können. Ich kann sie einfach stehenlassen und ignorieren, was sie sagen. Sie können auf mich einschlagen, aber sie können mir nicht nehmen, was ich habe. Sie wähnen sich gern in dem Glauben, sie könnten mich kleinkriegen. Darin steckt sehr viel Neid und gewissermaßen auch Haß.«[11]

Kiri äußerte sich nicht näher darüber, auf wen diese Tirade abzielte; man konnte es bestenfalls ahnen. »So viele Leute hängen sich an diesen Zirkus dran, bezahlt oder unbezahlt, aber mir wird das zuviel. Ich möchte allein und ungestört sein. Viele Spitzensänger sind ganz anders. Sie haben einen, der ihnen den Tee macht, einen anderen, der die Zeitung besorgt, und wieder einen anderen, der ihnen die Tür aufhält. Nach einer gewissen Zeit kommen diese Stars gar nicht mehr ohne all das aus. Für mich kommen an erster Stelle mein australischer Mann und unsere Kinder, und sie sind die einzigen, die ich ganz nah an mich ranlasse. Wenn mir irgend jemand den Tee macht, dann meine Tochter. Auf all den Glamour kann ich verzichten.«

In vieler Hinsicht stand Kiri nun auf dem Gipfel ihrer Popularität. Am 12. September sang sie in einem Paillettenkleid in den Farben der neuseeländischen Flagge bei der berühmten *Last Night of the Proms*, dem Abschlußabend der Promenadenkonzerte, begleitet von Tausenden mitsingender Besucher das *Rule Britannia*. Im selben Monat lockte sie sogar Prinzessin Diana in die Royal Opera. Normalerweise ging Dianas Interesse an Musik nicht weit über Dire Straits hinaus. Ihr Besuch in Covent Garden bei der Galavorstellung von *Otello* mit Domingo und Solti war einer ihrer letzten öffentlichen Auftritte an der Seite von Prinz Charles.

Im Oktober wurde Kiri in London bei der Verleihung der Schallplattenpreise zur Künstlerin des Jahres gekürt. Den Preis überreichte ihr Sir David Attenborough. Mit ihr im Rampenlicht stand ihr alter Mentor Solti, der damals mit einem Preis für sein Lebenswerk ausgezeichnet wurde.

Über Kiris wachsende Beliebtheit bei der breiten Masse freute sich keiner mehr als Mark McCormack. Dabei war gerade ihre höchst lukrative Verbindung zu IMG schuld an vielen jener Attacken, jener »Pfeile«, von denen Kiri in jenem Jahr gesprochen hatte. Die beiden so unterschiedlichen Menschen verband nach wie vor eine enge persönliche Freundschaft, obwohl sich der IMG-Chef in Kiris Augen oft als furchtbarer Banause gebärdete. Nach einem Auftritt bei einem Konzert der Nobel-Gesellschaft unter Georg Solti in Oslo hatte Kiri sich mächtig über McCormack geärgert. McCormack hatte nicht verstehen können, wieso sie sich so darüber gegrämt hatte, bei einer Mozart-Arie einen Ton verfehlt zu haben. »Wie viele Leute im Saal haben das überhaupt mitgekriegt?« hatte er sie gefragt. »Solti hat es mitgekriegt, denn er hat mich angeschaut«, sagte sie unter Tränen. »Und ich habe es mitgekriegt. Ansonsten wohl kaum jemand.«[12]

Für McCormack bot ihr falscher Ton genausowenig Anlaß für quälende Zweifel wie ein verpatzter Putt. Weit mehr Grund zur Sorge bereitete dagegen die gelegentliche Mißstimmung, die bei einigen der IMG-Events auftrat. Für eine erste ernsthafte Enttäuschung hatte ein Open-air-Konzert auf einem Weingut in der Nähe von Melbourne im Jahr 1990 gesorgt. Die teuersten Karten hatten sage und schreibe 400 australische Dollar gekostet. Der Verdacht, daß diese musikalischen Mega-Events grotesk überteuert und die reine Abzocke waren, bestätigte sich im Verhalten der Veranstalter, als ein sintflutartiger Regen die Arena in ein Schlammfeld verwandelte und Kiris Ankunft sich um eine Stunde verzögerte, weil ihr Hubschrauber wegen der Sturmböen zum Landen gezwungen worden war. Als die etwa 1000 Besucher anfingen, zu buhen und rhythmisch zu klatschen, erschien ein Vertreter der Veranstalter auf der Bühne und meinte, die Verzögerung sei die ideale Gelegenheit, noch ein paar Kiri-Souvenirs zu kaufen. Viele Besucher hatten sich überlegt, ob sie ihr Geld zurückverlangen sollten[13].

Ein Stadionkonzert, das für Februar 1993 in Adelaide geplant war, wurde abgesagt, weil innerhalb von zwei Monaten nur 2000 Karten zum Preis von 47 bis 77 australischen Dollar verkauft worden waren. »Man könnte es einen sensationellen Mangel an Interesse nennen«, räumte ein Organisator ein[14]. Weniger als ein Jahr später führte eine ähnlich enttäuschende Resonanz dazu, daß ein Konzert, das im englischen Leeds stattfinden sollte, abgesagt wurde[15].

Der Eindruck, daß Kiri zur käuflichsten Diva der Musikszene avancierte, verstärkte sich Anfang 1993. Es war lange her, seit ein Werbesong, den Kiri als Teenager für eine Keramikfirma in Auckland aufgenommen hatte, abgelehnt worden war, weil die Werbefachleute der Firma meinten, er ziehe nicht. Drei Jahrzehnte später strich Kiri schätzungsweise 200000 australische Dollar ein, um im State Theatre von Melbourne vor 2000 ausgewählten Gästen des Autoherstellers Nissan zu singen. Mit dem Event wurde der »Infiniti« eingeführt, der neue Luxuswagen des japanischen Herstellers. Kiris Publikum war ein erlesener Kreis von Managern, Autohändlern und potentiellen Käufern[16].

Kiri gab bei dem Konzert alles. »Sie gab sich die größte Mühe, beim Publikum anzukommen, weil es sich offensichtlich nicht um ein Klassikpublikum handelte«, erinnert sich John Hopkins, der das Konzert dirigierte. »Sie nahm mit den Augen Kontakt zu den Zuhörern auf und versuchte, ihnen das Gefühl zu geben, an einem bedeutenden Ereignis teilzuhaben, was ihr auch gelang.«

Auch nach dem Konzert mußte sie sich Mühe geben zu überzeugen, als sie mit Fragen bombardiert wurde und sich wegen des Konzerts rechtfertigen mußte. »Selbst Rugby und Fußballspiele schließen heutzutage klassische Musik ein, und so denke ich, daß auch diejenigen, die dieses Produkt vorstellen, etwas für klassische Musik übrig haben«, wußte sie sich zu verteidigen. Ihrer Meinung nach war in der modernen Musikwelt inzwischen so gut wie alles erlaubt. Auf die Frage, für welche anderen Produkte sich ihre Stimme als Werbemittel eignen würde, meinte sie: »Wer Erdnußbutter verkaufen will, wird wohl nicht unbedingt auf eine meiner Arien zurückgreifen, aber sie würde ein anderes Image bekommen, wenn man es täte.«[17]

Trotz aller Kritik blieb Kiri unglaublich beliebt. Bei einem Freilichtkonzert in Hawkes Bay in Neuseeland begeisterte sie mehr als 15000 zahlende Zuhörer. Und Anfang September strömten 12000 Fans zu ihrem ersten Open-air-Konzert in England zum Regency Royal Crescent nach Bath.

Den Eindruck, daß Kiris Karriere immer mehr an Profil verlor, bestätigten auch die offenen Differenzen, die kurz darauf zwischen ihr und McCormack auftraten. In einem Interview mit Norman Lebrecht im *Daily Telegraph* hatte McCormack mit den Vorteilen geprahlt, die er Kiri verschafft hatte. »Wir haben für Kiri ein Konzert im Busch organisiert. Wir haben sie auf Weingütern in Victoria singen lassen. Wir hatten Konzerte in Tokio«, sagt er. »Wir besorgten Sponsoren für diese Events, wir fanden Rückhalt in der Öffentlichkeit. Wir verschafften Kiri mehr Geld, als sie je zuvor verdiente, und verdienten auch selbst ganz gut.« Nun hegte Kiri aber eine massive Abneigung dagegen, in der Öffentlichkeit über ihr Vermögen zu reden. Das hatte sie vielleicht von ihrer Mutter geerbt. »Sie schärfte mir ein, nie über Geld zu reden.« Weil sie wußte, daß das Ausposaunen ihrer Einkünfte ihre Kollegen »unzufrieden« stimmen könnte, ließ sie einen Brief an Lebrechts Chefredakteur los und beschwerte sich, es sei »vollkommen unangebracht«, sich in solch materialistischer Weise über ihre Kunst auszulassen. Vielleicht hätte sie den Brief lieber an McCormack richten sollen.

Weihnachten 1993 verbrachten Kiri, Des und die Kinder gemeinsam in Pachesham Park. Das Programm der Festtage entsprach einer inzwischen eingespielten Routine. An Heiligabend besuchte man eine Mitternachtsmesse in einer nahe gelegenen Kirche; danach wurden die Geschenke geöffnet. Selbst die Katzen Flinty und Shady fanden hübsch eingewickelte Päckchen unter dem Baum vor.

Am Weihnachtstag wurde lange geschlafen. Kiri behauptete oft scherzhaft, dies sei der einzige Tag im Jahr, an dem sie das Gefühl habe, genüßlich ausschlafen zu können. Doch bereits am frühen Nachmittag war sie eifrig in der Küche beschäftigt, angeregt von einem Glas Champagner und den Klängen ihrer Lieblingsmusik.

In der gräßlichen Tristesse des englischen Winters weckten Kiri und Des gerne mit einem »sonnigen« Weihnachtsessen Erinnerungen an die Heimat. Auf einen ganzen frischen Lachs mit Salzkartoffeln und Salat folgte Kiris eigener Pecan pie als Nachspeise. Die Familie setzte sich am späten Nachmittag zusammen. Und wie die meisten Familien auf der Welt zog sie ein Resümee des vergangenen Jahres und wagte Prognosen für das kommende.

Besonders Toni hatte Grund, stolz zu sein. Im Sommer hatte sie glänzende Noten nach Hause gebracht, darunter sechs Einsen. Ihre besondere Stärke waren, ganz wie bei ihrem Vater, die naturwissenschaftlichen Fächer, und sie sprach bereits davon, einmal Meeresbiologin werden zu wollen. Während Toni ganz nach ihrem Vater geriet, kam Tom ganz nach der Mutter. Wie seine Mutter und auch sein Großvater war er ein As im Sport. Besonderes Geschick bewies er bei Tennis, Golf und Rugby. Kiri schien durchaus den Wunsch zu hegen, aus ihrem Sohn einen Berufssportler werden zu sehen. Des interessierte sich, abgesehen von Kiris Karriere und den Kindern, in erster Linie für den Weinbau. Er hegte seit langem den Wunsch, selbst Wein anzubauen, und hatte bereits ein Weingut in Frankreich im Auge.

Die Früchte von Kiris Arbeit in jenem Jahr waren über die Weihnachtstage auf dem Fernsehbildschirm zu sehen. An Heiligabend trat sie mit der Academy of Ancient Music unter Christopher Hogwood, dem Scapino Ballet und dem Opera Atelier in dem Phantasiestück *The Sorceress* auf, das auf sieben Händel-Arien basierte. Wenige Tage später wurde, ebenfalls von BBC, ein Mitschnitt ihres *Capriccio*-Auftritts in San Francisco ausgestrahlt.

Es gab aber auch allen Grund, nach vorn zu blicken, besonders für Kiri. Sie dachte bereits intensiv an den Reigen der Feierlichkeiten anläßlich ihres 50. Geburtstags. Kiri hatte schon zugegeben, daß sie ihrem bevorstehenden Ehrentag mit äußerst gemischten Gefühlen entgegensah. »Fifty is nifty« – fünfzig ist fesch – scherzte sie in den Interviews, die sie um Weihnachten gab[18]. In Wirklichkeit näherte sie sich der Schallmauer mit einem Gefühl der Panik. »Das Allermerkwürdigste ist, daß ich mir immer noch wie mit fünfzehn vorkomme«, gestand sie Jan Moir vom *Observer*. »Wie ist es möglich, daß ich fünfzig bin? Das Leben scheint auf einmal um so viel kürzer. Das ist eine harte Nuß, die ich erst mal knacken muß.«

Um drei Uhr nachmittags sah sich Kiri die traditionelle Weihnachtsansprache der Königin im Fernsehen an. Auch die königliche Familie konnte wieder auf ein erfreuliches Jahr zurückblicken. Die Königin hatte ihr »annus horribilis« längst hinter sich. Kiri hatte ihr »Schreckensjahr« indes noch vor sich. Sie bezeichnete es jedoch nicht auf Lateinisch, sondern nannte es einfach »das schlimmste Jahr meines Lebens«[19].

Das verlorene Paradies

Als im Jahr 1994 der Frühling anbrach, war man sich so uneins wie selten zuvor über die Sopranistin, für die nun der Herbst ihrer Laufbahn begann. Manche sahen sie überhaupt nicht als ernstzunehmende Sängerin an. »Eine Art gehobene Cilla Black«, nannte sie der intellektuelle Hugh Canning in der *Sunday Times*[1]. Für Prinz Charles und das volle Haus, das mehr als 100 Pfund pro Kopf zahlte, um am 8. März in der Royal Albert Hall die Feier zu Kiris 50. Geburtstag mitzuerleben, war Kiri jedoch fraglos die beliebteste Sängerin ihrer Generation.

Bei ihrer offiziellen Geburtstagsgala zwei Tage nach dem eigentlichen Ehrentag stellte sie all die Qualitäten unter Beweis, mit denen sie sich bei so vielen so beliebt gemacht hatte. Sie bot einen bunten Strauß ihrer »größten Hits« und wechselte nahtlos zwischen Rodgers und Hammerstein, Andrew Lloyd Webber, Mozart und Kurt Weill. Am Ende wurde sie wieder einmal mit Blumen überschüttet. »Heute abend ist mir nichts als Herzenswärme entgegengeströmt«, sagte sie, zu Tränen gerührt.

Als Kiri 1971 der *New York Times* ihr wahres Alter verraten sollte, hatte sie spröde erwidert: »Das sage ich nicht, damit niemand weiß, wann ich fünfzig werde.« Über zwei Jahrzehnte später schienen Kiri und IMG darauf zu brennen, die ganze Welt wissen zu lassen, daß es soweit war.

Das Konzert wurde von IMG Artists organisiert und von der Privatbank Lloyds gesponsert; die Übertragungsrechte wurden in alle Welt verkauft. Im Vorfeld gewährte Kiri eine Unzahl von Interviews, bei denen sie sich meist überdrüssig beklagte: »Jede dieser Fragen ist mir schon fünftausendmal gestellt worden.«[2]

Ganz ohne jede Förmlichkeit feierte Kiri einen Monat später drei

Tage lang mit achtzig engen Freunden und Kollegen auf ihrem neuseeländischen Landsitz in Rawhiti[3]. Im ganzen Land kursierten Gerüchte über das Ausmaß und den Prunk der Party. Als am Abend des 8. April ein Konvoi von Limousinen und Hubschraubern die ersten Gäste ablieferte, säumten ganze Nester von Paparazzi und neugierigen Einheimischen den elektrischen Zaun um das Anwesen, in der Hoffnung, Luciano Pavarotti, Tina Turner oder sogar Prinz Charles zu erspähen, die – allerdings unsinnigen – Gerüchten zufolge angeblich ebenfalls erwartet wurden.

Des war es mühelos gelungen, die Party zu seinem eigenen Fünfzigsten noch zu übertrumpfen. Das Anwesen in Rawhiti war in ein Zeltdorf mit diversen Pavillons verwandelt worden. Ein kleines Heer von Kellnern, Köchen, Dienstmädchen und Chauffeuren stand bereit. Zwischen den Bäumen war eine Bühne errichtet worden. Ein Sicherungstrupp patrouillierte an der Grenze des Anwesens, um ungebetene Gäste abzuwehren.

Desmonds größte Sorge waren allerdings die Bauarbeiten, die erst am Tag der Party abgeschlossen wurden. Er und Kiri hatten großen Wert darauf gelegt, daß ihre neue Domäne nach vierjährigem Umbau zu diesem großen Jubiläum offiziell eingeweiht wurde. Und so waren denn auch alle Gäste gebührend beeindruckt. Von dem einstöckigen Holzhaus blickte man durch riesige Panoramafenster auf die traumhafte Bucht. Auf dem über vier Hektar großen Gelände befanden sich nun ein Verwalterhaus, ein Gästehaus, ein Bootshaus mit einer sieben Meter langen Jacht und einem Schnellboot zum Wasserskilaufen, ein Tennisplatz und ein funkelnagelneues Hallenbad.

Es war schwer zu sagen, wem von beiden das Haus in Rawhiti mehr bedeutete. Für Kiri war es so etwas wie Toms Blockhütte in Hatepe, ein Zufluchtsort, an den sie sich zurückziehen konnte, wenn ihr das Berufsleben zu sehr zusetzte, und wo sie sich erholen konnte, indem sie Muscheln suchte und kochte und die Delphine vor der Landspitze beobachtete. Für Des war es ein Symbol für den Erfolg, den seine Frau und er sich so hart erarbeitet hatten, ein Denkmal für ihren langen, mühsamen Weg an die Spitze der neuseeländischen High-Society.

Die Party begann mit einem traditionellen Maori-Essen, das Mitglieder des Marae von Rawhiti zubereiteten. Am Ende des Abends wurden die Gäste auf Unterkünfte im Haus oder bei Freunden entlang der Küste verteilt. Am nächsten Tag stand der Festgemeinde das gesamte Anwesen zur Verfügung. Man konnte Wasserski laufen, Tontauben schießen oder einfach mit einem extra angeheuerten Katamaran durch die Bucht kreuzen. Auch diesmal sorgte ein kleines Heer von Wachleuten dafür, daß die Paparazzi, die vor dem Anlegesteg vor Anker lagen, die neuseeländischen Medien nicht mit Photos versorgen konnten. Das ganze Wochenende über wachte Des mit seinem gewohnten Rottweilerinstinkt über den Ablauf des Programms. Einige Gäste hatten jedoch den deutlichen Eindruck, daß er ein wenig zu sehr bemüht war, seine Frau glücklich zu machen. »Er legte sich unglaublich ins Zeug. Es war fast übertrieben, weil Kiri ohnehin darauf aus war, sich zu amüsieren«, sagt ein Gast.

Des hatte sich schon immer zum Schutz und zur Wahrung von Kiris Bild in der Öffentlichkeit stark gemacht. Im Laufe der Jahre hatten sich viele Journalisten überrascht gezeigt über sein strenges Wachen und sein barsches Eingreifen. Nach einem äußerst angenehm verlaufenen Interview mit Kiri hatte beispielsweise die bekannte neuseeländische Autorin Virginia Myers noch einmal bei Des angerufen, um einen Sachverhalt zu klären, woraufhin ihr untersagt wurde, das Haus »Fairways« und das Leben der Familie dort überhaupt in irgendeiner Weise zu schildern. »Mir kam dieses Vorschriftenmachen seltsam vor«, schrieb Myers später und ignorierte jegliche Auflagen[4].

Desmonds paranoide Haltung in bezug auf Photos entsprach durchaus Kiris eigener tiefsitzender Angst vor unzensierten Aufnahmen. Zwei Jahre zuvor, bei Kiris Auftritt auf der Expo in Sevilla, hatte der Leiter der neuseeländischen Delegation, Ian Fraser, Kiri völlig hysterisch erlebt. Eine Neuseeländerin hatte kurz vor der Pause ein paar Schnappschüsse von Kiri mit weit aufgesperrtem Mund gemacht. Daraufhin war Kiri weißglühend hinter die Bühne gestürmt.

»Ich dachte, wir kriegen Kiri nicht wieder auf die Bühne«, sagt Fraser, der ihr im übrigen beipflichtete. »Sie kochte vor Wut.«[5] Nach einer hitzigen Debatte und eifrigen Schlichtungsversuchen wurde das Versprechen gegeben, die Bilder nicht zu veröffentlichen. Nach kurzer Zeit ging Kiri wieder strahlend auf die Bühne, um ihre Ovation zu ernten.

Des hatte ursprünglich einen einheimischen Photographen, Frank Habicht, engagiert, der das Geburtstagswochenende im Bild festhalten sollte. Habicht hatte in den sechziger Jahren in London gearbeitet und sich mit drei Photobänden einen Namen gemacht. Er hatte auf der ganzen Welt für Prominente gearbeitet, doch ein so paranoider Mensch wie Des war ihm noch nie begegnet. »Ich hatte ungefähr ein Jahr vor dem Geburtstag Porträtphotos von Kiri gemacht. Was damals vorfiel, hätte mir eine Warnung sein sollen«, berichtet er. »Ich fuhr zu dem Haus hinaus und wurde von Des und Kiri empfangen. Er war sehr seltsam. Er sagte zu mir: ›Machen Sie keine Bilder, wo die Bäume drauf sind. Sie dürfen nur Bilder mit Blick auf das Meer machen, aber nicht von der Küste herauf.‹ Als ich mich umdrehte, sah ich, wie er meine Kameratasche durchsuchte. Das ist mir in all den Jahren, in denen ich Photos von berühmten Leuten gemacht habe, noch nie passiert. Ich war platt. Ich fragte ihn: ›Was machen Sie da?‹ Er sagte: ›Ich muß das kontrollieren, aus Sicherheitsgründen.‹ Ich weiß nicht, dachte er vielleicht, er würde eine Bombe finden, oder was?« meint Habicht lachend[6].

Kiri hatte sich erfreut über Habichts Arbeit gezeigt, und so bot man ihm an, bei ihrem 50. Geburtstag zu photographieren. Die Konditionen waren, wie immer, mies. »Sie wollten nur 300 Dollar für den ganzen Tag zahlen und beteuerten, viele Photographen würden es um des Prestiges willen gratis machen«, sagt Habicht. Kurz darauf wurde der Photograph in einem Schreiben instruiert, im Zusammenhang mit dem Auftrag strengste Vertraulichkeit zu wahren.

Desmonds übertriebene Ängstlichkeit ging sogar so weit, daß er selbst den Gästen mitteilen ließ: »Mit Belästigungen durch die Medien ist zu rechnen. Bitte mit niemandem reden.« Es ließ sich jedoch nicht vermeiden, daß über die Arbeiter, die auf dem Anwesen tätig waren, einiges an die Presse durchsickerte. Im *New Zealand Herald* hatte Habicht einen Bericht gelesen, der auf einigen spärlichen Informationen über das geplante Ereignis beruhte.

Am Morgen des ersten Festtags wollte sich Habicht auf den Weg nach Rawhiti machen. »Ich hatte mich schon in meinen Anzug geschmissen, als mich ein Lokalsender anrief und wissen wollte, ob ich mich auf die Arbeit freue und was ich photographieren wolle. Ich erzählte nur, was bereits im *Herald* stand, und daß ich vielleicht ein Bild machen wollte, wenn Kiri die Geburtstagstorte anschnitt«, sagt er. »Tja, eine Minute später rief mich Des an und sagte: ›Ihren Auftrag haben Sie gerade verspielt. Die Geburtstagstorte hätte nämlich eine Überraschung für Kiri sein sollen!‹« Noch bevor Habicht sich verteidigen konnte, hatte Des aufgelegt. »Er war sehr kurz angebunden, und ich kam nicht einmal dazu, etwas zu erwidern«, sagt Habicht. »Ich wollte zurückrufen, aber Kiris Manager hat mich einfach abgewimmelt.«

In letzter Minute wurde ein anderer bekannter neuseeländischer Photograph, Rob Tucker, engagiert. Als Tucker beim Fest eintraf, verlangte Des, daß er ihm sein Mobiltelephon aushändigt. Tucker sollte die Ereignisse des gesamten Wochenendes photographisch festhalten. Ein Höhepunkt war der Samstagabend mit der offiziellen Einweihung des Glanzstücks des neuen Domizils, des 400 000 Dollar teuren Hallenbads, das sich Kiri selbst zum Geburtstag schenkte. Das zehn Meter lange Becken inklusive Wasserfall war am Ende eines abgelegenen Waldstücks an den Abhang der Halbinsel gebaut worden. Die riesigen Fenster gewährten einen atemberaubenden Blick auf die großartige Küstenlandschaft bis hinüber nach Russell.

In das Unterhaltungsprogramm des zweiten Abends wurde ein Ratespiel eingebaut, bei dem die Gäste voraussagen sollten, wie viele Flaschen Moët et Chandon im Laufe des Wochenendes konsumiert werden würden. Die frisch ernannte neuseeländische Generalgouverneurin Catherine Tizard gab als Schätzung halb scherzend 340 Flaschen an. Als die Party des Jahres voll in Schwung war, nahm sich diese Prognose bisweilen recht zurückhaltend aus.

Des und Kiri hielten Ansprachen und erklärten das Schwimmbad offiziell für eröffnet. Vor einem weiteren fürstlichen Diner, diesmal in Abendrobe, konnten die Gäste das Bad ausprobieren. Eine dreiköpfige Band spielte die ganze Nacht. In den frühen Morgenstunden kamen ein paar Unermüdliche, darunter Kiri und Des, auf die Idee, sich auszuziehen und nackt in das Becken zu springen. »Alle waren betrunken und ließen alle Hemmungen fallen. Kiri und Des und ungefähr ein halbes Dutzend ihrer Freunde tummelten sich nackt im Pool«, berichtet einer der Gäste. Angeheizt durch die Stimmung und den nicht versiegenden Champagner wirkte Kiri absolut enthemmt. »Für eine Fünfzigjährige war sie in Topform. Es ergab sich einfach so, wie es bei Partys oft so ist. Sie planschten nur im Becken; sie rannten nicht im Garten herum.«

Am nächsten Morgen war Kiri eine der ersten, die auf waren und sich auf dem Tennisplatz einfanden. »Ich war beeindruckt von ihrer Ausdauer«, meint ein Gast. Am Sonntag abend wurde offiziell bekanntgegeben, daß im Laufe des Wochenendes 296 Flaschen Champagner konsumiert worden waren, durchschnittlich dreieinhalb Flaschen pro Kopf über die drei Tage. Dann gab Des das Zeichen dafür, Kiris Geburtstagstorte herauszubringen; sie hatte die Form der Halbinsel von Rawhiti und bestand aus maßstabsgetreuen Miniaturnachbildungen des Hauses und sämtlicher Nebengebäude. Eine einheimische Maori-Theatergruppe führte ein speziell für den Anlaß geschriebenes Musical auf, in dem eine der Darstellerinnen Kiri als kleines Mädchen spielte. Zum Abschluß sang eine alte Freundin von Kiri »Pokarekare-ana«.

Natürlich wurde auch Kiri gebeten, für die Gäste zu singen, doch sie wehrte freundlich ab. »Viele Gäste waren überrascht, aber ich wußte, daß sie nicht singen würde«, sagt Bob Morgan, der mit seiner Frau Sharon gekommen war. »Das macht sie nie. Vor einem Konzert, vor jedem Konzert, stellt sie sich vierundzwanzig Stunden vorher darauf ein. An dem Tag hatte sie schon etwas getrunken und war nicht vorbereitet. So etwas macht sie nicht.«

Bob Morgan war einer der wenigen, die wußten, welche Spannungen hinter den Kulissen zwischen Kiri und Des herrschten. »Ihr Verhältnis war damals sehr labil, nicht unbedingt so offen wahrnehmbar, daß es jeder normale Gast mitbekam, weil die beiden sehr gut den Schein zu wahren wußten, aber hinter der Fassade sah es schlimm aus.«

»Ich hörte, daß Kiri Des schrecklich behandelt«, sagt ein anderer Freund des Paares. »Sie waren wie Katz und Hund.« Am letzten Abend fanden Des und sein alter Freund Bob Morgan Gelegenheit, sich gemütlich zusammenzusetzen. Morgan war von dem, was Kiri und Des in Rawhiti aufgebaut hatten, genauso beeindruckt wie alle anderen, doch manchmal fragte er sich, ob die beiden im Laufe der Jahre nicht ihre wahren Ziele aus den Augen verloren hatten.

Morgan hatte Des fast sein Leben lang gekannt und ihn nie als großtuerisch erlebt. »Er hat nie mit Geld herumgeschmissen. Er wollte nie einen Rolls-Royce. Er wollte nie etwas anderes sein als er selbst«, sagt er. »Ich glaube, er hat immer nur einen einzigen Anzug besessen. Manchmal frage ich mich, ob sie nicht ein wenig zu weit gegangen sind. Sie haben es vielleicht beide ein bißchen zu weit getrieben.«

Als Morgan mit Des redete, hatte er das Gefühl, daß dieser eigentlich geneigt war, wieder zu einem einfacheren, glücklicheren Leben zurückzukehren. Des wußte, daß nur dann Hoffnung bestand, mit Kiri zusammenzubleiben, wenn sie ihren Beruf aufgab. Ursprünglich hatte er in St. Heliers ein großes Haus für sie beide bauen wollen, doch inzwischen schien er sich damit abgefunden zu haben, daß der Plan nie verwirklicht werden würde. Während Des und Bob die bacchantische Szene um sie herum beobachteten, starrte Des in sein Glas und äußerte einen Satz, dessen wahre Bedeutung sein Freund erst viel später ermessen sollte. »Das ist das letzte, was ich für Kiri getan habe«, sagte er mit einem wehmütigen Kopfnicken.

Die Spannungen zwischen Kiri und Des waren auch im August nicht zu übersehen, als sie mit dem australischen Zahnarzt Kerry Lusk und dessen Frau in Frankreich Urlaub machten. Bob und Sharon Morgan hatten sich ursprünglich anschließen wollen, trafen aber erst ein, als Des, Kiri und das Ehepaar Lusk bereits wieder in London waren. Lusk meinte später, Morgan und seine Frau seien genau zum richtigen Zeitpunkt eingetroffen. »Er sagte: ›Ihr habt Glück gehabt, daß ihr nicht nach Frankreich mitgekommen seid, denn die beiden haben sich die ganze Zeit nur gezankt‹«, erinnert sich Morgan.

Inzwischen war Kiri nach New York weitergereist, wo sie ihr Jubiläumsjahr mit einer neuen *Arabella* an der Met krönen sollte. Nach der traumatischen Zusammenarbeit mit Kathleen Battle im Jahr 1983 war die Wiederaufnahme dieser Rolle für Kiri so angenehm wie kaum ein Opernengagement in den vergangenen Jahren. Die Gesellschaft ihres alten Landsmannes Sir Donald McIntyre, der die

Rolle von Arabellas Vater Waldner übernommen hatte, sorgte zusätzlich für eine entspannte Atmosphäre. McIntyre war im Privaten genauso ungezwungen wie auf der Bühne. Er begleitete Kiri, als sie in einem Studio über der Carnegie Hall ein neues Fitneßprogramm startete und im Central Park Rollschuhlaufen lernte.

Die beiden unternahmen in dieser Saison viel gemeinsam. McIntyre machte Kiri mit einigen attraktiven Frauen bekannt, die zu seinem New Yorker Freundeskreis zählten. »Es werden immer alle möglichen falschen Vermutungen angestellt«, sagt der Sänger, der mit seiner Frau Jill eine der solidesten Ehen führte. »Eines Tages, nach einem der Gymnastikkurse, klärte mich Kiri in schwesterlichem Ton darüber auf, daß Männer durchaus Seitensprünge machen.« McIntyre amüsierte sich über diese Gardinenpredigt und machte später, bei einem Essen mit Kiri und einigen Kollegen, Witze darüber. »Ich zog sie damit auf, aber sie fand es gar nicht lustig«, erinnert er sich. Inzwischen kannte er Kiri gut genug, um zu wissen, welche Rolle Des in ihrem Leben spielte. »Ich will nicht behaupten, daß sie nicht immer wieder mal gewisse Probleme mit den Kindern und ihm hatte. Aber ich glaube, sie dachte, es gibt in ihrem Leben nichts Wichtigeres als ihre Familie und ihren Mann. Sie hat ihn angebetet.«

Als Kiri von New York nach England zurückkehrte, mußte sie plötzlich erkennen, daß sie Gefahr lief, den Mann, den sie so abgöttisch verehrte, zu verlieren. In Pachesham Park machte sie eine beunruhigende Entdeckung. Über einen Steuerberater erfuhr sie, daß Des die Einzelheiten ihrer Besitzverhältnisse erörtert hatte. »In dem Moment konnte sie zwei und zwei zusammenzählen«, sagt ein Freund. Als Kiri ihren Mann darauf ansprach, offenbarte er ihr die erschütternde Wahrheit. Er hatte mit dem Steuerberater in der Absicht gesprochen, das gemeinsame Vermögen aufzuteilen, denn er beabsichtigte, Kiri zu verlassen, und zwar wegen einer Frau, mit der er schon seit längerem ein Verhältnis hatte.

Während Kiris regelmäßiger Reisen war Des in London ganz auf sich gestellt. Dort hatte er eine lebhafte dunkelhaarige Frau kennengelernt. Die beiden verkehrten in denselben Kreisen und stellten fest, daß sie viel gemeinsam hatten. Auch die Frau hatte Probleme mit ihrer Ehe, weil ihr Mann die meiste Zeit im Ausland tätig war und sie mit den Kindern allein in London ließ. Die beiden fühlten sich stark zueinander hingezogen.

Kiri reagierte sofort. »Kiri ist eine Kämpfernatur. Sie trat sofort in Aktion«, bemerkt ein Freund. Kiri hätte natürlich das Recht gehabt, Des hinauszuwerfen. Sie war absolut empört und erschüttert darüber, betrogen worden zu sein, doch sie wollte ihm noch eine Chance geben. Unter der Voraussetzung, daß Des seine Geliebte nie wieder sah, war Kiri bereit, es noch einmal zu versuchen. »Sie sagte zu ihm, er dürfe nie wieder mit ihr sprechen«, berichtet ein Vertrauter.

Erst im Laufe der folgenden Tage erkannte Kiri, wie weit sich ihr Mann schon von ihr entfernt hatte. Wäre sie nicht auf diese Weise hinter seine Affäre gekommen, hätte sie es vielleicht auf noch unerfreulichere Weise erfahren. »Die Flüge waren bereits gebucht«, sagt ein Zeuge. »Anscheinend wollte Des wegfliegen und ein neues Leben anfangen.«

Seit Jahren hatten sich Freunde und Kollegen gefragt, ob sich Des und Kiri bezüglich ihrer längeren Trennungen »arrangiert« hatten. Kiri schätzte nun einmal die Gesellschaft von Männern, daran hatte sich nichts geändert. Doch selbst für diejenigen ihrer Freunde, die ihre kapriziöse Art kannten, gab es eine ganz klare Antwort auf die Frage, ob auch sie Affären gehabt hatte. »Nein. Bestimmt nicht. Ich glaube, so weit ist sie nie gegangen«, meint Barbara Brown. Auch Brown hatte, wie so viele andere, mitbekommen, wie Kiri ihren Charme bei Kollegen versprühte, um sich berufliche Vorteile zu verschaffen. »Sie war schließlich eine sehr gute Geschäftsfrau. Wenn sie etwas erreichen wollte, wenn sie mit einem bestimmten Dirigenten zusammenarbeiten wollte, tja, dann mußte man eben ein wenig schmeicheln und besonders nett sein. Es gibt bestimmt Leute, die da mehr hineininterpretieren, obwohl sie genau wissen, daß nichts dran ist.«

Als Kiri dahinterkam, daß Des sie betrogen hatte, war sie am Boden zerstört. Sie weihte nur einen kleinen Kreis enger Freunde ein. Überrascht waren selbst jene, die mitbekommen hatten, welche Spannungen zwischen den beiden herrschten und wie sehr sie sich inzwischen auseinandergelebt hatten. Sie stellten die gleichen Fragen, die Kiri sich stellte.

Wie jeder betrogene Ehepartner war Kiri zwischen Wut und Verzweiflung, Schuldgefühlen und Scham hin und her gerissen. Noch wenige Monate zuvor, Ende 1993, hatte sie ihrem Mann überschwengliche Anerkennung gezollt. »Wenn ich nicht den Mann hätte, den ich habe, und ein normales, glückliches Familienleben, dann würde es sich gar nicht lohnen, so viele Opfer für den Beruf zu bringen«, sagte sie in einem Interview. »Des ist mir eine unglaublich große Stütze. Er ist immer für mich da.«[7] Als sie von seiner Affäre erfuhr, machte sie sich Vorwürfe, wie sie nur so naiv und dumm gewesen sein konnte.

Wie war es möglich, daß sie nichts mitbekommen hatte? Was hatte sie selbst dazu beigetragen? Inwiefern hatte sie ihn und ihre Ehe vernachlässigt? War dies der Preis für ihren Ruhm? Diese und andere Fragen bedrängten sie, doch letzten Endes war nur eine einzige Frage entscheidend: Konnte sie ihm verzeihen?

Anfangs schien Kiri noch überzeugt, ihre Ehe retten zu können. Erst nach vielen weiteren schmerzlichen Monaten erkannte sie, wie unheilbar zerrüttet ihre Beziehung war. »Jeder macht das durch«, tröstete sie sich. »Erst ist man unglaublich glücklich, dann begeht man eine riesige Dummheit und macht sich unglaublich unglücklich, und dann versucht man, sein Glück wiederzufinden, aber es geht nicht.« Vorerst wollte sie es zumindest einmal versuchen.

Kiris Auffassung von der Bedeutung des Familienlebens war im Grunde nach wie vor recht schlicht und simpel. »Die Menschen sollten in Harmonie miteinander leben. Sie haben ihr Zusammengehörigkeitsgefühl verloren und müssen es erst wiederfinden«, äußerte sie in einem Interview, das starke Anklänge an ihre eigene Lebenssituation in jenem Jahr hatte. Im selben Interview erklärte sie, vielleicht ebenfalls in Anspielung auf ihr eigenes Leben: »Ich bin stolz auf mich und darauf, daß ich keiner Menschenseele ein Leid zugefügt habe.«

Doch keine der beiden Aussagen entsprach ganz der Wahrheit, zumindest was ihre Verwandtschaft in Auckland betraf. Während sich Kiri auf die *Arabella*-Premiere vorbereitete, erhielt sie die Nachricht, daß ihre Schwester Nola am 16. Oktober einem Krebsleiden erlegen war, das die Ärzte erst zehn Tage zuvor diagnostiziert hatten. Nolas Tochter Judy hatte sich bemüht, an ihrem Sterbebett einige schmerzliche Wunden der Vergangenheit zu heilen. Dabei hatte Nola zu erkennen gegeben, wie tief das Zerwürfnis zwischen ihr und Kiri sie vor Jahren verletzt hatte.

In der Zeit nach jener Auseinandersetzung hatte Kiri wenig Bereitschaft gezeigt, nach dem Credo zu leben, zu dem sie sich öffentlich bekannte. Als sie 1992 gefragt wurde, ob sie Kontakt zu ihren Geschwistern habe, mußte sie verneinen. »Wir haben keinen Kontakt«, gestand sie und fügte trocken hinzu: »Ich weiß nicht einmal genau, wie alt sie sind.«[8]

Nola blieb Kiri bis zum Schluß in schwesterlicher Liebe ergeben, doch in den Gesprächen mit ihrer Tochter kurz vor ihrem Tod machte sie kein Hehl daraus, welch tiefen Schmerz das Zerwürfnis hinterlassen hatte. Einmal erwähnte Judy das Album mit den Photos von Kiri, die Nola über die Jahre so eifrig gesammelt hatte. Nola teilte ihr mit, daß sie die Bilder nach dem Streit über Toms Testament vernichtet hatte. »Ich fragte sie, wo all die Photos sind, und sie sagte, sie sei damals so wütend gewesen, daß sie sie alle zerschnitten hat«, berichtet Judy.

Jahrelang war Judy die einzige in der Verwandtschaft gewesen, die eisern zu Kiri gehalten hatte, doch inzwischen war auch ihre Treue geschwunden. Auch sie konnte kein Verständnis mehr für Kiris Kälte aufbringen. Dahinter stand eine lange Geschichte: Judy hatte zu ihrem Adoptivvater, Tom Webster, ein ähnlich inniges Verhältnis gehabt wie Kiri zu ihrem. Judys schwieriges Verhältnis zu ihrer Mutter, Nola, hatte auch damit zu tun, daß ihr Vater und ihre Mutter sich ständig um sie stritten. Judy warf Nola vor, es sei ihre Schuld gewesen, daß ihr Vater sich von ihr abgewandt hatte. Als Webster 1992 starb und sein Testament eröffnet wurde, war Judy zutiefst verletzt über eine Passage, in der ihr Vater ihr vorwarf, nach der Scheidung keinen Kontakt mehr zu ihm aufgenommen zu haben. Dabei war es Judys Wunsch gewesen, daß ihr Vater das Sorgerecht bekam. Das hatte sie ihm in einem Brief geschrieben, den sie mit Kiris Hilfe aufgesetzt hatte. Judy war so betrübt über diese Offenbarung, daß sie Kiri schrieb und sie bat, ihr zu bestätigen, daß sie – Kiri – ihr damals geholfen hatte, den Brief an ihren Vater zu schreiben. »Ich wollte nur, daß sie mir das schriftlich bestätigt«, sagt sie. »Aber sie hat überhaupt nicht darauf reagiert.«

Zu Kiris Verteidigung muß gesagt werden, daß Judys Briefe möglicherweise von Des geöffnet und Kiri gar nicht vorgelegt wurden. Judy konnte es nicht fassen, daß Kiri nicht bereit war, ihr zu helfen. »Ich habe sie nie um Geld gebeten oder um irgend etwas, was sie mehr als drei Minuten Zeit gekostet hätte. Das war das einzige, worum ich sie je bat«, sagt sie unter Tränen. »Ich verstehe nicht, warum sie mir den Gefallen nicht getan hat.« Dieser Vorfall markierte einen tiefen Bruch in ihrer einst so engen Beziehung zu Kiri. »Ich hege keinen Groll gegen Kiri. In jeder Familie geht es auf und ab, aber ich denke, sie hätte mehr für meine Mutter und auch für meinen Großvater tun können«, sagt Judy.

Die angestauten Gefühle, die ihre Familie lange unterdrückt hatte, kamen nach Nolas Tod schließlich hoch. Nolas zweiter Mann, Bill, hatte taktvolles Stillschweigen über Kiri gewahrt, solange seine Frau noch lebte. Als die Angehörigen eine Todesanzeige aufsetzten, machte er seinen Empfindungen jedoch Luft. »Er ließ partout nicht zu, daß Kiris Name mit in der Todesanzeige stand«, berichtet Judy. »Ich sagte noch zu ihm: ›Und was ist mit Kiri?‹, und er sagte: ›Kommt nicht in Frage. Nach allem, was sie deiner Mutter angetan hat. Ausgeschlossen.‹« Bill nahm auch die Blumen nicht an, die Kiri in das Trauerhaus schicken ließ.

Wegen ihrer Verpflichtungen in New York konnte Kiri nicht zu der Beerdigung kommen. Als ihre alte Freundin Betty Hanson bei der Trauerfeier auftauchte und behauptete, »Kiri zu vertreten«, biß sich die Familie auf die Zunge. »Wäre es keine Beerdigung gewesen, hätte ich mich umgedreht und gefragt: ›Wer hat Sie gebeten, sie zu vertreten?‹«, sagt Judy.

Judy hatte ihren Standpunkt ohnehin schon eloquent zum Ausdruck gebracht. Die Todesanzeige in den Regionalzeitungen enthielt eine klare Botschaft für all jene, die zwischen den Zeilen lesen konnten: »Endlich in Frieden und ohne Schmerz. Wohin Gott dich geführt hat. Nun stehst du in niemandes Schatten mehr. Nun strahlst du für immer.«[9]

Weihnachten verbrachte Kiri in England. Das Jahr 1995 begann an der New Yorker Met mit einem neuen *Simon Boccanegra* unter James Levine. Kiris Interpretation erinnerte viele an ihr glanzvolles Rollendebüt in den siebziger Jahren. »Sie ist annähernd ideal«, schrieb James Melick in *Opera News*.

Alles andere als ideal war indes Kiris Privatleben. Des hatte seinen alten Freund Bob Morgan in seine Affäre eingeweiht. Morgans Eindruck nach war dies Desmonds erster Seitensprung. »Des war nicht der Typ, der hinter jedem Mädchen her war«, meint er. »Das war das erstemal, daß er sich umschaute.« Weil Kiri ständig auf Reisen war, fühlte sich Des allein gelassen. »Elf Monate im Jahr bin ich allein. Was macht ein erwachsener Mann da?« sagte er zu Morgan. Morgan war überzeugt, daß Desmonds Affäre nichts Ernstes war. »Ich dachte, das währt nicht lange. Ich glaube, er hatte einfach genug und war der Meinung, das sei eine gute Möglichkeit auszusteigen.«

Die ausgedehnten Reisen, die Kiri Anfang des Jahres unternahm, trugen auch nicht gerade zur Entspannung der Ehekrise bei. Kiri machte kurze Abstecher nach Berlin, Oslo und Kopenhagen und eine längere Reise nach Südafrika; Nelson Mandela hatte sie als persönlichen Gast zum Rugby World Cup eingeladen. Des begleitete Kiri auf einer Tournee nach Pretoria, Kapstadt, Sun City und Johannesburg, wo sie bei einem Benefizkonzert zugunsten von Mandelas President's Trust Fund sang. Auf dieser Reise wurde Des seiner alten Rolle noch voll und ganz gerecht. Am Ende des Sommers endete jedoch die Ära, in der er Kiris rechte Hand und ihr engster Berater gewesen war. Das ständige Reisen hatte ihn zunehmend ernüchtert. Und aufgrund seiner Affäre war Kiris Vertrauen in ihn geschwunden. Eine in London ansässige Firma, Nic Grace Management, übernahm ab sofort die Aufgaben, die Des in den vergangenen fünfzehn Jahren so dienstbeflissen erfüllt hatte.

Bereits nach kurzer Zeit mußte Paul Gleeson Anfragen seitens der Presse abwehren, die wissen wollte, weshalb Des nicht mehr die Geschäfte seiner Frau managte. In Neuseeland und London waren Gerüchte über ihre ehelichen Probleme in Umlauf. »Des hat das Gefühl, es reicht, und hat die Rolle des Managers abgegeben«, versicherte Gleeson einem neuseeländischen Reporter[10]. Des schien fast erleichtert, aus den Rollenzwängen ausgebrochen zu sein.

Anfang 1996 machten die Morgans mit Kiri und Des Urlaub in Rawhiti. Rein äußerlich schien die Ehe so gut zu funktionieren wie schon seit Jahren nicht mehr. »Es war ein herrlicher Urlaub. Wir

spielten Boule, sammelten Austern und aßen im Freien.« Kiri
schien sich in ihrer gewohnten Hausfrauenrolle durchaus wohl zu
fühlen. »Kiri ist es lieber, jeden Abend zu Hause für Gäste zu
kochen, als in Restaurants zu gehen. Solange jeder seinen Teil bei-
trägt, macht ihr das nichts aus«, sagt Morgan.

Bei Kiri war häufig ein gewisser Wettbewerbseifer zu spüren.
»Kiri spielt liebend gern Tennis«, berichtet Morgan. »Sie wollte
fast jeden Tag gegen mich antreten, immer frühmorgens, wenn wir
am Abend zuvor gebechert hatten.« Kiri, Des und Morgan veran-
stalteten auch Jetski-Wettrennen in der weiten Parekura Bay. »Wir
wetteten darum, wer auf den Maschinen 100 Stundenkilometer
schafft«, erzählt Morgan. »Wir mußten sehr früh raus, bevor die
hohen Wellen kamen. Kiri war absolut unerschrocken, aber Des gewann mit 108 Stundenkilometern.«

Morgan wußte allerdings nicht, daß Desmonds und Kiris toll-
kühne Kunststücke auf ihren Vehikeln bereits für Ärger gesorgt hatten, weil die anderen Anwohner sich von dem Lärm belästigt fühlten und die Natur bedroht sahen. »Wir sind hierher gezogen, weil
es hier so friedlich und natürlich ist, und wir möchten, daß es
so bleibt«, sagt Christine Hall, eine von Kiris Nachbarinnen. »Sie
fahren einfach über die Laichgründe der Schalentiere hinweg und
kapieren gar nicht, daß sie damit all die juvenilen Formen ver-
nichten. Sie nehmen keinerlei Rücksicht auf die Fortpflanzungs-
rhythmen der Fische, die in den seichten Gewässern leben, auf
denen sie herumdüsen. Sie verstoßen gegen alle Gesetze des Mee-
res. Sie fahren viel zu schnell in den ausgewiesenen Zonen. Es ist
so, als würde ich bei einem Konzert von ihr auf dem Motorrad die
Straße auf und ab donnern, um sie zu nerven.«

Die Anwohner hatten ein diplomatisch abgefaßtes Schreiben her-
umgehen lassen, in dem darauf hingewiesen wurde, daß »diese Gegend nicht für derlei Kinkerlitzchen geeignet« sei, wie Hall es formulierte.

Was Kiri von ihren Nachbarn hielt, hatte sie bereits in diversen
Interviews zu erkennen gegeben. »Ich will da nicht von mir reden –
was die Gesprächsthemen ziemlich eingrenzt. Man muß versuchen,
auf Leute einzugehen, für die es nichts Wichtigeres gibt als den
Schuppen, den sie seit einem Jahr bauen«, sagte sie einmal[11].

Ähnlich abweisend war Kiri, als Christine Hall sie schließlich direkt auf die Jetski ansprach. »Die meisten Anwohner begegnen ihr mit einer gewissen Ehrfurcht und wollen sich nicht mit ihr anlegen, was ich auch nicht wollte, aber irgendwann reicht es einfach«, sagt Hall. »Ich rief sie an. Sie meinte, wenn ich ihr nicht in zwei Sätzen sagen kann, wo das Problem liegt, könnten wir uns das Gespräch sparen. Sie war überhaupt nicht bereit zuzuhören und sprach immer nur von ›ihrer‹ Bucht.«[12]

Christine Hall war entsetzt über die Art, in der sie behandelt wurde. »Wir sprachen sie auf ganz vernünftige Weise an und bekamen zu hören, wir würden ihre Rechte beschneiden. Wir entgegneten: ›Und wie steht es mit unseren Rechten und den Rechten der Tiere?‹, aber die scheinen nicht zu zählen. Es ist beschämend, daß ein Mensch ihres Profils solch eine oberflächliche Einstellung hat.«

Als die Morgans in Rawhiti weilten, zeigte man ihnen die Baupläne für das Haus, in dem Des und Kiri in Zukunft einen großen Teil ihrer Zeit verbringen wollten. Des betrachtete das ungebaute Haus ganz klar als Fundament für eine gemeinsame Zukunft. »Damals sah alles ganz gut aus, und sie stellten sich darauf ein, sich zur Ruhe zu setzen und den Rest ihres Leben zusammen zu verbringen«, sagt Morgan. Doch als sich Kiri wieder ihrer Arbeit zuwandte, hatte Morgan das Gefühl, daß sich trotz des Schlußstrichs unter Desmonds Affäre in der Ehe im Grunde nichts geändert hatte. »Kiri hatte das Symptom beseitigt, nicht aber das dahinterliegende Problem.«

Unerreichbar

Die Kiri, die Anfang 1996 wieder zur Arbeit antrat, war eine andere und provokativ unabhängige Kiri. Ihr Kollege John McKay hatte den deutlichen Eindruck, daß es auch eine einsame und recht betrübte Kiri war.

In den fünf Jahren, seit McKay bei der *Bohème* in seiner Heimatstadt Auckland zum erstenmal mit Kiri zusammengearbeitet hatte, war er für Kiri und IMG zu einem der wichtigsten Berater geworden. In dieser Saison organisierte er drei Freilichtkonzerte und koordinierte Kiris lang erwarteten Auftritt in einem neuen *Don Giovanni*, den die Opera New Zealand im März auf die Bühne bringen wollte.

Der Eindruck, daß sich Kiris Welt verändert hatte, drängte sich bereits in dem Augenblick auf, als sie am 14. Januar 1996 zum ersten ihrer Open-air-Konzerte in Queenstown eintraf. Zum erstenmal, zumindest in Neuseeland, bestand Kiri darauf, daß Teleprompter, sogenannte »Neger«, installiert wurden. Damit es nicht zu auffällig wirkte, wurden die Prompter und sämtliche Kabel geschickt hinter Blumenarrangements versteckt. Kiri war auch nicht bereit, sich für irgendwelche Public-Relations-Maßnahmen zur Verfügung zu stellen, und mußte förmlich überredet werden, der prominenten neuseeländischen Journalistin Susan Wood ein Fernsehinterview zu gewähren. »Ich hatte den Auftrag, sie in einem Golfbuggy zu dem Interview zu bringen und wieder abzuholen. Auf der Rückfahrt saß sie stumm, fast wie versteinert da«, erklärt McKay[1].

Selbst ihr Draht zu den ergebensten Untertanen in ihrem erschütterten Reich, ihren Fans, schien gestört. »Sie saß bloß da und nahm die Leute nicht einmal wahr. Vor zwei Jahren, bei dem Konzert in Mission Vineyard, war es ganz anders. Da mußte ich genau das gleiche tun – sie zu dem Interview bringen und wieder abholen.

Damals brauchten wir eine Dreiviertelstunde für die Rückfahrt, weil sie immer wieder anhalten und mit den Leuten reden wollte, die sie bestürmten.«

Der auffallendste Unterschied lag jedoch in Kiris Beziehung zu Des. »Die Veränderung war erstaunlich. Des schien dazu verdonnert, drei Schritte hinter ihr herzugehen und die Koffer zu tragen«, sagt McKay. »In dieser Rolle schien er sich überhaupt nicht wohl zu fühlen.«

Über Desmonds »Degradierung« waren sowohl er als auch Kiri höchst unglücklich. Kiri fühlte sich auf einmal schrecklich allein gelassen. »Sie ist ein Mensch, der fast rund um die Uhr jemanden um sich herum braucht«, sagt McKay. Ohne Des wirkte sie führerlos. Da ihr neuer Manager, Nic Grace, an seine Londoner Agentur gebunden war, mußte Kiri viele der tagtäglichen Entscheidungen auf einmal selbst treffen. »Kiri setzte sich ans Steuer und fuhr selbst zu den Proben. Wenn es früher mit irgend etwas Probleme gegeben hatte, egal wie groß oder klein sie auch sein mochten, hat Des sich darum gekümmert. Nun mußte Kiri selbst für sich einstehen.«

Wie schwer ihr das fiel, hatte sich bereits gezeigt, als sie Ende 1995 bei einem Besuch in Auckland mit dem Regieteam zusammentraf, das den *Don Giovanni* plante. Die entspannt wirkende Kiri hatte den Produzenten Stephen Dee, den Regisseur Simon Phillips und das mit Preisen ausgezeichnete Bühnenbildnerehepaar Iain Aitken und Tracy Grant in ihre Wohnung nach St. Heliers eingeladen, um deren Pläne durchzusprechen. Für Phillips, Aitken und Grant war dies ein großer Augenblick. Sie gingen davon aus, daß dieser *Don Giovanni* wahrscheinlich Kiris letztes Opernengagement in Neuseeland war, und so wollten alle drei eine denkwürdige Inszenierung schaffen.

Das Team hatte geplant, die Handlung der Oper in die Zeit um 1930 und in ein Hotel in Nordafrika zu verlegen. Bereits vor dem Treffen mit Kiri hatten die drei den Dirigenten Stephen Barlow in ihre Konzeption eingeweiht. In den vier Jahren seit ihrer ersten Zusammenarbeit bei *Capriccio* in San Francisco hatte sich Kiri immer mehr für Barlow erwärmt. Mit dem Segen ihres einstigen Lieblingsdirigenten John Hopkins, mit dem sie in den vergangenen zehn Jahren viele ihrer Highlights auf der südlichen Halbkugel erlebt hatte, war Barlow zum Dirigenten ihrer Wahl aufgestiegen.

Kiri und Barlow hatten in den vorausgegangenen zwei Jahren häufig zusammengearbeitet. Im Januar 1994 hatte er sie mit der Auckland Philharmonia und im März desselben Jahres in der Royal Albert Hall mit dem London Symphony Orchestra begleitet. Anschließend war er mit Kiri auf Tournee nach Kanada, in die Vereinigten Staaten und nach Fernost gegangen. Auch Barlows Ehe litt unter seinem übervollen Terminkalender. Bereits im Jahr zuvor hatte seine Frau, die attraktive und begabte Schauspielerin Joanna Lumley, in der Presse darüber geklagt, wie wenig Zeit ihr Mann in Kiris hektischem Jahr 1994 für sie gehabt habe. Lumley war selbst sehr beschäftigt – und sehr erfolgreich.

Barlow wiederum hatte darüber geklagt, daß er sich durch den wachsenden Ruhm seiner Frau in den Schatten gestellt fühle. Er sagte, er könne es nicht ausstehen, als » Mr. Lumley« oder – schlimmer noch – als » Miss Lumleys Begleiter« bezeichnet zu werden. Kiris Förderung hatte viel dazu beigetragen, ihm einen größeren Bekanntheitsgrad zu verschaffen. » Sie war maßgeblich dafür verantwortlich, daß seine etwas stagnierende Laufbahn wieder in Schwung kam, indem sie ihn unter ihre Fittiche nahm«, bemerkt sein Freund Stephen Dee, der damalige Intendant der Oper von Auckland[2].

Kiris Abneigung gegen moderne Operninszenierungen war bekannt. Schlechte Erfahrungen hatte sie nicht zuletzt mit Versaces *Capriccio*-Kostümen gemacht. Barlow versprach, vor der offiziellen Präsentation des Regiekonzepts bei Kiri vorzufühlen. » Er behauptete, er habe mit ihr gesprochen, und sie habe nichts einzuwenden gehabt«, erklärt Stephen Dee. » Genau da lag das Problem. Als wir Kiri das Konzept schließlich vorlegten, gingen wir davon aus, daß sie im großen und ganzen im Bilde war.«

Barlow, so berichtete Tracy Grant, habe » angedeutet, daß Kiri eher traditionell denkt, aber sicherlich nichts dagegen hat, einer alten Geschichte einen neuen Touch zu geben, solange es nicht zu weit hergeholt ist«[3]. Grant war in Europa mit Preisen ausgezeichnet worden und galt in ihrer Heimat als Shooting-Star der Regieszene. Im Jahr 1993 hatte sie bereits die Kulissen für Kiris Konzert in

Mission Vineyard entworfen und auch schon mit Plácido Domingo zusammengearbeitet. Grants Ehemann, Iain Aitken, und Phillips hatten detaillierte Modelle des Bühnenbilds entworfen, und Tracy Grant hatte Zeichnungen und Stoffmuster für die geplanten Kostüme zusammengestellt. Alle vier fuhren voller Optimismus nach St. Heliers. »Am Tag zuvor hatten wir das Ganze der Opera New Zealand präsentiert, wo es sehr gut angekommen war«, berichtet Grant.

Doch kaum hatten sie mit ihrer Präsentation begonnen, schwand ihr Optimismus. Paul Gleeson und Des waren ebenfalls anwesend, hielten sich aber diskret im Hintergrund. Es war ganz eindeutig Kiris großer Auftritt. Kiri schenkte Kaffee ein und bat das Team, die ausgebreiteten Pläne und Modelle zu erläutern. »Ich glaube, wir spürten nach etwa fünfzehn oder zwanzig Minuten instinktiv, daß sie nicht vor Begeisterung überschäumte«, sagt Grant.

Schließlich wischte Kiri Grants Kostümentwürfe beiseite und versicherte rundheraus, daß sie die nicht anziehen werde. »Von da an war es sehr, sehr schwer, sich mit ihr zu unterhalten«, sagt Aitken[4]. Kiris Ton wurde immer herrischer. »Wir hatten fast das Gefühl, ausgeschimpft zu werden wie ungezogene Kinder. Sie gab uns zu verstehen, wir hätten nicht so vermessen sein sollen, der Oper einen neuen Aufhänger geben zu wollen – wir seien schließlich bloß unerfahrene Neuseeländer«, sagte Grant. »Sie war sehr herablassend. Wir waren sprachlos. Wir waren die besten Kräfte, die ihr Land zu bieten hatte, und sie fertigte uns einfach so ab.«

In der Vergangenheit pflegte Des in solchen Situationen einzugreifen und die Gemüter zu besänftigen. Doch während dieser Besprechung blieben er und Gleeson die ganze Zeit im Hintergrund, wie auf Stillschweigen eingeschworen. Schließlich lenkte Stephen Dee ein, der diese Inszenierung als sein Kind betrachtete und etwas Ungewöhnliches hatte machen wollen. Er räumte ein, daß gewisse Dinge natürlich noch geändert werden konnten.

Dee war von der Opera New Zealand mit der Produktion beauftragt worden, weil er auf eine langjährige und reibungslose Zusammenarbeit mit Kiri zurückblickte, sowohl an der Victoria State Opera als auch an der Auckland Opera, die er beide als Intendant geleitet hatte. Dee war über Kiris persönliche Probleme unterrichtet und wußte, daß Des sich »ausgeklinkt« hatte, wie er es formulierte. Seine Sympathie für Kiri schwand jedoch deutlich, als er erlebte, wie sie sein junges Team behandelte. »Sie hatte absolut dünkelhafte Vorstellungen davon, was wir konnten und was wir nicht konnten. Das war im Grunde das Kränkende«, sagt er. »Kiri kann durchaus liebenswürdig sein, und sie kann absolut schwierig sein. Sie ist sehr widersprüchlich. Meist steht ein Motiv dahinter, aber sie kann ganz schön stur sein, und wenn sie sich jemandem oder etwas entschieden widersetzen will, kann oft niemand, nicht einmal Des, sie umstimmen.«

»Als wir gingen, waren wir vollkommen am Boden zerstört«, gesteht Aitken. Völlig ernüchtert fuhren die vier in ein Restaurant, wo Stephen Dee vergeblich versuchte, seine Kollegen zu trösten. Seiner Meinung nach kamen sie aber nicht darum herum, ihre Pläne zu verwerfen und eine bestehende Konfektionsinszenierung aus Australien zu übernehmen. Doch nach kurzer Zeit erhielt Dee auf seinem Mobiltelephon einen Anruf von Paul Gleeson. Der IMG-Vertreter erklärte, Des habe interveniert und Kiri überredet, sich die Vorschläge noch einmal anzuschauen. Am nächsten Morgen waren sie bereits dabei, Kompromißentwürfe auszuarbeiten.

Der Zwischenfall bestätigte, was viele bereits vermutet hatten, als Desmonds Ausscheiden aus der Managerrolle bekannt wurde: Kiri war den zahllosen neuen Anforderungen, die inzwischen an sie gestellt wurden, einfach nicht gewachsen. Dies zeichnete sich in den schwierigen Monaten, die folgten, immer deutlicher ab. »Wahrscheinlich wären wir besser beraten gewesen, bereits damals den Stecker zu ziehen«, gesteht Dee. »Aber oft wird einem so etwas erst im nachhinein klar.«

Als ob die Spannungen in Kiris Privatleben nicht schon genügt hatten, fühlte sie sich auch von den Medien stark unter Druck gesetzt. Überall, wohin sie inzwischen reiste, wurde sie gefragt, wann sie sich denn nun von der Bühne zurückziehen wolle. »Es liegt mir fern, mich auf den 31. X-ten soundso festzulegen«, sagte sie im Januar jenes Jahres. Doch auch ihre unverbindlichen Äußerungen trugen wenig dazu bei, die Aura des Fin de siècle zu vertreiben, die sie inzwischen umgab.

Immerhin normalisierte sich das Verhältnis zwischen ihr und

Tracy Grant. Als Grant bei der Produktion des *Don Giovanni* enger mit Kiri zusammenarbeitete, entwickelte sie sogar eine echte und tiefempfundene Sympathie für die Sängerin. Nach ihrer katastrophalen ersten Begegnung setzte sich Grant öfter per Fax mit Kiri in Verbindung, wenn diese in Rawhiti oder London weilte. Je intensiver sie sich mit ihr austauschte, desto klarer wurde ihr, welch enormer Druck auf Kiri lastete. »Sie hatte Angst, sich lächerlich zu machen, und fürchtete, wir würden zuviel riskieren, und sie müßte es ausbaden«, erläutert Grant. »Dies war eine einzigartige Gelegenheit für sie, nach Hause zu kommen und etwas Großartiges zu machen, aber so hatte sie es sich nicht ausgemalt. Ihre Kostüme wurden gravierend geändert, obwohl ich wußte, daß wir uns damit noch weiter von der ursprünglichen Konzeption entfernten. Ich empfand tiefes Mitgefühl für sie. Ich tat mein möglichstes, damit sie genau das bekam, was sie brauchte, um sich nicht so angreifbar zu fühlen.«

Der neu erwachte Optimismus schwand jedoch umgehend, als Kiri Anfang Februar mit der Truppe von Opera New Zealand die Proben aufnahm. John McKay und seine Kollegen wußten, welches Fingerspitzengefühl der Umgang mit Stars erforderte. Das übrige Ensemble und die gesamte Truppe wurden instruiert, wie sie Kiri anzusprechen hatten, wenn dies nötig war. »Wir stellten klar, daß die restlichen Mitglieder des Ensembles nicht vor einer Vorstellung an sie herantreten durften. Wir wiesen sie darauf hin, daß sie gerne mit ›Dame Kiri‹ angesprochen werden will. Es war in unserem eigenen Interesse, die Frau, die uns ein ausverkauftes Haus bescherte, so weit wie möglich bei Laune zu halten«, sagt er. Bald zeigte sich jedoch, daß Kiri in beunruhigend schlechter Stimmung war. »Als sie nach Auckland kam und mit den Proben zu *Don Giovanni* anfing, war sie offensichtlich ziemlich unglücklich. Kiri schloß sich fast ein. Sie kam ins Theater, marschierte schnurstracks die Treppe hinunter und verschwand in ihrer Garderobe.«

Die Besetzung der weiteren Hauptrollen hatte Kiri entscheidend mitbeeinflußt. Der Chor bestand teils aus erfahrenen Mitgliedern der Truppe und teils aus jungen Nachwuchssängern. Als Kiri zu ihrer ersten Probe erschien, ging ein Schauer der Begeisterung durch die Reihen, besonders unter den jüngeren Sängern, für die Kiri so etwas wie eine lebende Legende war. Als Kiri an ihrem ersten Arbeitstag zusammen mit Simon Phillips und Stephen Barlow auf das Podium trat, wurde sie mit Beifall willkommen geheißen. Kiri lächelte und formte die Lippen zu einem »Danke«.

Kiris erster Beitrag war alles andere als bemerkenswert. In der einleitenden Probe hob sie extra hervor, daß ihr erstes Erscheinen auf der Bühne viel dramatischer sei. »Ich habe einen Auftritt«, betonte sie.

Die jüngeren Mitglieder des Chors stammten von den Musikhochschulen, für die Kiri eine lebende Inspirationsquelle war. Viele von ihnen kannten nur das Bild, das Kiri in der Öffentlichkeit genoß – das Bild der ungezierten Diva. Für viele war der Kontrast zwischen ihrem Image in den Medien und ihrem privaten Auftreten nur sehr schwer vereinbar. Kiri kaute häufig Kaugummi, oft bis zu dem Augenblick, in dem sie auf die Bühne ging. »Sie gab ihn einfach demjenigen, der am nächsten stand«, weiß ein Mitarbeiter des Produktionsstabs zu berichten. »Sie kaute bis zur letzten Minute darauf herum und erwartete, daß irgend jemand ihn ihr abnahm.«

Drei Tage vor der Premiere sollte die Generalprobe stattfinden. Inzwischen war Kiris mißliche Verfassung noch auffälliger. »Kiri verschlief ihren Aufruf, verpaßte ihren Auftritt, kam zu spät heraus und setzte einfach vier oder fünf Takte nach dem Orchester ein«, sagt ein Mitglied des Teams. Doch Kiri beeilte sich, ihren Fehler zu kaschieren. »Stephen Barlow brach ab, und sie trat an die Rampe und rief zu Simon Phillips: ›Soll ich etwa diese Kutte tragen?‹«, berichtet der Mitarbeiter. So etwas hatten selbst die erfahreneren Mitarbeiter noch nicht erlebt. »Ich glaube, das war das einzige Mal, daß wir eine Generalprobe unterbrochen haben«, gesteht John McKay.

Für Kiri war der Angriff, wie so oft, die beste Verteidigung. »Ihre Garderobiere hatte ihr gesagt, welchen Kittel sie anziehen solle, aber sie hatte sich einfach darüber hinweggesetzt. Als sie feststellte, daß sie das falsche Gewand anhatte, warf sie der Garderobiere vor, es sei deren Schuld. Die Szene war ziemlich laut und unangenehm für die arme Frau«, sagt ein Chormitglied. »Sie hackte vor mehreren Leuten draußen auf dem Gang auf ihrer Garderobiere herum, was nun wirklich nicht nötig gewesen wäre«, berichtet ein weiterer Mitarbeiter, der den Zwischenfall mitbekam.

Als erfahrener Produzent wußte Stephen Dee, daß Sänger es fertigbrachten, bei Generalproben absichtlich Fehler zu machen, sei es aus Aberglauben oder damit ihre Kollegen auch bei der Premiere noch auf Zack blieben. In diesem Fall, so sein Eindruck, standen jedoch andere Motive dahinter. »Es war bewußte Sabotage«, sagt Dee. »Sie hat ganz bewußt und absichtlich dagegengearbeitet. Sie hatte versucht, ein paar der jüngeren Sänger im Ensemble dazu zu bringen, ihr zu folgen anstatt dem Dirigenten. Sie war mit Stephens Tempi nicht einverstanden und brachte den ganzen Laden zum Stillstand. Es war furchtbar beschämend. Sie verhielt sich absolut rüpelhaft.«

Zwischen Kiri und ihrem Dirigenten waren immer mehr Spannungen aufgetreten, seit Barlow mitbekommen hatte, daß Kiri für ihren Auftritt bei dem »kostenlosen« Freilichtkonzert in Auckland eine fünfstellige Gage einstrich. Barlow, der auf Kiris Wunsch als Dirigent engagiert worden war, hatte zunächst eine viel kleinere Gage ausgehandelt und verlangte dann empört eine Angleichung. »Ich kann nicht sagen, daß ihr Verhältnis in jener Zeit zu Bruch ging, aber es war belastet«, gesteht Dee. »Ich weiß, daß es wahnsinnig schwer für Stephen war, mit allem fertig zu werden, und ich glaube, in einem gewissen Sinn hat sie sehr viel an ihm abreagiert.«

Als die Generalprobe fortgesetzt wurde, entstand indes noch mehr Grund zur Besorgnis. Kiri lieferte eine völlig verhaltene, rein mechanische Interpretation der Elvira und war selbst in den ersten Zuschauerreihen kaum zu hören. »Ich glaube, alle gingen zu ihren Gunsten davon aus, daß sie ihre Stimme für die Premiere schont«, sagt McKay.

Am 24. Februar war jedoch klar, daß dem nicht so war. »Die Premierenvorstellung lief genauso ab wie die Generalprobe – und auch alle folgenden Vorstellungen«, sagt McKay. »Es gab ein Gespräch zwischen Barlow und Kiri – über das Niveau der Interpretation, einzelne Kleinigkeiten, die sie verfehlt hatte, und solche Dinge. Barlow ist ein Gentleman. Er schreit und tobt nicht. Doch am Ende der Saison war er ziemlich verstimmt.«

Nicht zum erstenmal ließen Kiris Leistungen im Laufe der Aufführungsserie sogar noch nach. Ihre gelegentlichen Aussetzer überraschten kaum jemanden. »Sie kannte sich nicht aus, setzte falsch ein – zum falschen Zeitpunkt und im falschen Rhythmus – und brachte die anderen völlig raus«, sagt ein Mitglied des Chors. »Auf der Bühne traten mitunter Momente der Panik auf, in denen man merkte, es ist etwas schiefgelaufen, aber nicht sofort wußte, wie das Ganze musikalisch zu retten war. Die anderen haben sie dann einfach ignoriert und stur weitergesungen. Sie mußte sich wieder an die anderen anpassen.«

Mindestens ebenso problematisch war ihre mangelnde Koordination mit den übrigen Darstellern. »Da sie bei den ersten Proben nicht dabei war und erst bei den Bühnenproben einstieg, hatte sie keine Ahnung von der Regie und von den Positionen, sondern irrte bloß umher«, bemerkt einer der Sängerkollegen. »Man wußte nie, wo zum Teufel sie gerade steckt, und wenn man selber die richtige Position eingenommen hatte, stand sie auf einmal da und starrte oder fauchte einen wütend an, weil sie meinte, man habe ihr den Platz weggenommen.«

Das gravierendste Problem warf eine dicht choreographierte Tanzsequenz auf. Ganz kritisch wurde es bei einer Vorstellung, bei der eine Sängerin versehentlich ihren Fuß auf den Saum von Kiris Kleid setzte. »Sie wandte sich vom Publikum ab, fuhr zu ihr herum, zischte sie an: ›Sie stehen auf meinem verdammten Kleid!‹, und riß den Saum unter dem Fuß hervor. Ich habe es ganz deutlich gehört«, sagt ein Chormitglied. »Die Sängerin war völlig erschüttert. Sie war total geknickt über den unterschwelligen Vorwurf, sie habe etwas falsch gemacht, obwohl sie nur ihre Tanzschritte befolgt hatte. Kiri war ihr in die Quere gekommen, ganz einfach.«

Entsetzt war auch John McKay, der Kiri immer für ihre saubere Koordination bewundert hatte. »Wir machten immer Witze über Künstler, die zu uns kamen und sich selbst bei der intensivsten Regiebetreuung am Ende einfach in die Mitte der Bühne stellten und ihre Arien abspulten, egal, was um sie herum passierte«, sagt er. »Von Kiri kannte man das nicht.«

Die schlechten Kritiken nach der Premiere brachten die gesamte Truppe aus der Fassung. Selbst der normalerweise gelassene McKay kochte irgendwann einmal über. Er hatte sich gerade mit einem anderen Sänger gestritten, als er Kiri über den Weg lief, die sich auf dem Gang bei Paul Gleeson beklagte. »Wieso bin ich überhaupt hier?« fragte Kiri ihren Agenten. Ohne nachzudenken, warf McKay im Vorbeigehen ein: »Wegen der Kohle, Darling. Deswegen«, schnaubte er und stürmte davon. Als er in sein Büro trat, wurde ihm klar, daß er wahrscheinlich sein eigenes Todesurteil gefällt hatte. »Ich dachte, das war's. Das ist das Ende.« Statt dessen dauerte es nicht lange, bis sie kleinlaut bei ihm an der Tür vorbeischlich. »Sie lächelte mich bloß an und flötete: ›Vielleicht ist es so, John. Vielleicht ist es so.‹«

Ähnlich wie bei Tracy Grant verflog auch bei McKay der Groll und wich einem tiefen Verständnis für Kiri. »Manchmal empfand ich irrsinniges Mitleid mit ihr. Es war nicht zu übersehen – sie wirkte einfach todunglücklich.« McKay ließ nichts unversucht, um Kiri zu helfen, aber vergeblich. Sie hatte sich abgekapselt und zugemacht. »Nur wer mit Künstlern zusammenarbeitet, versteht, wieviel Mühe und Energie sie aufbringen müssen, um eine Interpretation zustande zu bringen, und so gut wie jedes Verhalten ist verzeihlich, wenn am Ende die entsprechende Leistung herausschaut. Man unterstützt die Künstler, man hilft ihnen, man redet mit ihnen, man steht ihnen zur Seite. Aber an Kiri war gar nicht heranzukommen. Sie war völlig unerreichbar. Wir konnten anscheinend nichts dazu beizutragen, daß sie sich gut genug fühlte, um das entsprechende Niveau zu erreichen.«

Daß sie nicht glücklich war, merkte jeder. »Wenn man ihr auf dem Gang begegnete, sah sie einen nie an. Sie schaute immer weg, denn wenn sie einem ins Gesicht geschaut hätte, dann hätte sie ihr Gegenüber wahrnehmen müssen und umgekehrt, und das wollte sie unbedingt vermeiden. Das war sehr, sehr auffällig. Es wirkte sehr gewollt und beabsichtigt«, berichtet ein Mitglied des Chors.

Einige sahen darin eine befremdliche Unnahbarkeit und Arroganz. »Sie kapselte sich völlig vom übrigen Ensemble ab, aber das paßte für mich überhaupt nicht zu dem Image, das sie in der Öffentlichkeit verbreitet. In den Medien verkauft sie sich als Girl von hier, das wieder heimgekommen ist und noch genauso natürlich und ohne Allüren ist wie früher.«

Am Ende der Saison war klar, daß selbst Kiri eine Art von Entschuldigung für angebracht hielt. Als sich der Chor vor der letzten Vorstellung wie üblich eine halbe Stunde lang einsang, tauchte eine nervös dreinblickende Kiri in Begleitung eines Mitglieds der Intendanz auf. »Sie wurde mit den Worten angekündigt: ›Miss Te Kanawa möchte Ihnen gerne etwas sagen‹, und gab dann folgendes Statement ab«, berichtet ein Mitglied des Chors. »Sie kam rein und sagte: ›An einen internationalen Star, der einen Namen hat, werden enorme Erwartungen gestellt; man muß immer auf höchstem Niveau arbeiten; deswegen kann man es sich nicht leisten, sich auch einmal gehenzulassen, sondern muß sich immer voll auf seine Arbeit konzentrieren.‹ Sie wollte sagen, das sei der Grund gewesen, weshalb sie sich so abgekapselt hat. Dann marschierte sie hinaus.«

Einen Augenblick lang sahen sich die Chorsänger bloß verdutzt an. »Zunächst sagte niemand etwas, doch dann sahen wir uns ungläubig an und sagten: ›So ein Schwachsinn!‹ Es hinterließ einen sehr sauren Nachgeschmack. Alle hatten den Eindruck, daß sie eine blöde, aufgeblasene Primadonna ist – genau das Gegenteil von dem, wie sie sich in der Öffentlichkeit darstellt.«

Seit über fünfundzwanzig Jahren hatte Kiri nun schon eine Spitzenposition in ihrem Beruf inne. Oft war sie sich in dieser Position sehr einsam vorgekommen, vielleicht nie so sehr wie damals. Die hohen Erwartungen, die in Neuseeland traditionsgemäß an sie gestellt wurden, und die Probleme mit Des hatten die schlimmsten Seiten an ihr zum Vorschein gebracht.

Für jene, die Kiri seit Jahren kannten, war dies ein deprimierendes, wenngleich vertrautes Bild. Rodney Macann hielt sich in jener Zeit in Auckland auf und hatte Freunde, die im Ensemble mitwirkten. Die Horrorgeschichten, die er hörte, bestätigten das Bild, das er von seiner einstigen Freundin hatte. »Sie platzte im letzten Augenblick herein und kommandierte jeden herum. Ich glaube, das läßt sich nicht jeder gefallen«, sagt er. Mehr denn je empfand Macann jedoch Mitleid mit seiner früheren Freundin. »Wenn man von allen vergöttert und so umschmeichelt wird, muß man ein starker Mensch, ein kluger, intelligenter Mensch sein, um damit klarzukommen, ansonsten kann es einen zugrunde richten«, meint er. »Es hat Kiri nicht zugrunde gerichtet, aber ich glaube, viel hat nicht gefehlt.«[5]

Stephen Dee kehrte Auckland den Rücken und hat nie wieder

etwas mit Kiri zu tun gehabt. Er betonte, daß er nach wie vor die größte Bewunderung für ihre Stimme hege. »Ich habe sehr viel Achtung vor Kiri, aber ich bin keiner dieser naiven glotzenden Fans«, sagt er. »Ich weiß, was für eine gute Sängerin sie ist. Sie ist eine absolut brillante Sängerin. Sie ist eine der allerbesten, wenn nicht die beste auf der Welt.«

Aus dem privaten Umgang mit ihr wußte er, daß sie sehr freundlich und liebenswürdig sein konnte. Auf beruflichem Gebiet war er inzwischen jedoch weniger von ihr eingenommen. »Sie ist eine sture Frau, die schnell einmal große Statements abgibt, aber selten so verantwortungsvoll ist, die Dinge bis zur letzten Konsequenz zu durchdenken«, sagt er. »Bisher hatte niemand den Mumm, nein zu ihr zu sagen. Niemand hat je zu ihr gesagt: ›Zieh ab, du blöde Kuh, und bring deinen Kram erst auf die Reihe.‹ Sie hat immer nur gehört: ›Du bist großartig, du bist toll, du bist wunderbar.‹«

»Das ist das Komische bei Opernsängern«, fährt er fort. »Seit undenklichen Zeiten üben sie eine ganz besondere Faszination aus, und selbst intelligente Menschen geraten so in Verzückung über sie, als handelte es sich um irgendein wertvolles Spielzeug, als könnten sie nichts Unrechtes tun. Das ist doch merkwürdig. Die Leute lassen sämtliche Maßstäbe fallen, wenn sie es mit jemandem wie Kiri zu tun haben.«

Andere waren weniger geneigt, Kiri zu verurteilen, und hielten ihr angesichts der schwierigen Lage mildernde Umstände zugute. »*Don Giovanni* wollte nicht so richtig klappen, und zwar einzig und allein aus dem Grund, weil mit Kiri irgend etwas nicht stimmte und sie sich nicht richtig konzentrieren konnte. Sie war sichtlich zutiefst unglücklich, und das färbte auf die Arbeit ab«, sagt McKay. »Einen gewissen Hochmut hatten wir von Kiri schon immer gekannt. Aber auf einmal war nichts mehr da von ihrer Freundlichkeit, ihrer Herzlichkeit, ihrer Lockerheit. Sie bestand nur noch aus Divaallüren. Ich bin sicher, das hatte mit der Beziehung zu Des zu tun.«

Das immer gespannter werdende Verhältnis zu Stephen Barlow machte das Ganze auch nicht gerade einfacher. Barlow hatte in den vergangenen zwei Jahren trotz aller Krisen treu zu ihr gehalten. Doch nach diesem *Don Giovanni* war selbst seine Geduld zu Ende.

Kiris Auftritt in Auckland dürfte den Wendepunkt in ihrer Beziehung markiert haben. »Zum Zeitpunkt der Show in Wellington herrschte beinahe Krieg zwischen Stephen und Kiri«, meint ein Kollege.

Aus ihrer Hotelsuite rief Kiri – »extrem gestreßt« – sogar bei ihrem Jugendfreund Rodney Macann an, um ihn zu Rate zu ziehen. Kiri gestand, daß das bevorstehende Konzert an ihren Nerven zerre, und deutete auch ihre Probleme mit Barlow an. »Sie hatte das Gefühl, am Tag vor dem Konzert viel zuviel singen zu müssen, und wenn man besorgt darüber ist, wie gut man singen wird, dann kann man einfach nicht so gut singen«, sagt Macann. Nach jenem Telephongespräch war er sich sicher, daß Kiri nahe daran war, das Singen endgültig an den Nagel zu hängen.

Bei einer Probe am Vormittag vor dem Konzert spitzte sich das Ganze noch zu. Kiri wurde von einer Stimme aus dem Dunkel unterbrochen. »Jemand aus ihrer Entourage saß hinten im Saal und rief: ›Wir können dich nicht hören‹«, berichtet ein Zeuge. Barlow war in Rage und sprach schließlich eine klare Warnung aus. »Stephen gab ihr zu verstehen: ›Wenn du dich heute abend so aufführst, können wir einpacken‹«, berichtet ein Freund. »Sein Ruf stand genauso auf dem Spiel wie ihrer.«

An jenem Abend gestand Barlow seinem Freund Iain Aitken, daß er die Nase voll habe. »Er sagte, er habe genug, und er habe Kiri mitgeteilt, er werde keine weiteren Engagements mit ihr übernehmen«, erzählt Aitken. »Er zeigte sich nicht sonderlich wütend oder aufgebracht, aber ich glaube, er war stocksauer.«

Auch Aitken hatte Gerüchte gehört, die in der neuseeländischen Musikszene kursierten – Gerüchte über eine Affäre zwischen Barlow und Kiri. Die Tatsache, daß Joanna Lumley in Auckland an Barlows Seite auftauchte, schürte die Gerüchte noch zusätzlich. Sogar in London deutete mindestens eine Zeitung eine »intime Freundschaft« an. Die knalligste Story kam an jenem Abend auf. Es hieß, Joanna Lumley sei wütend in Kiris Garderobe gestürmt und habe Kiri gewarnt: »Lassen Sie die Finger von meinem Mann, Sie…!«

Genügte nicht schon die Tatsache, daß Lumley ihren Mann nicht nach Wellington begleitete, um die Gerüchte zu zerstreuen, so entzog Barlows Reaktion, als er direkt auf die Gerüchte angesprochen wurde, allen Spekulationen die Grundlage, zumindest für Aitken. Als Aitken den Maestro auf das Thema ansprach, sah ihn dieser nur verständnislos an.

Wie zu erwarten war, wurde das Konzert zu einem der verhängnisvollsten Momente in Kiris Laufbahn. Seit den sechziger Jahren galt Wellington als Hochburg ihrer Fangemeinde. Trotz Kartenpreisen von bis zu 100 neuseeländischen Dollar war das Konzert restlos ausverkauft. Doch auch diesmal ließ ihre Leistung arg zu wünschen übrig. Da sie ohne Mikrophone und Verstärker sang, klagten viele, sie hätten Kiri überhaupt nicht gehört.

Die Presse in Wellington nahm in bezug auf Kiri schon lange kein Blatt mehr vor den Mund. Diesmal verfaßten die Kritiker mit die giftigsten Rezensionen, die sie in ihrem Heimatland je erhielt. »Dieser Auftritt wird als *der* Festivalflop in Erinnerung bleiben«, schrieb Ivan Patterson in seiner vernichtenden Kritik im *Wellington Dominion*. »Lautes Murren von wegen ›Geld zurück‹ ging durch das Foyer, und tatsächlich wurde das Publikum bei diesem Festival noch nie so übel übers Ohr gehauen wie bei diesem Konzert«, fügte er hinzu. »Man kann nur hoffen, daß sie bloß nicht gut drauf war, denn es gibt nichts Traurigeres als eine Diva, die abbaut.« Die *Evening Post* klagte: »Ihr Glanz ist verblaßt, ihr Publikum enttäuscht.« Viele fühlten sich betrogen. »Wenn man so eine PR-Maschinerie einspannt und so überzogene Programmhefttexte bringt, dann fordert man das Schicksal regelrecht heraus«, kommentierte Roger Flury von Radio New Zealand die riesige Werbekampagne vor dem Konzert und die schmachtende Prosa in den Hochglanzprogrammheften.

Drei Monate zuvor hatte Kiri kokett angedeutet, daß dies ihre letzte Tournee nach Neuseeland sein könnte. Wenn dem so war, dann war dies alles andere als ein herzlicher Abschied. Mehrere führende Köpfe beim Aotea Centre und bei der Opera New Zealand sprachen sich deutlich gegen ein Revival aus. »Nie wieder«, brummte einer der Chefs.

Anfang Februar 1997 traf Kiri in New York ein, um an der Met noch einmal die *Figaro*-Gräfin zu geben. Bei den Auftritten in der

Rolle, die sie berühmt gemacht hatte, sollte sie sich ausgerechnet mit Hei-Kyung Hong abwechseln, die ihr Rollendebüt gab. Selbst mit über fünfzig hatte Kiri noch immer klare Wettbewerbsvorteile. Sie stellte die Hong absolut in den Schatten. Man hätte es Kiri sogar verzeihen können, wenn sie beteuert hätte: »Ich habe es ja gesagt.« Die Gräfin der Hong wurde rundweg verrissen. Kiris Gräfin dagegen war so majestätisch wie eh und je. *Opera News* schrieb über die Hong: »Sie hat weder das stimmliche Gewicht noch die physische Präsenz, um die Gräfin zu singen, und ihr ›Dove sono‹ geriet beinahe zur Katastrophe.« Als Kiri die Rolle übernahm, schrieb derselbe Kritiker: »Sie verfügte über die nötige Bühnenpräsenz, um die Oper wieder in ein dramatisches Gleichgewicht zu rücken.«

Dieser Triumph erschien jedoch bald schmerzlich hohl. Als Kiri nach London zurückkehrte, war eine Konfrontation unausweichlich. Kiri hatte inzwischen Verträge unterzeichnet, die sie bis über das Jahr 1999 hinaus verpflichteten. Das »neue Leben«, von dem sie in der Öffentlichkeit gesprochen hatte, schien sich nicht einzustellen. Desmonds Geduld war schließlich zu Ende.

Als Kiri zu einer Tournee nach Südamerika aufbrach, teilte ihr Des mit, er werde sich für absehbare Zeit in Brisbane aufhalten. Da Antonia dort studierte, fühlte er sich dort mehr gebraucht als in London, wo er sich inzwischen immer isolierter vorkam. Seine Entscheidung löste den heftigsten Streit aus, den sich das Paar je lieferte, wie Kiri später gestand. Es sollte auch ihr letzter sein.

In den vorausgegangenen zwei Jahren hatten die Freunde immer hilfloser zugesehen, wie das einst glückliche Paar durch ein Wechselbad der Gefühle ging. Der Optimismus, der im Januar 1996 in Rawhiti noch herrschte, erwies sich bald als falscher Hoffnungsschimmer. Innerhalb weniger Monate schmiedete Des neue Pläne für seine Zukunft. Kiri hatte kaum Anstalten gemacht, ihr Versprechen einzulösen und ihre berufliche Tätigkeit zurückzuschrauben. Als Des in jenem Jahr Weihnachten allein in Brisbane verbrachte, hatte er die Hoffnung auf einen gemeinsamen Lebensabend in dem geplanten Traumhaus fast begraben. »Alles sah wieder ganz anders aus, und er sagte zu mir: ›Ich bin in Brisbane geboren und aufgewachsen, bin ein echter Brisbaner und werde hier leben‹«, berichtet

Bob Morgan. Nach kurzer Zeit festigte sich seine Haltung mehr und mehr, und es war klar, daß er ohne Kiri nach Australien zurückkehren würde. »Es ist aus«, gestand er seinem bestürzten Freund Bob Morgan nach jenem letzten heftigen Streit. Des rang sich zu einer Entscheidung durch und mietete sich in einem bescheidenen Haus auf Stradbroke Island ein.

Kiri brach im März zu ihrer kurzen Südamerikatournee auf, bei der sie in Argentinien und Brasilien gastierte. Als sie am 11. April im Teatro Municipal in Rio de Janeiro probte, übergab man ihr ein Telegramm von Des aus London. Sie las die kurze Nachricht und brach schluchzend zusammen. Während des ganzen Konzerts an jenem Abend mußte sie gegen Tränen ankämpfen. Des hatte sie offiziell um die Scheidung gebeten. Er war eine Beziehung zu einer zweimal geschiedenen High-Society-Dame aus Brisbane eingegangen, die er über Weihnachten auf einer Party kennengelernt hatte. Anders als bei seiner ersten Affäre machte sich Kiri kaum noch Hoffnungen, die Ehe zu retten. Die Frau gehörte anscheinend schon zum lebenden Inventar in Desmonds Haus auf Stradbroke Island.

Als Kiri und Des – ganze zwei Monate nach der Auflösung von Kiris »Verlobung« mit Brooke Monks – geheiratet hatten, interessierten sich die Medien kaum für ihr kompliziertes Privatleben, doch nun sickerten selbst in Brasilien die Gerüchte bis in die Schlagzeilen durch. Die erste Exklusivmeldung brachte der Kunstkritiker Antonio Hernandez vom *Globo* in Rio. In seinem Artikel mit dem Titel »Tränen erhellen die Stimme der schönen Sängerin« lieferte er auch eine Erklärung für die Programmänderung bei Kiris Liederabend. »Die Gründe für die Abänderung ihres Programms wären eine Kurzgeschichte wert«, schrieb Hernandez. »Einer der Gründe war persönlicher Kummer, der – wie sich in der Pause Gerüchten zufolge herausstellte – durch ein Telegramm ausgelöst wurde, das die Sopranistin wenige Stunden vor dem Liederabend von ihrem Mann erhielt. Den Gerüchten zufolge hat Kiris Mann sie um die Scheidung gebeten.«

Zu Kiris Trost und Erleichterung dauerte es fast einen Monat, bis sich die Nachricht über Rio hinaus verbreitete. Als die Londoner *Mail on Sunday* Wind von der Geschichte bekommen hatte, war es längst nicht mehr nötig, sie zu dementieren. Die Zeitung meldete die Trennung auf der ersten Seite. Der vorsichtig formulierte Bericht schloß mit einem schlichten Kommentar, der jenes Gefühl zum Ausdruck brachte, das bald in der gesamten Musikwelt herrschen sollte. »Es ist sehr traurig. Es schien eine harmonische Ehe gewesen zu sein.«

Im freien Fall

Am 30. Mai 1997 nahm Kiri eine jener Rollen wieder auf, mit denen
sie sich einen Namen gemacht hatte. Im Rahmen eines Verdi-Festi-
vals an der Royal Opera sang sie in einer Wiederaufnahme einer Inszenierung von Elijah Moshinsky die Amelia in *Simon Boccanegra*.
Die Produktion fesselte jedoch weder das Publikum noch die
Presse. »Jede Opernsaison hat ihren Tiefpunkt. Das hier war
einfach gräßlich«, schrieb Tom Sutcliffe im *Evening Standard*. Für
Sutcliffe wie auch für andere klang Kiri »hochgradig indisponiert...
Gespielt hat sie ohnehin nie besonders. Ihre Gleichgültigkeit gegenüber allem, was um sie herum auf der Bühne geschah, und ihre
absolute Fixierung auf das Publikum ließen echten Kummer vermuten.«

Nur wer Kiri näherstand, kannte die wahren Gründe für diesen
Kummer und die Ironie, die sich dahinter verbarg. Abends sang sie
die bittersüßen Arien der vor Liebe vergehenden Amelia. Tagsüber
machte sie sich in der Kanzlei eines führenden Londoner Schei-
dungsanwalts daran, die Ehe aufzulösen, die ihr Leben bestimmt
hatte. Wie sie später gestand, kam sie sich vor wie »im freien Fall«[1].
Des hatte klar zu verstehen gegeben, daß er die Scheidung so friedlich wie möglich abwickeln wollte, vor allem wegen Toni und Tom.
Um die Kinder war Kiri ebenso besorgt. Sich gütlich zu einigen war
jedoch eine andere Sache.

Kiri hatte sich damit abgefunden, daß ihre Ehe gescheitert war.
Sie gab zu, daß der Schmerz manchmal unerträglich war. »Es ist,
wie wenn man einem das Herz rausreißt«, bekannte sie später[2]. Sie
wollte die Sache jedoch so schnell wie möglich hinter sich bringen
und verlangte aufgrund von Desmonds eingestandenem Ehebruch
selbst die Scheidung[3]. Wie bei so vielen Scheidungen entstanden

jedoch zusätzliche emotionale Belastungen durch die praktischen Dinge, die nun abzuwickeln waren. Mit Hilfe ihrer Anwälte begann Kiri, »das Reich«, wie sie es hämisch nannte – das, was sie dreißig Jahre lang gemeinsam mit Des aufgebaut hatte –, auseinanderzudividieren.

Noch im Jahr zuvor war Kiri im neuseeländischen *National Business Review* in der jährlichen Übersicht über die Spitzenverdiener des Landes aufgelistet gewesen. Ihr Privatvermögen war damals auf zehn Millionen neuseeländische Dollar geschätzt worden – eine ungeheuer konservative Einschätzung, wenn man allein den Wert ihrer Immobilien bedenkt. In England besaßen die beiden neben »Fairways« auch eine Luxuswohnung am Cleveland Square in London. Die beiden Eigenheime waren mindestens eine Million Pfund wert. Ferner besaßen Kiri und Des das Haus in der Dordogne und das Weingut bei Bergerac, die Wohnung an der portugiesischen Algarve sowie die Wohnungen in Brisbane, St. Heliers und New York. Die Perle der Sammlung war natürlich das Anwesen in Rawhiti, das allein schon über zwei Millionen neuseeländische Dollar wert war. Hinzu kamen die Geschäftsanteile an der Plattenfirma Kiwi Pacific Records International und dem Rundfunksender Classic FM sowie die Trusts in der Schweiz und in Liechtenstein. Des hatte als Manager beziehungsweise Produzent außerdem Anspruch auf verschiedene Tantiemen aus Plattenaufnahmen, Filmen, Videos und Büchern.

Des hatte ursprünglich gehofft, daß es ihm und Kiri gelingen würde, gemeinsam eine Einigung zu erzielen. Als Kiri aus Südamerika nach England zurückkehrte, zeigte sich aber, daß sie in keiner Weise bereit war, überhaupt mit ihm zu reden. Als Des mit ihr sprechen wollte, wurde er an ihre Anwälte verwiesen. »Wenn sie so weitermacht, wird uns das eine ganze Stange Geld kosten«, meinte Des erbost zu einem Freund. Als ihm unter Verweis auf das neuseeländische Gesetz über die Gütergemeinschaft untersagt wurde, die Wohnung in St. Heliers zu verkaufen, die er allein unter seinem Namen erworben hatte, war auch ihm klar, daß das Band des Vertrauens zwischen ihm und seiner Frau endgültig gerissen war[4].

Kiri hielt sich die Londoner Presse weitgehend vom Hals und machte sich auch bei öffentlichen Veranstaltungen rar; dagegen weigerte sie sich stur, auch nur einen ihrer Auftritte abzusagen. Auch in Covent Garden hielt sie sich bedeckt und stahl sich so unauffällig wie möglich in die *Simon-Boccanegra*-Proben. Als sich die Sache schließlich doch herumgesprochen hatte, reagierte Kiri gegenüber Freunden und Bekannten mit stoischer Gelassenheit. »Die Zeiten ändern sich, die Menschen ändern sich«, entgegnete sie einer Freundin aus New York, die sie anrief und sie ihres Mitgefühls versicherte.

Manche bekamen aber auch die aufgewühlten Gefühle und die Wut mit, die Kiri nicht immer verbergen konnte. Kiri äußerte sich einmal ähnlich wie bei der Scheidung ihres Freundes Prinz Charles; sie schien zu erwarten, daß sich die gemeinsamen Freunde von ihr und Des in zwei »Lager« aufteilten. »Kiri rief mich nach der Trennung an und meinte, ich könne entweder mit ihr oder mit Des befreundet sein, aber nicht mit beiden«, berichtet Bob Morgan.

Während der Verhandlungen über die Scheidungsmodalitäten stand Morgan in engem Kontakt zu Des. In vielerlei Hinsicht schien Des erleichtert zu sein, das Leben der letzten drei Jahrzehnte hinter sich zu lassen. »Ich glaube, er ist ganz glücklich darüber, frei zu sein. Wenigstens einmal im Leben wollte er seinen eigenen Weg gehen«, sagt Morgan. »Er sagte, er will nur so viel, daß er bis zu seinem Lebensabend versorgt ist – den Rest kann Kiri haben.«

Die größten Reibereien gab es natürlich über das Anwesen in Rawhiti, das beiden gleichermaßen viel bedeutete. »Des wollte das Haus unbedingt«, berichtet Morgan, doch im Grunde wußte er, daß er Kiri kaum überreden konnte, es ihm zu überlassen, obwohl er so viel Zeit und Energie in den Umbau investiert hatte. Beide wollten es, doch schließlich gab Des nach und fand sich resigniert damit ab, das Haus nie wieder zu sehen.

Die Scheidung wurde in weniger als einem Monat abgewickelt. Kiri sollte das Haus in Rawhiti und die Wohnung am Londoner Cleveland Square behalten; die meisten anderen Anlagen sollten liquidiert werden. Als Kiri Mitte Juni ihre letzten Auftritte in *Simon Boccanegra* bestritt, gingen die Scheidungsakten an das Familiengericht beim Londoner High Court of Justice. Am 15. Juni, neun Wochen vor ihrem 30. Hochzeitstag, wurde die Ehe geschieden. Was als überstürzte Romanze begonnen hatte, endete im wahrsten Sinne in einem kurzen Prozeß. Der Presse wurde außer den nackten Tatsachen nichts weiter mitgeteilt. Kiris Anwälte bestätigten, daß Des seinen Ehebruch eingestanden habe. Der Rest sei »eine Privatangelegenheit, die keine der Seiten zu kommentieren wünscht«.

Früher hätte Kiri den emotionalen Belagerungszustand erklärt, innerlich die Zugbrücke hochgezogen und gewartet, bis sich der Sturm verzogen hatte, doch diesmal wurde selbst sie nicht allein mit ihrem Kummer fertig. Wenn sie abends allein in der Wohnung am Cleveland Square war, konnte sie kaum die Tränen zurückhalten. Sie suchte Rat und Hilfe, wo immer sie konnte. »Ich ging zu einem Psychotherapeuten. Ich las jedes Buch, das ich auftreiben konnte, alles über die Ehe, warum sie scheitert, über Mars und Venus.« Schließlich kam auch ihre ganze Wut auf Des hoch. Im Grunde hatte sie ihm seine Untreue nie verziehen. Seit seiner ersten Affäre hatte sie den Glauben an ihren Mann und ihre Ehe immer mehr verloren und war immer mißtrauischer und desillusionierter geworden. Am Ende, so gab sie später zu, war selbst seine Forderung, daß sie ihren Gesang aufgibt, symptomatisch für ihre Spannungen. »Es kam vieles zusammen, doch das war ein Kern des Problems«, sagte sie[5].

Während Kiri die Scherben ihres Privatlebens aussortierte, konnte sie sich zumindest damit trösten, daß sie ihrem Beruf den Vorrang vor ihrer brüchigen Ehe gegeben hatte. Jetzt, wo Des nicht mehr da war und die Kinder erwachsen waren, sah sie, mehr denn je, in der Musik ihren wahren Daseinsgrund. »Ich habe das Gefühl, ich muß singen, bis ich nicht mehr singen kann. Das ist mein Leben. Und es tut mir gut. Würde ich aufhören zu singen, würde ich sterben«, gestand sie.

Langsam aber sicher erkannte Kiri jedoch, daß auch nicht unbedingt die Musik das Wesentliche ihres neuen Lebens war. »Man kann sich nur selbst beim Schopf packen und herausziehen«, erklärte sie Freunden. Sie bekam immer mehr das Gefühl, daß sie das Leid der letzten Jahre abschließen, wegstecken und abhaken konnte. »Ich habe fest vor, die letzten vier Jahre hinter mir zu lassen und zu sagen, ›okay, es war schlimm, aber jetzt muß es vorbei sein‹«, sagte sie. Und so machte sie sich daran, sich in einem neuen Leben einzurichten.

Zunächst wurden in der Londoner Wohnung die Geister der Vergangenheit ausgetrieben. Kiri trennte sich von Photos und anderen Sachen, die sie an Des erinnerten, und umgab sich mit Dingen, mit denen sie positive Erinnerungen verband. Dann wurde mit einer neuen Frisur und einer neuen Garderobe das eigene Erscheinungsbild geändert. Und schließlich wurde mit einem persönlichen Trainer auch die Figur wieder in Schuß gebracht. »Das Fitneßstudio war ein großartiges Heilmittel«, erklärte sie. Auch gegen die Einsamkeit wußte sie anzukämpfen. Ihr Jugendfreund Robert Hanson, der seit Jahren in London lebte, zog bei ihr ein, um ihr Gesellschaft zu leisten. »Nichts Romantisches«, gestand sie Freunden. »Wenn ich will, kann ich sagen, er ist mein Freund, und wenn er will, kann er sagen, ich sei seine Freundin.«

Die heilsamste Therapie war natürlich die Musik. Nic Grace wurde es bald müde, sie immer wieder drängen zu hören, »gebt mir Arbeit, spannt mich ein«. Kiri verpflichtete sich, am Ende des Jahres in New York und im folgenden Sommer in Glyndebourne die Gräfin in *Capriccio* zu singen. Nicht zum erstenmal erregten ihre neuen Projekte Aufsehen beziehungsweise Mißfallen. Im September zog sie es vor, nicht als Gast der New Yorker Philharmoniker beim Jubiläumskonzert zum 150jährigen Bestehen der Carnegie Hall aufzutreten, sondern im roten Staub der australischen Yalkarinhaschlucht eine Neuauflage des Unternehmens *Opera in the Outback* zu wagen. Sie verbrachte auch einige Zeit im Haus von Andrew Lloyd Webber in Cap Ferrat an der französischen Riviera. Der erfolgreichste Musicalkomponist seiner Generation arbeitete damals heimlich an einem neuen Stück, angeblich einer Fortsetzung zu seinem *Phantom der Oper.* »Er fing mit etwas Neuem an, und ich war zufällig zum richtigen Zeitpunkt da«, sagte Kiri später, als sie den Song »The Heart is Slow to Learn« aufnahm, der als erste Nummer aus diesem Geheimprojekt veröffentlicht wurde[6]. Im Laufe des Sommers hatte sie mehr und mehr das Gefühl, daß es wieder bergauf ging. »Ich fühle mich freier und selbstbestimmter – früher war ich überhaupt nicht selbstbestimmt«, gestand sie Freunden. »Jetzt habe ich die Zügel in der Hand.«

Im August traf Kiri in Australien ein und bereitete sich auf eine Reihe von Konzerten und die Neuauflage der *Opera in the Outback* in

Beltana vor. In Brisbane erschien sie zu einem Abendessen bei Bob und Sharon Morgan in Begleitung eines muskulösen Leibwächters namens Kevin, der in der britischen Armee gedient hatte. Kiri lächelte über Bob Morgans witzige Anspielungen auf den Film *The Bodyguard* von Kevin Costner, in dem sich eine Popdiva in ihren Bewacher verliebt. »Er sagte, er sei sehr glücklich verheiratet«, erklärt Morgan grinsend. »Ich glaube, es ging ihr sowohl um die Gesellschaft als auch um das Gefühl der Sicherheit, das ihr ohne Des fehlte.«

In der Öffentlichkeit behauptete Kiri, sie und Des seien wegen der Kinder nach wie vor eng befreundet. Morgan wußte jedoch, daß die Beziehung in Wirklichkeit noch immer sehr gespannt war. Des erzählte seinem Freund, daß Kiri ihn einmal mit dem Handy angerufen habe, um etwas über die Kinder zu besprechen, als er sich an der australischen Gold Coast aufhielt. Zufällig war Des nur 400 Meter von Kiris Hotel entfernt. Seinen Vorschlag, sich persönlich zu treffen, lehnte Kiri ab. »Ich will dich nicht sehen«, erklärte sie ihm. Es überraschte die Morgans nicht, daß Kiri während des ganzen Abends Des mit keinem Wort erwähnte. Morgan wußte, daß Desmonds Beziehung noch andauerte. (Sie sollte jedoch im Laufe des Jahres auseinandergehen.) Kiri kam nur ein einziges Mal und nur indirekt auf Des zu sprechen, als sie erklärte, daß sie – falls sie überhaupt noch einmal eine Ehe schließen würde – nur einen Mann heiraten würde, der mit fünfundfünfzig noch nicht »resigniert« habe.

Weitaus verblüffender war die Art und Weise, in der sie die Begegnung erwähnte, die sie für die folgende Woche arrangiert hatte. »Sie erzählte uns, daß sie ihren lange Zeit unbekannten Bruder treffen würde«, berichtet Morgan. »Sie schien der Sache ziemlich cool entgegenzusehen.« Kiris Gelassenheit war jedoch mehr denn je eine bloße Maske.

Jahrelang war Desmonds Einfluß so weit gegangen, daß er sogar Kiris Post vorsortiert hatte. Dabei hatte er immer mehr die Rolle des Zensors übernommen, der entschied, welche Briefe sie überhaupt zu sehen bekam und welche nicht. Erst in dem letzten, schicksalsschweren Streit mit Kiri im Februar hatte er ihr offenbart, was er ihr zwei Jahre lang verschwiegen hatte. So wie Kiri die Ereignisse später darstellte, stürmte Des damals davon, nachdem er ihr an den Kopf geknallt hatte: »Ach übrigens, dein Bruder in Australien versucht, Kontakt mit dir aufzunehmen.« Kiri war damals so wütend gewesen, daß sie ihm ins Gesicht geschlagen hatte.

Unter Tränen las sie dann den Brief, der ihr so lange vorenthalten worden war. Der Absender gab als Adresse einen Vorort von Sydney an und hatte mit »Jim Rawstron« unterschrieben. Seit Kiri 1987 in Gisborne erfahren hatte, wer ihr richtiger Vater war, hatte sie langsam aber sicher ihre wahre Identität erforscht. Das wenige, was sie über ihre Abstammung in Erfahrung bringen konnte, war aufschlußreich genug. »Meine Vorfahren gehören den Ngati Porou an; das ist der aggressivste Stamm in Neuseeland, besonders die Frauen«, erklärte sie 1991 stolz. »Irgendwo in mir habe ich die Kämpferin, ganz stark.«[7] Von den Ngati Porou, meinte sie, habe sie auch ihr »Feuer«[8]. Es fiel ihr nicht leicht, ihre wahre Identität zu bestimmen, aber als sie Jim Rawstrons Brief immer wieder von neuem las, hatte sie das Gefühl, daß sich die Tür zur Vergangenheit öffnete.

Jim Rawstron hatte vierzig Jahre lang nichts von seiner Verbindung zur berühmtesten Tochter Neuseelands gewußt. Als Noeleen nach Kiris Adoption Rex Williams geheiratet hatte, war Jim mit zu seinem neuen Stiefvater gezogen. Er wuchs bei Noeleen und Rex in New Plymouth auf und ging in den sechziger Jahren nach Australien. Jim hatte von Noeleen ebensowenig über Kiri und ihre wahre Beziehung zueinander erfahren wie alle anderen Familienmitglieder. Erst nach Noeleens Tod erfuhr er die Wahrheit von seinem Stiefvater, als dieser ihn 1979 in Sydney besuchte.

Rex Williams schien nichts über Noeleens Affäre mit Jack Wawatai gewußt zu haben. Und so wähnte sich Jim lange Zeit in dem Glauben, Kiri entstamme – wie er – Noeleens Beziehung mit Jim Collier. Jahrelang widerstrebte es Jim, Kontakt zu Kiri aufzunehmen. »Manche Dinge läßt man lieber auf sich beruhen«, sagte er oft zu seiner zweiten Frau. Mitte der neunziger Jahre konnte er seine Neugier jedoch nicht länger unterdrücken, und so schickte er Kiri 1995 über seinen Anwalt einen Brief. Als ihm Kiris Anwalt mitteilte, sie sei »seelisch nicht gefaßt« auf eine Begegnung, ließ Jim die Sache auf sich beruhen.

Kiri hatte Jims Brief nach ihrem letzten, tränenreichen Streit mit

Des mit nach Südamerika genommen. In dieser schwersten Krise ihres Lebens trieb sie hilflos im aufgewühlten Meer der Gefühle, und so war es verständlich, daß sie die Rettungsleine ergriff, die er ihr dargeboten hatte.

Anfang April erhielt Jim einen unerwarteten Brief aus Buenos Aires. Die handgeschriebene Notiz vom 27. März begann folgendermaßen: »Mein lieber Bruder Jim. Ich will Dir nur sagen, wie froh und stolz ich bin zu wissen, daß ich wirklich einen Bruder habe, von dem ich schon so lange gehört, aber nie gewußt habe, wer er ist und wo er lebt.« Zu seinem großen Erstaunen war der Brief mit »Kiri Te Kanawa« unterzeichnet.

Es dauerte nicht lange, bis Kiri und Jim sich regelmäßig schrieben und anriefen. In dieser stürmischen Zeit wurde Jim für Kiri einer ihrer engsten Vertrauten. Sie begann ihre Briefe mit einem innigen »Mein lieber Bruder« und schloß mit herzlichen Grüßen und Küssen und einem »Sister K.« oder »Deine Kampfgefährtin«. Der Tonfall ihrer Briefe deutete an, welch tiefe Gefühlswirren sie damals durchmachte.

Kiri schrieb häufig, manchmal täglich. »Mein lieber Bruder Jim... allein dieses Wort zu verwenden gibt mir das Gefühl, eine ganz neue Welt würde sich mir eröffnen«, schrieb sie am 28. April. Einen Tag später schrieb sie erneut. »Ich habe unzählige Male über Deinem Brief geweint. Ich habe ihn immer wieder gelesen, bloß um mich daran zu gewöhnen, daß ich einen Bruder habe.« Kiri schrieb sogar am 11. Mai, an dem Tag, an dem in London ihre Trennung bekannt wurde. »Wie Du vielleicht weißt, hat sich in meinem Leben einiges geändert«, teilte sie ihm mit. »In ein paar Tagen, wenn sich alles ein wenig gelegt hat, möchte ich gerne mit Dir sprechen. Im Augenblick mache ich einiges durch.«

Sie schrieb auch, als sich der Scheidungsprozeß zuspitzte. »Ich habe den ganzen Tag mit Anwälten zugebracht. Es ist alles geregelt. Ich werde mich jetzt einfach in meine Arbeit vertiefen und ein neues Leben beginnen«, schrieb sie Anfang Juni. Im August, nach drei Monaten intensiven Briefverkehrs, war Kiri schließlich auf eine persönliche Begegnung mit Rawstron gefaßt. Das Zusammentreffen sollte in einem Hotel in Sydney stattfinden. Um ungestört zu sein, hatte Kiri Jim gebeten, allein zu kommen.

Als Jim den Raum betrat, breitete Kiri die Arme aus und umarmte ihn. Beide weinten vor Ergriffenheit. Sie saßen stundenlang zusammen und unterhielten sich. Kiri wollte natürlich alles wissen, was Jim ihr über Noeleen erzählen konnte. Jim war überrascht, wie sehr Kiri ihrer Mutter ähnelte. Kiris zarte Hand erinnerte ihn zugleich an ihre Großmutter, Thelma.

Kiri lud Jim zu ihrer zweiten *Opera in the Outback* ein. Zusammen mit etwa 12 000 Fans reisten Jim, seine Frau und ein paar Freunde Ende September in die Flinders Ranges. Anschließend trafen sie sich zu einem gemeinsamen Abendessen, bei dem Kiri ihren Bruder auch nach Rawhiti einlud. Jim bekam mit, was Rawhiti seiner Schwester bedeutete. Als sie an der Küste entlangspazierten, zeigte sie ihm die Stelle, an der später einmal ihre Asche ausgestreut werden sollte. Einmal fing es an zu regnen. »Sie umarmte mich und sagte, der Himmel weint Maori-Tränen, weil unsere Ahnen glücklich darüber sind, daß wir zusammen sind. Es war wahnsinnig bewegend. Ich werde diese wunderbare Zeit mit ihr nie vergessen«, gesteht Jim Rawstron. »Es hatte nichts damit zu tun, daß sie eine berühmte Persönlichkeit war. Sie war meine Schwester, nichts weiter.«[9]

Beide gingen behutsam vor. Rawstron wollte bei Kiri nicht den Eindruck erwecken, er wolle sie ausnutzen. Kiri wiederum wollte vermeiden, daß ihre Beziehung öffentlich bekannt wurde. Eine Ironie des Schicksals bestand darin, daß Kiri vielleicht nie etwas von der Existenz ihres Bruders erfahren hätte, wenn Des nicht den schützenden Schleier des Schweigens gelüftet hätte. Man ist versucht zu vermuten, daß die Ereignisse nicht diesen Lauf genommen hätten, wenn Des an Kiris Seite geblieben wäre.

Es ließ sich fast nicht vermeiden, daß etwas von der Beziehung zwischen Jim und Kiri durchsickerte. Jim tat alles, was in seiner Macht stand, um Kiris Wunsch zu respektieren, keinen Rummel um ihr Zusammentreffen zu machen, und dafür zu sorgen, daß das Ganze »in der Familie« blieb. In New Plymouth, wo Jim einst gelebt hatte, wurde jedoch schon einiges geraunt. Im November wandte sich ein Reporter des billigsten Massenblattes von Auckland, *The New Zealand Truth*, an ihn. Der Reporter, Mathew Lo Ho-Sang, war der Sohn einer Exfreundin von Jim aus New Plymouth, der die Gerüchte aufgeschnappt hatte.

Am 21. November 1997 brachte *The Truth* auf der ersten Seite einen Artikel über Kiri und ihren neuentdeckten Bruder. Der Artikel wimmelte zwar von Fehlern – Jims Nachname wurde mit »Rawstorn« angegeben, und es wurde ein falscher Geburtsort genannt –, doch die Geschichte an sich wurde im wesentlichen korrekt wiedergegeben. Und so führte Jims vermeintliches Gespräch mit Lo Ho-Sang zu einer Kontroverse, die einen tragischen Ausgang nahm. Jim wurde mit den Worten zitiert: »Man kann sich vorstellen, wie erstaunt ich war, als ich herausfand, wer meine leibliche Schwester war.« Dem Artikel zufolge vermutete er, daß Kiri den Kontakt zu ihm aufgenommen hatte, weil ihre Ehe zu Bruch gegangen war. »Kiri fühlte sich offenbar einsam und verzweifelt«, soll er dem Journalisten gegenüber geäußert haben. Weiter hieß es, er sei »sicher, daß das Bedürfnis nach Beistand und Trost Kiri Te Kanawa dazu bewog, ihre lang verschollenen Blutsverwandten aufzuspüren«. Rawstron bestritt nicht, daß er von Lo Ho-Sang angerufen wurde. Er beteuerte jedoch, daß er ihm mitgeteilt habe, nicht über die Sache sprechen zu wollen. »Wir haben uns überhaupt nicht unterhalten. Er hat alles erfunden.«

Als Jim Kiri wieder anrufen wollte, begegnete er statt der Herzlichkeit der vorausgegangenen drei Monate einer eisigen Mauer. Er rief mehrfach an, doch er erreichte immer nur Robert Hanson oder Nic Grace. Sie gaben ihm unmißverständlich zu verstehen, daß Kiri nie wieder mit ihm reden wolle.

Ende 1997 reiste Kiri dann, wie bereits erwähnt, zu einer Neuinszenierung von *Capriccio* nach New York. Die Spuren, die das vergangene halbe Jahr hinterlassen hatte, waren nicht zu übersehen. »Sie hatte es nicht leicht gehabt. Sie sagte immer wieder, daß sie im Winter nur äußerst ungern in New York lebt, weil sie ständig so auf ihre Gesundheit bedacht sein muß. Ich glaube, das war eine Übertragung, eine Projektion, die zeigte, wie anfällig und verletzlich sie sich fühlte«, sagt die ehemalige Public-Relations-Agentin der Met, Johanna Fiedler, die sich in jener Saison oft privat mit Kiri traf. Ironischerweise hatte Kiri inzwischen die größte Mühe, die Gerüchte über ihren Abschied von der Bühne aus der Welt zu schaffen, die sie in der Zeit vor ihrer Scheidung selbst aufgebracht hatte. Sie reagierte wütend, als die New Yorker Presse andeutete, dies sei ihr Abschied von der Met. Keineswegs, entgegnete sie. Sie werde die Marschallin auch 1999 singen und habe ihre Termine noch nie so ernst genommen.

Zur Überraschung derjenigen, die Kiri schon vollkommen unvorbereitet erlebt hatten, trat sie bereits am ersten Probentag noten- und textsicher an. »Sie hatte etliches abgenommen und pries die Vorzüge persönlicher Trainer. Sie sah blendend aus«, sagt Johanna Fiedler. Deutlich spürbar war aber auch der Druck, der auf Kiri lastete; es fiel ihr nicht leicht, sich wieder in die alte Mühle zu begeben. »Sie gestand mir, daß der Erwartungsdruck, so gut sein zu müssen wie früher, sie zermürbt«, berichtet Fiedler. Kiris Kritiken für *Capriccio* waren gemischt. Im *Wall Street Journal* kam sie schlecht weg, während John Freeman in *Opera News* meinte, »ihr sicheres Singen und Auftreten bescherten uns eine lebensechte Gräfin Madeleine«.

Im März hatte man sogar noch deutlicher den Eindruck, daß Kiri ihr Trauma überwunden hatte, als sie in der Londoner Westminster Abbey in einem illustren Kreis von Kollegen an dem Gedenkkonzert für Georg Solti teilnahm. Der Maestro war am 5. September 1997 gestorben, wenige Wochen vor seinem 85. Geburtstag. Zahlreiche bekannte Größen aus der Welt der Musik nahmen Abschied von Solti, und auch Kiri würdigte das musikalische Genie, dem sie so viel zu verdanken hatte. Sie sang eines seiner Lieblingslieder von Strauss.

Unter den zahlreichen bekannten und vertrauten Gesichtern in der Abbey war auch Soltis engste Vertraute, Joan Ingpen, die in Kiri dasselbe großartige, verrückt machende Geschöpf wiedererkannte, das sie dreißig Jahre zuvor in *La donna del lago* erlebt hatte. Teresa Cahill, die an jenem Tag ebenfalls in der Abbey sang, meinte über Kiri: »Ich glaube, so gut habe ich selten jemanden singen gehört. Sie war besser denn je. Ich habe noch nie jemanden unter solchen Umständen so sicher auftreten sehen. Er hat so viel für uns getan. Und sie spielte eine ganz besondere Rolle in seinem Leben. Die beiden haben wunderbare Dinge zusammen vollbracht. Sich einfach gelassen hinzustellen und das zu bringen – für mich hat sie an jenem Tag ganz neue Höhen künstlerischer Vollendung erreicht.«

Langsam aber sicher kam die neue Kiri zum Vorschein. Bisweilen gab sie ihrem Publikum einen Vorgeschmack auf das, was die Zukunft musikalisch möglicherweise bereithielt. In einer BBC-Fernsehsendung sang sie Lloyd Webbers »The Heart is Slow to Learn«. Anschließend äußerte sie sich in einem behutsam geführten Interview auch zum erstenmal öffentlich über ihre Scheidung. Kiri machte kein Hehl daraus, wie tief verzweifelt sie bisweilen gewesen war. »Ich glaube, sich im freien Fall zu befinden und nichts steuern zu können, das ist die Hölle. Ich könnte sagen, es hat drei Jahre gedauert, oder auch, es hat zwei Wochen gedauert. Aber wissen Sie, was dann passiert? Man vergißt den Schmerz irgendwann einfach. Es ist besser, nach vorn zu sehen und weiterzugehen, und genau das habe ich getan«, sagte sie. Die meiste Schuld gab sie Des. Er habe sie zwingen wollen, sich aus dem Berufsleben zurückzuziehen, betonte sie. »Er wollte unbedingt, daß ich aufhöre, aber ich wollte das auf keinen Fall. Das führte schließlich zum Bruch.«

Kiri war auch der Meinung, Des habe sie mit seiner massiv abschirmenden Art von ihren Freunden isoliert. »Des war kein sehr warmherziger Mensch, deswegen fühlten sich manche in seiner Gegenwart eingeschüchtert«, erzählte sie dem neuseeländischen Talkshowmaster Paul Holmes. Kiri behauptete, sie habe das abrupte Ende selbst herbeigeführt. »Er war unzufrieden, und deswegen war ich unzufrieden. Ich habe die Trennung bewußt beschleunigt. Das war genau das, was ich wollte. Ich wollte frei sein, und darüber bin ich sehr froh.«

Sosehr sie sich auch auf die Zukunft konzentrieren mochte, wurde sie doch immer wieder von der Vergangenheit eingeholt. Seit dem angeblichen *Truth*-Interview ihres Bruders im November hatte Kiri all seine Versuche, mit ihr Kontakt aufzunehmen, abgeblockt. Im April teilte Jim Rawstron ihr mit, wie sehr ihn das gekränkt habe. Gegen ein Honorar von angeblich 30 000 neuseeländischen Dollar verkaufte Rawstron die Geschichte seiner kurzen Beziehung zu Kiri an *Woman's Day*, das auflagenstärkste Magazin Australiens und Ozeaniens. Das Titelphoto – ein Schnappschuß der aneinandergeschmiegten Geschwister, den Jims Frau in Rawhiti gemacht hatte – sah auf den ersten Blick richtig reizend aus. Die Schlagzeile

»Zurückgewiesener Bruder gesteht: ›Kiri brach mir das Herz‹« deutete indes auf eine unheilvollere Geschichte hin.

»Als ich Kiri kennenlernte, war ich absolut selig, und wir hatten eine Beziehung wie richtige Geschwister«, äußerte er sich in *Woman's Day.* »Aber ich kann ihr nicht verzeihen, wie sie mich behandelt hat, und wenn mich jemand fragen würde, was ich mir heute wünsche, würde ich sagen, ich wünschte, daß Kiri ein Niemand wäre, ohne einen Pfennig und auf Hilfe angewiesen, so daß ich mich um sie kümmern könnte.« Rawstron wußte, daß seine Handlungsweise das endgültige Ende für seine Beziehung zu Kiri bedeutete. Nach dem Artikel in *Woman's Day* hat er nie wieder etwas von ihr gehört. »Kiri wird nie mehr etwas mit mir zu tun haben wollen, solange sie lebt. Das ist ihre Entscheidung«, sagte er. »Ehrlich gesagt war es der größte Fehler in meinem Leben, Kontakt zu ihr aufzunehmen. Meiner Familie hat das nur furchtbaren Kummer bereitet«, erklärte er. »Wir wollen jetzt nur noch in Ruhe gelassen werden.« Am Ende ihrer kurzen Beziehung waren sich Bruder und Schwester zumindest in einem Punkt einig.

Kiri verhielt sich gegenüber Jim Rawstron so, wie sie sich bei ihrer Scheidung verhalten hatte. Er war eine unliebsame Erinnerung, die sie einfach »wegpackte«. Fortan betrachtete sie Robert Hanson wie einen »Bruder«. Das Drama mit Jim Rawstron erwähnte sie in der Folgezeit nur elliptisch. »Leider bin ich im letzten Jahr Menschen begegnet, die es ausgenutzt haben, daß ich allein war und nicht von Des beschützt wurde«, sagte sie im Mai[10]. Immerhin habe sie dabei wieder etwas dazugelernt, gab sie zu. Wenn sie Unbekannten nicht trauen könne, dann blieb die Tür eben fortan verschlossen. »Von nun an lasse ich niemand Neues mehr in mein Leben treten.«

»Opernsänger führen ein verdammt einsames Leben«, sagte Kiri einmal. Vielleicht liegt hier der Schlüssel zu ihrem Erfolg und vor allem zu ihrem anhaltenden Erfolg. Kaum ein Sänger oder eine Sängerin hat sich an dieses Leben in Einsamkeit so leicht angepaßt und gegenüber den Bedingungen dieser künstlerischen Isolation so massiv abgehärtet. Die Würfel sind ganz am Anfang ihres Lebens gefallen. Kiri hat sich im Grunde nie von dem Gefühl der Wurzel-

losigkeit und dem Drang, sich beweisen zu müssen, befreien können, die sie als adoptiertes kleines Mädchen verspürte. » Bei meiner
Geburt habe ich nicht unbedingt die besten Karten gehabt, aber ich
wollte mir bei Gott die größte Mühe geben und mein Bestes geben,
solange es nur irgendwie geht«, sagte sie einmal[11]. Der Lohn überstieg selbst die kühnsten Vorstellungen. Sehr viele Träume sind in
Erfüllung gegangen. Unglaublich groß war aber auch der persönliche Preis, den das lange Verweilen an der Spitze forderte.

» Mir kommt es nur darauf an, daß ich in meinem Leben als Sängerin viele Menschen erreicht habe«, bekannte sie. » Ob ich in die
Geschichte eingehen werde, bezweifle ich.« Mit dieser Meinung
steht sie natürlich allein da. Sie hat bereits Geschichte gemacht.
Mehr als zwei Jahrzehnte lang galt sie als führende Sopranistin.
Selbst in einer Zeit revolutionärer Umwälzungen hat sie sich – wohl
wie kaum eine zweite Sängerin im Bereich der Klassik – an den stets
sich wandelnden Musikgeschmack angepaßt. Nun steht sie vor der
letzten großen Herausforderung ihrer Laufbahn. Wie sie ihren Abschied von der Bühne handhabt und bewältigt, wird vielleicht noch
bezeichnender für sie sein als alles, was vorausging. Wann und wie
sie von der Bühne abtritt, bleibt vorerst abzuwarten. Als sie vor
mehr als drei Jahrzehnten vom *Auckland Star* zur Miss Entertainment 1965 gekürt wurde, formulierte sie ihre Ziele so: » Ich möchte
all die Dinge machen, die ich machen sollte, und ein paar, die ich
nicht machen sollte«, erklärte sie damals. » Und wenn ich dann
sechzig bin, werde ich nur noch eins machen – total abstürzen.«
Der Stichtag rückt bedrohlich näher. Kiri hat kein Geheimnis
daraus gemacht, daß sie bei der Eröffnung der Olympischen Spiele
in Sydney im Jahr 2000 singen will. » Jetzt kommen die Termine für
das Jahr 2000 herein«, sagte sie kürzlich. » Ich dachte nie, daß ich bis
dahin noch aktiv sein werde, aber wer weiß. Wir werden sehen.«[12]
Ihr letztes Konzert in ihrem Heimatland illustrierte besonders
treffend die Schwelle, an der sie inzwischen steht. Am 31. Dezember 1999 hat Neuseeland als erstes Land der Erde das Jahr 2000 begrüßt. In den ersten Stunden des neuen Millenniums haben sich am
östlichsten Punkt des East Cape, am historischen Mount Hikurangi
über der Tokomaru Bay, Tausende von Menschen eingefunden,
um dort den ersten Sonnenaufgang der neuen Ära zu erleben. Bei

Tagesanbruch hat Kiri in einem Konzert bei freiem Eintritt am Strand von Gisborne das neue Jahrtausend eingeläutet. Kiris Auftritt bei diesem wichtigen Ereignis in der Geschichte des Landes wurde als so bedeutsam erachtet, daß Neuseelands Premier Jenny Shipley zusagte, Kiris Gage durch die Staatskasse abdecken zu lassen.

Am Fuß des Mount Hikurangi begann vor über einem halben Jahrhundert das unselige Liebesabenteuer von Jack Wawatai und Noeleen Rawstron. Die kleine Claire Rawstron wurde von ihrer Mutter von dort weggebracht und in die Fremde gegeben. In Gisborne begann ihr außergewöhnlicher Weg als Kiri Te Kanawa. Ihre Stimme drang weit über den Pazifik hinaus und rührte Millionen von Menschen in den fernsten Winkeln der Erde an. Es gab wohl keinen passenderen Ort und keinen besseren Zeitpunkt, an dem sie das letzte Kapitel ihrer Geschichte aufschlagen konnte, als an diesem hoffnungsvollen Anbruch einer neuen Ära in jenem Landstrich, in dem alles begann.

DANKSAGUNG

»Hier ist Kiri mit der gloriosen Stimme, deren Singen und deren Liebe zum Gesang sie an die Schwelle einer großen Karriere in der Musik geführt haben«, hieß es im Klappentext der ersten Biographie über Kiri Te Kanawa, die der Neuseeländer Norman Harris 1966 schrieb, als die 22jährige noch am London Opera Centre studierte. In den dreißig Jahren, die seither vergangen sind, in denen Kiri Te Kanawa die Verheißungen ihrer Jugend mehr als erfüllte, sind drei weitere biographische beziehungsweise halbautobiographische Bücher über sie erschienen: *Kiri: A Biography* von David Fingleton (1982), *Land of the Long White Cloud* (1989) und *Opera for Lovers* (1996). Jedes dieser Werke lieferte, wie schon der erste Beitrag von Harris, ein Porträt, das so sorgfältig inszeniert ist wie ein Opernauftritt der Sängerin selbst. *Kiri Te Kanawa. Die wahre Geschichte einer Primadonna* eröffnet einen anderen, neuen Blick auf eine bemerkenswerte Lebensgeschichte.

Dies ist die erste Biographie, die ohne die Kooperation Kiri Te Kanawas und ihres derzeitigen Stabs recherchiert und geschrieben wurde. Es ist ein vollkommen unabhängiges und unautorisiertes Porträt. Aus diesem Grund ist es auch, so glauben wir, die erschöpfendste, wahrheitsgetreueste und aufschlußreichste Abhandlung über die Sängerin. Kiris Veto hielt zwar einige Menschen davon ab, sich freimütig zu äußern – allen voran Desmond Park, der Stephen d'Antal gegenüber bekannte, daß er ohne den Segen seiner Exfrau lieber nicht mit uns reden möchte –, doch die meisten, die wir ansprachen, zeigten sich bereit, uns ihre Erinnerungen mitzuteilen. Sie lieferten ein facettenreiches Bild eines komplexen und faszinierenden Menschen. Jeder dieser Zeugen setzte in uns das Vertrauen, daß wir Kiris Lebensgeschichte so wahrheitsgemäß wie möglich wiedergeben. Wir hoffen, dieses Vertrauen belohnt zu haben.

Der amerikanische Schriftsteller Bernard Malamud fand den wohl treffendsten Ausdruck für die undankbare Aufgabe, vor der alle Biographen stehen. »Aus dem Schlamm der Zeit läßt sich kein reiner Lehm gewinnen«, schrieb er. Kaum ein Lebenslauf weist so viele Fragezeichen auf wie der von Kiri, besonders in den frühen Jahren. Daß wir Kiris packende und ergreifende Lebensgeschichte überhaupt so weit zu fassen bekamen, verdanken wir vor allem der Unterstützung einiger Personen, denen wir ganz besonders zu Dank verpflichtet sind.

An erster Stelle sei hier Kiris Nichte, Judy Evans-Hita, genannt, die uns bei den Recherchen eine ganz wertvolle Stütze war. Der Dank, den wir ihr schulden, läßt sich kaum in Worte fassen. Ein ähnlich großes Maß an Unterstützung bewiesen Bob Morgan, Barbara Brown, Susan Smith, Tony Vercoe, Rodney Macann, Kay und Bruce Rowbottom sowie Brooke Monks. Sie haben es uns immer wieder ermöglicht, Fakten und Ereignisse zusammenzufügen, die sonst unergründlich geblieben wären. Ohne sie wären wir immer wieder aufgeschmissen gewesen.

Die schwierigsten Fragen warf Kiris Abstammung auf, über die seit einem halben Jahrhundert heftige Kontroversen geführt wurden. Doch auch hier hatten wir Glück. Noeleen Rawstrons Schwester Donny, ihre Töchter Sharon, ihr Bruder Ken und ihre Nichte Jennifer halfen uns mit viel Geduld und Verständnis, jene traumatische Episode in ihrer Familiengeschichte zu entwirren. Das gleiche gilt für Jack Wawatais Exfrau Apo, die Schwägerin Ona, die Töchter Lynne und »Bubba«, den Sohn Jason und seine Schwester Hukarere. Ihnen allen sind wir zu Dank verpflichtet.

Besonderer Dank für ihre Geduld und ihr Vertrauen gebührt ferner Don Hutchings, Stephen Dee, Iain Aitken, Tracy Grant, Tom Hawkes, Neil McGough, Vincent Collins, Mary Masterton, Pettine-Ann Croul, Lynne Cantlon, Peter Downes, Lindsey und Madeleine Rowell, Teresa Cahill, Hannah Tatana, Beverley Jordan, Jeremy Commons, Adolf Lacis, John McKay und John Matheson, Joan Ingpen und Sir Donald McIntyre.

Für größere und kleinere Beiträge möchten wir ferner folgenden

Personen danken: Jean Wishart, Michael Willison, John Lesnie, Felix Donnelly, Donald Trott, Sally Williamson, Lloyd Williams, Bill Denholm, Catherine Reed, Brian O'Connor, Selwyn Rogers, Mabel Kewene, Bob Sell, Elsa Vujnovich, Harry Hall, Cherry Raymond, Les und Sonia Andrews, Lou Clauson, Trish Cornish, Rosemary Barnes, Johanna Fiedler, Norman Lebrecht, John Kentish, Osvalda Robertson, Sheila Thomas, Diana Stuart, Murray Khouri, Patricia Price, Keith Foote, den Schwestern Mercienne und Patricia, Billie Trillo, Nerida Nicholls, Schwester Margaret Browne, Graeme und Lurene Lindsay, Dame Barbara Goodman, Dame Catherine Tizard, Professor Ranginui Walker, Logan Brewer, Richard Campion, Jill Palmer, Hugh Walzer, Cyril Brown, Ulric Williams, John O'Shea, Constance Kirkaldie, Donald Perry, David Baldock, Colin Broadley, John Thompson, Ian Fraser, Madge Malcolm, Frank Habicht, Claire Jones, Eva Brown, Christine Hall, Bill Kerekere, Phil Aspinall, Jim Rawstron, Bill Walsdorf, Julie Ferris, Kahu Bullivant, Allan Andrews, Ira Haig, Stan Green, Pahoe Mahuika, Marie Landis, Christopher DeLautour, Patricia Payne, Gillian und Barry Trott, Myra Webster, Bob Alp, Terry Valentine, Malcolm McNeill, Bob Parker, Margaret Lovell-Smith, Dame Mira Szaszy, Terry Nash, Simon Mehana, Beverley Simmons, Tony, Kelvyn und Klynton Alp, Ricky Evans-Hita, Bobby Webster-Kerr, David Stubbs, David Park, Harvey Joyce, John Hopkins, Rachel Bridge, Ross Land, Frank Thorne, Moffatt Oxenbould, Tony Williams, Thelma Robinson, Joan und Max Aronsten, Dr. Charles Nalden, Peter Godfrey, Louise Wright und Simon Shields. Weitere Namen müssen ungenannt bleiben, sollen aber nicht vergessen werden.

Unser Beileid aussprechen möchten wir den Angehörigen von Elaine Hegan, der langjährigen Nestorin der Bühnenagenten Aucklands, die kurze Zeit, nachdem sie den Autoren ein äußerst nützliches Interview gegeben hatte, verstarb.

Dank gilt auch den Mitarbeitern des Gisborne Museum und der Stadtbibliothek von Auckland, der British Library, des British Film Institute und des National Sound Archive in London.

Niemals zustande gekommen wäre das Buch ohne die unendlich große Unterstützung durch Simon Runting in Auckland, dem Stephen d'Antal zu besonderem Dank verpflichtet ist. Dank gebührt auch Simon Bassett-Smith, B. J. Brown, Ken Cooke und Virginia Leonard für ihre Unterstützung, Tim Willcox für seine Ideen sowie Paul Scott und Alison Bowyer für ihre ungewöhnliche Findigkeit.

In London gilt unser aufrichtiger Dank Mary Pachnos, unserer Agentin bei Aitken & Stone, die als erstes das Potential dieses Buches erkannte. Bei HarperCollins hatten wir das besondere Glück, von der redaktionellen Erfahrung Val Hudsons und Andrea Henrys zu profitieren. Ohne deren gelassene und besonnene Art hätten wir den Abgabetermin für das Manuskript, der bis zum Schluß immer enger wurde, unmöglich einhalten können. Vielen Dank euch beiden.

Mehr noch als Dank gebührt schließlich Kim Parkinson und Eva d'Antal sowie Cilene und Gabriella Jenkins, die ihre sträfliche Vernachlässigung mit Gelassenheit trugen. Sie haben uns immer wieder aufs neue inspiriert.

Garry Jenkins und Stephen d'Antal
London und Auckland, Juli 1998

ANMERKUNGEN

Die Hauptquelle für das vorliegende Buch sind die mehr als 150 Interviews, die die Autoren in Neuseeland, Australien, Großbritannien und den Vereinigten Staaten führten. Außerdem beruft es sich auf zahlreiche allgemein einsehbare Dokumente, private Briefe, Familienalben und Photosammlungen sowie auf ein riesiges Archiv von Zeitungs- und Zeitschriftenartikeln, biographischen Werken und Fernsehdokumentationen über Kiri Te Kanawas mehr als 30jährige Laufbahn als Sängerin. Die Mehrzahl der Quellen ist im Text angegeben und erfordert keine weitere Erklärung. Die folgenden Anmerkungen beziehen sich auf wichtige Zitate und andere Materialien, deren Herkunft im Text nicht gekennzeichnet ist. In manchen Fällen, besonders bei Zeitungsartikeln und Alben, die von Privatpersonen zur Verfügung gestellt wurden, waren keine genaueren Angaben zu erhalten.

Die Straße nach Gisborne
(Seite 13–19)

1 Offizielle Dokumente sowie Interviews der Autoren mit folgenden Angehörigen und Freunden der beiden Familien: Noeleen Rawstrons Schwester Donny, Tochter Sharon, Nichte Jennifer, Bruder Ken, Schwiegersohn Bill und Sohn Jim, Jacks frühere Frau Apo, Schwester Huka, Schwägerin Ona und die Kinder »Bubba«, Lynne und Jason. Bei diesem Kapitel haben auch Ira Haig, Pahoe Mahuika und der Ngati-Porou-Genealoge Phil Aspinall mitgeholfen.
2 Geburtenregister in Gisborne sowie nationales Register Nr. 2492 des Jahres 1944. Der Name des Kindes wird fälschlich als Claire Mary Teresa Rawston angegeben.

» Die Chefin «
(Seite 20–41)

1 Genealogie des Stammes mit dem Titel Whareangaaga Te Kanawa: He Whakamarumaru Mo Te Whanau, privat veröffentlicht 1992. Dazu Interviews der Autoren mit Kiris Cousine Kay Rowbottom im Juni 1997. Weitere Quelle: *South Bank Show*, eine Fernsehdokumentation, moderiert von Melvyn Bragg, London Weekend Television, 1991.

2 Interviews mit Nell Te Kanawas Enkelin Judy Evans-Hita, Informationen des Biographen David Fingleton von Kiri selbst und aus den folgenden offiziellen Dokumenten: Emily Sullivans Geburt im Geburtenregister von Christchurch, Nr. 990 von 1871; Emily und John Leeces Heirat registriert in Buller, Nr. 2160 von 1887; Nells Geburt im NZ Births Deaths & Marriages Central Registry, Folio RC 14/17–3959; Nells und Toms Heirat registriert im District of Gisborne, Heiratsurkunde Nr. 1939/10373.

3 Land Sales Court. Gisborne, Registrierungsnummer 44/383.

4 *North and South*, Auckland, Januar 1990.

5 *Woman's Day*, 8.11.1989.

6 *Vogue* (englische Ausgabe), 1.9.1979.

7 *New Zealand Woman's Weekly (NZWW)*, 9.11.1992.

8 Fingleton, David, *Kiri: A Biography of Kiri Te Kanawa* (Collins: London & Auckland 1982), S. 17.

9 Harris, Norman, *Kiri: Music and a Maori Girl* (A. H. & A. W. Reed: Neuseeland 1966), S. 14–15.

10 Fingleton, S. 15 u. a. Nells Mutter Emily Beatrice Agatha Leece, geborene Sullivan, kam laut Nells Geburtsurkunde um 1871 in Canterbury zur Welt. Sir Arthur Sullivans älterer Bruder Frederick wurde am Weihnachtstag 1839 geboren und heiratete 1862 Charlotte Lacy. Ihre acht Kinder waren, in dieser Reihenfolge: Amy, Florence, Edith, Herbert, Maude, Frederic Richard, George und William, der 1877 nach dem Tod seines Vaters zur Welt kam.

11 Jeremiah Sullivans Heirat mit Emilys Mutter Sophia Kennedy registriert in Christchurch, Nr. 1033 des Jahres 1869; Jeremiah Sullivans Tod registriert in Hawera, Nr. 1910 des Jahres 1895.

12 Nicht weiter bezeichneter Ausschnitt, September 1965.

13 *Magic Kiwis*, Fernsehdokumentation, Communicado/TVNZ, 1991.

14 Fingleton, S. 17.

15 *High Fidelity*, undatiert.

16 Ebd.

17 *NZWW*, 9.11.1992.

18 Interviews der Autoren ab Juli 1997.

19 *Magic Kiwis*.

20 *Listener & TV Times*, 5.8.1991.

21 *NZWW*, 9.11.1992.
22 *Vogue* (englische Ausgabe), 1.9.1979.
23 *Magic Kiwis*.

Der »Nonnenchor«
(Seite 42–62)

1 Gisborne District Land Registrar Nr. 54952 sowie Auckland District Land Registrar Nr. 570129.
2 *NZZW*, 13.4.1992.
3 Informationen über Schwester Mary Leo aus Interviews der Autoren mit Schwester Mercienne und Schwester Patricia. Vergleiche auch *New Zealand Weekly News*, 1.12.1965; *NZZW*, undatiert; ein Nachruf von der früheren Archivarin von St. Mary's Schwester M. Veronica Delany; Jahrbücher 1963 und 1973 von St. Mary's; *NZZW*, 25.10.1993. Weitere Einzelheiten aus einer Rede Kiris anläßlich der Eröffnung der neuen Musikschule von St. Mary's am 10.3.1996.
4 *NZWW*, 5.7.1982.
5 Interview der Autoren, Februar 1998.
6 Interview der Autoren, Februar 1998.
7 Interview der Autoren, Dezember 1997.
8 Interview der Autoren, Februar 1998.
9 Fingleton, S. 20.
10 Interview der Autoren, September 1997.
11 Interview der Autoren, Januar 1998.
12 Harris, S. 21.
13 *Magic Kiwis*.
14 Interview der Autoren, April 1998.
15 Fingleton, S. 28.
16 *Magic Kiwis*.
17 Interview der Autoren, April 1998; Einzelheiten über die Maori Education Foundation in Hoani »John« Waititis Aufsatz »Understanding the Maori«, 1962.

Freche kleine Hexe
(Seite 63–75)

1 Interview der Autoren, November 1997.
2 Interview der Autoren, November 1997.
3 Interview der Autoren, November 1997.
4 Interview der Autoren, Januar 1998.
5 *NZWW*.

6 *New Zealand Herald*, 11.4.1962; *NZWW*, 9.4.1962; *Auckland Star*, 8.3.1962.
7 Privatsammlung.
8 Interview der Autoren, Januar 1998.

Prinzessin im Schloß
(Seite 76–91)

1 Harris, S. 29.
2 Interviews der Autoren ab Februar 1998.
3 Interviews der Autoren ab Januar 1998.
4 Harris, S. 34.
5 *Auckland Star*, 27.9.1963.
6 Ebd.
7 Interview der Autoren, Januar 1998.
8 Interview der Autoren, Dezember 1998.
9 Interview der Autoren, Januar 1998.
10 Interview der Autoren, Januar 1998.
11 Interview der Autoren, Februar 1998.
12 Interview der Autoren, Februar 1998.

»Now is the Hour«
(Seite 92–114)

1 Interviews der Autoren ab August 1997.
2 Interview der Autoren, Februar 1998.
3 Interviews der Autoren ab Februar 1998.
4 Interviews mit Barbara Brown, Joan Aronsten und Lynne Cantlon.
5 Interview der Autoren, Februar 1998.
6 *Magic Kiwis.*
7 Harris, S. 49 u.ö.
8 Fingleton, S. 39.
9 Interview der Autoren, Januar 1998.
10 *New Zealand Herald*, 19.10.1965, 25.10.1965, 25.11.1965.
11 Interview der Autoren, April 1998.
12 *Magic Kiwis.*
13 *South Bank Show.*

Lehrjahre einer Diva
(Seite 117–137)

1 Interview der Autoren, März 1998.
2 *Listener & TV Times*, 5.8.1991.
3 Interview der Autoren, Januar 1998.
4 Interview der Autoren, März 1998.
5 *NZWW*, 17.1.1983.
6 Interview der Autoren, Februar 1998.
7 Interview der Autoren, März 1998.
8 Fingleton, S. 47.
9 Matheopoulos, Helena, *Diva: Great Sopranos and Mezzos Discuss Their Art* (Victor Gollancz: London 1991), S. 139.
10 Privatsammlung, nicht näher bezeichneter Ausschnitt.
11 Interview der Autoren, Januar 1998.
12 Fingleton, S. 46.
13 *Magic Kiwis*.
14 *Woman's Day*, 8.11.1989.
15 Nicht näher bezeichneter Ausschnitt.
16 *Auckland Star*, 27.1.1967.
17 Interview der Autoren, Februar 1998.
18 *New Zealand Herald*, undatiert.
19 Interview der Autoren, April 1998.
20 Nicht näher bezeichneter Ausschnitt, Februar 1967.
21 Nicht näher bezeichneter Ausschnitt.
22 Interview der Autoren.

Der Richtige
(Seite 138–152)

1 Interview der Autoren.
2 Fingleton, S. 51.
3 Des, nicht näher bezeichneter Ausschnitt, August 1967.
4 Fingleton, S. 51.
5 Nicht näher bezeichneter Ausschnitt.
6 *Auckland Star*, 27.1.1967.
7 Interview der Autoren, August 1997.
8 Interview der Autoren ab August 1997.
9 Nicht näher bezeichneter Ausschnitt.
10 *Auckland Star*, undatiert.
11 *Auckland Star*, 4.8.1967.
12 Nicht näher bezeichneter Ausschnitt, August 1967.
13 Interview der Autoren, Februar 1998.

14 Interview der Autoren, Januar 1998.
15 Interview der Autoren, Mai 1997.
16 Interview der Autoren; Fingleton; *NZWW*, 11.9.1967; mehrere Artikel aus *New Zealand Herald* und *Auckland Star.*
17 *Magic Kiwis.*
18 Interview der Autoren.
19 *Magic Kiwis.*
20 Fingleton, S. 59.

Gezähmt
(Seite 153–174)

1 Interview der Autoren.
2 Interview der Autoren.
3 Interview der Autoren.
4 *Aquarius*, BBC TV, 1975.
5 *Listener & TV Times*, 5.8.1991.
6 *Sunday Telegraph*, Sydney, 3.5.1981.
7 *Journal of the College of General Practitioners*, 1967, Bd. 13, Nr. 377.
8 Interview der Autoren.
9 Interviews der Autoren ab April 1998.
10 Interview der Autoren.
11 Interview der Autoren, April 1998.
12 Interview der Autoren, Januar 1998.
13 Interview der Autoren, März 1998.
14 Nicht näher bezeichneter Ausschnitt, Christchurch.
15 Colin Davis, *Today*, 1982.
16 *Musical America*, Juni 1983.

Eine wertvolle Perle
(Seite 175–187)

1 Lebrecht, Norman, *The Maestro Myth: Great Conductors in Pursuit of Power* (Simon & Schuster: London 1991), S. 169, 173.
2 Interview der Autoren.
3 *Auckland Star*, undatiert.
4 *Listener & TV Times*, 5.8.1991.
5 Ebd.
6 *Weekly Telegraph*, Ausgabe 71.
7 *Musical America*, Juni 1983.
8 Fingleton, S. 95.
9 *Magic Kiwis.*
10 Fingleton, S. 120f.

Neue Welten
(Seite 188–206)

1 Fingleton, S. 102.
2 Eintrag im Grundbuchamt von Auckland, Nr. A616393.
3 *New Zealand Herald*, 25. 2. 1972.
4 *Mail on Sunday*, London, September 1985.
5 Schwester Margaret Browne im Gespräch mit den Autoren, Februar 1998.
6 *Opera*, London, Juli 1981.
7 Colin Davis über den »Ringkampf«: *This Is Your Life*, TVNZ, 1991.
8 Interview mit Anne Barrowclough, *Daily Mail*, Nachdruck *NZWW* 13. 4. 1992.
9 Matheopoulos, S. 215.
10 Fingleton, S. 120.
11 Kiri Te Kanawa mit Conrad Wilson, *Opera For Lovers* (Roeder Publications, 1996), S. 39.
12 Ebd., S. 38.
13 Matheopoulos, S. 211.
14 *Magic Kiwis*.
15 *Newsday*, 15. 3. 1974.
16 *Interview*, New York, September 1986.

Der gefallene Engel
(Seite 207–225)

1 *New Zealand Herald*, 27. 9. 1974; *Auckland Star*, 28. 9. 1974.
2 Interview der Autoren.
3 Interview der Autoren, August 1997.
4 *Woman's Day*, Sydney, 14. 8. 1978.
5 Fingleton, S. 147.
6 Gespräche mit mehreren Verwandten Kura Beales und mit Christopher DeLautour, Mabel Kewene, Madge Malcolm, Claire Jones und Eva Brown. Weitere Details entstammen einem undatierten Interview im *Russell Review*.
7 Interview mit John Yeomans, nicht näher genannte Veröffentlichung, 14. 9. 1976.
8 *The Times*, London, Nachdruck in *New Zealand Listener*, 11. 12. 1976.

Verlorene Seelen
(Seite 226–239)

1 Interview mit Marcia Russell, *The New Zealander*, 1979.
2 Interview mit Anne Barrowclough, *NZWW*, 13.4.1992.
3 Interview mit Paul Valelly, *Today*, 1982.
4 Fingleton, S. 154.
5 Interview mit Rosalie Horner, *Daily Express*, London.
6 Interview der Autoren, Mai 1998.
7 *Woman's Day*, Sydney, 14.8.1978.
8 Te Kanawa/Wilson, S. 223.
9 Interview mit David Fingleton, *Bristol and Bath News*, März 1977.
10 *New Zealand Herald*, 27.5.1978.
11 *Today*, 1982.
12 Matheopoulos, S. 214.
13 Interview der Autoren.
14 Te Kanawa/Wilson, S. 38.
15 *Interview*, New York, Nachdruck *More*, September 1986.
16 Interview der Autoren, Mai 1998.
17 *Auckland Star*, 8.10.1977.
18 Interview mit Marcia Russell, *The New Zealander*, 1979; *Woman's Day*, 14.8.1978.
19 *New Zealand Herald*, 8.9.1978.
20 *Magic Kiwis*.
21 Drehbericht von Roland Gelatt, *American Film*, April 1979.
22 *Magic Kiwis*.
23 Matheopoulos, S. 213.
24 Te Kanawa/Wilson, S. 44.
25 Fingleton, S. 167.
26 Interview der Autoren, März 1998.
27 *NZWW*, 16.6.1980.

»250 000mal Covent Garden«
(Seite 243–256)

1 Fingleton, S. 167.
2 Lebrecht, S. 174.
3 *NZWW*, 5.7.1982.
4 Fernsehinterview mit Paul Holmes, TVNZ, April 1998.
5 *Evening Standard*, London, Nachdruck in *Christchurch Press*, 12.10.1981.
6 *Magic Kiwis*.
7 *Evening Standard*, London, Nachdruck in *Evening Post*, Wellington, 3.10.1981.

8 Matheopoulos, S. 215.
9 Interview der Autoren, Mai 1998.
10 *New Zealand Listener*, 15. 1. 1983.
11 Interview der Autoren.
12 *Today*, 1982.
13 Interview mit Robert C. Marsh, *Chicago Sun Times*, 1982.
14 *NZWW*, 7. 5. 1982.

In der Zwickmühle
(Seite 257 – 281)

1 *NZWW*, 17. 1. 1983.
2 *NZWW*, 13. 4. 1992.
3 *South Bank Show*.
4 *NZWW*, 30. 8. 1982.
5 Interview der Autoren, Mai 1998.
6 *New Zealand Listener*, 15. 1. 1983.
7 *Interview*, New York, September 1986.
8 *NZWW*, 7. 2. 1983; *New Zealand Herald*, 7. 1. 1983.
9 Interview der Autoren, Januar 1998.
10 *Sunday Mail*, Brisbane, 19. 5. 1985.
11 *Woman's Day*, Sydney, 14. 8. 1978.
12 *Listener & TV Times*, 5. 8. 1991.
13 *South Bank Show*.
14 *Musical America*, Juni 1983.
15 *Observer*, London, Nachdruck in *New Zealand Herald*, 22. 6. 1989.
16 Matheopoulos, S. 216.
17 Ebd., S. 217.
18 *Observer*, London, Nachdruck in *New Zealand Herald*, 22. 6. 1989.
19 *NZWW*, 17. 1. 1983.
20 Norman Lebrecht, *When The Music Stops* (Simon & Schuster, London 1996), S. 348 f.
21 *New Zealand Herald*, 29. 3. 1984.
22 *Today*, 1982.
23 *South Bank Show*.
24 Matheopoulos, S. 215.
25 *Listener & TV Times*, 5. 8. 1991.
26 Interview, New York, September 1986.
27 *The New Zealander*, 1979.
28 *Christchurch Press*, 11. 7. 1981.
29 *Sunday Mail*, Brisbane, 19. 5. 1985.

Harte Wahrheiten
(Seite 282–298)

1 *New Zealand Herald*, 29.8.1987; *Gisborne Herald*, 28.8.1987.
2 *Return Journeys*, Fernsehdokumentation; begleitender Artikel in *New Zealand Listener*, 14.5.1988.
3 Interview der Autoren, März 1998.
4 Interview der Autoren, Januar 1997, März 1998.
5 Interview der Autoren, Januar 1998.
6 *Daily Mail*, 6.3.1998.
7 Sterbeurkunde, Standesamt Auckland; Interviews der Autoren mit Apo, Lynne und Jason Wawatai.
8 *Auckland Star*, 20.8.1987.
9 *Evening Post*, Wellington, 3.8.1987.
10 *Daily Telegraph*, London, 30.4.1983.
11 Interview der Autoren.
12 Interview der Autoren.
13 *Sunday Star*, Auckland, 21.8.1988, 11.9.1988; *New Zealand Herald*, 24.8.1988, 5.9.1988; *NZWW*, 3.10.1988.
14 Interview der Autoren.
15 *New Zealand Herald*, 17.4.1989.

Ein Geschenk an die Nation
(Seite 299–315)

1 *Observer*, London, Nachdruck in *New Zealand Herald*, 22.6.1989.
2 *Radio Times*, London, Dezember 1993.
3 *NZWW*, 10.8.1987.
4 Interview mit Janet Watts, *Observer*, London, Nachdruck in *Evening Post*, Wellington, 16.1.1988.
5 *NZWW*, 15.7.1991.
6 *New Zealand Herald*, 16.9.1989; *Dominion*, Wellington, 16.9.1989; *NZWW*, 27.11.1989.
7 Interview der Autoren.
8 *NZWW*, 27.11.1989.
9 *New Zealand Herald*, 8.1.1994.
10 »Bubba« Wawatai im Gespräch mit den Autoren, Mai 1997.
11 *Sunday Star*, 14.1.1990.
12 *Metro*, Auckland, März 1990.
13 *North and South*, Auckland, Januar 1990.
14 *New Zealand Listener*, 20.1.1996.
15 *North and South*, Auckland, Januar 1990.
16 Interview der Autoren.

17 *National Business Review*, Auckland, 1996.
18 *Opera Now*, März 1991.

Die Diva als Popstar
(Seite 316–327)

1 *Dominion*, Wellington, 9. 1. 1991.
2 *New Zealand Herald*, 23. 3. 1991.
3 *New Zealand Herald*, 2. 10. 1991.
4 *NZWW*, 15. 7. 1991.
5 Interview der Autoren, 1998.
6 *Evening Post*, Wellington, 7. 9. 1991.
7 Ebd.
8 Interview der Autoren, Februar 1998.
9 *New Zealand Listener*, 20. 1. 1996.
10 *Observer*, London, Nachdruck in *Evening Post*, Wellington, 16. 1. 1988.
11 Interview mit G. Barrett, Magazin des *Sunday Mail*, Brisbane, 1. 11. 1992.
12 Lebrecht, S. 355.
13 *Courier Mail*, Brisbane, 12. 2. 1990.
14 *New Zealand Herald*, 28. 11. 1992.
15 *Yes*, Auckland, 26. 6. 1994.
16 AAP Report, 13. 8. 1993.
17 *Dominion*, Wellington, 13. 8. 1993.
18 *Financial Times*, London, Nachdruck in *National Business Review*, Auckland, 25. 3. 1994.
19 *Daily Mail*, 6. 3. 1998.

Das verlorene Paradies
(Seite 328–342)

1 Hugh Canning in *Sunday Times*, 8. 12. 1991.
2 *Evening Post*, Wellington, 7. 9. 1991.
3 *New Zealand Herald*, 8. 1. 1994, 7. 4. 1994, 9. 4. 1994; *Dominion*, Wellington, 15. 1. 1994; *Sunday Star*, 10. 4. 1994.
4 *Listener & TV Times*, 5. 8. 1991.
5 Interview der Autoren.
6 Interview der Autoren, Oktober 1997.
7 NZWW, 27. 12. 1993.
8 *NZWW*, 9. 11. 1992.
9 *New Zealand Herald*, 17. 1. 1994.
10 *New Zealand Herald*, 20. 12. 1995.
11 *New Zealand Listener*, 20. 1. 1996.
12 Interview der Autoren, Juni 1998.

Unerreichbar
(Seite 343–359)

1 Interview der Autoren.
2 Interview der Autoren, Juni 1998.
3 Interview der Autoren, Februar 1998.
4 Interview der Autoren, Februar 1998.
5 Interview der Autoren.

Im freien Fall
(Seite 360–374)

1 Holmes.
2 Interview mit Angela Mollard, *Daily Mail*, 6.3.1998.
3 *New Zealand Herald*, 23.7.1997.
4 Grundbuchamt des Bezirks Auckland.
5 Holmes.
6 *Daily Telegraph*, Sydney, 16.8.1997.
7 *Listener & TV Times*, 5.8.1991.
8 *New Zealand Herald*, 20.1.1996.
9 *Woman's Day*, Sydney, 20.4.1998; Interview der Autoren, Juni 1998.
10 Holmes.
11 *South Bank Show*.
12 Interview mit Michael Owen, *Evening Standard*, London, 8.8.1997.

PERSONEN- UND WERKREGISTER

BILDNACHWEIS